“十二五”普通高等教育本科国家级规划教材
普通高等教育“十一五”国家级规划教材

作物栽培学总论

（第三版）

曹卫星　主编

科 学 出 版 社
北 京

内 容 简 介

本书共分4篇18章，概述了作物栽培学的基本概念、形成与特征，主要栽培作物的起源、传播、分布与应用，并总结和展望了作物栽培学的发展。重点介绍了作物生长发育特性、器官形成及生长发育的相关性等作物个体生长与发育的基本规律；作物群体生长的基本特征与特性，作物群体物质生产中源、库、流的相互关系，作物产量与品质构成因子、形成规律与调控；作物与生态环境的关系，作物的生态适应性及环境对作物生长的调节作用。本书凝练了作物生产中普适性技术的应用原理与应用方法，具有良好的基础性和系统性，有助于全面理解和掌握作物栽培学的科学内涵。

本书可作为农学专业本科生和研究生的教材，也可供从事农业生产技术研究与应用的教学、科研和管理人员参考。

审图号：GS京（2022）0732号

图书在版编目(CIP)数据

作物栽培学总论/曹卫星主编. —3版. —北京：科学出版社，2017.11

"十二五"普通高等教育本科国家级规划教材

普通高等教育"十一五"国家级规划教材

ISBN 978-7-03-048750-6

Ⅰ.①作… Ⅱ.①曹… Ⅲ.①作物-栽培-高等学校-教材 Ⅳ.①S31

中国版本图书馆CIP数据核字(2016)第131645号

责任编辑：丛 楠 韩书云 / 责任校对：严 娜

责任印制：吴兆东 / 封面设计：图阅社

科学出版社 出版

北京东黄城根北街16号

邮政编码：100717

http://www.sciencep.com

三河市骏杰印刷有限公司印刷

科学出版社发行 各地新华书店经销

*

2006年8月第 一 版 开本：787×1092 1/16

2017年11月第 三 版 印张：18

2024年8月第七次印刷 字数：427 000

定价：59.80元

(如有印装质量问题，我社负责调换)

《作物栽培学总论》第三版编写人员

主　编　曹卫星

副主编　周治国　王　璞　李存东　张国平

编　者　（按姓氏汉语拼音排序）

曹卫星　（南京农业大学）
戴廷波　（南京农业大学）
丁艳锋　（南京农业大学）
董树亭　（山东农业大学）
樊高琼　（四川农业大学）
郭华春　（云南农业大学）
郭文善　（扬州大学）
海梅荣　（云南农业大学）
黄见良　（华中农业大学）
黄锦文　（福建农林大学）
黄正来　（安徽农业大学）
贾志宽　（西北农林科技大学）
姜　东　（南京农业大学）
李存东　（河北农业大学）
李金才　（安徽农业大学）
李玲玲　（甘肃农业大学）
李召虎　（中国农业大学）
林文雄　（福建农林大学）
田晓莉　（中国农业大学）
王　璞　（中国农业大学）
王绍华　（南京农业大学）
杨文钰　（四川农业大学）
张国平　（浙江大学）
赵全志　（河南农业大学）
周治国　（南京农业大学）
朱　艳　（南京农业大学）
朱新开　（扬州大学）

《作物栽培学总论》第三版各章节负责人员名单

第一篇　作物栽培学概述

第一章　作物的起源、分布与利用　安徽农业大学　黄正来　李金才
第二章　作物栽培学的特征与作用　南京农业大学　王绍华　丁艳锋
第三章　作物栽培学的发展　南京农业大学　曹卫星　朱　艳

第二篇　作物生育和产品形成

第四章　作物的生育时期和生育期　扬州大学　郭文善　朱新开
第五章　作物的器官建成　浙江大学　张国平
第六章　作物的群体与源-库-流　河北农业大学　李存东　南京农业大学　王绍华
第七章　作物产量与品质　南京农业大学　周治国　姜　东

第三篇　作物生长与环境的关系

第八章　作物生长发育与光温　山东农业大学　董树亭　安徽农业大学　李金才
第九章　作物生长与水分　中国农业大学　王　璞　南京农业大学　周治国
第十章　作物生长与大气　福建农林大学　林文雄　黄锦文
第十一章　作物生长与土壤　南京农业大学　戴廷波　河北农业大学　李存东

第四篇　作物栽培技术

第十二章　作物区划与种植制度　西北农林科技大学　贾志宽
第十三章　土壤耕作与培肥　甘肃农业大学 李玲玲　西北农林科技大学 贾志宽
第十四章　作物播种移栽技术　云南农业大学　郭华春　海梅荣
第十五章　作物肥料运筹技术　四川农业大学　杨文钰　樊高琼
第十六章　作物水分管理技术　华中农业大学　黄见良
第十七章　作物化学调控　中国农业大学　李召虎　田晓莉
第十八章　作物抗逆栽培　河南农业大学　赵全志

第三版前言

作物栽培学是农业科学中农学领域的应用学科，是作物学与农学的基本组成部分。中国的作物栽培因其独特的自然和社会条件，主要以提高单位面积产量为目标，围绕作物生长发育与产量形成的生物学过程及其调控途径，进行了深入系统的研究，在国际上独树一帜，许多工作处于前沿水平。但由于传统的作物栽培研究局限于特定的地理环境和生态条件，对理论问题缺少一般规律性，技术问题缺乏普遍适用性，在一定程度上影响了作物栽培学的理论发展。

本书第三版修订，主要是在参考近期其他已出版同类书籍内容的基础上，充分考虑第一、二版使用者反馈的意见和建议，针对传统作物栽培学存在“理论缺少系统性、技术缺乏普适性”的问题，立足于对作物栽培学一般规律与关键技术的综合和提炼，同时吸纳当前作物栽培学的发展热点和研究进展，紧紧围绕作物生长发育与产品形成规律、作物与环境关系、作物栽培技术三大模块，构建《作物栽培学总论》第三版的基本框架和内容体系。

本书第三版共有 4 篇 18 章。第一篇：作物栽培学概述，共 3 章。在第二版两章的基础上，第三版增加了第三章作物栽培学的发展。第二篇：作物生育和产品形成，共 4 章。将第二版中第五章作物的群体动态、第六章作物的源-库-流理论，合并修订为第三版的第六章作物的群体与源-库-流；将第二版中第七章作物产量形成、第八章作物产品品质形成，合并修订为第三版的第七章作物产量与品质。第三篇：作物生长与环境的关系，共 4 章。将第二版中第九章作物生长发育与光照、第十章作物生长发育与温度，合并修订为第三版的第八章作物生长发育与光温；将第二版中第十二章作物生长与矿质营养、第十三章作物生长与土壤，合并修订为第三版的第十一章作物生长与土壤。第四篇：作物栽培技术，共 7 章。将第二版的第十五章作物区划与布局种植技术增加了种植制度的内容，修订为第三版的第十二章作物区划与种植制度；将第二版中第十六章土壤耕作技术、第十八章覆盖栽培技术，合并后再增加土壤培肥的内容，修订为第三版的第十三章土壤耕作与培肥；第三版中增加第十八章作物抗逆栽培，将第二版第二十三章作物栽培新技术的内容整合到第三章作物栽培学的发展中。

全书内容的组织安排体现了一定的基础性和系统性。在具体的教学活动中，应根据有关内容配合必要的实验和实习，以利于学生更好地理解和掌握作物栽培学总论的内容体系。本书主要面向农学专业的本科生和研究生，以及从事农业生产技术研究与应用的教学、科研和管理人员。

全书的编写人员在其相关领域具有代表性和权威性，从而确保了各章内容的先进性和科学性。本书在各章分工编写的基础上，由曹卫星教授、周治国教授、王绍华教授负责审改和统稿工作，力求整体内容体系的前后衔接与协调统一。在本书的准备和写作过程中，得到了各位编者及同事的大力支持和帮助，并提出了宝贵的建议和意见。在此，一并表示诚挚的感谢。

由于作者水平有限，本书还有许多需要改进之处，恳切希望同行提出批评和建议，以共同推进作物栽培学总论的教学工作。

编　者

2017 年 8 月

第一版前言

作物栽培学是农业科学中农学领域的应用学科，涉及作物生理、作物生态、作物管理等不同方向。其主要内涵是以作物生长发育为主线，以作物与环境关系为途径，以栽培技术措施为手段，探索实现“作物-环境-技术”间的高度协调和统一，达到高产、优质、高效、生态、安全的生产目标。作物栽培学是作物学与农学的基本组成部分，在作物生产、粮食安全及现代农业发展中具有重要的地位和作用。

中国的作物栽培因其独特的自然和社会条件，长期以来一直以提高单位面积产量为目标，围绕作物生长发育与产量形成的生物学过程及其调控途径，进行了深入系统的研究，在国际上独树一帜，许多工作处于前沿水平。但由于传统的作物栽培研究局限于特定的地理环境和生态条件，对理论问题缺少一般规律性，技术问题缺乏普遍适用性。在一定程度难免影响了作物栽培学的理论发展和学科地位。

现代农业科技的进步，大力促进了作物栽培学的理论研究和技术应用，呈现出前所未有的良好发展势头，尤其在以下三个领域最为活跃：一是在传统作物生长调控理论的基础上，研究优质、高产、高效、生态、安全的作物生产理论和技术途径；二是将现代生物学的理论与方法应用于作物栽培学的研究，以综合调控作物生长、提高作物产量、改善作物品质；三是利用现代信息技术，将“作物-环境-技术”的关系进行系统分析和动态模拟，建立作物模型与管理系统，实现作物栽培的定量化和信息化。

本书是在前人工作的基础上，针对传统作物栽培学存在的“理论缺少系统性、技术缺乏普适性”问题，考虑到当前作物栽培学的发展热点和研究进展，着眼于对作物栽培学一般规律与关键技术的综合和提炼，构建作物栽培学总论的基本框架和内容体系。因此，全书的组织结构紧紧围绕作物生长发育与产品形成规律、作物与环境关系、作物栽培管理技术三大模块，着力增强作物栽培学基本理论和关键技术的一般规律性和普遍适用性，从而尽量克服以往书籍中作物栽培理论和技术局限于特定地理环境条件的不足。

本书共分二十三章，在概述作物栽培学基本概念与特征、栽培作物起源与分布的基础上，重点介绍了作物生长发育特征和器官建成规律、源-库-流关系与产量和品质形成规律、作物与环境关系及生态适应与调控机制、作物栽培的关键技术措施及应用实例等。全书内容的组织安排体现了一定的基础性和系统性。在具体的教学活动中，应根据有关内容配合必要的实验和实习，以有利于学生更好地理解和掌握作物栽培学总论的内容体系。本书主要面向农学专业的本科生和研究生，以及从事农业生产技术研究与应用的教学、科研和管理人员。

全书的编写人员在其相关领域具有代表性和权威性，从而确保了各章内容的先进性和科学性。本书在各章分工编写的基础上，由曹卫星教授和周治国教授负责审改和统稿工作，力求整体内容体系的前后衔接与协调统一。在本书的准备和写作过程中，得到了各位编者及同事的大力支持和帮助，他们提出了宝贵的建议和意见。在此，一并表示诚挚的感谢。

由于受时间和精力的限制，特别是受学识水平的影响，本书还有许多需要改进之处，恳切希望同行提出批评和建议，以共同推进作物栽培学总论的教学工作。

编　者

2006 年 4 月

目　录

第一篇　作物栽培学概述

第一章　作物的起源、分布与利用

广义的作物是指野生植物经过人类不断选择、驯化、利用，具有经济价值、被人工栽培的各种植物，可分为农作物、园艺作物和林木作物3类；狭义的作物主要指农作物。了解农作物的起源、分布和利用状况，有助于认识和把握作物进化的特点、生态适应性及其在农业生产发展中的作用。

第一节　作物的起源与传播

自然界已知的植物有50余万种，其中被人类利用的在5000种以上，被人类栽培种植的约2300种，大面积种植的约200种。中国种植的作物约有600种，其中粮食作物30多种、经济作物70多种、蔬菜110多种、牧草约50种、花卉130余种、药用植物50余种。

一、作物的起源

原始人类采集天然野生植物和渔猎野生动物以维持生存的本能劳动开创了人类认识、改造自然界的先河。在采集植物的活动中，人类逐渐注意并认识到可采用的植物种类及其相适应的采集季节，并逐渐发展到从以采集野生植物作为食物和衣物转变为有意识地栽培某些植物，从而开始了种植业。这些被驯化培育的新植物种类发展成一定的栽培规模称为作物(大田作物、农作物)。通过研究这些作物的起源，人们可以了解众多植物的遗传资源，利用有用的基因改造现有的作物并选育新品种为人类所利用；同时通过了解作物起源地的生态地理条件，达到人为控制作物生长的目的。

对作物地理起源中心问题研究较早的学者是瑞士植物学家康多尔(de Candolle)，在他1883年出版的《栽培植物的起源》一书中，对477种栽培植物的起源地进行了划分。其后在20世纪二三十年代，苏联植物学家瓦维洛夫等借助于植物形态分类、杂交验证、细胞学和免疫学等手段，对他们在世界六大洲60多个国家采集到的30多万份作物品种材料进行了详细比较研究，于1926年写成《栽培植物的起源中心》一书。其后为了更准确地确定作物起源和最初形态建成中心，他还补充查明遗传上相近的野生种和栽培种的多样性地理分布中心，把遗传变异最为丰富的地方作为该物种的起源中心。最后以考古学、历史和语言学的资料，对植物地理的划分加以修正，认为全世界栽培植物有8个起源中心，并于1935年出版了《育种的植物地理基础》一书，该书的一些基本理论至今仍有着重要的指导作用。

1968年，茹可夫斯基提出大基因中心的观点，认为很多作物除起源于瓦维洛夫的起源中心外，有必要加大地理范围。他将瓦维洛夫确立的8个起源中心扩大到12个。1975

年,瑞典的泽文和茹可夫斯基共同编写了《栽培植物及其变异中心检索》,重新修订了茹可夫斯基提出的 12 个基因中心,扩大了地理基因中心起源概念,现简介如下。

(1) 中国-日本起源中心:中国基因中心是主要的、初生的,由它发展了次生的日本基因中心。中国起源地的特点是栽培植物的数量极大,包括了热带、亚热带和温带作物的代表。在栽培植物种和属的数量上,中国超过其他起源地。例如,黍、稷、粟、大麦、荞麦、大豆、裸燕麦等作物,中国是初生基因中心;普通小麦和高粱等是次生基因中心。

(2) 印度支那-印度尼西亚起源中心:是爪哇稻和芋的初生基因中心。这里还具有丰富的热带野生植物区系。

(3) 澳大利亚中心:除美洲外,这里也是烟草的初生基因中心之一,并有稻属的野生种。

(4) 印度斯坦中心:起源的作物有稻、甘蔗、绿豆、豇豆等,还有许多热带果树。

(5) 中亚细亚中心:为中国和印度中心之间的转换区,起源的作物有小麦、豌豆等。

(6) 近东起源中心:起源的作物有栽培小麦、黑麦等。

(7) 地中海中心:从许多作物品种和种群组成来看,这里是次生起源地,很多作物在此区被驯化,如燕麦、甜菜、亚麻、三叶草、羽扇豆等属的种。

(8) 非洲中心:起源的作物有高粱、棉、稻等属的种,此中心对世界作物影响很大,许多作物起源于非洲。

(9) 欧洲-西伯利亚中心:起源的作物有二年生的糖用块根和饲用甜菜、苜蓿、三叶草等。

(10) 南美洲中心:起源或驯化的作物有马铃薯、花生、木薯、烟草、棉、苋菜等。

(11) 中美洲-墨西哥中心:起源或驯化的作物有甘薯、玉米、陆地棉等。

(12) 北美洲中心:驯化的主要作物有向日葵、羽扇豆等。

我国学者在作物起源上也做了大量工作。例如,丁颖等在华南、西南地区对水稻起源做了大量调查和考证工作,证明了籼稻、粳稻都起源于我国。目前,许多学者仍在继续探索,如小麦就有可能起源于我国。但不论作物起源于哪个中心,其地理上均有两个特点:一是多在热带、亚热带;二是起源地多是山地。

二、作物的传播

野生植物在人类未干预条件下的传播,凭借风、雨、水流及动物活动等自然因素进行,有的则在繁殖器官成熟时破裂的弹力作用下向外传播。

作物的传播除表现野生植物的传播方式外,还突出表现出以人类活动、人类迁徙为主要传播途径,即人类有目标的引种传播。古代农业和传统农业中的栽培作物传播随人类通过陆路或水路迁徙踪迹而发展,陆路传播一般随人类迁徙的渐进形成作物种类和品种的辐射,水路传播一般随人类迁徙形成沿海岸线扩展或跨海型扩展。丁颖(1957)、柳子明(1975)研究认为栽培稻可能发源于中国云贵高原和东南亚各大河流流域,约在公元前 12 世纪由海路东传至日本,约在公元前 1000 年以前传至菲律宾,稻种也由籼型野生稻分化演变成籼亚种和粳亚种两大类型。而发源于近东的普通小麦,经陆路传播到中国和欧洲,进一步由海路远传到非洲,15 世纪末传入印度群岛,18 世纪引入澳大利亚。发源于中美洲的玉米，由海路传入西班牙，再由陆路传至欧洲和中东，16 世纪 30 年代传入东亚，经好望角海路传到马达加斯加、印度和东南亚各国，并演变发展为 2 个种 9 个亚种类型。

世界历史上著名的中国通往西方的丝绸之路、哥伦布开辟好望角航行发现美洲新大陆、阿拉伯人公元 8～10 世纪经商活动等，都有力地推进了作物在东西方向的大量相互传播。经过传播交流的作物类型，有的在异地生长更好，有的发展更快。例如，原产于中国的大豆，现在在北美洲、南美洲栽培面积最大，单产最高，品种类型也丰富。原产于南美洲的花生，现在在印度和中国栽培面积最大。原产于南美洲的马铃薯，现成为欧洲各国主要的食品作物。原产于中美洲高原的陆地棉，传入亚洲，中国和印度成为最大的产棉国。

现代生物技术的广泛应用，只需 1～2 年就能完成一个作物品种的传播和新种质类型的创造，以最快的速度推进世界范围作物生产的发展。例如，近几年棉花 *Bt* 抗虫基因在我国的广泛应用就迅速有效地推进了我国抗虫棉花的生产。应该引起重视的是，现代作物的传播不能忽视由于不慎引进一个有害作物（基因）可能对某一生态区域的作物生产造成的严重危害，特别是对区域性食品安全和生物安全可能引发的危害。

第二节　作物的分布

作物的分布是指作物通过扩散，在不同地理区域种植后的空间配置情况。作物的分布与其生物学特性、气候、土壤、社会经济条件、生产技术水平、人们的习惯和社会需求等各种因素相关，但主要还是受自然生态环境的制约。

一、世界栽培作物的分布

（一）禾谷类作物

谷物是人类的主粮，2014 年全世界谷物的总产量为 24.76 亿 t，主要有稻谷、麦类、玉米等。亚洲的谷物面积约占世界总谷物面积的 54%。中国、美国、印度、俄罗斯、尼日利亚、巴西、澳大利亚、加拿大是世界主要谷物生产国，总产以中国、美国最高，分别占 22.4%、17.6%。

小麦是世界收获面积最大的禾谷类作物，适应范围广，自南纬 45°到北纬 67°均有小麦种植，其中北半球欧亚大陆和北美洲为主产区，而南美洲和大洋洲面积较小。中国为世界小麦总产量最多的国家，印度、美国分别居第二、三位。栽培的麦类作物还有大麦、燕麦、黑麦等。玉米为世界收获面积第二大禾谷类作物，居谷物总产量之首。玉米为粮食、饲料、经济兼用作物，以亚洲和北美洲为主产区。美国为世界最大玉米生产国，总产量占世界玉米总产量的 34.8%。中国居第二位，约占世界玉米总产量的 21.4%。稻谷是世界收获面积第三大禾谷类作物，主要集中分布在温暖湿润的亚洲季风地区，该地区约占世界稻谷收获面积的 88.9%。中国为世界最大稻谷生产国，印度稻谷收获面积居世界第一位，但单产和总产量不高，泰国和日本以生产优质稻米著称（表 1-1）。

表 1-1　2013 年世界作物生产情况（FAO 统计数据库，2014/8/4）　（单位：面积，khm^2；产量，万 t）

国家或地区	稻谷		小麦		玉米		大豆		甘薯		油菜籽	
	收获面积	总产量	收获面积	总产量	收获面积	总产量	收获面积	总产量	收获面积	总产量	收获面积	总产量
世界	164 721.7	74 571.0	218 460.7	71 318.3	184 192.1	101 673.6	111 269.8	27 640.6	8 241.0	11 074.6	36 374.4	7 253.3
中国	30 486.0	20 501.5	24 102.0	12 172.7	35 276.5	21 783.0	6 600.1	1 250.0	3 524.5	7 909.0	7 500.0	1 440.0
乌克兰	24.2	14.5	6 566.0	2 279.3	4 826.9	3 095.0	1 351.0	277.4			996.1	235.2
伊朗	500.0	254.0	7 050.0	1 400.0	425.0	254.0	76.0	18.6			170.0	35.0
巴西	2 349.0	1 175.9	2 209.7	571.8	15 317.4	8 053.8	27 864.9	8 170.0	39.0	47.9	38.0	5.8
加拿大			10 441.5	3 753.0	1 480.4	1 419.4	1 819.6	519.8			8 007.0	1 793.5
澳大利亚	113.6	116.1	12 500.0	2 285.6	78.6	50.7	41.1	9.2	1.8	4.3	3 271.6	414.2
法国	20.3	8.2	5 323.0	3 861.4	1 849.6	1 505.3	43.0	11.0			1 437.7	437.0
德国			3 128.2	2 501.9	497.0	438.7	1.0	0.2			1 465.6	578.4
匈牙利	2.5	1.0	1 094.5	509.6	1 254.0	672.5	43.2	8.2			202.5	52.7
印度	43 500.0	15 920.0	29 650.0	9 351.0	9 500.0	2 329.0	12 200.0	1 194.8	111.8	113.2	6 340.0	782.0
印度尼西亚	13 835.3	7 128.0			3 821.5	1 851.2	550.8	78.0	161.9	238.7		
南非	1.2	0.3	500.0	176.0	3 250.0	1 236.5	517.0	78.5	19.0	5.6	72.0	11.2
意大利	212.5	133.9	1 888.5	700.9	803.3	650.3	134.7	47.2	0.3	0.5	24.1	5.2
哈萨克斯坦	89.4	34.4	12 953.5	1 394.1	107.9	56.9	103.1	20.3			254.3	24.2
墨西哥	33.1	18.0	634.2	335.7	7 095.6	2 266.4	157.4	23.9	2.4	4.3		
泰国	12 373.2	3 878.8	1.2	0.2	1 145.9	506.3	106.0	19.0				
巴基斯坦	2 800.0	980.0	8 693.0	2 423.1	1 200.0	480.0			1.5	1.6	195.1	17.6
波兰			2 137.6	947.0	613.9	404.2			0.0	0.0	920.7	267.8
罗马尼亚	11.6	5.5	2 097.5	729.6	2 523.5	1 134.8	67.4	15.0	0.0	0.0	288.5	70.2
美国	998.8	861.3	18 274.2	5 796.7	35 478.0	35 369.9	30 703.0	8 948.3	45.8	112.4	685.0	88.0
越南	7 902.8	4 403.9			1 170.3	519.1	117.2	16.8	135.9	136.4		
俄罗斯	189.0	93.5	23 371.4	5 209.1	2 321.9	1 163.5	1 202.9	163.6			1 119.7	139.3
尼日利亚	2 600.0	470.0	80.0	8.0	5 200.0	1 040.0	600.0	60.0	1 115.0	340.0		
英国			1 615.0	1 192.1							715.0	212.8

（二）豆类作物

世界豆类作物收获面积占作物总面积的10.1%。豆类作物分布遍及世界各大洲，以亚洲和北美洲种植最多。豆类作物包括大豆、蚕豆、豌豆、小红豆等。美国是大豆栽培面积最大的国家，总产量达世界总产量的1/3。

（三）薯类作物

薯类收获面积占作物总面积的5.2%，包括马铃薯、甘薯、木薯等，集中分布于非洲、亚洲和欧洲，其中马铃薯主产国为俄罗斯、中国、印度和美国，甘薯主产国为中国。

（四）油料作物

油料作物为世界第二大类作物，收获面积占世界作物总面积的15.5%。各大洲均有油料作物种植，亚洲和美洲占74.0%。大豆、油菜籽、花生和向日葵为世界四大油料作物，另外还有油橄榄、芝麻、油茶、油玉米等。花生在亚洲和非洲的收获面积占世界收获面积的95.4%，主要分布在中国、印度和尼日利亚等国。

（五）纤维作物

全世界纤维作物收获面积为3710万hm^2，占世界作物面积的7.4%。棉花是最主要的纤维作物，主要分布于北半球的中国、印度、美国、巴基斯坦、巴西等国家，中国为世界最大的产棉国。麻也是重要的纤维作物，面积约有400万hm^2，以黄麻、红麻、亚麻为主。

（六）糖料作物

全世界糖料作物收获面积为12.2万hm^2，其中4/5为甘蔗，1/5为甜菜，少量种植甜叶菊等。甘蔗以亚洲和南美洲为集中产区，巴西、印度为最大甘蔗生产国，分别占世界甘蔗总产量的37.1%和19.1%。甜菜产于温带，主产国有白俄罗斯、德国、意大利等。

（七）饲料作物

全世界饲料作物以牧草为主，绝大部分用非可耕地栽培（人工草场），非洲、欧洲、北美洲、南美洲、大洋洲为牧草主产区。牧草作物主要有禾本科和豆科两类。

（八）嗜好类作物

全世界嗜好类作物主要包括烟草、茶叶、咖啡、可可等，总收获面积为675万hm^2。其中烟草主产国有中国、巴西、印度、美国、津巴布韦、土耳其、印度尼西亚等，中国烟草面积占世界的35.0%。茶叶栽培以亚洲为主，中国、印度、巴基斯坦、肯尼亚为主要产茶国。咖啡、可可栽培主要分布于赤道两侧地区。

二、中国栽培作物的分布

中国是世界上开始农业生产和栽培作物最早及最为广泛的国家，耕地面积保持在

1.3 亿 hm^2，世界栽培作物绝大部分在中国有分布（表 1-2）。

表 1-2　中国主要作物的生产量

作物	收获面积/$10^4 hm^2$	总产量/$10^4 t$	单产/(kg/hm^2)
1. 谷类	93 768.6	55 269.2	5 894
稻谷	30 311.7	20 361.2	6 717
小麦	24 117.3	12 192.6	5 056
玉米	36 318.4	21 848.9	6 016
2. 豆类	9 223.6	1 595.3	1 730
3. 薯类	8 963.3	3 329.3	3 714
4. 油料	14 022.6	3 517.0	2 508
油菜籽	7 519.4	1 445.8	1 923
花生	4 633.3	1 697.2	3 663
芝麻	418.5	62.3	1 490
向日葵籽	923.4	242.3	2 624
5. 棉花	4 345.6	629.9	1 449
6. 麻类	91.5	22.9	2 507
7. 糖料	1 998.3	13 746.1	68 788
甘蔗	1 816.5	12 820.1	70 576
甜菜	181.8	926.0	50 922
8. 烟叶	1 622.9	337.4	2 079
9. 茶叶	2 468.8	192.4	779

资料来源：《中国农业年鉴》编辑委员会，2014

（一）禾谷类作物

1. 麦类作物　栽培品种主要为普通小麦。长城以南、岷山以东地区为冬小麦区，栽培面积占小麦总面积的 83%左右，以华北平原的河南、山东、河北和苏北、皖北、关中平原为集中产区。长城以北、岷山以西地区为春小麦区，栽培面积占 17%左右。小麦平均单产以山东、河南最高，2014 年全国平均单产为 5056kg/hm^2。小麦品质以淮河以北地区为强筋小麦产区，长江沿岸及其以南地区为弱筋小麦产区，江淮地带为中筋小麦产区。大麦主要分布在江苏、云南、河南、湖北、甘肃等地，作饲料和啤酒原料。燕麦主要分布在西藏、山西和内蒙古，单产以西藏最高。

2. 稻谷　稻谷 90%以上分布在秦岭淮河以南、青藏高原以东区域，长江三角洲、珠江三角洲、皖中平原、鄱阳湖平原、洞庭湖平原、江汉平原、川西平原、海河流域平原、三江平原等是我国著名的稻谷产区。稻谷在长江以南可双季栽培，品种以籼稻为主；在江淮之间单双季混作；在淮河以北单季栽培，品种以粳稻为主。稻谷平均单产以宁夏、江苏最高，2014 年全国平均单产为 6717kg/hm^2；中国的杂交稻研究和生产在世界稻很高的声誉。

3. 玉米　玉米种植几乎遍及各个省(自治区、直辖市),集中产区形成从东北黑龙江、吉林、辽宁经华北的山东、河北、河南、内蒙古到西南的四川、云南、贵州及陕西的斜长弧形玉米分布带。北方为春玉米产区,黄淮流域为夏玉米产区,西南为春、夏玉米产区。玉米的平均单产以新疆、辽宁、吉林最高,2014 年全国平均单产为 6016kg/hm^2。我国栽培的玉米以饲料玉米为主,专用玉米甜玉米、糯玉米、油用玉米等栽培面积较小。

4. 粟、稷等作物　原产于我国,在 20 世纪 50 年代以前栽培面积较大,俗称谷子、小米,主要分布在河北、山西、内蒙古和辽宁等地;高粱主要分布在辽宁、黑龙江、吉林、内蒙古、山西等地;荞麦主要分布在内蒙古、云南、四川等地。

(二) 薯类作物

我国是世界上最大的薯类生产国,其中 53.4%为甘薯、46.6%为马铃薯。甘薯主产区在四川、河南、安徽、山东、广东等地,马铃薯主产区在内蒙古、黑龙江、贵州、云南、甘肃等地。

(三) 豆类作物

豆类作物主要有大豆、蚕豆、绿豆、红小豆等。大豆原产于我国,黑龙江是最大的大豆生产地,占全国的 1/3;其余栽培面积较大的有河南、安徽、内蒙古、吉林和辽宁等。东北三省为春大豆区,黄淮海产区为夏大豆区,其余地区春、夏大豆兼作。绿豆主要产于内蒙古、吉林、安徽、河南等地,蚕豆以云南、四川、江苏为主产地,红小豆以黑龙江、吉林、内蒙古等为主产区。

(四) 油料作物

油料作物有油菜籽、花生、大豆、向日葵、芝麻等。油菜种植主要分布于长江流域和云贵高原,以冬油菜栽培为主;内蒙古、陕西、青海、东北三省以春油菜栽培为主。油菜集中产区为湖北、安徽、四川、江苏、湖南、江西,品种以甘蓝类型为主。花生主要分布于黄淮平原的山东、河南、河北,东南沿海的广东、广西、安徽、江苏,以及四川、辽宁等地。花生产品以油用和休闲食品并用。向日葵集中分布于内蒙古、黑龙江、山西、新疆等地,芝麻作为我国著名的调味油作物,几乎全国各省都有种植但栽培面积较小,主要集中分布于河南、湖北、安徽和吉林等地。

(五) 纤维作物

纤维作物主要有棉花和麻类。我国是世界上最大的产棉国,棉花种植以新疆、河南、山东、河北、江苏、安徽、湖北、湖南为主产区,棉花品种以细绒陆地棉为主。我国栽培的麻类作物面积中苎麻主要分布于湖南、湖北、四川,亚麻主要分布于黑龙江、新疆,黄红麻主要分布于河南、安徽。

(六) 糖料作物

糖料作物中甘蔗集中在我国东南热带、亚热带的广西、广东和云南等地,占全国甘蔗面积的82.0%,其余分散于淮河以南的广大区域。甜菜产区集中在我国北部温带的黑龙江、新疆、内蒙古等地。

(七) 青饲料作物

青饲料作物包括人工草场牧草和耕地栽培牧草,总面积为 $2.082\times10^6 hm^2$。

(八) 嗜好类作物

嗜好类作物主要有烟草、茶叶。烟草以烤烟为主,烟草栽培要求相适应的土壤条件,其中云南、贵州、河南三大产烟区栽培面积占全国的54.2%,云贵高原烟叶品质较适应于我国优质高档卷烟的配方要求。我国是世界闻名的产茶大国,茶叶为我国著名特有的作物产品,茶叶的分布一般与土壤条件和茶叶品种相联系,主要分布在福建、浙江、云南、湖北、湖南、四川、安徽、江苏、广东等地。

(九) 其他作物

我国的蚕桑业与"中国丝绸"闻名于世,植桑历史悠久,主要分布在江苏、浙江、云南、湖南、江西等地;橡胶主要分布在广东、云南、海南等地;药材是我国丰富的资源,在全国各地都有一定量的栽培。

第三节 作物的分类与利用

作物种类繁多,同一作物的品种材料又十分丰富。生产实践中,同一种作物可能有多种用途,如大豆可作油料、豆制品和蛋白纤维原料,玉米可作食用原料、青饲料或油料,棉籽可作油料、蛋白质原料,各种粮食作物都可作为食品加工和饲料的原料。因此,对作物进行分类,就是为了在作物生产中便于研究和应用这些作物类型及其品种材料。

一、作物的分类

采用与植物学分类(常见作物学名见表1-3)不完全一样的方法进行分类。

表1-3 常见作物中文名、学名、英文名对照表

中文名	学名	英文名	主要用途
稻	*Oryza sativa* L.	rice	子实食用
小麦	*Triticum aestivum* L.	wheat	子实食用
大麦	*Hordeum sativum* Jess.	barley	子实食用、饲用
黑麦	*Secale cereale* L.	rye	子实食用
燕麦	*Avena* spp.	oat	子实食用、饲用
玉米	*Zea mays* L.	corn(maize)	子实食用、饲用
高粱	*Sorghum bicolor* (L.)Moench	sorghum	子实食用、饲用
黍(稷)	*Panicum miliaceum* L.	proso millet	子实食用

续表

中文名	学名	英文名	主要用途
粟	*Setaria italica* Beauv.	foxtail millet	子实食用
薏苡	*Coix lacryma-jobi* L.	jobstears	子实食用
甘蔗	*Saccharum* spp.	sugar-cane	榨糖
荞麦	*Fagopyrum* spp.	buck wheat	子实食用
大豆	*Glycine max*(L.)Merr.	soybean	种子油用、食用
花生	*Arachis hypogaea* L.	peanut	种子油用、食用
蚕豆	*Vicia faba* L.	broad bean	种子食用
豌豆	*Pisum sativum* L.	garden pea	种子食用
豇豆	*Vigna* spp.	common cowpea	种子食用
饭豆	*Phaseolus calaratus* Rox.	rice bean	种子食用
绿豆	*Phaseolus radiatus* L.	mung bean	种子食用
紫云英	*Astragalus sinicus* L.	Chinese milk vetch	绿肥、饲料
苜蓿	*Medicago* spp.	alfalfa	绿肥、饲料
田菁	*Sesbania cannabina* Pers.	sesbania	绿肥
草木樨	*Melilotus* spp.	sweet clover	茎叶绿肥
甘薯	*Ipomoea batatas* Lam.	sweet potato	块根食用
山药	*Dioscorea batatas* Decne.	Chinese yam	块根食用
芋	*Colocasia antiquorum* Schott	taro dasheen	球茎食用
马铃薯	*Solanum tuberosum* L.	potato	块茎食用
烟草	*Nicotiana tabacum* L.	tobacco	叶制烟
棉花	*Gossypium* spp.	cotton	种子纤维、纺织用
红麻	*Hibiscus cannabinus* L.	kenaf	韧皮纤维用
苘麻	*Abutilon avicennae* Gaertn.	China jute	韧皮纤维用
黄麻	*Corchorus* spp.	jute	韧皮纤维用
苎麻	*Boehmeria nivea* L.	ramie	韧皮纤维用
大麻	*Cannabis sativa* L.	hemp	韧皮纤维用
亚麻	*Linum usitatissimum* L.	common flax	韧皮纤维用
剑麻	*Agave sisalana* Perr.	sisal	叶纤维用
蕉麻	*Musa textilis* Nees.	Manila hemp	叶纤维用
油菜	*Brassica* spp.	rape	种子油用
芝麻	*Sesamum indicum* DC.	sesame	种子油用、食用
向日葵	*Helianthus annuus* L.	sunflower	种子油用
菊芋	*H. tuberosus* L.	Jerusalem artichoke	块茎食用
木薯	*Manihot utilissima* Pohl	cassava	块根食用
糖甜菜	*Beta vulgaris* L.	sugar beet	块根糖用

（一）传统分类方法

按作物用途和植物学系统相结合分类，这也是作物栽培学通常采用的分类法，一般将大田作物分为3个大类9个分类。

1. 粮食作物（或称食用作物）　包括禾谷类作物（或称谷类作物）、豆类作物（或称菽谷类作物）、薯类作物（或称根茎类作物）等。

1）禾谷类作物　主要有稻、小麦、大麦、燕麦、黑麦、玉米、高粱、粟、黍（稷）、薏苡等，蓼科荞麦的籽粒可供食用，因而习惯上列入此类。

2）豆类作物　主要有大豆、蚕豆、豌豆、绿豆、红小豆、鹰嘴豆、饭豆、豇豆、扁豆等。

3）薯类作物　主要有甘薯、马铃薯、木薯、豆薯、山药、芋、菊芋等。

2. 经济作物（或称工业原料作物）　包括纤维作物、油料作物、糖料作物、嗜好类作物、其他作物等。

1）纤维作物　主要有棉花、红麻、黄麻、苎麻、大麻、亚麻、剑麻等。

2）油料作物　主要有油菜、花生、向日葵、芝麻、红花、橄榄、蓖麻、棕榈等，大豆、棉籽、高油玉米等也作油料用。

3）糖料作物　主要有甘蔗、甜菜、甜叶菊等。

4）嗜好类作物　主要有烟草、茶、咖啡、可可等。

5）其他作物　包括桑，漆，橡胶，芦苇，香料作物薄荷、留兰香，染料作物番红花、蓝靛，编织作物席草、蒲草、杞柳，药料作物枸杞、百合、何首乌、三七、天麻、人参、甘草、麻黄等。

3. 饲料及绿肥作物　主要有苜蓿、苕子、紫云英、草木樨、四菁、柽麻、紫穗槐、三叶草、黑麦草、早熟禾、苏丹草、狼尾草及水葫芦、水浮莲、绿萍等。

（二）按生物学特性分类

1. 按作物感温特性分类　可将作物分为喜温作物和耐寒作物。喜温作物有稻、玉米、高粱、棉花、大豆、烟草、花生、甘蔗等；耐寒作物有小麦、大麦、黑麦、油菜、蚕豆等。

2. 按光周期反应特性分类　可将作物分为长日照作物、短日照作物、日中性作物和定日照作物。长日照作物有麦类作物、油菜、蚕豆等；短日照作物有稻、玉米、大豆、棉花等；日中性作物有荞麦、豌豆等；定日照作物如甘蔗的某些品种只能在12h 45min日长条件下才能开花。

3. 按光合作用 CO_2 同化途径分类　可将作物分为 C_3 作物、C_4 作物和CAM作物。C_3 作物有稻、麦、大豆、棉花、油菜、蚕豆等；C_4 作物有玉米、高粱、甘蔗、四倍体黑麦草等；CAM作物有菠萝、凤梨科和龙舌兰科等。

（三）按播种、收获季节分类

按播种季节分类，可分为春播作物（棉花、玉米等）、夏播作物（水稻、大豆、花生、玉米等）、秋播作物（小麦、大麦、油菜、蚕豆等）。按收获季节分类，可分为夏收作物（小麦、油菜、大麦、蚕豆、马铃薯等）和秋收作物（水稻、玉米、棉花、大豆、花生、甘蔗、甘薯等）。

二、作物的利用

作物生产是农业生产的基础，这是由于作物生产不仅直接供给人类所需的生活资料，还要供给农业中畜牧业、渔业等所需的饲料。作物生产产品的数量和质量与人们物质生活水平的提高息息相关。

（一）作为生活资料

我国是世界第一人口大国，解决吃饭问题是头等大事，人民生活中所消费的粮食、水果、蔬菜几乎全部由作物生产提供。穿衣在人民基本消费方面也占有重要的地位，目前，我国服装原料的80％来自作物生产，合成纤维仅占20％左右。随着人类生活水平的提高，资源可持续利用和环保安全意识的加强，人们将会越来越喜欢可以再生的、经济的植物纤维。由此可见，作物生产具有举足轻重的地位和作用。

（二）作为工业原料

农产品为工业生产提供了重要的原材料。目前，我国约40％的工业原料、70％的轻工业原料来源于农业生产。有些轻工业如制糖、卷烟、纺织、造纸、酿酒、橡胶、食品等的原料主要来自作物生产。作物产品在医药、化工、国防工业、铸造、制革等行业的用途也十分广泛。随着人民生活水平的提高，对未加工的农产品的需求将不断下降，对农产品加工品的需求会不断增加，也就是说，目前人们直接消费的某些农产品今后需要加工后才能进入消费环节。可以预计，在今后一个相当长的时期内，我国轻工业的发展仍然受制于农业生产，特别是经济作物的生产状况。因此，发展作物生产，必将推动我国工业和轻工业的发展，后者的发展反过来必将促进作物生产的进步。

（三）作为物质能源

随着现代工业的发展，世界范围内不可再生能源（石油、天然气、煤炭等）总有一天要枯竭，人类在开发利用太阳能、风能、水能、核能等多种替代资源的同时，作物产品作为生物能源越来越受到人们的重视，植物油可代替部分石油产品，利用作物含有的大量碳水化合物（如玉米、甘蔗）生产乙醇可直接作为能源使用，由于作物生产的能量来自太阳能，是可再生能源，因此作物产品的开发利用为能源生产提供了新的途径。

第二章　作物栽培学的特征与作用

作物栽培学是作物生产最基本、最重要和最核心的学科之一，它研究作物生长发育和产量、品质形成规律及其与环境的关系，进而采取栽培措施使各生产要素合理组合，以达到作物生产优质、高产、高效、安全、生态的目的。作物栽培学研究的内容广泛、综合性强，直接服务于作物生产。作物栽培学的内涵涉及作物生理学、作物生态学、作物管理学等不同的学科领域。作物栽培学及作物生产的发展水平直接影响人们的基本生活需求和质量，关系到国计民生和社会经济的发展。在当今社会和现代农业力求解决人口、粮食、环境、效益等多重问题的发展进程中，需要了解作物栽培学的形成、内涵与特征、性质与作用，以及其与食物营养和粮食安全的关系。

第一节　作物栽培学的形成与特征

在长期生产实践中积累起来的作物栽培学知识可以追溯到远古，文献记载也有几千年的历史，但作为一门较完整的学科诞生时间并不长，随着社会经济及农业内涵的发展而得到不断的丰富和完善。

一、作物栽培学的形成

我国是一个农业大国，又是农业古国，农业历史悠久。在公元前 10 000～4000 年的新石器时代，就已经有石制和骨制的斧、铲、刀、镰等作物生产用具和石碾盘等加工用具，并有了黍、稷、粟、稻等作物的栽培。在 3000 多年前的商代甲骨文中，就有关于黍、稷、粟、稻、禾、麦、菽等种植作物最早的记载。至春秋战国时期（公元前 770～221 年），农业生产已很受人们重视，并开始有农书的出现，如《神农》《野老》《神农教田相土耕种》等，但现在还系统保存着的只有《吕氏春秋》中的上农、任地、辨土、审时等 4 篇。因此，《吕氏春秋》被认为是我国现存最早的作物栽培学论文。在古农书中最著名的有汉代的《氾胜之书》（公元前 1 世纪），后魏贾思勰的《齐民要术》（公元 6 世纪），元代的《桑农辑要》（公元 13 世纪）和王祯的《农书》（公元 14 世纪），明代徐光启的《农政全书》（公元 17 世纪），清代的《授时通考》（公元 19 世纪）等。在这些农业专著和其他古籍中，对我国历代农民作物栽培技术的宝贵经验有较详细的记载。例如，《吕氏春秋・审时》篇中有“夫稼，为之者，人也，生之者，地也，养之者，天也”，指出了作物生长所需要的基本条件及这些条件的地位和作用。在选择农时上“凡农之道，厚（候）之为宝”，指出掌握农时的重要性。《氾胜之书》中记有“种麦得时无不善，夏至后七十日可种宿麦（冬麦），早种时虫而有节，晚种则穗小而实少”，指出了冬麦播种过早或过迟，对小麦性状和产量都有明显影响。在耕作深度方面，《齐民要术》指出“秋耕欲深，春夏欲浅”及“初耕欲深，转地欲浅”。在耕作制度方面，汉代已采用易田法（耕地休闲）和代田法（换垅种植）。在土壤培肥方面，《齐民要术》指出“凡谷田用绿豆小豆底为上”，以及“概种绿豆至七、八月掩杀之，如以肥田则良美与粪不殊，又省功力”；至宋代（公元 960～1279 年）提出“用粪得理”“用粪犹用药”的合理施肥原则。此外，在改造和利用自然方面，如利用低湿地种植水稻，在丘陵山区建立梯田，利用熏烟法防霜冻等，都表现了丰富的实践经验。

国外对作物栽培的记载也很早，大致与氾胜之同时代的古罗马学者 M. T. Varro 所著的《论农业》，涉及小麦、黑麦、亚麻、苜蓿、野豌豆、羽扇豆等的栽培技术。

虽然作物栽培学知识的积累可以追溯到远古，文献记载也有几千年的历史，但作物栽培学作为一门较完整的学科诞生并不长。一般认为，英国的特尔（A. B. Thaer，1752～1828 年）是首先倡导把作物栽培学作为一门学科的人。在《合理农业的原理》中，他提出以传统的冬粮→芜菁→夏粮→苜蓿的复种轮作制度来发展饲料生产和畜牧业，为农田提供厩肥、保证作物养分的供给。在他的著作中，虽然涉及了基础科学、经济、土地规划、耕作、作物和畜牧等几个方面，但其主线是作物的生产，比较接近现代作物栽培学的基本概念。

我国的作物栽培学是 20 世纪 50 年代农业院校新开设的一门专业主干课，并由此诞生了中国作物栽培学科。这一学科紧紧围绕中国农作物增产的主题，针对各地差异极大的自然和生产条件、复杂的多熟种植制度所产生的各种作物栽培问题开展研究，攻克了比西方国家要复杂得多的众多栽培技术难关。作物栽培科学和其他农业科学一起，在解决人口占世界的 22%、耕地只占 7%的中国的农产品供应问题及发展中国作物生产中起了不可替代的作用，并形成了具有显著中国特色的作物栽培科学理论和技术体系。

二、作物栽培学的特征

1. 作物栽培学以作物群体为主要研究对象　作物栽培学研究的是群体，在群体条件下研究和掌握作物的生长发育与器官建成、产量与品质形成的规律，为看苗诊断和栽培措施的合理运用提供可靠的理论依据；同时组成群体的个体间在争夺光、温、水、肥、气中存在一定的矛盾，要分析这些矛盾，并根据作物的品种特性、环境条件，对播种期、种植密度、群体动态、肥水运筹等方面进行合理安排，协调个体与群体矛盾，创造一个群体与个体协调发展的生态体系，以发挥作物经济器官的最大增产潜能、最优品质潜能及最大生态效益。

2. 作物栽培学以优质、高产、高效、安全、生态为研究目标　首先，种植作物获得产品是为了得到适宜的经济或生态效益，因此，作物栽培学要研究良种良法的配套，使作物能够优质、高产。其次，作物栽培又不能只着眼于一季作物的优质、高产，还必须解决好前后茬口的协调关系、作物栽培对环境的影响等问题，即要研究如何实现作物生产与农业可持续发展的问题，达到作物生产的优质、高产、高效、安全、生态的综合目标。

3. 作物栽培学是综合性很强的学科　与作物栽培学密切相关的学科很多，有研究作物本身的植物学、作物生理学、生物化学与分子生物学等，有研究作物与环境关系的作物生态学、农业气象学、土壤肥料学、农业化学、昆虫学、植物病理学等许多学科。这些学科都从作物本身的某一方面，或是从作物生长环境的某一侧面研究与作物生产相关的理论与技术问题，都可为作物的优质、高产、高效、安全、生态提供可靠的依据或措施，但最后将各部分综合并用于作物生产，只有通过作物栽培学的综合研究和应用才得以实现。

4. 作物栽培学是实践性极强的学科 一是应用性，作物栽培学的目的是服务于作物生产，这就决定其必须有实用性和可操作性。二是针对性，作物栽培学涉及不同类型的作物，这些作物有其共同的原理和普遍的规律，又有其自身的特征特性，有其对环境条件的不同要求。因此，作物栽培学不仅要阐述一般知识、基本原理、普遍应用的技术，还要讲述不同作物专门的知识、原理、技术。三是灵活性，作物栽培有较为严格的地区性和季节性。不同地区适宜于不同的作物，即使同一地区的不同地点(如阳面、阴面，高地、湿地等)所种植的作物也有针对性。不同季节适于不同的作物，在同一季节栽培的时间先后也有不同的管理。另外，随着人们对作物产量和品质形成规律认识的深入，新品种的引种和创新，以及新技术的引进，作物栽培学也要有适当的调整。四是发展性，作物栽培学服务于生产实践，又在实践中丰富和发展自身的理论，在试验研究中发现问题，分析和解决问题。

第二节 作物栽培学的任务与作用

作物学是现代农业科学发展的基础，作物学体系中的作物栽培学主要研究作物生长发育和产量、品质形成的一般规律及其与环境的关系，探索通过栽培调控途径，实现作物高产、优质、高效、生态、安全的理论、方法与技术。

一、作物栽培学的任务

作物栽培包括作物、环境和措施 3 个环节。作物品种的遗传特性在作物生产中是决定作物产量和品质的首要和内在因素，作物品种高产、优质等优良特性的完全表达，还要依托作物栽培的环境条件和技术调控。作物栽培学的任务就在于根据作物品种的遗传特性及种植的主要目的，为其提供适宜的生态环境条件，并采取与之配套的栽培调控技术，使作物品种的遗传特性得以充分表达。

二、作物栽培学的作用

栽培作物的产品具有特殊的使用价值，是人类生存最基本、最必需的生活资料。作物栽培学的作用主要表现在以下 6 个方面。

(一) 确保粮食安全，保证人们衣食等生活资料的优质足量供应

我国是世界人口最大的国家，解决吃饭问题是我国的头等大事。从一个相当长的时期来看，无论是保证全国人民的口粮，还是改善人民的食物质量，都必须依赖于农业生产的不断发展和深化。因此，作物栽培学的首要任务和作用就是确保作物生产的高产、优质、高效、安全、生态。除吃饭外，穿衣在人们基本消费方面也占有重要地位。目前，我国服装原料的 80%来源于农业生产，合成纤维仅占 20%左右。虽然化纤产品的绝对量和相对量在不断增加，但石油等石化原料总是有限的、不可再生的，另外，从生态、环保、健康的发展角度来看，农业作为一种经济的、可再生的纤维来源也是不可代替的。

(二) 提供重要的产品工业原料和出口创汇物资

目前,我国约40%的工业原料、70%的轻工业原料来源于农业生产,因此若要提高作物生产的数量和质量,就必须依靠作物栽培学理论研究与实践的丰富和发展。另外,虽然我国的工业产品与世界先进水平还有一定差距,在世界市场上的竞争力还较弱,但我国农副产品及其加工品价廉物美,在国家总出口额中占有较大的比例。因此作物栽培学在农业增效、农民增收方面具有重要作用。

(三) 促进农业结构调整和产业化

农业结构调整和种植制度改革都必须以作物栽培学的创新与改进为基础。在今后,按产业化管理发展市场需求的各种专用性的品牌农产品,必须按生产基地的生态综合条件,专项制订达到优质、高产、安全的标准化栽培技术规程。

(四) 改善资源利用及环境质量,降低生产成本,提高劳动生产率

提高肥、水、药利用率,既是降低生产成本、农业增产增收的重要措施,也是减少污染、保护农业生态环境最主要的途径,需要靠作物栽培学对施肥和农药安全施用的标准化技术进行研究。另外,栽培轻简化与机械化,即简化作业程序、减少作业次数、改变作业方式(化除、化调、化控、少免耕、机械化等)、减轻劳动强度、提高作业质量,是降低生产成本、提高劳动生产率的关键,也正是作物栽培需要研究的栽培技术改革内容。

(五) 推进农业信息化和现代化

农业信息化是农业现代化的重要标志和内容,可对优质、高产、高效、安全、生态的栽培技术方案进行定量决策和精确管理。这就需要研究作物生长模拟模型、作物管理知识模型、作物生产决策支持系统,建立基础农情数据库及信息管理系统,并将信息农业的关键技术和管理系统在作物生产中进行示范应用。

(六) 丰富和促进相关学科的发展

作物栽培学涉及植物学、植物生理学、生物化学、遗传学、土壤学、植物营养学、农业生态学、农业气象学等众多学科领域,因此其实际范畴要宽于作物学本身的内涵。第一,作物栽培学应用其相关学科的成果促成自身的发展;第二,作物栽培学的研究与发展也补充了相关学科,促进其不断发展;第三,由于作物栽培学是一门实践学科,因此其在发展中遇到的问题也给相关学科研究和拓展提出了新的课题。

综上所述,在现代农业发展的许多重要领域内,需要作物栽培学的直接参与和支撑。作物栽培学作为一门独立的学科,具有不可替代性。

第三节 作物栽培学与相关学科的关系

作物栽培学是一门综合性很强的农业技术科学,其研究对象是作物。就针对作物本

身的研究而言，有作物形态、解剖、生理、生态、生化、群体、群落等；就作物生长发育及环境影响而言，有农业气象学、土壤学、农业化学、作物病虫害防治等。上述学科各自从作物生长发育，或者从作物所处的环境效应，为作物的高产、优质、高效、安全、生态提供理论依据和措施。

一、作物栽培学综合运用其他学科的科技成果

作物是活的生命体，其生长受作物本身生理及遗传因素的影响，同时也受作物所处的环境及人为调控等因素的影响。因此，作物栽培学一方面要研究作物的内在因素，另一方面也要研究作物生长的外在条件，使两方面有最合适的协调，才能使作物生长得到最大的效益。

（一）研究作物内在因素的学科是作物栽培学的基础理论来源

传统作物栽培学与植物生理学和遗传学关系最为密切。植物生理学是研究植物生命活动规律的科学。遗传学研究作物的遗传特性，是根据种植需要选取优良品种的基础。另外，有关植物生物学和细胞学等学科的知识，也是作物栽培学要涉及的基础性和支持性学科。随着生命科学技术的发展，基因组学、分子生物学能够从分子水平解释作物的品种特性，成为现代作物栽培学的重要理论来源，正越来越受到作物栽培学家的重视。

（二）研究作物环境因子的学科是作物栽培学的重要理论基础

研究作物与环境关系的植物生态学、农业气象学、土壤学、植物营养学等与研究作物生产中病虫草害综合管理及机械化作业的农业昆虫学、植物病理学、农机学等，都与作物栽培学有密切的关系。但作物栽培学并不是单纯地运用其他学科的研究成果，也不是综合其他学科成果而派生出来的对作物种、管、收的操作规程。作物栽培学是在充分掌握作物生长发育规律、产量和品质形成规律及其与环境关系的基础上，综合运用不同学科的理论方法和技术成果，并进行集成组装和创新完善，从而形成具有自身理论基础和技术支撑的学科体系。

二、作物栽培学对其他学科的充实和发展

学科间的互相渗透，只会起互相补充及促进的作用。其他学科的新成果会充实、发展作物栽培学，但不是替代作物栽培学。而作物栽培学的发展，也充实和发展了其他学科。

（一）对作物生理学的充实和发展

作物生理学研究作物的基本生命活动规律，在大田生产中作物的活动规律受自身规律的制约，也受到群体内个体间的影响，作物栽培学研究的主要目标对象是作物群体，因而需要研究群体对作物个体生理规律的影响。另外，由于作物栽培研究中经常涉及作物生理学中没有给出结论的作物生命活动规律的内容（如作物氮素的转运规律及其与碳素的协调关系和调控原理等），这也是对作物生理学的补充和发展。

（二）对作物育种学的充实和发展

良种是作物增产的内因，但良种遗传特性的充分表达，必须靠正确的栽培理论和技术。另外，作物栽培的研究和实践还可以为作物品种选育不断建议新的目标性状和适宜基因型。

（三）对农业土壤学的充实和发展

土壤培肥是作物持续稳产、高产的基础，加深耕层，增施有机肥（包括绿肥）和化学肥料，合理灌溉和耕作管理，一直是培肥地力的土壤学理论。目前，新型农业技术的发展改变了原有土壤培肥的理论，如少免耕栽培技术能争取适期播种，较传统精耕细作栽培有显著的增产、省工、节本、高效的作用；栽培上直接用秸秆还田可以作为有机肥的新来源。实践证明，秸秆还田和少免耕配套，开辟了培肥地力的新途径，是作物栽培学对土壤科学的补充。

（四）对耕作学的充实和发展

提高复种的耕作改制，是发展中国作物生产的战略措施，也是耕作学的主要任务之一。但各种耕作改制的成功，如小麦—玉米两季双高产的种植制度，都有作物栽培改革的参与。

以上作物栽培研究对其他学科的补充和发展，决不能说是作物栽培可替代其他学科；同样，作物栽培学应用其他学科的成果促进自身的发展，也决不意味着作物栽培学可被其他学科所替代。作物栽培学家可以深入其他学科而成为熟谙其他某门学科的专家，其他学科的专家也可以深入作物栽培领域成为熟谙作物栽培学的专家。

第三章　作物栽培学的发展

作物栽培学是农学门类中的核心学科之一，作物栽培学及作物生产的发展水平直接影响人们的基本生活需求和质量，关系到国计民生和社会经济的发展。特别是在当今社会和现代农业力求解决人口、粮食、环境、效益等多重问题的发展进程中，十分需要了解作物栽培学的发展历程及现代作物栽培的新理论和新技术等。

第一节　作物栽培学的发展历程

作物栽培学是一门古老且不断更新的学科，也是现代农业科学发展的基础。作物栽培学一直随着社会经济及农业内涵的发展而得到不断的丰富和完善。作物栽培学的发展直接影响人们的基本生活需求和质量，关系到国计民生和社会经济的发展。

一、中国古代作物栽培学思想

（一）古农学的产生

中国的古代农业，从原始社会的“刀耕火种”到明清时期的“精耕细作”，经历了近万年的历史，历朝历代都非常重视农业。《管子》中提到：“强本务，去无用，然后可使民富”“舍本事而事末事，则田荒而国贫”，可见当时即把务农作为强国富民之本。至汉代，重农思想被进一步强化，汉文帝提出了“农天下之大本也”。南北朝则形成了“国以民为本，民以食为天”的思想。直至清代康熙还在《农桑论》中指出“王政之本，在于农桑”。

我国历史悠久的农业生产造就了灿烂辉煌的农作文明。在 3000 多年前的商代甲骨文中，就有关于黍、稷、粟、稻、禾、麦等作物的记载。据《中国农学书录》记载，中国古农书有 542 种，其中失传的有近 200 种。在春秋战国时期的《吕氏春秋》、汉代的《氾胜之书》、后魏贾思勰的《齐民要术》、元代的《桑农辑要》、明代徐光启的《农政全书》、清代的《授时通考》等中国古代农学专著和相关古籍中，详细记载了我国历代农业生产中宝贵的作物栽培技术经验。在众多农学古籍和历代农民的生产实践中，始终贯穿着天（气候条件）、地（土壤条件）、人（人为因素）的统一，即“天人合一”的思想，这也是中国古代农学思想的精髓所在。由此可见，中国的古代农学堪称世界一流。

（二）精耕细作思想

我国历代的作物生产都重视“精耕细作”，战国的《庄子》中就指出：“昔予为禾，耕而鲁莽之，则其实亦鲁莽报予，芸而灭裂之，其实亦灭裂而报予。”轮作复种、深耕细作及合理施肥是我国古代发明的 3 项重要作物栽培技术。据《补农书》记载，在 17 世纪时，太湖地区的收获量至少已达到播种量的 30 倍，这创造了当时世界最高的单产水平。

精耕细作主要是利用有限的资源，投入较多的人力物力，获得较多的农业产品。我国古代的精耕细作传统主要表现在深耕细锄、粪多力勤、少种多收、合理利用天时地利并维持土壤肥力等方面。精耕细作的农艺措施与我国地少人多、水旱灾害频发的状况是分不开的,《吕氏春秋·任地》在谈到耕地原则时要求"五耕五耨,必审以其深植之度,阴土比得,大草不生,又无螟蜮,今兹美禾,来兹美麦",由此说明当时的精耕细作水平已相当高了。在我国耕种了数千百年的土地上,地力能够保持经久不衰,完全是用养结合、以粪治之的结果,王祯在《农书》"粪壤"篇中也写到:"所有之田,岁岁种之,土敝气衰,生物不遂,为农者必储粪朽以粪之,则地力常新壮而收获不减。"另外,还开辟了粪肥、绿肥、泥肥、骨肥、灰肥等多种肥源,创造了沤肥、堆肥、熏土等一系列肥料积制方法,从而使地力得到了维持和提高。我国复种轮作的历史由来已久,如在《吕氏春秋·任地》中就提到了两年三熟的轮作复种制度,陈旉在《农书》中也记载了南方泽农的稻—豆、稻—麦、稻—菜等一年两熟和谷子、芝麻、大豆与冬小麦两年三熟的复种经验,在此基础上又创造了一系列的轮作复种方法,使得复种指数不断提高,耕地复种指数达到世界最高水平。

二、中国现代作物栽培学的发展

新中国成立以来,作物栽培学得到了长足的发展。经过半个多世纪的不懈努力,我国形成了独具特色的中国作物栽培科学理论与技术体系,许多方面具有独创性。

(一)探索形成了作物栽培学研究方法

随着现代科学理论和技术的发展,以及与相关学科的交叉与融合,作物栽培学不断涌现了新的研究方法和技术,代表性的方法主要有田间试验法、生长分析法、生理研究法、系统研究法等。

1. 田间试验法　也称为产量对比法,通过设置不同品种和栽培技术措施的单因素或多因素对比试验,在试验过程中对生长指标、生育进程等进行详细的观察、测定和记录,并在成熟期进行测产和考种,采用统计方法对栽培品种及技术措施进行综合分析,以确定最优的栽培技术方案或措施。

2. 生长分析法　该方法以研究作物干物质积累过程为基础,而干物质积累又与叶面积和光合效能有直接的关系。因此,在作物关键生育期,通过比较不同作物、品种、技术措施间的植株干物质积累量、叶面积指数、株高、群体茎蘖数等时序指标动态,可在一定程度上鉴别品种性状的好坏和栽培措施的优劣。

3. 生理研究法　在作物生长的各关键生育期,采用便携式仪器设备(如 LI-6400 光合仪、PAM-2500 荧光仪),测定植株的光合与蒸腾速率、气孔导度、荧光参数等生理指标;也可取样带回实验室测定植株的酶活性[超氧化物歧化酶(SOD)、过氧化物酶(POD)、过氧化氢酶(CAT)等]、叶绿素含量、养分含量、有机物质(糖、蛋白质、脂肪、激素等)的转化和运输等,以评价作物的生长状况、生理过程及生化指标。

4. 系统研究法　采用系统分析方法和计算机模拟技术,可对农作系统中的生物与非生物过程及其与环境和技术的动态关系进行定量描述和预测。通过部署在计算机上的作物生产模拟系统,即可进行多种栽培方案的模拟试验,如涉及品种、播种期(播期)、水分和肥料处理的单因素及互作试验,为优化栽培管理方案及品种改良目标等提供一种有效的定量化研究手段，并可有效克服田间试验研究中干扰因素多、周期长、费用高等缺陷。

（二）建立了作物栽培学理论体系

近50年来，国内外诸多学者围绕作物生长发育规律、光能利用和转化过程、产量与品质形成机制及其与环境因子和技术措施的关系，进行了深入系统的研究，逐步确立了作物栽培学的理论体系，促进了作物高产、优质、高效栽培理论与区域栽培模式的不断拓展和完善。

1. 作物栽培学理论体系的发展历程　20世纪50年代，作物栽培学注重研究与作物生长发育有关的各种环境因子（光、温、水、肥、气等）及其变化规律，探索通过肥水运筹等措施来营造一个理想的作物生长发育环境。60年代，作物栽培从结构型的角度探讨了高产栽培的途径，提出了“最适粒数”“最适叶面积”及高产、稳产的群体和理想株型等一系列概念。70年代，以日本学者提出的水稻“产量容器”和“产量物质”概念为代表，初步奠定了作物源库协调栽培的基础，进一步发展了作物产量形成的源库理论。80年代后期，作物高产栽培研究逐渐从群体数量关系转入群体质量关系，形成了高产群体质量指标体系及其优化栽培调控理论。自90年代末以来，作物栽培管理的目标已扩展到优质、高产、高效、安全、生态的综合生产体系，在研究内容上更加突出器官、个体和群体的质量指标及其与环境和技术之间的动态关系，并进一步结合定量化和信息化技术，拓展形成了作物精确管理与精确栽培的理论和技术。

2. 中国特色的作物栽培学理论体系　自以陈永康提出单季晚粳稻“三黄三黑”高产栽培经验为代表的理论总结开始，通过学习借鉴国外栽培理论成果，逐步形成了以作物高产为主线，作物-环境-措施三位一体的中国特色作物栽培学理论体系，具体包括：①作物器官建成和产量形成规律及机制、高产群体各生育期的形态生理特征和指标；②各种环境因素与作物之间，群体与个体之间，各个器官之间的关系和矛盾，以及综合诊断的原理与方法；③作物栽培措施的作用原理和高产群体的调控原则等；④作物基因型、环境、技术相互作用的系统化、信息化理论与方法，实现栽培方案的定量化设计、生长指标的智能化诊断及产量品质的动态化预测等。

（三）发展了作物栽培学关键技术

随着作物栽培学研究方法和理论体系的逐步健全，作物栽培技术也已从经验指导为主转向以科学指导为主，由定性指导转向以定量指导为主，形成了独具特色的中国作物栽培关键技术体系，有力地推动了作物生产管理的科学化、规范化、精确化。

1. 研制开发了不同类型的模式化作物栽培技术体系　在水稻、小麦、玉米、棉花、油菜等作物上探索建立了诊断各部分器官生育进程的作物叶龄模式，辅助描述高产群体“黑黄”变化、高产群体各生育期发展数量、调控措施运用时间，所建立的作物叶龄模式使得特定区域和品种条件下栽培措施的应用规范化和模式化，促进了作物模式栽培上升到理论指导的高度。同时针对我国不同生态地区、不同生产条件、不同品种类型，通过研究和实践，提出了一系列模式化作物栽培技术体系，极大地提高了主要农作物生产的技术含量和产量水平。

2. 探索形成了一批"轻简"作物栽培技术 结合作物栽培模式的发展，作物生产中广泛使用农机作业并缩减作业次数，推广使用生长调节剂，适度简化耕作技术(如作物少免耕栽培技术、再生栽培技术、水稻抛秧技术等)，形成了富有中国特色的"轻简"高产、高效栽培技术体系，如近年来广泛推广的水稻小苗机插栽培技术。

3. 初步建立了现代作物栽培的关键技术 随着现代科学技术的进步及其在农业上的应用，作物品质调优栽培、抗旱节水栽培、生长诊断栽培、精确设计栽培等现代化、定量化、信息化的栽培技术获得了快速发展，并展示了良好的应用前景。例如，建立了可靠实用的作物基本苗定量估算方法，提出了作物定量化施氮技术及关键参数，研制了基于反射光谱的作物生长监测诊断仪，创立了广适性的作物栽培管理知识模型，可用于定量设计不同条件下的作物栽培技术方案，并对作物生长主要指标进行实时诊断和精确调控。

（四）构建了作物栽培学应用模式

自改革开放以来，我国作物生产取得了举世瞩目的成就，农产品供应充足，结束了我国农产品长期短缺的局势。其中，作物栽培技术推广做出了积极的贡献，所建立的推广应用方法和模式在促进农业科技成果转化、推动农业科技进步、调整产业结构、促进农业增产和农民增收方面取得了良好的成效。

1. 作物栽培技术推广的发展历程 新中国成立以来，作物栽培技术推广已经历了3个发展阶段，即20世纪50年代的起步发展阶段，推广工作紧密结合农业生产需要；六七十年代的曲折反复阶段，受"大跃进""文化大革命"等影响，发展曲折，农业科技没有得到真正重视；改革开放以来是迅速发展并取得辉煌成就的时期，一大批先进适用的农业技术得到推广应用。总体来看，我国作物栽培技术推广由数量型向质量效益型技术转变，由传统栽培向现代栽培技术方向转变，由大水大肥管理向节水节肥农业发展，由单项技术向综合配套规范化发展。

2. 作物栽培技术应用模式 新型作物栽培技术推广应用模式，是一个以政府为主导，以国家专业技术推广机构为主体，科研院所和大专院校、涉农企业、农民专业合作社、大众传媒等相结合，社会广泛参与的多元化农技推广服务网络。其中，乡镇以上农技推广机构主要承担公益性技术推广服务职能，是作物栽培技术推广应用的主体，负责与专业性科研单位对接，解决科研与生产脱节的问题。科研院所和大专院校主要负责试验示范所研发的科技成果，提供相关产品和技术服务，培训技术推广人员，孵化农业高新技术产业等。农民专业合作社既是栽培技术的应用主体，又是技术推广的得力帮手，随着种植业适度规模经营和新型种植经营主体的增加，农民专业合作社的技术推广和服务将变得越来越重要。大众传媒在传播农业科技知识和信息方面具有快速和覆盖面广等特点，如通过12316农业信息服务平台及各级广播电台等媒介传播作物栽培新技术。涉农企业主要协助进行相应软硬件技术产品(包括装置和系统)的研制开发和保障服务。在转化应用的过程中，要注重试验、示范、推广相结合，宣传、培训、观摩并举，突出产学研协同发展，构建多载体、多层次、多元化的技术推广模式。

第二节　作物栽培学新理论与新技术

近年来，随着作物栽培学与新兴学科领域的交叉与融合，催生了若干新的作物栽培学理论，研究形成了多种作物栽培新技术，在农业生产中展示了良好的应用前景，有力地促进了现代作物栽培学的创新发展和应用实践。

一、作物栽培学新理论

（一）群体质量理论

作物产量的本质是光合产物的积累及其向经济器官的分配，但生物产量转换为经济产量的机制一直未有明确的结论。栽培学家研究表明，稻麦等作物抽穗到成熟期的群体光合生产量是决定经济产量的重要因素，并提出了作物经济产量＝花后光合积累量＋花前储藏量×运转率。花后群体光合积累量占经济产量的绝大部分，真正反映了群体质量，因而可定义为群体质量指标，并将与提高群体花后光合积累量有关的形态生理指标列入群体质量指标体系。

在此基础上，把抽穗前的适宜叶面积指数(leaf area index，LAI)和尽可能扩大"库"作为群体的高产质量指标，明确了"稳叶、扩库、强源"的正确途径，找到了库/叶、有效叶面积率和高效叶面积率、高效分枝率、茎蘖成穗率、成铃率等可供诊断应用的指标。在栽培思路上，由注重群体数量转变为控制适当数量(LAI)，提高群体质量(扩"库"强"源")，着眼于培育经济器官充实期的高光效群体。在栽培措施上，通过减少基本苗，建立合理群体起点，走小壮高的栽培途径；按作物吸收单位氮量对库和LAI增长的作用，用高、低库/叶值肥效叶龄期的原理改革氮肥施用；将传统的"前重后轻"的施氮经验改革为"适当基施氮肥，控制中期追肥(低库/叶比肥效叶龄期)，增施穗肥(花铃肥、薹花肥等)(高库/叶比肥效叶龄期)"的氮肥高效运筹模式；采用肥、水和化学调控配合施用的策略；并通过扩大行距的方式，提高中后期群体受光条件光合生产能力。

（二）调优栽培理论

随着现代作物生产的发展及人们对作物品质要求的提高，作物产品品质的优劣受到农业生产者、行政部门、商业部门、加工企业乃至消费者的广泛关注。品质是一个较为复杂的概念，包括许多性状，一般认为禾谷类作物产品的品质性状包括形态品质、营养品质、加工品质和食用品质4部分，经济类作物则注重其工艺品质和加工品质。尽管作物的品质性状很多，作物之间的差异也较大，但与作物生产关系最密切、最重要的品质性状主要为理化品质，即各类有机化合物积累的数量和比例。经过大量的试验研究和探索，已经明确了这些理化品质形成的生理生化机制，如糖类、蛋白质、脂类、纤维素的形成和积累规律，以及烟碱、硫苷、维生素等特殊物质的积累规律。品质形成不仅受遗传特性、生态环境(地理、光温、水分、土壤、病虫害等)的影响，还与栽培措施密切相关。

作物产量和品质是相互制约的，作物品质内部成分间也会出现相互制约的现象。因此，作物品质的调优栽培需要理解特定作物品质形成规律与环境的关系，针对各品质指标的形成特点，优化栽培管理措施，改善作物生长环境或直接作用于作物而对其产量和品质产生影响。

优良品种选用是调优栽培最经济有效的措施，即根据当地气候生态、土壤条件、市场需求选择适宜的栽培品种，并通过风选、筛选等方法以清除秕粒、病粒和杂草种子，选用粒大、饱满、整齐的种子。作物不同生育期、不同器官的生长都要求一定的环境条件，适期适量播种可以使得农作物从发芽到开花、灌浆所需要的气候条件与当地的光、温、水变化规律一致，发挥其增产提质效应。合理轮作可以消除和减轻土壤中的有毒物质、病虫草害的危害，改善土壤结构，有助于提高作物产量和品质。肥料是影响作物品质最活跃的因子，肥料的种类、形态、用量及施用时期和比例都对作物品质形成产生显著影响，如氮肥、磷肥、钾肥和微肥，其中尤以氮肥的效应明显。根据作物需水规律，适时适量地进行灌溉排水，能有效地改善植株新陈代谢，促进光合产物的积累和转运，进而改善作物的产品品质。作物生长过程中，喷施生长调节剂可以调节作物生长发育进程与物质的合成运输，达到改善作物品质的目的。适期收获是获得优质高产的主要保证，不同作物、不同产品用途有着不同的最佳收获期，如禾谷类作物以蜡熟或黄熟期品质最优，青贮玉米则在乳熟末期至蜡熟期收获为宜。

（三）清洁栽培理论

作物清洁生产是近年来提出的一项农业生产新技术体系。随着农业产业的发展和科技水平的提高，人们已经认识到粗放的生产经营给农业的可持续发展、环境及食品安全带来了一系列问题。清洁生产是关于农产品生产过程的一种新的、创造性的思维方式，运用整体预防的环境战略，通过对技术、管理与监控体系的调控，以期降低作物生产对人类和环境的风险。作物清洁生产包括清洁的生态环境、清洁的生产过程和清洁的产品质量。

清洁栽培是作物清洁生产的一个重要方面，是指在作物生产过程中（即整地、播种、育苗、抚育、收获的全过程），采用清洁的生产程序、技术与管理，生产和使用对环境温和的绿色农用品（如绿色肥料、绿色农药、绿色地膜等），尽量少用或不用化学农用品，改善作物生产技术，减少作物生产过程中污染物的产生，减少生产和服务过程对环境和人类的风险性，确保农产品具有科学的营养价值及无毒、无害。

作物清洁栽培技术不是只指某项单一技术，而是一个技术群（集），包括环境技术体系、生产技术体系及质量标准技术体系。其中以品种、化肥、农药、农膜为主的生产技术体系为重点，需要从种植业生产的产前、产中、产后及改善管理措施来构建种植业清洁生产技术。产前措施主要为丰产多抗品种选育技术、种子强化处理技术、耕地净化技术等。产中包括节水节肥的综合管理技术体系、病虫草害的生物防治技术、无公害农药应用技术、残膜污染防治技术、有机废弃物资源再利用技术等。产后包括作物秸秆氨化技术、污水自净工程技术、质量检测技术等。

（四）精确栽培理论

随着现代作物栽培科学理论与技术的快速发展，以及作物栽培学与系统模拟、遥感监测、决策支持等技术领域的交叉与融合，催生了作物精确栽培这一新兴的高技术领域。精确栽培以信息科学和栽培科学的理论和技术为基础，着重研究作物栽培学中栽培方案设计、生长动态监测、因苗管理调控、产量品质预测及农情信息服务的精确化关键技术及相应的软硬件平台和系统，以期实现作物栽培的定量化、信息化、工程化，这也是当今作物栽培学发展的前沿领域和必然趋势。因其技术内涵和表现形式的不同，也可称为信息栽培、定量栽培等。

精确栽培的支持技术主要有以遥感(remote sensing，RS)、地理信息系统(geographic information system，GIS)和全球卫星导航系统(global navigation satellite system，GNSS)为核心的现代空间信息技术，以及包括以数据库、系统模拟、人工智能、管理决策和信息服务等为代表的现代信息管理技术。通过对作物管理系统进行数字化表达和设计，实现作物栽培管理的系统化。通过定量分析作物生长发育过程及其与环境和技术之间的关系，建立作物生长模拟模型，实现作物生长预测的模型化。利用光谱遥感理论和方法，对作物生长状况(LAI、生物量、氮素营养、水分状况、病虫害等)及环境条件(土壤理化特性等)信息进行实时快速获取，实现作物生长监测诊断的无损化和工程化。基于作物栽培管理相关的农情数据(包括气象、土壤、品种、生产条件等)，建立空间信息管理系统，实现基本农情状况的信息化。进一步通过耦合与集成精确栽培中的关键技术，建立数字农作及智慧农作决策支持系统，有助于实现作物栽培管理决策的智能化和科学化。

(五) 分子栽培理论

作物的生长发育和产量、品质形成不仅取决于作物的遗传特性，还受环境条件的影响。作物分子栽培就是将分子生态学的理论应用于作物栽培学，运用现代植物生理与分子生物学等方法与技术，研究栽培措施等因素影响农作物生长发育与产量、品质形成的分子生理与调控机制。在此基础上，根据作物各生长发育阶段相关基因的遗传生态特性，进行科学的分子生理调节和合理的栽培技术调控，可为作物高产栽培和遗传改良提供理论依据。

作物生长发育过程中，以整体形式表现出的形态特征是其遗传特性和环境效应共同作用的结果。因此，研究环境分子生态效应及其对作物遗传分子生态学特性的影响是分子栽培技术的理论依据。具体内容包括光、温、水等气候因子的分子生态效应，矿质营养和有害物质因子的分子生态效应及其影响原理与调控技术。

作物的生长发育要经历种子萌发、植株的形成、花的产生、授粉受精、结实、衰老等阶段，每一阶段体内都要发生不同的代谢变化，生长发育相关基因在时间、空间上也将出现程序性表达，同时环境条件与作物发生直接或间接的关系，能够引发作物诱导型基因、蛋白质的表达。从基因、蛋白质水平剖析作物生长发育的分子基础，揭示其分子调控网络是发展作物分子栽培学的关键基础。研究内容涉及作物光合作用与分子调控、作物发育生理与分子调控、作物源库关系与分子调控和作物抗逆生理与分子调控技术等。

植物抗逆性是一个复杂的生理表型，由许多逆境胁迫应答基因及调控基因共同维系。目前用于植物抗逆性改良的基因主要有两类：在植物抗逆反应中直接起保护作用的功能蛋白基因，在信号传输和胁迫应答基因表达中起调节作用的调控基因。作物具有抵抗各种病害的潜在能力，诱导抗病性就是利用诱导因子激发植物自身的抗病潜能，从而抵抗多种病害，这是利用作物自身防卫体系进行病害防治的一种新思路。在早期利用作物病原真菌、细菌、无毒菌株及非致病性微生物作为生物诱导因子的基础上，人们开始转向从微生物中分离鉴定具有诱导活性的成分，具体包括生物诱导因子和非生物诱导因子。

二、作物栽培学新技术

（一）秸秆还田技术

秸秆是作物生产过程中产生的废弃物，含有氮、磷、钾、硫、铁、镁和有机物质等，是重要的有机肥资源。秸秆还田就是一种把不适宜直接用作饲料的秸秆，通过直接或堆积腐熟后施入土壤中的方法。秸秆还田作为一项先进的保护性栽培技术，在各农业发达国家得到了足够的重视和支持。中国是世界秸秆产量大国，约占世界秸秆资源产量的 1/4。因此，农业生产中鼓励农民积极推行秸秆还田，增施土壤有机肥，保持农田生产能力。

关于秸秆还田的方式有多种类型，现阶段我国主要的秸秆还田方式有 4 种，即秸秆覆盖还田、秸秆粉碎还田、秸秆堆肥还田和秸秆过腹还田。

1. 秸秆覆盖还田　　秸秆覆盖还田就是将秸秆整秆覆盖，随着时间的推移，秸秆逐渐腐解于土壤中，腐解后能够增加土壤中的有机质、N、P、K 和微量元素含量，并有效改善土壤理化性状，有利于加速土壤物质的生物循环。同时，秸秆覆盖还田可以提高土壤的蓄水能力，还能够形成低温时的“高温效应”和高温时的“低温效应”，有利于调节土壤温度，有效缓解气温骤变对作物生长的伤害。

2. 秸秆粉碎还田　　秸秆粉碎还田就是采用机械化作业将全部或部分秸秆直接粉碎还田，秸秆粉碎还田后，能够加速秸秆在土壤中的腐解速度，从而被土壤快速吸收，改善土壤的团粒结构和理化性状，增加土壤肥力，节约化肥用量，同时也大大提高秸秆的生产利用效率。

3. 秸秆堆肥还田　　秸秆堆肥还田就是将作物秸秆、绿肥等植物性物质与泥土、人畜粪尿等混合堆置，经好气微生物分解形成肥料的途径，可提供多种营养元素并改良土壤理化性状，尤其对改良砂土、黏土和盐渍土有较好效果。秸秆堆肥还田是解决中国当前有机肥源短缺的主要途径，也是中低产田改良土壤、培肥地力的一项重要措施。

4. 秸秆过腹还田　　秸秆过腹还田就是将作物秸秆作为家畜饲料喂养家畜，通过家畜消化吸收，以粪尿形式归还土壤，从而增加土壤的养分含量，改善土壤理化性状。目前，应用较为普遍的是青贮氨化过腹还田技术，可实现“秸秆—饲料—牲畜—肥料—粮食”的良性循环。

（二）节水栽培技术

节约水资源是世界面临的重要问题，不仅在干旱缺水地区，即使在丰水地区，节水降本也是农业生产的主要环节。发展节水农业应当遵循节约高效原则，即在农业生产总产量最优的条件下，实现单位耗水量的生物产量或经济产量达到最佳，其核心就是通过水利工程措施并结合农艺及管理措施，减少无效蒸发和渗漏损失等，提高水分利用率。因此，节水农业不是单一的技术，而是包含多种技术措施的一套技术体系，主要有农业水资源综合开发利用技术、节水灌溉工程技术、节水栽培技术等。

不同作物对水分的反应各不相同，不同作物品种的需水量差异明显，同一品种在不同生育阶段对水分的需求和敏感程度也有所不同。因此，节水栽培技术需要根据作物生长特性和需水规律，应用节水灌溉理论和技术，确定适宜的灌溉时机和灌溉量。经过对作物节水栽培技术的大量试验研究，形成了农田蓄水保墒技术、培肥地力及水肥耦合技术、适水适作技术、抗旱品种选育技术、化学制剂节水技术等。不同作物也建立了其特定的节水栽培技术，如水稻上的控制灌溉技术、"薄、浅、湿、晒"灌溉技术、非充分灌溉技术、叶龄模式灌溉技术、旱育稀植技术等；在小麦上的测墒补灌技术、垄作高效技术等。这些节水栽培技术的应用，有助于塑造高产优质株型和群体、调节作物根系生长发育，实现高产优质的生产目标，并使水分利用率得到明显提高。同时，农田水分模型及决策支持系统为作物水分精确管理带来了新的技术手段，可根据当地的气候、土壤和作物信息等，计算作物水分需求量，并确定适宜的灌溉时期和灌溉量，国际上较为成熟的农田水分管理决策系统有联合国粮食及农业组织(FAO)的 CROPWAT 等。

（三）抗逆栽培技术

作物生长过程中常因受到生物逆境和非生物逆境等因素的影响，作物赖以生存的环境产生突发性或累积性的破坏，超越作物的容忍限度而严重影响作物的生长发育，并导致作物产量下降、品质变劣等后果。目前较为常见的生物逆境包括病、虫、草害，非生物逆境包括干旱、低温冷害、高温热害、洪涝、盐渍化、土壤污染等。而通过采用适当的作物栽培技术措施，可以减轻各种逆境灾害对作物的影响，确保高产、优质、高效、生态、安全的生产目标。

1. 病虫害防治 对作物病虫害的防治要坚持"预防为主，综合防治"的方针。提前了解病虫害发展的基本规律，采用实际调查方法和数学预测模型，对病虫害发生规模和时期进行预测。并采用农业防治、化学防治、物理防治、生物防治等综合防治措施，在有效防治病虫害的同时，减少化学农药的喷洒次数和用量。

2. 杂草防治 田间杂草是指生长在农田中的非栽培植物。由于杂草具有发达密集的根系、顽强的生命力等习性，直接与农作物抢夺水分、养分和光能，多数杂草还是病虫害的中间宿主和越冬场所。作物生产中，必须坚持以农业防治为主，物理、化学和生物防治相互配合的综合防控措施。农业防治法包括轮作换茬、土壤耕作、精选种子、水旱轮作等。物理防治法包括火烧、中耕除草、地膜覆盖、微波辐射等方法。化学防治法主要通过喷洒除草剂进行防治，在使用中必须严格按照要求合理规范使用。生物防治法就是利用动物、病原物或寄生物等生物，来干扰或抑制某些杂草的生长发育。

3. 温度逆境防控 作物生长发育需要最适宜的温度，不同生育期对于温度的敏感性也有所不同，气温过高或过低均会产生对作物生长不利的冷害、冻害、热害等逆境。其中，冷害可采用改良作物品种、低温锻炼、使用化学药剂及配套合适的栽培措施等进行防控。冻害可通过培育壮苗、农田覆盖及选用抗冻、耐冻作物品种进行防控。而高温热害则可以采用避热栽培技术、叶面喷肥及培育耐高温品种等措施。

（四）化学调控技术

作物化学调控技术（化控技术）是指以应用植物生长调节剂为手段，通过改变植物内源激素系统，调节作物生长发育，使其朝着预定目标生长的技术。目前，这一技术体系已在基础理论研究、植物生长调节剂开发、作物化学调控技术体系发展等方面取得了重大进展。与传统栽培技术（如播种、施肥、灌溉等）主要着眼于改善作物生长的外部环境相比，化学调控技术则从内部直接、主动改变作物的生长发育过程，以达到培育健壮个体、塑造合理群体的目标，可以显著改变作物对环境的适应性及对资源的利用能力。

1. 植物激素与化学调控技术　植物激素是指植物体内代谢产生的、能运输到其他部位起作用的、在低浓度下（低于 1μmol/L）就表现出明显调节植物生长发育效应的化学物质。例如，吲哚乙酸的合成部位是植物的幼嫩部分（如茎尖、叶原基、嫩叶和未成熟种子），合成以后再运输到植物体的其他部分。迄今为止有充足证据并被公认为植物激素的有 6 类：生长素（IAA）、细胞分裂素（CTK）、赤霉素（GA）、脱落酸（ABA）、乙烯（ETH）和油菜素内酯（BR）。植物激素对植物的生长发育起着重要的调控作用，植物细胞的生长与分化、细胞的分裂、器官的建成、休眠与萌发、植物的向性与感性及成熟、衰老、脱落等，都直接或间接地受到植物激素的控制。

2. 植物生长调节剂与化学调控技术　植物生长调节剂则是指从外部施加给植物低浓度的物质即可影响植物内源激素的合成、运输、代谢与受体结合等过程，从而引起植物生长发育变化的化学物质。植物生长调节剂主要包括 3 种类型，即人工合成的天然植物激素（如吲哚乙酸、赤霉酸等），人工合成的天然植物激素的类似物（如萘乙酸、吲哚丁酸等），人工合成的与天然植物激素的结构不同、但具有其活性的物质（如缩节胺、矮壮素、乙烯利等）。

早期植物生长调节剂的应用多局限于果树、蔬菜等园艺作物，且大多用于个别器官的直接效应。随着作物栽培学家逐步将群体生理生态作为作物栽培的理论基础以来，作物化学调控技术也在群体水平上建立了以单位面积产量为目标的植物生长调节剂应用技术，从而有效地促进了植物生长调节剂为作物增产增效服务。迄今仍在生产上大面积使用的作物化学调控技术主要有：赤霉素提高三系杂交稻制种产量、乙烯利促进棉花成熟吐絮、棉花缩节胺系统化控技术、三唑类（多效唑、烯效唑）培育水稻壮秧、乙烯利复配剂防止玉米倒伏、三唑类复配剂防止小麦倒伏等。

（五）精确管理技术

作物精确管理技术即将系统科学和信息技术应用于作物栽培学，并对作物栽培学所涉及的对象和过程进行数字化设计、信息化感知、定量化调控，从而实现作物栽培管理的科学化和智能化，以最低的生产成本获得最高的产量和最佳的效益。目前，较为适用的技术环节主要有栽培方案的精确化设计、生长指标的无损化监测、实时苗情的定量化调控等 3 个方面。

1. 栽培方案的精确化设计　通过分析和提炼作物栽培理论与技术方面的知识积累，综合研究解析作物生育指标与栽培技术指标的地域性和季节性变化规律，找出作物生长发育和产量、品质形成指标及栽培管理技术措施与生态环境因子及生产条件之间的定量化关系，建立广适性和动态化的作物栽培管理知识模型，进一步开发基于模型的作物精确栽培方案设计系统，有助于克服传统栽培模式较强的地域性和经验性。可为不同条件和生产系统设计出适宜的播前栽培管理方案和产中生育指标动态，其中播前栽培管理方案包括产量和品质目标、适宜品种与播期、基本苗与播种量、肥料运筹方案(包括氮、磷、钾总施用量，有机氮与无机氮的比例，基肥与追肥的比例等)、水分管理方案等；适宜的产中生育指标动态包括生育进程、生长指标动态(叶龄、绿色面积指数、干物质积累、群体茎蘖数等)、植株养分指标动态(氮、磷、钾含量和积累量动态)、源库指标等。

2. 生长指标的无损化监测　以大量田间试验为依托，将定量遥感技术和作物生理生化分析技术相结合，对不同生长条件下作物关键生育期的反射光谱、生长参数(叶面积指数、生物量、茎蘖数等)、生理指标(叶层含氮量、氮积累量、叶绿素密度等)、水分状况(叶层含水率、叶水势等)、生产力指标(籽粒产量和品质等)进行系统深入的测试分析；进一步采用数理分析方法，对反射光谱特征与主要农学参数之间的关系进行较详尽的定量化研究，构建适用于地面和空间等不同平台的农学参数实时监测模型；并开发作物生长监测诊断应用系统及产品装置，实现作物生长动态的实时无损化监测与定量诊断。

3. 实时苗情的定量化调控　作物实时苗情的定量化调控一般可以分为两大类，一类是基于标准生长曲线的动态调控，另一类是基于养分/水分平衡原理的动态调控。基于标准生长曲线的动态调控是以作物适宜生长指标动态(如LAI、生物量、群体茎蘖数、氮积累量等)为标准“专家曲线”，当实际的作物生长状况(如遥感监测获得的苗情信息或田间实地苗情调查)偏离标准“专家曲线”时，系统可推荐一个适宜的调控量(追肥量、灌溉量等)及调控时期，同时修订适宜生长指标动态，从而使得作物按照修订后的标准“专家曲线”进行生长。基于养分/水分平衡原理的动态调控是采用养分/水分供给与养分/水分需求相当的原理，综合利用全生育期的目标养分/水分需求量、播种至调控时期的植株积累量、调控至成熟期非人工调控能够提供的养分/水分量等，计算得到基于实时苗情的适宜养分/水分调控量。

(六) 智能作业技术

随着20世纪90年代国外精确农业技术研究的兴起，农业智能作业技术也得到了迅速发展。它充分利用了现代电子技术、传感技术、控制技术，并与农机工程装备技术相结合，促进了农业装备技术的飞跃发展。其中，智能化农业机械(intelligent agricultural machine，IAM)是精确农业实施的重要设备。IAM首先必须利用全球卫星导航系统实现精确定位，然后根据智能化决策系统生成管理处方图，进而依托智能化控制软硬件设备，针对农田小区存在的差异自动实施分布式投入。目前，较为成熟的智能化农业机械装备主要包括：智能工厂化育苗设备(可实现精确播种、施肥、灌溉等定位控制作业的变量处方农业机械)，带产量传感器的联合收割机，以及具有农田空间信息快速采集的机电一体化农业机械等。

1. 工厂化育苗　工厂化育苗技术是集机电一体化、自动化和标准化为一体的现代农业工程技术，具有节省工时、节约成本、育苗高效、种苗抗病能力强等优点，主要包括催芽、播种、苗床育苗、包装等环节。工厂化育苗机械设备是本技术的核心，目前已研制出了功能综合、自动化程度高的育苗生产线和育苗系统，主要有育苗穴盘摆放机、育苗基质生产设备、浸种催芽设备、精量播种机、覆土和喷淋机、育苗温室等。其中，育苗温室是一种多系统集成的智能化植物工厂，一般由自然通风系统、湿帘风机降温系统、内保温遮阴系统、空气内循环系统、苗床系统、给排水灌溉系统、加热系统等组成，可为种苗提供适宜的生长环境。

2. 变量播种　变量播种是指按精确的粒数、间距和播深，将种子播入穴孔中，可以是单粒精播，也可以是多粒播成一穴，但要求每穴粒数相等。精确播种使种子在播深、播量、播距等各环节都做到了精确控制，因而更有利于种子的生长发育。在实际播种过程中，可按各田块局部肥力、墒情、土壤质地等的不同，实时变量调节播量和播深，以达到田块出苗整齐茁壮的目标。精确播种机是实现精确播种的主要手段，而排种器是播种机得以实现精确播种的核心部件，是决定播种机特性和工作性能的主要因素。

3. 变量施肥　变量施肥技术根据作物实际需要，基于科学施肥方法（如养分平衡施肥法、目标产量施肥法等），确定对作物的按需变量投入。部分发达国家已根据土壤特性、土壤丰产潜力、肥料增产效应、作物施肥模型、历年施肥和产量情况等有关信息，形成了资料齐全的土壤养分信息管理系统。在施肥决策时，调用地形图、土壤养分图、产量分区图及相关数据资料进行分析，确定每一操作单元内的各种肥料施用量及施肥机械所处的地理位置，并把施肥处方图内的相应施肥量信息传输给施肥控制器，实现在每一操作单元上依土依作物的精确变量施肥。

4. 变量灌溉　目前国际上通过测量土壤含水率实现农田科学灌溉管理，是减少农业用水的有效途径之一。利用迅速发展的电子控制技术，实现农田的精确灌溉对于提高水资源的利用效率，减少水资源浪费具有重要意义。利用调整喷灌机械的行驶速度、喷口大小和喷水压力等都能进行喷水量的控制，可以根据土壤和作物的需水要求，进行适时适量地喷水。国外成熟的自动灌溉系统可以根据不同作物、不同生长期、不同土壤和地貌情况的需水要求，在规定的时间，喷洒入不同的人工降雨量。另外，在大型平移式喷灌机械上架设卫星导航系统，可实现根据灌溉处方图实施精确变量作业。

5. 智能收获　现代智能谷物联合收割机采用了自动监测和控制技术，机器安装有卫星导航接收机和谷粒流量传感器、谷粒湿度传感器、行驶速度传感器、收割台升降传感器等各类传感器，在农田行驶中可实现多个作业功能，如割茬高度自动控制、谷粒损失率监测、作业速度监控、作业面积统计、产量和品质及含水率监测等智能化功能。利用监测和获取的数据，可基于相应的应用系统生成小区产量分布图，为下茬作物实施基于差异的变量作业提供基础资料。

第二篇　作物生育和产品形成

第四章　作物的生育时期和生育期

作物的一生包括生长和发育两个不同的过程。生长是指作物个体、器官、组织和细胞在体积、重量和数量上的增加，如叶的长、宽、厚、重的增加，是一个不可逆的量变过程；发育是指作物发生形态、结构和功能上质的变化，如幼穗分化、花芽分化、维管束发育、气孔发育等。作物的生长和发育是交替推进的，没有生长便没有发育，没有发育也不会有进一步的生长。

第一节　作物的阶段发育

作物全生育期可划分为营养生长、营养与生殖生长并进和生殖生长3个阶段。营养生长阶段分化出根、茎、叶及分蘖等；穗分化（花芽分化）以后进入营养与生殖生长并进阶段，此时的生长干物质分配中心仍然以营养器官为主，但营养生长与生殖生长的平衡与协调直接影响到生殖器官质量与数量的优劣，是栽培管理的关键环节之一。开花后营养生长基本结束，进入生殖生长阶段，生长中心转移到籽粒、果实等生殖器官。

一、作物的温光反应特性

不同作物、同一作物不同品种的生育期长短不同，同一作物品种在不同季节、不同纬度和不同海拔地区种植，其生长期的长短也不同，有的甚至影响正常开花和成熟。其主要原因是作物品种的温光反应特性不同。作物必须经历一定的温度和光周期诱导后，才能从营养生长转为生殖生长，进行幼穗（花芽）分化，进而开花结实，作物对温度和光周期诱导反应的特性，称为作物的温光反应特性。

作物的温光反应特性包括作物的感温性和感光性。作物的感温和感光是在作物经过一定的营养生长后才有反应的，这一营养生长时期称为基本营养生长期，作物的这一特性也称为基本营养生长性。

（一）作物的感温性

作物在长期的适应过程中，产生了对温度年变化（年温周期）和日变化（日温周期）的要求或反应，这种要求或反应称为作物的温周期现象（感温性）。年温周期现象主要影响作物的发芽、出苗、现蕾、开花、结实等物候节律。日温周期现象主要表现为昼夜温差，在作物所能忍受的最低、最高温度范围内，昼夜温差越大，作物的产量越高，品质越好。

不同作物品种对温度的敏感性因生长季节不同而不同，有些作物对高温敏感，而有些作物对低温敏感。小麦、黑麦、油菜等越冬生长作物，在其营养生长期必须经过一段较低温度诱导，才能转为生殖生长，这段低温诱导也称为春化现象。不同作物和不同品种对低温的范围和时间要求不同，一般可将其分为冬性、半冬性和春性三种类型。

1. 冬性类型 作物品种春化必须经历低温，春化时间较长，如果没有经过低温条件则不能进行花芽分化和抽穗开花。一般为晚熟品种或中晚熟品种。

2. 半冬性类型 作物品种春化对低温的要求介于冬性类型和春性类型之间，春化的时间相对较短，如果没有经过低温条件则花芽分化、抽穗开花推迟。一般为中熟或早中熟品种。

3. 春性类型 作物品种春化对低温的要求不严格，春化时间较短。一般为极早熟、早熟和部分早中熟品种。

例如，不同类型小麦、大麦和油菜通过春化所需的温度和天数不同(表 4-1)。小麦、油菜的低温诱导，可在处于萌动状态的种子时期，也可在苗期进行。作物感温一般在感光之前进行，如小麦感温阶段在生长锥伸长期(也有人认为在二棱期)结束，而感光阶段在雌雄蕊原基分化期结束。春化作用是作物在低温逆境下形成的一种自我保护机制，一定的低温调控着作物春化阶段的发育进程。

表 4-1 小麦、大麦和油菜通过春化阶段所需的温度和天数

作物	类型	春化温度范围/℃	春化时间/d
小麦	冬性	0～3	35 以上
	半冬性	0～7	15～35
	春性	0～12(北方)、5～20(南方)	5～15
大麦	冬性	0～8	20～45
	半冬性	8～15	15～20
	春性	10～25	5～15
油菜	冬性	0～5	30～40
	半冬性	5～15	20～30
	春性	10～20	15～20

资料来源：杨文钰和屠乃美，2003

水稻品种感温性的强弱通常以高温下能促进抽穗的日数即高温出穗促进率来表示。一般认为，某品种在高温下能显著地缩短抽穗日数，则该品种的感温性强，即对温度反应敏感；否则认为该品种的感温性弱，对温度反应不敏感。

(二) 作物的感光性

1. 作物光周期反应 作物生育过程受日照长度(一天中昼夜长度，即光周期)的影响，在长期适应过程中生长发育呈周期性变化，这种对日照长度发生反应的现象称为光周期现象。

光周期现象是1919年由美国园艺学家加纳(W. W. Garner)和阿拉德(H. A. Allard)通过一个烟草变种(Maryland mammoth)试验发现的。烟草是短日照植物,产于美国佛罗里达州(北纬30°),引种到马里兰州(北纬38°),夏季不能开花结实,只能等到冬季日长短的时候在温室里开花结实,如果夏季对这种烟草遮光处理,那么夏季也能开花;相反,冬季如果在温室里延长光照,它就不能开花,于是他们提出成花诱导取决于日照长度的理论。之后经过大量的实验证明,植物的开花与昼夜的相对长度(即光周期)有关,许多植物必须经过一定时间的光周期后才能开花。

生长在地球上不同地区的作物的开花、休眠、落叶、地下储藏器官的形成等都受日照长度的调节(表4-2)。根据作物的光周期反应,大致可以分为以下几种类型。

表4-2 一些短日照作物和长日照作物的临界日长

类型	作物	24h周期中的临界日长/h
短日照作物	大豆	15
	稻	12～15
	甘蔗	12.75
长日照作物	大麦	10～14
	小麦	12以上
	甜菜	13～14
	白芥	约14

(1) 长日照作物。作物要求在24h昼夜周期中,日照长度长于某一临界日长才能成花。对这一类作物延长光照时间,可以促进提早开花;相反,如果延长黑暗时间,则不能成花。属于长日照作物的有麦类作物、油菜、甜菜等。

(2) 短日照作物。作物要求在24h昼夜周期中,日照长度短于某一临界日长才能成花。对这一类作物延长黑暗时间,缩短光照时间,可以促进提早开花;反之,如果延长光照时间则不能开花。属于这一类作物的有稻、玉米、大豆、高粱、烟草、大麻、黄麻等。

(3) 日中性作物。这类作物的成花对日照长度不敏感,在任何长度的日照下均能开花。荞麦、豌豆、黄瓜、茄子、辣椒、番茄等都属此类作物。

(4) 定日照作物。要求日照长短有一定的时间才能完成其生育周期,如甘蔗的某些品种只有在12h 45min的日照条件下才能开花。

在植物界中还有一些其他光周期反应类型,如长-短日植物、短-长日植物和两极光周期植物。这几种类型植物中作物很少。

2. 作物品种感光性 同一作物不同品种因初生的生长环境不同,对育成地的温、光环境比较适应,但移植至一个新环境下生长,常会表现出与原品种不一致的性状,特别是生殖生长会受到显著影响。作物因日照长短的影响而改变生育进程,导致其生育期缩短或延长的特性称为作物的感光性。例如,水稻品种原产地不同,感光性不同。一般原产于低纬度地区的品种,其感光性强,缩短日长可使其幼穗分化期明显提早,属于日长反应敏感型;原产于高纬度地区的品种,由于长期只能在温度较高、日照较长的季节生长发育,其感光性弱,对日长反应不敏感,甚至无感,属于日长反应迟钝型。纬度相同而海拔不同,则海拔越高的品种,由于温度越低,适于生长的季节也越短,水稻长期在长日照条件下生育,形成了对日照长度反应弱的特点。品种原产地相同,生育季节不同,对日长反应也不同,早稻品种长期在日长较长或由短到长的条件下生育,故其感光性弱;晚稻品种在日照较短或日照逐渐缩短的条件下生育,故其感光性强,抽穗越晚的感光性越强。

小麦、油菜等越冬作物属于长日照类型,其不同品种的感光性也不同,可分为反应敏感型、反应中等型和反应迟钝型 3 种类型。

二、作物阶段发育特性应用

(一) 在引种上的应用

不同区域温光生态条件不同,生长的作物阶段发育特性存在差异,因而在相互引种时必须考虑品种的温光反应特性。一般在纬度相同或大致相近的地区,只要肥水条件相似,引种容易成功。从不同纬度的地区引种时,要进行引种试验,如纬度相差不大,引进生育期长的品种,一般可以成功。

短日照作物如水稻从北方引种到南方,由于在生长季节(一般是夏季)日照变短,将提前开花,生育期缩短,若原品种为早熟品种,则出现早穗、穗小粒小、产量不高的现象;从南方向北方引进品种时,由于南方水稻品种感光性强,所经历的温度高,引种后因日照变长,温度较低,开花会相应延迟,生育期将延长,有的甚至不能成熟。相对而言,感光性弱、感温性也不太敏感的水稻品种,只要不误季节,且能满足品种所要求的热量条件,异地引种较易成功。

长日照作物如小麦如果北种南引,由于南方温度较高,日照时间较短,不能满足春化阶段和光照阶段所要求的低温和长日照条件,发育迟缓,表现迟熟,甚至幼穗发育不全不能抽穗。南种北引,越冬前很快通过春化阶段和光照阶段,表现早熟,但易冻害。

(二) 在栽培上的应用

作物的品种搭配、播种期的安排等,均需考虑作物品种的温光反应特性。例如,在我国南方双季稻地区,早稻应选用感光性弱、感温性中等、基本营养生长期较长的迟熟早稻品种,并且在栽培上应培育适龄嫩壮秧,同时加强前期管理,利于获得高产。冬小麦和冬油菜若在晚播条件下,要选用偏春性的品种,并且田间管理要抓紧;对冬性强的品种,则应注意适时播种。

(三) 在育种上的应用

在制订作物育种目标时,要根据当地自然气候条件,明确作物的温光反应特性。在杂交育种(或制种)时,为了使两亲本花期相遇,可根据亲本的温光反应特性调节播种期。为了缩短育种进程或加速种子繁殖,育种工作者应根据育种材料的温光反应特性决定其是否进行冬繁或夏繁加代。此外,在我国春小麦和春油菜区,若需以冬性小麦和冬性冬油菜为杂交亲本时,则首先应对冬性亲本进行春化处理,使其在春小麦和春油菜区能正常开花,进行杂交。

第二节　作物的物候期与生育时期

在作物一生中，受遗传特性、环境因素和栽培条件的影响，外部的形态特征和内部的生理特性都会发生一系列变化，根据这些变化，特别是形态特征上的显著变化，可将作物的整个生育期划分为若干个生育时期，或称若干个生育阶段。为了描述这些发生显著变化的形态特征，人为制订标准，达到这个标准的时期，即可视为作物的物候期。

一、作物物候期

物候期是指作物生长发育在一定外界条件下所表现出的外在形态特征，人为地制订一个标准，以便科学地把握作物的生育进程。不同作物的物候期概念有所不同，水稻、小麦、大豆等主要农作物的物候期一般按下述阶段性标准进行划分。

（一）水稻的物候期

水稻一般分为 8 个物候期。

(1) 出苗：不完全叶突破芽鞘，叶色转绿。

(2) 分蘖：第一个分蘖露出叶鞘 1cm。

(3) 拔节：植株基部第一节间伸长，早稻达 1cm，晚稻达 2cm。

(4) 孕穗：剑叶叶枕全部露出下一叶叶枕。

(5) 抽穗：稻穗顶部露出剑叶叶鞘 1cm。

(6) 乳熟：稻穗中部籽粒内容物充满颖壳，呈乳浆状，手压开始有硬物感觉。

(7) 蜡熟：稻穗中部籽粒内容物浓黏，手压有坚硬感，无乳状物出现。

(8) 成熟：谷粒变黄，米质变硬。

（二）小麦的物候期

小麦一般分为 8 个物候期。

(1) 出苗：第一片真叶出土 2～3cm。

(2) 分蘖：第一个分蘖露出叶鞘 1cm。

(3) 拔节：第一伸长节间露出地面约 2cm。

(4) 抽穗：麦穗顶部(不包括芒)露出叶鞘。

(5) 开花：雄蕊花药露出。

(6) 乳熟：胚乳内主要为乳白色液体。

(7) 蜡熟：胚乳内呈蜡状，粒重达到最大值。

(8) 完熟：籽粒失水变硬。

（三）大豆的物候期

大豆一般分为 6 个物候期。

(1) 出苗：子叶出土。

（2）分枝：第一个分枝出现。

（3）开花：第一朵花开放。

（4）结荚：幼荚长度达 2cm 以上。

（5）鼓粒：豆荚放扁，籽粒较明显凸起。

（6）成熟：豆荚呈固有颜色，用手压有裂荚或摇动植株有响声。

以上判断标准为观测单个植株时的标准。对于群体物候期的判断标准是：当 10%左右的植株达到某一物候期的标准时称为这一时期的始期，50%以上植株达到标准时称为该群体的物候期。

二、作物生育时期

作物的整个生育期又可分为以生长根、茎、叶等营养器官为主的营养生长期和以分化形成花、果实、种子等生殖器官为主的生殖生长期。例如，禾谷类作物在幼穗分化开始以前属营养生长期；幼穗分化开始到抽穗，属营养与生殖生长并进时期；抽穗后属生殖生长期。在上述两个生长期中，根据作物外部形态发生的变化，又可进一步划分为若干个生育时期。

作物生育时期是根据其起止物候期确定的，作物的生育时期是指某一形态特征出现变化后持续的一段时间。例如，稻、麦类作物的分蘖期是指分蘖始期起至拔节始期止之间所经历的天数。由于作物种类的不同，划分的时期也各不相同。以下为主要农作物生育时期的划分体系。

1. 稻、麦类生育时期　划分为出苗期、分蘖期、拔节期、孕穗期、抽穗期、开花期、成熟期。

2. 玉米生育时期　划分为出苗期、拔节期、大喇叭口期、抽穗期、吐丝期、成熟期。

3. 豆类生育时期　划分为出苗期、分枝期、开花期、结荚期、鼓粒期、成熟期。

4. 棉花生育时期　划分为出苗期、现蕾期、花铃期、吐絮期。

5. 油菜生育时期　划分为出苗期、现蕾期、抽薹期、开花期、成熟期。

第三节　作物的生育期

作物的生长除受作物遗传特性和栽培条件影响外，受地域生态条件影响也很大，这其中包含一年中适宜不同作物生长的天数（气候生长期）及某一作物适宜的生长天数（生育期）。掌握不同作物和品种的生育期及其变化因素，对于引种、茬口安排、品种布局、栽培管理及品种选育等都有重要意义。

一、作物生育期的概念

作物从播种到收获的整个生长发育所需时间为作物的大田生育期（简称作物生育期），以天数表示。作物生育期的准确计算方法应当是从作物籽实出苗到成熟的天数，因为从播种到出苗、从成熟到收获都可能持续相当长的时间，这段时间不能计算在作物的生育期之内。对于以营养体为收获对象的作物，如麻类、薯类、牧草、绿肥、甘蔗及甜菜等，则是指播种材料从出苗到产品收获适期的总天数。棉花具有无限生长的习性，一般将从播种出苗至开始吐絮的天数作为生育期，而将从播种到全田收获完毕的天数称为大田生育期。需要育秧（育苗）移栽的作物，如水稻、甘薯、烟草等，通常还将其生育期分为秧床生育期和大田生育期，秧田（苗床）生育期是指出苗到移栽的天数，大田生育期是指移栽到成熟的天数。

作物生育期长短不同，这主要是由作物遗传特性、所处环境条件和栽培技术等因素决定的。不同作物生育期长短不同，同一作物不同品种生育期长短也不同。同为冬小麦（或冬油菜等）又有早熟、中熟和晚熟品种之分。早熟品种生长发育快、主茎节数少、叶片少、成熟早、生育期较短；晚熟品种生长发育缓慢、主茎节数多、叶片多、成熟迟、生育期较长；中熟品种在各种性状上均介于二者之间。

在相同环境条件下，各品种的生育期是相当稳定的。但同一品种在不同纬度地区种植，由于温度、光照的差异，生育期也随之发生变化。属于喜温的短日照作物水稻、大豆等，在中国自南向北引种时由于纬度增高，生长季节的日照加长而温度降低，生育期一般延长；反之，从北向南引种时则因纬度降低、日照缩短、温度升高而使生育期缩短。

栽培过程中肥水管理不当也会影响生育期，如肥水过多、营养体生长过旺就延迟成熟；而干旱、缺肥则会引起早衰逼熟，缩短生育期。

二、气候生长期

作物生长期是根据气候的变化定义的，常称为气候生长期，是指从地理学的角度来说某地适合农作物生长的时期，主要指日平均气温稳定通过 0℃的天数。气候生长期的始日定义为 5 日滑动平均气温≥0℃的日期，终日定义为 5 日滑动平均气温≤0℃的日期。气候生长期以天数表示，影响着一年中作物的复种轮作模式，在不同气候生态区呈现明显差异。通常条件下，全国及北方、南方、青藏高原的气候生长期分别在 300d、260d、360d、230d 以内。

三、作物生育期与产量

一般来说，早熟品种单株生产力低，晚熟品种单株生产力高，但这也不是绝对的。例如，湖南、江西两省晚熟油菜品种产量低于中熟油菜品种产量，其主要原因是这两省入春后，温度上升快，晚熟品种进入成熟时，常遇高温逼熟，导致产量和种子含油量下降，而中熟品种则成熟条件适宜，产量和种子含油量高。此外，从群体产量看，早熟品种多适于密植，而晚熟品种多适于稀植，因此，早熟品种群体产量也不一定比晚熟品种低。

本章视频

第五章　作物的器官建成

作物的个体发育通常从种子或营养器官原始体萌发开始，进入幼苗生长阶段（苗期）后，根、叶、茎（分蘖、分枝）等营养器官相继生长，之后在品种遗传特性和环境条件的相互作用下完成发育阶段的转变从而进入生殖生长阶段，分化形成花（花序）、果实和种子等器官。作物各器官之间存在着相互促进、相互制约的复杂关系。

第一节　作物种子发芽与出苗

农作物的栽培从播种开始，种子萌发的好坏，直接关系到出苗的质量，进而影响作物的生长发育和产量形成。

一、作物种子分类

与植物学上所称的种子有所不同，作物生产上所谓的种子泛指用于播种繁殖下一代的播种材料，包括植物学上的 3 类器官：第一类为由胚珠受精后发育而成的种子，如豆类、麻类、棉花、油菜、烟草等作物的种子；第二类为由子房发育而成的果实，如稻、麦、玉米、高粱、粟等的颖果，荞麦和向日葵的瘦果，甜菜的聚合果等；第三类为进行无性繁殖用的根或茎，如甘薯的块根、马铃薯的块茎、甘蔗的茎节等。

除营养器官（如根和茎）外，作物种子一般由种皮、胚和胚乳（有时退化不明显）3 部分组成，但有些作物的种子（如小麦、玉米、高粱等）不仅有种皮，还有果皮包裹，而水稻、大麦、粟等还包括果实以外的内外稃。在有胚乳的种子中，胚乳是种子养分的储藏场所。无胚乳的种子，养分主要储藏于子叶内，如棉花、油菜、芝麻、甜菜、大麻及大豆、花生等豆科作物。胚乳或子叶中储藏养分的多少直接关系到种子发芽和幼苗初期生长的强弱，因此国家建立了严格的种子质量标准，确保种子播种质量，为“端牢饭碗”打下坚实基础。

二、作物种子的寿命与休眠

（一）种子的寿命

种子寿命是指种子从采收到失去发芽力的时间。在一般储存条件下，多数种子的寿命较短，一般为 1～3 年。例如，花生种子的寿命仅有 1 年，小麦、水稻、玉米、大豆等种子为 2 年。也有少数作物种子寿命较长，如蚕豆、绿豆可达 6～11 年。种子寿命长短与储存条件有密切关系，如低温储存可延长种子寿命，保持种子密封干燥也可延长种子寿命。目前，鉴别种子活力的常用方法主要有以下 3 种。

1. 利用组织还原力　其原理是活种子有呼吸作用，而呼吸作用会使物质还原呈特定的颜色，如活种子遇 0.1%～1.0%三苯基氯化四唑后，其胚呈红色，而死种子不着色。

2. 利用原生质着色能力　例如，用 0.1%靛蓝洋红测定种子，活种子胚不易着色，而死种子胚易着色。

3. 利用细胞中荧光物质　例如，利用紫外线荧光灯照射纵切的种子，有生活力种子能发出蓝色、蓝紫色等荧光，而无生活力种子为黄色、褐色或无色。

（二）种子的休眠

即使在适宜萌发的条件下，一些作物种子（包括供繁殖的营养器官）也有暂时停止萌发的现象，这便是种子的休眠。休眠是植物对不良环境的一种适应，在野生植物中比较普遍，在栽培作物上表现较弱。在主要作物中，稻、小麦、大麦、玉米、高粱、豆类、棉花、油菜的种子和马铃薯的块茎等均具有休眠特性。休眠有初生休眠和次生休眠之分，大多数作物种子为初生休眠，即种子在生理成熟时或收获后立即进入休眠状态。而有些作物种子在正常情况下能萌发，但在不利环境条件的诱导下经自我调节而进入休眠状态，即次生休眠。进入次生休眠的种子在完全吸胀的情况下可以长期保存而不丧失生活力。

种子休眠的原因有多种。首先是胚的后熟，即种子收获或脱落时，胚组织在生理上尚未成熟，因而不具备发芽能力。这类种子可通过低温和水分处理，促进后熟，使之发芽。其次是一些种子有硬实。硬实种皮不透水，不透气，故不能发芽，如豆类作物在干燥、高温、氮肥多的环境下种植常易产生硬实。为促使硬实种子发芽，一般采用机械磨伤种皮或乙醇、浓硫酸等化学物质处理使种皮破损，增强其透性。此外，种子或果实中含有某种抑制发芽的物质，如脱落酸、酚类化合物、有机酸等，也是种子休眠的主要原因。在这种情况下，可通过改变光、温、水、气等条件，或采用植物激素如赤霉素、细胞分裂素、乙烯和过氧化氢、硝酸盐等化学物质处理，以解除休眠。

三、作物种子萌发与出苗

种子的萌发是指种子从吸胀开始到胚轴伸长为止的一系列生理活动过程。萌发完成的标志是胚根从其周围的结构（如种皮）中生长出来。种子萌发过程可以分为吸胀、萌动和发芽 3 个阶段。干燥种子内的细胞不具有液泡，吸水作用不是靠活细胞的渗透作用，而是靠种子内有机物质亲水胶体的吸胀作用吸收水分。因此，种子的吸水膨胀是一个物理学过程，种子越干燥，吸胀能力越强，播种前晒种有利于种子吸水并萌发。由图 5-1 可见，种子的吸水过程可以分成 3 个阶段，最初为快速吸水（A 阶段，吸水期），然后是缓慢吸水

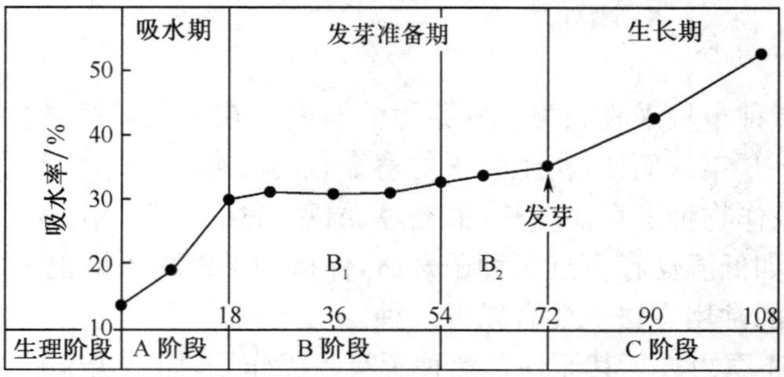

图 5-1　水稻在发芽过程中种子的吸水方式（高桥，1962）

横坐标数字为发芽试验开始后经过的时间（h）

(B阶段,发芽准备期),当胚根长出后再次出现快速吸水(C阶段,生长期)。吸胀作用开始后,静止的干种子就有了代谢活动。一般认为最初代谢所需的细胞结构和酶已经存在于干种子中,当代谢活动进行几个小时后,这些细胞结构和酶就会发生更新。代谢活动首先是呼吸作用增强,表现为耗氧量显著增加。

种子的储藏物质需要经过分解后,才能以可利用的形态运输到胚中去,以支持胚的快速生长。根据储藏物质的不同,可将种子分为淀粉种子、蛋白质类种子和脂肪类种子。淀粉在淀粉酶作用下、蛋白质在蛋白酶作用下、脂肪在脂类代谢酶作用下,分别水解为可溶性糖、氨基酸、甘油和脂肪酸等。这些物质运输到胚,经过转化合成胚的结构物质,从而促进胚的生长。生长最早的部位是胚根,当其生长到一定程度时,便突破种皮,露出白嫩根尖,即完成萌动阶段。之后,胚继续生长,禾谷类作物当胚根长至与种子等长、胚芽长达到种子长度一半时,即达到发芽阶段。在田间条件下,胚根长成幼苗的种子根或主根,胚芽则生长发育成茎、叶等。通常把幼苗中干物质的积累和胚乳中储藏干物质的消耗量的比例,称为转化效率。转化效率高的一般形成壮苗,反之苗瘦弱。实验证明,在正常空气中,水稻种子萌发后的转化效率为50%;当空气中的含氧量为2%时,转化效率为46%;而在几乎缺氧的条件下,转化效率仅为20.9%。这说明种子萌发时保证氧气供应对于培育壮苗是非常重要的。

作物依种子在萌发过程中下胚轴是否伸长露出地面,可分成子叶出土(如棉花、大豆等)、子叶不出土(如蚕豆、豌豆等)和子叶半出土(如花生等)。禾谷类作物的根颈是分蘖节的着生部位,有的作物(如玉米)根颈可随播深增加而按比例增长,有的作物(如多穗高粱)根颈较短,根颈入土过深不利于分蘖分化与生长。因而,在生产上确定播深时,应考虑到该作物子叶是否出土及根颈长短这些因素。

以块根繁殖的甘薯,依靠块根薄壁细胞分化形成的不定芽原基的生长发育,突破周皮而发芽。马铃薯、甘蔗、苎麻等的发芽,则是由茎节上的休眠芽在适宜条件下伸长并长出幼叶。

种子和用以繁殖的营养器官能否发芽,首先取决于自身是否具有发芽能力。此外,水分、温度和氧气是影响发芽的主要环境条件。

1. 水分 种子萌发时的需水量大小,取决于种子内储藏养料的种类。一般淀粉类种子吸水量达种子重量的40%~60%时,即可萌发;含蛋白质较多的豆类种子,由于蛋白质的亲水性大,在吸水量达种子重量的120%~180%时才能萌发;含脂肪多的种子萌发时吸水较少。

种子吸收水分因土壤类型及含水量多少而异。一般,种子在沙土含水量低于15%、黏土含水量低于20%时,就不能正常萌发。适于种子萌发的土壤含水量为20%~35%(土壤最大持水量的50%~85%)。在盐碱地土壤溶液浓度过大时,种子萌发较慢或难以萌发。

2. 温度 温度影响种子的吸水速度、呼吸作用强度、各种酶的活性,以及储藏物质的水解、运输与再合成,因而影响种子萌发的快慢。不同作物种子发芽所需最低、最适、最高温度不同,即使同一种作物,也因生态型、品种或品系不同而有差异。一般原产于高纬度地区的作物需要温度较低。例如，小麦种子发芽的最低温度为 3～5℃，最适温度为 15～31℃，最高温度为 30～43℃。原产于低纬度地区的作物所需温度较高。例如，水稻种子萌发的最低温度为 10～12℃，最适温度为 30～37℃，最高温度为 40～42℃。

3. 氧气　在种子发芽过程中，旺盛的物质代谢和运输等生理过程需要活跃的有氧呼吸作用提供能量，因此氧气对种子发芽极为重要。不同作物种子萌发需氧程度不同，一般旱地作物需氧量大，水生植物需氧较低；花生、大豆、棉花等种子含油较多，萌发时较其他种子需要更多的氧。水稻正常发芽也需要充足的氧气，但因其具有一定限度的缺氧忍受能力，可以进行无氧呼吸；如缺氧时间过长，只有胚芽鞘伸长，影响幼根、幼叶生长，且会发生乙醇中毒。

此外，有些作物种子发芽还需要光，如烟草种子在间歇照光时萌发率较高，这可能与光周期反应有关。

第二节　作物器官发育与建成

作物器官发育的好坏直接决定着作物产量和品质的形成。因此，作物营养器官和生殖器官的形成及不同器官之间的相互关系，是作物学的重要研究内容。

一、作物的根

根具有多种功能：①将植物体固定在土壤中；②吸收水分及无机盐类；③运输物质；④储藏物质；⑤合成植物激素及植物生长调节物质等。

（一）作物根系的类型

1. 单子叶作物　单子叶作物（禾本科）的根系属须根系，根纤细且缺少次生加粗生长的形成层。它由种子根（或胚根）和基部近地表之下的茎节（分蘖节）上发生的次生根（也称不定根、节根或冠根）组成。种子根源于胚根，其功能期较长，可持续至拔节孕穗期，对幼苗生长乃至产量形成都有较大影响。各种作物的种子根数量大体是一定的，水稻为 1 条，小麦为 5 条或 6 条，燕麦、玉米为 3 条。种子根的数量不仅与品种基因型有关，还与种子发育程度有关。不定根是继种子根之后长出的，发生于基部茎节上，是禾本科作物根系的主体。不同茎节上发生的不定根数量不等，一般而言，随发根节位上升而增加。种子根和不定根上均可发生分枝，分枝根上还可以再分枝（2 级分枝），在土壤通透性好的情况下最多可发生 5 级或 6 级分枝。不定根较种子根粗，其粗细取决于生根的节间次序，分枝根则取决于分枝的等级。

2. 双子叶作物　双子叶作物如豆类、棉花、麻类、油菜的根系属直根系。它由粗大且具有正向地性的主根和一些细小的分枝侧根组成。主根由初生根（胚根）不断伸长加粗而成，随着初生根的伸长加粗，逐步分化长出侧根、支根和细根。分枝侧根的粗度随分支次数的增加而变细。

（二）根系的生长

禾本科作物形成的第一层不定根纤细，正向地性很弱，随着发根节位的上升，根的正向地性逐渐增强。以水稻为例，从移栽到分蘖末期，根系主要分布于土壤耕作层内；拔节后根系向纵横发展，到抽穗后根系进一步下扎，分枝根急剧增多，分布在土壤深层的根系显著增加。水稻的根系入土可达50～60cm，但80%左右的根系分布在0～20cm的表土层中；小麦根系入土可达100cm以上，但70%～80%的根系分布在0～20cm的表土层中，10%～15%的根系分布在20～40cm的土层中。根量随着分蘖和叶片数的增加而不断增多(图5-2)。水稻、小麦等禾本科作物的发根与出叶呈现一定的同伸关系，即主茎叶龄(N)－3叶节上发根与N叶抽出是同时发生的。这种叶根的同伸关系可表示为：N叶抽出≈N叶节根原基开始分化≈(N－1)叶节根原基增殖≈(N－2)叶节根原基定数期≈(N－3)叶节旺盛发根期≈(N－4)叶节一次分枝根发生期≈(N－5)叶节二次分枝根发生期≈(N－6)叶节三次分枝根发生期。

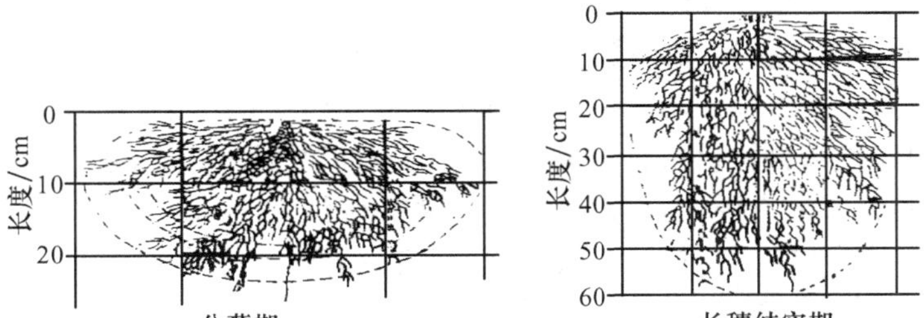

图5-2 水稻的根系分布(凌启鸿等，1994)

双子叶作物棉花、大豆等的根系在苗期生长较慢，现蕾后逐渐加快，至开花期根量达最大值，以后生长又变慢。例如，大豆营养生长期(0～30d)，一条正向地性的初生根深达50～60cm，水平侧根主要分布在0～10cm的表土层中。豆荚充实期(67～80d)，发生新的正向地性侧根，出现第二、三级分枝，此时总根量的85%位于0～15cm的表土层中。豆荚快速充实期(80～100d)，初生根生长速率下降，侧根生长迅速、正向地性增强，深度可达120～180cm(图5-3)。棉花的根入土深度可达80～200cm，但约80%的根量分布在0～40cm的表土层中。

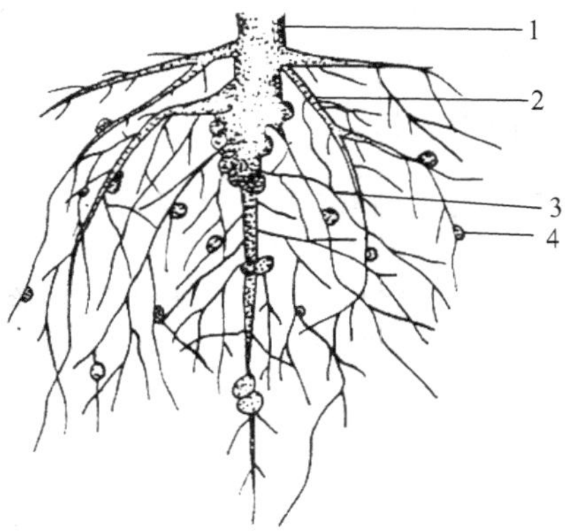

图5-3 大豆的根系(山东农学院，1980)

1. 主根；2. 侧根；3. 细根；4. 根瘤

（三）影响根系生长的因素

根系生长是品种基因型和环境互作的结果。根系生长和根系分布在不同作物及同一作物不同品种(基因型)之间差异很大。例如，杂交水稻在根数、根量、根粗、发根力等方面均具有明显的超亲优势。根系性状多为数量遗传，由多个基因控制。

1. 土壤 根系在土壤中生长，因此土壤环境条件对根系生长有很大的影响。根系在生长过程中常会遇到各种机械阻力。根生长受阻后，其长度缩短，伸长区变粗，根的构造也发生变化，如维管束变小，皮层细胞增大、数目增多等。疏松的土壤耕作层有利于根系生长，而低的土壤孔隙度和高的容重制约根系生长及生理功能的发挥。

2. 水分 土壤水分是影响根系生长的重要因素。水分过少，根生长慢，易发生木栓化，降低吸水能力；水分过多，土壤通气差，导致根短而侧根增多。土壤水分还影响根系的分布，若土壤表层干旱但深层仍有可利用水分，根系偏向于纵向生长，根系分布较深；土壤上层水分充足，根系即向水平方向发展，根浅而分布广。生产上为促进作物根系深扎，常常在苗期控制肥水供应，促使根系向纵深伸展。例如，水稻采用间隙灌溉及分蘖后期晒(搁)田，不但可以控制无效分蘖和节约用水，而且有利于根系生长，延缓后期衰老，从而提高产量。

3. 温度 根系生长的最适温度比茎、叶生长的最适温度要低，一般为20～30℃，温度过高或过低吸水都少，生长缓慢甚至停止。

4. 无机养分 根系生长发育需要充足的无机养分，但养分亏缺对根系生长的影响要比对地上部的影响小。根系生长有趋肥性，在不发生肥料伤害的前提下，在肥料集中的土层中，一般根系比较密集。不同的无机养分对根系生长的影响不同，氮、磷有利于根的生长，钾对根的伸长和分枝没有直接的影响，但影响根系的生理功能。土壤不同的 pH 会影响镁、铝、铁等元素的有效性，因此也影响根系的生长。

5. 氧气 作物根系有向氧性，土壤通气性良好是根系生长的必要条件，尤其是旱地作物。水稻之所以能够生活在水中，是由于连接叶、茎、根的通气组织比较发达，能够有效地将氧气运输到根部，使之进行正常呼吸。尽管如此，增加土壤的通气性，对水稻根系生长有一定的促进作用，尤其在生长后期。

作物根系吸收养分和水分影响地上部生长，而地上部向根系提供碳水化合物和植物激素(如细胞激动素)。这样，作物地上部生长良好及有利于地上部生长的因素，一般有利于根系生长。

二、作物的分蘖与分枝

茎的机能主要有：①输导机能；②支持地上部器官的物理机能；③储藏光合作用产物的机能；④作为繁殖(播种)材料。

(一) 作物茎的类型

1. 单子叶作物 禾谷类作物的茎多数为圆形，大多中空，如稻、麦等；但有些禾谷类作物的茎为髓所充满而成实心，如玉米、高粱、甘蔗等。茎秆由许多节和节间组成，节上着生叶片。茎基部的若干个节间不伸长，节密集丛生，位于地表或地表以下。在这些节上长出根和分蘖，故称为根节或分蘖节，分蘖节上着生腋芽，在适宜的条件下能长成为新茎，即分蘖。从主茎叶腋长出的分蘖称为一级分蘖，从一级分蘖上长出的分蘖称为二级分蘖，依此类推。茎秆中部的空腔称为髓腔，四周是茎壁。茎壁由表皮、厚壁机械组织、薄壁组织和维管束构成，厚壁机械组织的细胞层数及细胞壁厚度与抗倒能力有关，薄壁组织细胞有很强的储藏淀粉的能力。除基部的密集节以外，地上部一般有 4～7 个伸长的节间，这些节上的腋芽一般呈休眠态，不发生分蘖。

2. 双子叶作物 双子叶作物的茎一般接近圆形，实心，由节和节间组成。主茎每一个叶腋有一个腋芽，可长成分枝。从主茎上长成的分枝为一级分枝，从一级分枝上长出的分枝为二级分枝，依此类推。有些双子叶作物分枝性强，如棉花、油菜、花生和豆类，分枝多对产量形成有利；另一些双子叶作物分枝性弱，如烟草、麻、向日葵等，分枝多，对产量和品质反而不利。棉花主茎叶腋的腋芽可分化形成混合芽或叶芽，混合芽在分化叶原基的同时可分化花芽，形成果枝；叶芽只分化叶原基，形成叶枝。

（二）作物茎的生长

茎秆高度取决于地上部的伸长节间数和节间长度。禾谷类作物的茎主要靠每个节间基部居间分生组织的细胞进行分裂和细胞体积的扩大，使每个节间伸长而逐渐长高，其节间伸长的方式为居间生长。双子叶作物的茎，主要靠茎尖顶端分生组织的细胞分裂和伸长，使节数增加，节间伸长，植株逐渐长高，其节间伸长的方式为顶端生长。茎的增高进程呈 S 形。禾谷类作物拔节后不久几个节间同时生长，是茎伸长最快的时期。不同作物主茎节数不同，一般水稻有 10～17 节；小麦有 7～14 节，其中地上节为 4～6 节；高粱茎节数以 12～13 节居多；谷子茎有 15～25 节，地上 6～17 节伸长。双子叶植物节数较多，如黄麻一般可达 40～50 节，油菜达 30 多节，棉花有 20 多节，大豆有 10～30 节。作物植株高度差别很大。红麻、黄麻、甘蔗株高可达 3～5m，大豆、小麦株高仅 1m 左右。

（三）影响茎、枝（分蘖）生长的因素

作物茎秆的高度及腋芽能否形成侧枝（双子叶作物）或分蘖（禾本科作物）取决于品种基因型和环境条件。不同的作物品种，其分枝和分蘖数有很大差异，在育种上应利用这一遗传特性培育与育种目标一致的作物品种。

种植密度影响分枝（或分蘖）能力。总体上，苗稀，单株营养面积大，光照充足，植株分枝（或分蘖）力强；反之，苗密，则分枝力（或分蘖力）弱。在作物栽培中常常根据作物的分枝（或分蘖）能力、茎秆的高度及栽培目标等来确定合适的种植密度。

营养和施肥水平影响茎、枝的生长。施足基肥、苗肥，增加土壤的氮素营养，可以促进主茎和分枝（分蘖）的生长。氮、磷、钾肥比例适宜，有利于主茎和分枝（分蘖）的生长。相反，氮肥过多，氮碳比例失调，对茎枝（分蘖）生长不利。例如，在多肥和寡照的条件下，水稻节间易发生徒长而倒伏。相反，在生育中期限制氮素，水稻的下位节间变短，抗倒性提高。

生长激素和温度等对茎秆的生长也有极大的影响。例如，一定浓度的赤霉素可促进水稻节间伸长，并抑制分蘖。水稻在低温下节间伸长受抑制，特别是上部 3 个节间，在遭受冷害时由于伸长受阻而发生不出穗的现象。

三、作物的叶

作物生长和产量及品质形成的重要基础是来自叶片的光合产物。因此，作物栽培的

一个重要目标就是构建一个具有高光合能力的叶系，并最大限度地发挥其效能。

（一）作物叶的类型

1. 单子叶作物 单子叶的禾谷类作物有一片子叶形成包被胚芽的胚芽鞘；另一片子叶形状如盾头，称为盾片，在发芽和幼苗生长时，起消化、吸收和运输养分的作用。禾谷类作物的叶为单叶，一般包括叶片、叶鞘、叶耳和叶舌 4 部分，具有叶片和叶鞘的为完全叶，缺少叶片的为不完全叶。例如，水稻的第 1 个绿叶，只有叶鞘而无叶片。叶鞘中央厚，两端渐薄，卷抱着其内的叶或茎，起支撑作用。叶鞘的薄壁细胞有储藏淀粉的功能。例如，水稻最上部 3、4 个叶鞘在抽穗前蓄积的淀粉是籽粒灌浆物质来源的一部分。

2. 双子叶作物 双子叶作物有两片子叶，内含丰富的营养物质，供种子发芽和幼苗生长用。真叶多数由叶片、叶柄和托叶 3 部分组成，称为完全叶，如棉花、大豆、花生等；但有些双子叶作物缺少托叶，如甘薯、油菜等；有些缺少叶柄，如烟草等。很多双子叶作物为单叶，即一个叶柄上只着生一片叶，如棉花、甘薯等。有的在一个叶柄上着生两个或两个以上完全独立的小叶片，即复叶。复叶又分三出复叶，如大豆；羽状复叶，如花生；掌状复叶，如大麻。有的作物植株不同部位的叶片形状有很大的变化。例如，红麻基部叶为卵圆形、不分裂，中部着生 3、5、7 片裂掌状叶，再往上分裂又减少，顶部叶为披针状。

（二）作物叶的生长

叶(真叶)起源于茎尖基部的叶原基。叶原基发生于顶端半球状部分的某些细胞，这些细胞分裂并在茎顶端产生膨大或突起。在茎尖分化生殖器官之前，可不断地分化出叶原基，因此茎尖周围通常包围着大小与发育程度不同的多个叶原基和幼叶。就某一特定的品种基因型而言，在环境条件稳定的情况下，茎端的叶原基以恒定的速率出现，叶原基出现的时间间隔称为分叶间隔。主茎或分枝(分蘖)叶片数目的多少，与茎节数有关，既取决于作物种类、品种遗传性，也受环境因素的影响。例如，我国种植的大部分水稻品种主茎叶片数为 11～16 叶。

叶原基长成叶需要经过顶端生长、边缘生长和居间生长 3 个阶段。顶端生长使叶原基伸长，变为雏形的叶轴；具有托叶的作物，其叶原基部的细胞迅速分裂生长，分化为托叶，包围叶轴。顶端生长停止后不久，分化出叶柄。经过边缘生长形成叶的雏形后，从叶尖开始向基部的居间生长，使叶不断长大直至成熟。禾谷类作物的叶片在进行边缘生长的过程中，形成环抱茎的叶鞘和扁平的叶片两部分，其连接处分化形成叶耳和叶舌。叶片的各组织自端部向基部成熟。叶片的快速伸长是基部居间分生组织作用的结果，但当叶片尖端从下位叶的叶鞘抽出时，居间分生组织的分裂活性衰退，叶片几乎达到定长，此后叶鞘急速伸长而将叶片自下位叶鞘顶出。相邻两叶叶尖出现的时间间隔称为出叶间隔。

作物叶片平展后即可进行光合作用，在叶片生长定型后不久达到高峰，后因叶片老化而逐渐衰老，最后脱落或枯死。在饱和光下，叶片光合速率与叶片厚度呈直线相关。叶片厚度一般用比叶重(即单位叶面积干物重)来表示。叶片的光合产物除一部分用于本身的呼吸和生理代谢消耗外，大部分向植株其他器官输出。叶从开始输出光合产物到失去输出能力的持续时间，即叶的功能期。禾谷类作物叶的功能期一般为叶片定长到 1/2 叶片变黄所持续的天数;双子叶作物叶的功能期则为叶平展至全叶 1/2 变黄所持续的天数。叶功能期的长短因作物种类、叶位及栽培条件而不同。

(三) 影响叶生长的因素

叶片数目和大小受品种基因型和环境的双重影响。叶的长度、宽度和面积通常随着植株的个体发育而逐渐增加,且达到一定值后又呈逐渐变小的趋势。上部叶变小可能与叶片和花序竞争养分有关。例如,玉米顶叶比穗位叶短而窄,叶面积小;水稻顶部 3 叶长度逐渐变短,宽度则增大。

叶片形态在一定程度上由分化时生长锥的大小所决定,在相同环境条件下,生长锥越大的定型叶也越大。因此,环境条件通过生长锥的大小间接地影响着叶的形态。同时,对发育中的叶有直接作用,而使叶形态产生各种变化。因为叶片的尖端和基部在成熟时期上有先后,所以环境条件的影响也因叶片的部位而异。从叶原基分化到完全展开的整个期间,越接近叶片基部,受环境条件的影响也越大。

较高的气温增加叶片的长度和面积,而较低的气温则有利于叶片宽度和厚度的增长。例如,水稻在平均气温为 17℃以下时,叶片变短、叶面积变小,但叶肉组织变厚,单位叶面积的叶肉细胞数增加。光照强,叶片的宽度和厚度大;光照弱,叶片长度增加。充足的水分促进叶片生长,叶片大而薄;缺水抑制叶的生长,叶片小而厚。

在矿质养分中,氮素对叶宽和叶面积具有显著的影响,过量的氮会造成茎叶徒长,而缺氮加快叶片衰老。在生长前期,磷能增加叶面积,而在后期则加速叶片老化。钾有促进叶面积增大和延迟叶片老化的双重作用。

环境条件不仅影响叶的外部形态,也会影响叶的内部构造。例如,增加氮素营养可增加单叶的叶面积,同时由于叶肉细胞数目与大小的增加并不呈正比关系,因此叶肉细胞间隙增大。

四、作物的花

花是被子植物特有的有性生殖器官。在植物个体发育中,花的分化是从营养生长转入生殖生长的重要标志,是生殖生长的开始。开花不但关系到物种的延续,而且与人类生活密切相关,大多数农作物的收获器官便是由花发育形成的种子或果实。

(一) 作物花(穗)的类型

1. 单子叶作物 单子叶禾本科作物的花由雄蕊、雌蕊、浆片和稃片组成,称为小花。在花的两侧有 2 片鳞片状薄片,称为稃片,外边的一片称为外稃,和外稃相对应的称为内稃,外稃是变态的苞片,其中脉常延长成芒。稃片内有 2 片囊状突起,称为浆片,内稃和浆片是由花被退化而成。每一小花有雄蕊 3 枚或 6 枚,雌蕊 1 枚,柱头二裂成羽毛状。开花时浆片吸水膨胀,使外稃和内稃撑开,露出花药和柱头,利于传粉。小穗着生在小穗轴上,由一至多朵小花组成;每一小穗的基部有一对颖片,称为外颖和内颖。禾本科作物的花序(穗)都由许多小穗组成,但它们的结构不同,小麦、大麦、黑麦为穗状花序,稻、高粱、糜子及玉米的雄花序为圆锥花序,粟的穗也属圆锥花序,但小穗轴短缩,形如穗状花序。

2. 双子叶作物 花由花梗、花托、花萼、花冠、雄蕊和雌蕊组成，但花序结构因作物而不同，棉花的花单生，豆类、花生、油菜属总状花序，烟草为圆锥或总状花序，甜菜为复总状花序。

（二）花器官分化及其影响因素

1. 花器官分化

1）单子叶作物的幼穗分化　单子叶禾谷类作物幼穗分化开始较早，稻、麦类作物一般发生在主茎拔节前后或同时，粟类作物则在主茎拔节后。幼穗分化完成期大致在孕穗以后或抽穗时。表 5-1 是小麦和水稻的幼穗分化阶段及其基本特征。

表 5-1　小麦和水稻的幼穗分化阶段及其基本特征

小麦		水稻	
分化阶段	基本特征	分化阶段	基本特征
1. 花原基伸长期	生长锥伸长，高大于宽	1. 第一苞原基分化期	生长锥基部产生环状突起。第一苞分化处即穗颈节
2. 单棱期（穗轴分化期）	穗轴或分枝类型的主穗轴分化	2. 第一次枝梗原基分化期	第一次枝梗原基在生长锥基部出现，并由下而上依次产生
3. 二棱期（小穗原基分化期）	小穗原基分化	3. 第二次枝梗原基和小穗原基分化期	第二次枝梗原基在顶端一次枝梗基部产生，顶端小穗出现颖片及稃原基
4. 颖片原基分化期	小穗原基两侧分化出颖片原基	4. 雌雄蕊形成期	顶小穗内外稃出现雌雄蕊原基
5. 小花原基分化期	每个小穗中分化出小花的内外稃	5. 花粉母细胞形成期	花粉母细胞形成
6. 雌雄蕊原基分化期	在内外稃之间出现 3 枚雄蕊原基和雌蕊原基	6. 花粉母细胞减数分裂期	花粉母细胞经减数分裂和有丝分裂形成四分体
7. 药隔分化期	雄蕊原基逐步分化为 4 个花粉囊，雌蕊原基逐步分化形成羽状柱头	7. 花粉内容物充实期	形成单孢花粉
8. 四分体形成期	花药内花粉母细胞经减数分裂和有丝分裂形成四分体，胚囊内形成胚囊母细胞，然后进一步发育成花粉和胚珠	8. 花粉完成期	形成二孢和三孢花粉

2）双子叶作物的花芽分化　双子叶作物花芽分化较早。例如，棉花在 2～3 叶期

即开始花芽分化。大豆无限结荚习性品种在第一复叶全展开，第二、三复叶初露时，腋芽即开始花芽分化；有限结荚习性品种则在第七复叶出现时，第一朵花的花芽开始分化。南方冬油菜一般在10多片叶时开始花芽分化；有的花生品种在主茎只有3片真叶时(出苗后3～4d)，第一花芽即开始分化。由于双子叶植物花器比较分散，花芽分化开始和结束时间差异较大。表5-2是棉花和油菜的花芽分化阶段及其基本特征。

表5-2 棉花和油菜的花芽分化阶段及其基本特征

棉花		油菜	
分化阶段	基本特征	分化阶段	基本特征
1. 花原基伸长期	花原基伸长	1. 花蕾原始体分化期	在生长锥基部周围出现很多花蕾原始体小突起
2. 苞片分化期	在花原基上中部分化出3片苞叶原基	2. 花萼分化期	第一个花蕾原始体基部出现环状突起，为花萼原基
3. 花萼分化期	剥开苞片可见四周出现环状突起，为花萼原基	3. 雌雄蕊分化期	花萼内分化体出现新突起，中间为雌蕊突起，周围4个为雄蕊突起
4. 花瓣分化期	在花萼内侧分化出5个花瓣原基	4. 花瓣分化形成期	在近雄蕊突起下方出现新的舌状突起，为花瓣突起
5. 雄蕊分化期	花原基顶端形成5个突起，后为雄蕊管，其上为雄蕊原基	5. 花粉、胚珠形成期	雌蕊分化出子房、花柱和柱头，子房中段隔膜上生出胚珠，雄蕊中花粉粒逐步形成
6. 雌蕊分化期	在花原基中央分化出3～5枚心皮原基		

2. 影响花器官分化的因素 花芽分化、花器官形成主要是由植物的遗传特性决定的，但适宜的环境条件是诱导成花的重要因素。在自然条件下，温度和昼夜长度随季节有规律地变化，作物在长期的环境适应和系统进化中，形成了对低温与昼夜长度的感应。秋播作物冬前经过一定的营养生长后，必须通过春化作用才能开始花芽的分化。有些作物必须经过一定时间的适宜光周期后才能开始花芽的分化，否则就一直处于营养生长状态。根据对昼夜长度的反应，植物可分为长日照植物、短日照植物、日中性植物3种主要类型；许多要求低温春化的作物在经过一定时期的低温后，还要求有一定的长日照才能成花的植物，它们属于长日照植物，如冬小麦等禾谷类作物。

营养物质是花芽分化和花器官形成的基础，营养生长和生殖生长之间还存在着对养分的竞争，所以营养物质及其合理分配十分重要。碳水化合物对花芽的形成尤为重要，它是合成其他物质的碳源和能源。花器官形成也需要大量的蛋白质，若氮素营养不足，则花芽分化缓慢，最终花芽少；若氮素过多，碳氮比失调，植株贪青晚长，则花发育差。花芽分化也受内源激素的调控，在一定的营养水平条件下，内源激素的平衡对成花起主导作用。

植物花芽分化期间，光照时间长，光照强，有机物合成多，则有利于花芽分化。反之，在花器官形成时期，多阴雨天，光照弱，光合产物少，则营养生长延长，花芽分化受阻。温度影响光合作用、呼吸作用和物质的转化及运输等过程，从而会间接影响花芽分化。例如，水稻幼穗分化适温为26～30℃，临界温度为15～18℃，温度过低引起枝梗和颖花退化，甚至引起不育。作物花芽分化期间，往往对缺水表现敏感。例如，水稻幼穗分化阶段遇干旱缺水，会造成颖花败育，空壳率增加。

（三）开花、授粉和受精及其影响因素

1. 开花、授粉和受精

1）开花　开花是指花朵张开，成熟的雄蕊和雌蕊（或两者之一）暴露出来的现象。禾本科作物由于花的构造较为特殊，开花时浆片（鳞片）吸水膨胀，内、外稃张开，花丝伸长，花药上升，散出花粉。各种作物开花都有一定的规律性，具有分枝（分蘖）习性的作物，通常是主茎花序先开花，然后是一次分枝（分蘖）花序、二次分枝（分蘖）花序依次开花。同一花序上的花，开放顺序因作物而不同，由下而上的有油菜、花生和无限结荚习性的大豆等；中部先开花，然后向上向下的有小麦、大麦、玉米和有限结荚习性的大豆等；由上而下的有稻、高粱等。一朵花的开花期也因作物种类而异，小麦开花到散粉完成为20～30min，水稻由开颖到颖壳全闭为1～2h。一株作物的花期可从几天到几十天，如一块稻田、一片麦地的花期一般为5～7d，而一块棉田的花期可长达几十天。

2）授粉　成熟的花粉粒借助于外力作用从雄蕊花药传到雌蕊柱头上的过程，称为授粉。许多作物的柱头可分泌黏液，使花粉易于附着，防止柱头表面干燥，以便诱导花粉发芽。柱头接受花粉能力的持续时间（或称柱头活力）因作物种类而异。例如，玉米可持续24d，小麦仅2～3d。作物自身花的花粉传至柱头上能否发芽和受精，取决于该作物的自交亲和性程度。自交亲和性强的作物，可进行自花授粉，完成受精过程，这类作物称为自花授粉作物，如水稻、小麦、大麦、大豆、花生等。自交亲和性小即自交不亲和的作物，不能进行自花授粉，更不能完成受精过程，这类作物称为异花授粉作物，如白菜型油菜、向日葵等。玉米虽无自交不亲和性，但因为雌雄同株异花，也称为异花授粉作物。另一类作物，具有自交亲和性，可以完成授粉受精过程，但异交率通常在5%以上，有的高达40%，这类作物称为常异花授粉作物，如甘蓝型油菜、棉花、高粱、蚕豆等。

3）受精　作物授粉后，雌雄性细胞即卵细胞和精子相互融合的过程，称为受精。其过程是：当成熟的花粉粒黏附在柱头上以后，便引起花粉与柱头一系列的“识别”或选择反应，亲和的花粉粒可在柱头上吸水、萌发，长出花粉管，穿过柱头，经花柱诱导组织向子房生长，把两个精子送到位于子房内的胚囊，分别与胚囊中的卵细胞和中央细胞融合，形成受精卵和初生胚乳核，完成“双受精”过程（图5-4）。一般来说，差不多所有的花粉都能在柱头上萌发，但只有一部分能进入花柱的基部，其中仅少数几条能继续延伸至子房的基部，且只有一条花粉管能进入珠孔，产生双受精。大部分花粉管延伸到花粉与子房相连接的部位便停止伸长，同时花粉管尖端畸形膨胀；有些能伸展至珠孔部位而不能进入珠孔的，其尖端同样也发生畸形膨胀。花粉落到柱头上到花粉萌发经历的时间因作物不同而有差异。例如，水稻、高粱几乎立即萌发，玉米、大麦只要几分钟就萌发，小麦、棉花、甜菜要1～2h才萌发。

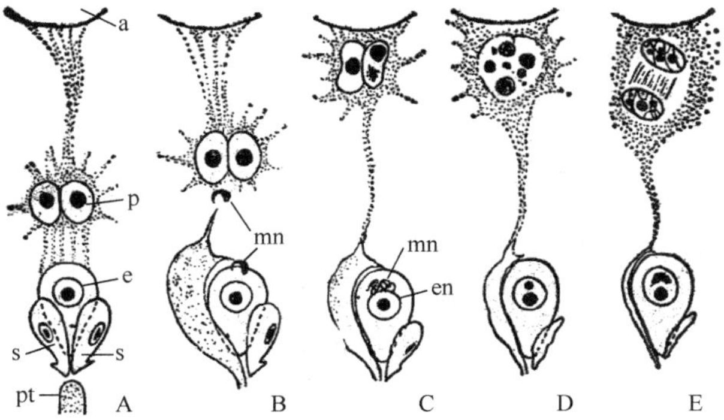

图 5-4　小麦受精过程模式图(北条良夫,1983)

A. 花粉管(pt)通过珠孔接近助细胞(e. 卵细胞,s. 助细胞,p. 极核,a. 反足细胞);
B. 花粉管进入助细胞,放出 2 个精子(mn);C. 雄核(mn)与卵核(en)接触,极核第 1 次融合;
D. 雄核与卵核融合,极核第 2 次融合,双受精结束;E. 胚乳原核分裂

2. 影响开花、授粉和受精的因素　作物在开花、授粉期间也需要适宜气温。例如,水稻开花需 30～35℃温度,若低于 20℃花药不能开裂,高于 40℃则花柱干枯。对异花授粉植物来说,温度低除对开花不利外,还会影响昆虫的传粉活动。天气晴朗、有微风有利于作物开花传粉和受精。如果遇阴雨天,雨水会洗去柱头分泌物,花粉吸水过多会膨胀破裂,对传粉不利。作物的受精速度受环境,特别是温度的影响。例如,小麦在 10℃时需要 10h,20℃时需要 4～5h,30℃时仅需 3h。水稻授粉后即遇 15℃的低温,即使 2d 后也不受精。

硼和碳水化合物的代谢有密切关系,而且与花粉管膜的基本物质——果胶的合成有关。因此,硼能提高花粉发芽,促进花粉管伸长。许多地方油菜“花而不实”基本上与缺硼有关。受精时植物体内氮素水平合适,则小麦受精过程迅速完成,氮素水平过高或过低,则受精过程缓慢。

一个柱头上附着的花粉数越多或密度越大,花粉发芽也越快,花粉管伸长良好。例如,水稻柱头上附着 200 粒以上的花粉,3min 内便能发芽,若为 10 粒以下,往往 1h 也几乎不发芽、不受精。因此,在农业生产中,常采用人工辅助授粉以提高结实率和产量。

五、作物的种子和果实

种子或果实对大多数作物而言,既是繁殖器官,又是生产上的主要收获器官。种子和果实的发育好坏与内含物积累多少及成分组成直接关系到产量高低、产品质量优劣与种子活力强弱。

(一) 作物种子和果实的类型

1. 单子叶作物　一朵颖花只有一个胚珠,开花受精后子房(形成果皮)与胚珠(形成种子)的发育同步进行,果皮与种皮愈合而成颖果。颖果中果皮所占比例很小,主要为种子部分。

2. 双子叶作物　一朵花可有数个胚珠,开花受精后子房与胚珠的发育过程相互独立，一般子房先开始快速生长，形成铃或荚等果实，胚珠发育成种子的过程稍滞后，果实中种皮与果皮分离。

（二）种子和果实的形成

种子由胚珠发育而成，各部分的对应关系是：受精卵发育成胚，初生胚乳核发育成胚乳，包被胚珠的珠被发育成种皮。受精卵连续分裂的结果是胚不断长大，并依次分化出子叶、胚芽、胚根和胚轴。在初生胚乳核发育成胚乳、积累储藏养分过程中，豆类、油菜等作物的胚乳会被发育中的胚所吸收，而把养分储藏在子叶内，形成无胚乳种子；而水稻、小麦、玉米等作物则形成发达的胚乳组织，胚乳细胞起储藏养分的作用，形成有胚乳种子。在胚和胚乳发育的同时，珠被也长大，包被在胚和胚乳外面起保护作用。

果实由子房发育而来，某些作物除子房外，还有花器甚至花序参与果实的发育。果实的发育与子房受到受精和种子发育的刺激有关。种子以外的果实部分，实际上由外果皮、中果皮、内果皮 3 层组成，中果皮和内果皮的结构特点（如肉质化、膜质化等）决定了果实的特点。

种子和果实在发育过程中，除外部形态和颜色的变化外，其内部化学成分也发生明显变化，即可溶性的低分子有机物质（如葡萄糖、蔗糖、氨基酸等）转化为不溶性的高分子有机物质（如蛋白质、脂肪和淀粉等），种子和果实的含水量逐渐降低。

（三）影响种子和果实发育的因素

种子和果实的发育既受品种遗传特性的控制，也受外界环境条件的影响。种子和果实的发育和形成，要求植株体内有充足的有机养料，并源源不断地运往种子和果实。因此，在种子成熟过程中，有利于光合产物生产和分配的各种因素都有利于作物种子和果实的发育。

作物成熟过程中，高温、缺水及缺氮均易引起作物早熟，导致果实变小，种子数量减少。例如，小麦种子灌浆期间若遇高温，特别是夜温偏高，不利于生物量积累，影响籽粒的饱满度。充足的水分供应有利于营养物质的生产和向种子内运输，促进种子饱满；但水分过多常常会造成贪青晚熟，籽粒干瘪。在种子灌浆和成熟期，如土壤氮素水平过高，会使大量光合产物积累在茎、叶，引起植株贪青迟熟而导致减产。充足的光照有利于光合器官的光合作用，既能促进成熟，又能提高果实和种子的质量。

温度、水分和营养条件对种子的化学成分和品质特性有显著的影响。土壤水分供应不足，种子灌浆困难，通常淀粉含量少，蛋白质含量高。温度高低直接影响油料种子含水量、含油量和油分性质，成熟期适当低温有利于油脂的积累，而低温、昼夜温差小有利于不饱和脂肪酸的形成；相反，高温、昼夜温差大则利于饱和脂肪酸的形成。适当施用氮肥能提高种子的蛋白质含量，合理施用磷肥对脂肪的合成与运输有促进作用，钾肥能促进糖类的运输，增加籽粒或其他储存器官的淀粉含量。

种子成熟受多种激素的调节控制，种子中内源激素的含量随种子发育呈动态变化。例如，小麦受精前期胚珠中细胞分裂素含量极低，而在受精末期增加到最高，此后又下降；受精后籽粒开始生长时，GA 迅速增加，在第三周达到高峰，然后下降；在籽粒膨大时 IAA

含量增加，当籽粒鲜重达最大时，IAA 含量也最高，而当籽粒成熟时则降低至几乎测不到活性。种子发育过程中，ABA 含量随之增加。内源激素的顺序变化对种子发育有其特殊作用，首先出现的细胞分裂素，可能调节籽粒形态建成的细胞分裂过程，其次增加的 GA 和 IAA 参与调节有机物向籽粒的运输与积累，ABA 与种子中物质转化及脱水干燥进入休眠有关。

第三节 作物器官生长的相关性

作物各个器官的建成不是孤立的，某一器官的生长发育在某种程度上会受到另一(或许多)器官的生长和代谢过程的影响，这种相互影响还存在于组织甚至细胞之间，作物器官、组织或细胞之间在生长发育上的相互影响，称为作物器官生长的相关性。

一、作物器官的同伸关系

作物各个器官的分化和形成是有一定程序的，同时又因外界环境条件的影响而发生变化。各个器官的建成呈一定的对应关系，即在同一时间内某些器官相互间呈有规律的生长或伸长，称为作物器官的同伸关系，这些同时生长(或伸长)的器官就是同伸器官。同伸关系既表现在同名器官之间，如不同叶位叶的生长；也表现在异名器官之间，如叶与茎或根，乃至叶与生殖器官之间。

(一) 禾谷类作物营养器官间的同伸关系

1. 主茎和分蘖 水稻主茎第 N 叶伸出时，其分蘖芽即开始分化，第 $N-1$ 叶的分蘖已分化完成，第 $N-2$ 叶的分蘖芽正在叶鞘内伸长，第 $N-3$ 叶的分蘖芽就可伸出叶鞘。因此，主茎叶与分蘖呈 $N-3$ 的同伸关系。这种叶蘖同伸关系不仅存在于水稻中，也存在于其他禾谷类作物中。

2. 叶片、叶鞘和节间 在异名器官间，第 N 叶的叶片、第 $N-1$ 叶的叶鞘和第 $N-2$ 叶至 $N-3$ 叶对应的节间为同伸器官；在同名器官间，当第 N 叶展开时，第 $N+1$ 叶迅速伸长，第 $N+2$ 叶开始伸长，第 $N+3$ 叶等待伸长。

3. 地上部器官与根 水稻、小麦等在分蘖出现时，同一节位地下部还同时形成不定根，因此出叶与出根的同伸关系也是 $N-3$。玉米生育初期，保持 $N-3$ 的关系，随后出叶速度加快，大约每出 2 叶长出 1 层不定根；高粱与玉米类似，主茎叶数大致是出根层数的 2 倍再加 2(后期为 3)。

(二) 禾谷类作物幼穗与营养器官的同伸关系

禾谷类作物的幼穗分化过程一般要在解剖镜下才能观察到，而利用器官间的同伸关系则可从外部形态上进行推定。目前常用的方法有以下 3 种。

1. 叶龄法 即直接以叶片数为指标。大多数麦类作物在幼穗分化开始后，基本上是每出 1 叶，幼穗分化推进 1 期；而粟进入幼穗分化后，基本上是每展开 2 叶，幼穗分化推进 1 期。

2. 叶龄余数法　作物特定品种一生的总叶数减去已抽出的叶数，即叶龄余数。如果将水稻幼穗发育过程简化为苞分化、枝梗分化、颖花分化、花粉母细胞形成和减数分裂及花粉粒充实等时期，则幼穗发育与叶片生长的同伸关系为：从倒 4 叶抽出的后半期开始，每出 1 叶或每经历 1 个出叶周期，穗分化进程就推进 1 期。

3. 叶龄指数法　作物某一生长期已抽出（或已展开）叶数占总叶数的百分数，即叶龄指数。目前其在玉米、粟等作物上应用较多。

（三）双子叶作物器官间的同伸关系

双子叶作物器官也同样存在着同伸关系，但与单子叶作物相比，这种关系相对不明显或仅存在于特定的生育阶段。例如，蚕豆主茎叶与一级分枝在生育前期也基本保持 $N-3$ 的同伸关系，但随后便失去同伸关系；棉花不同果枝、不同节位的现蕾开花顺序也具有同伸关系，如第一果枝的第二节与第四果枝的第一节，第一果枝的第三节与第四果枝的第二节，分别表现为同时现蕾、开花。

二、营养生长与生殖生长的关系

（一）营养器官和生殖器官在形态发生上的相互关系

营养生长是生殖生长的基础，如果作物没有一定的营养生长，通常不会开始生殖生长。例如，小麦发育最快的春性品种要长到 3～4 片叶后开始幼穗分化；玉米早熟品种要到 6 片叶时开始雄穗分化，晚熟品种需到 8～9 片叶时才开始；棉花需至 2～3 片叶时才能进行花芽分化；油菜极早熟品种需到 3～5 片叶时才能进行花芽分化。

营养器官生长的优劣，直接影响到生殖器官生长的好坏，最后影响到作物产量的高低。一般来说，营养器官生长适度，生殖器官生长较好，作物产量也较高。如果营养器官生长过旺，如在水肥条件较好的情况下，特别是施用化肥过多的情况下，出现枝叶徒长，田间群体郁闭，则花芽分化（幼穗分化）缓慢，花芽数量（或小花数量）少，严重时花器官也会向营养器官逆向分化。反之，若营养器官生长不良，则生殖器官的生长也会受到明显抑制，导致花芽分化（幼穗分化）缓慢，花芽数量（或小花数量）少。

（二）营养生长和生殖生长在养分运转上的相互关系

营养生长和生殖生长在作物养分运转上存在着相互依赖、相互制约的关系。营养生长是生殖生长的基础，要获得生殖器官的高产量，必须促进营养器官的生长，这在生产上称为“搭丰产架子”。但是，如营养生长过旺，出现诸如水稻和小麦群体过大、叶片肥大和浓绿的现象，则不但会导致植株过高、茎秆柔软而容易发生后期倒伏，而且由于叶片制造的养分不能及时供应生殖器官，使幼穗分化受到抑制，表现为粒小、空壳多，产量降低；棉花、大豆等生长过旺，枝叶繁茂，则易发生蕾铃或花荚大量脱落，产量降低。相反，若营养生长不良，则生殖生长得不到足够的养分，作物花器或果实数量和质量都会降低，同样减产。

对于很多作物而言，开花后进入以生殖生长期为主导的生长方式，但此时营养器官的生理过程还在进行，并且对生殖生长的影响还很大。若营养生长过旺，后期贪青迟熟甚至发生倒伏，则会影响种子和果实充实；若营养生长太差，则会引起作物早衰，同样影响种子和果实的发育。

三、地上部生长与地下部生长的相互关系

（一）地上部与地下部在物质交换上的相互关系

作物的地上部（也称冠部）包括茎、叶、花、果实、种子；地下部主要是指根，也包括块茎、鳞茎等。作物的地上部生长与地下部生长有密切关系，即通常说的"根深才能叶茂""壮苗必先壮根"。如果根系生长不好，则地上部生长必将受到影响；同样，地上部生长对根系生长也有重要作用。

一方面，地下部与地上部存在大量物质的相互交换，地下部的根是吸收水分和矿质营养的器官，水分与矿质营养吸收后输送到地上部去；地上部是作物有机营养物质的主要来源，碳水化合物在叶片中制造，通过韧皮部送至根系，满足根系生理活动的需要。另一方面，根与地上部还进行着微量活性物质的交换，在叶内合成的维生素、生长素是根所需要的，而根是细胞分裂素、赤霉素、脱落酸合成的部位，这些激素沿木质部导管运到地上部器官，对地上部器官的生长发育产生影响。

（二）地上部与地下部在物质积累上的相互关系

作物地下部和地上部在各自的生长过程中，由于生理的协调和竞争作用，以及对同化物的需求和积累，在重量上表现出一定的比例。通常将根系重与冠部重之比称为根冠比（根/冠），这是作物生产上经常用以控制和协调根系与冠部生长的一种参数。

不同作物、不同品种的根冠比是不同的，同一品种不同生育时期的根冠比也不一致。作物苗期根系生长相对较快，根冠比较大，随着冠部生长发育加快，根冠比越来越小。

根冠比对于以根为收获对象的作物，如甘薯、甜菜等尤为重要。这类作物在生长前期应有繁茂的冠层、较小的根冠比，以后随着生育进展，根冠比越来越大。以甘薯为例，其根冠比前期为 0.5，中期为 0.67，收获期则为 2.0～2.5。

（三）地上部和地下部对环境条件和栽培技术措施反应上的相互关系

俗话说"干长根，水长苗"。土壤水分过多，根系的呼吸作用受到抑制，根系不发达；相反，土壤水分较少，通气良好，根系延伸，向纵深发展。对茎叶来说：水分充足能促进其生长，水分不足对茎叶生长极为不利。为了培育壮苗，前期土壤水分不宜过多。在矿质元素中，氮素对地上茎叶生长有利，当氮充足时，茎叶生长旺盛，光合产物多用于自身建成，根系所得比例较少，生长受到抑制，根冠比小。反之，缺氮时，茎叶生长受到限制，根系得到较多的地上部同化物，促进生长，根冠比大。磷素对根系生长有利，磷素丰富，根系发达，根冠比增大。钾素对块根、块茎作物的地下器官生长具有积极促进的作用。

关于温度的影响，根系生长所要求的地温条件比地上部低。例如，小麦在秋季低温下根的生长可超过茎叶，但返青后，茎叶的生长又比根系快。

本章视频

第六章　作物的群体与源-库-流

作物群体是由许多生长着的个体组成的，个体长势长相和经济性状由作物器官的分化、生长与发育所决定；由众多个体形成的有机整体即群体，群体状态及其时空变化特征的描述即群体结构指标与群体的动态变化规律，作物群体特征和质量决定着作物的产量和品质。合理调节群体结构，协调个体与群体的关系及群体中源-库-流的关系，对于作物高产、优质、高效生产和生态安全具有重要意义。本章主要介绍作物群体结构特征、作物源-库-流的概念与理论及作物生长分析的原理与方法等。

第一节　作物的群体动态

作物的一个单株称为个体，单位土地（或其他载体）面积上所有单株的集合称为群体，作物个体之间、不同群体之间及群、个体与环境之间彼此影响，逐步发展成为互相适应、互相制约的有机整体，在空间和时间上形成特定的群体结构和群体环境。

一、作物群体结构与功能

（一）作物群体结构

1. 作物群体与群体结构　作物群体是指同一块土地上的作物个体群。一种作物组成的个体群是单作群体，如水稻田、小麦田等；两种或两种以上的作物组成的群体是复合群体，如麦田套种棉花、玉米与大豆间作等。作物生产是群体生产，通常所指的产量是单位土地面积上作物的群体产量。群体产量虽然取决于每个个体的产量，但不是个体产量越高越好，因为作物生产的主要目标是群体稳健发育前提下的产品数量最大化。作物栽培的任务就是协调个体与群体的矛盾，创造合理的群体结构，实现较高的作物产量和品质，保障我们“手中有粮，心中不慌”，实现“社会稳定，人心安定”。

作物群体结构主要指群体及组成这一群体的各个单株大小、分布、长相及动态变化特征等。作物合理的群体结构是指群体大小、分布、叶色、长势、长相及其动态发展变化适宜，利于群体中的个体健壮和群体数量与质量的协调发展。

2. 作物群体结构指标

1）*群体结构数量性状*　群体结构数量性状包括群体的高度、密度、叶面积、生物量和叶面积密度等。

（1）群体高度：指群体大多数个体从地面至最高器官自然着生的整体高度。水稻、小麦等作物群体的高度是指从地面量至最高叶的叶尖。当叶片披垂时，应测量其披垂状态的高度，抽穗后应量至穗的顶部（小麦不包括麦芒）。甘蔗、玉米等需要培土的作物群体的高度是指地面上的实际高度加上培入土壤中的高度。

(2) 群体密度：指单位土地面积作物群体的密集程度。一般用单位土地面积总茎数（不分蘖作物用总株数）表示，是衡量作物群体大小的一个重要指标，其单位为万个（株）/hm^2等。例如，玉米、棉花的群体密度在播种（或定苗）时就已决定，而小麦则是由基本苗和分蘖数共同决定。

(3) 群体叶面积：指单位土地面积上所有作物个体的绿叶面积之和。用叶面积仪可以迅速准确地测出叶片面积。

(4) 群体生物量：指单位土地面积上群体内所有植株的鲜重或干重。鲜重因植株含水率不同而差异较大，取样时间、土壤环境差异、天气状况等也会影响鲜重。

(5) 群体叶面积密度：可用叶面积指数（LAI）来衡量，叶面积指数是一块农田中的绿叶面积与土地面积的比值。群体叶面积指数大小及其变化动态是衡量群体结构优劣、群体光合能力和群体生产力高低的重要指标。

2) *作物群体结构的水平分布*　主要指作物群体在空间水平方向上的配置，包括株距、行距和带宽等。

(1) 株距：指群体内相邻个体之间的距离，合理株距的确定对于群体生长发育的好坏至关重要。株距过大浪费土地，株距过小个体发育不良，影响群体的质量和产量。株距大小主要根据作物形态特征，尤其是株高、株型、枝叶和根系状况来确定。

(2) 行距：指作物群体成行分布时的行间距离。行距分为等行距和宽窄行，等行距是指作物群体内各行的距离完全相等，宽窄行是指群体内宽行距和窄行距相间配置。行距大小也要根据作物个体株高、株型及枝叶和根系状况来确定。

(3) 带宽：作物带状种植时，其每一种植带的宽度即带宽，种植带之间的距离即带距。例如，小麦套种棉花，相邻两畦小麦之间的距离就是棉花带宽，相邻两个棉花带之间的距离就是小麦带宽，小麦带宽与棉花带宽之和为总带宽。

3) *作物群体结构的垂直分布*　指作物群体中个体及其器官在垂直方向的分布，包括叶片大小、角度、层次分布和植株高度等。其层次一般可分为3层，即地下层、中层和上层。地下层主要是由埋在土里的部分茎和根组成，其主要功能是吸收水分和矿物养料，块茎和块根具有储藏作用。中层是指地面上的第一层，主要是由茎和部分叶构成，其功能在于支持上层和连通根系，输送吸收层吸收的水分和无机养料供给上层叶、花、果实和种子；同时，也把叶片合成的有机养料输送到地下。上层由叶、花、果实及上部茎枝组成，其主要功能是进行光合作用，制造有机物，形成种子以繁衍后代。

4) *作物群体结构的动态变化*　群体的大小、分布和长相随植株生长发育而不断变化，不仅反映了群体的发展状况，也反映了群体与个体的关系。它包括总茎数、穗数、叶面积指数、群体高度和整齐度的动态变化及生物量的动态变化。

5) *作物群体的长相*　是指群体结构的外观表现，包括叶片姿态、叶色、生长整齐度和封行（垄）早晚等，是衡量作物群体结构优劣，进行田间诊断和指导田间管理的重要形态指标。

6) *作物群体几何性状*　是指群体内植株叶片的叶倾角和方位角的大小。叶面积指数相同的两个作物群体，当群体叶片的几何性状不同时，叶层内的光分布有较大差异，导致叶片的净同化率不同，单位时间内群体生产的生物量不同。

(1) 叶倾角:为叶平面的法线方向与垂直方向的夹角。它等于叶平面伸展方向与水平方向的夹角(图 6-1),Q_L即叶片的叶倾角。当 $Q_L=0°$时,叶平面的法线(h_L)指向正上方,表示一张水平伸展的叶片;当 $Q_L=90°$时,叶平面的法线与地表平行,表示了一张直立着生的叶片。

(2) 叶方位角:指叶平面法线方向的水平投影与正北方向的夹角,从正北开始顺时针分为 8 个方位,每个方位 45°(图 6-2)。h_L表示叶平面的法线方向,m_L是法线 h_L的水平投影,N 是正北方向,φ_L是叶方位角。当叶倾角和叶方位角确定后,其法线方向就可确定,叶平面在空间的状态就固定了。当 $Q_L=0°$,$\varphi_L=180°$时,表示了一张伸向正南方的水平叶片;当 $Q_L=90°$,$\varphi_L=90°$时,叶平面的法线指向正南方向,表示了一张面向正东的垂直叶。

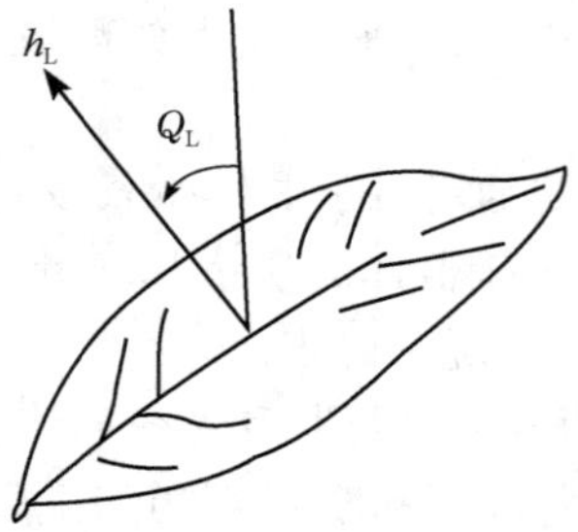

图 6-1　叶倾角示意图

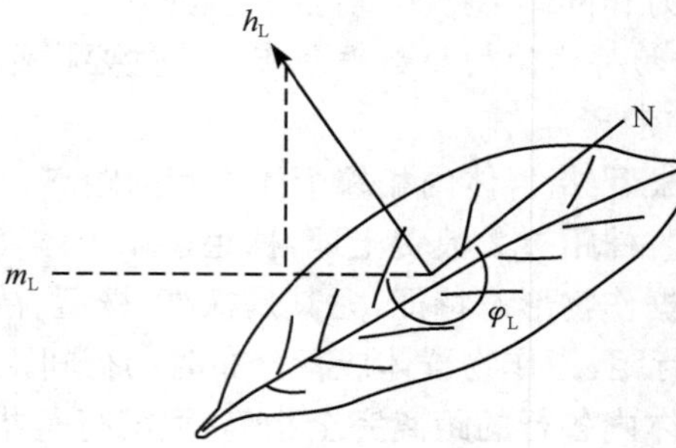

图 6-2　叶方位角示意图

7) 作物群体空间散布性状　　指群体各器官在空间的分布状态。农田中常见空间散布性状有 3 类:一是丛型散布。例如,条播小麦、玉米、谷子等作物的苗期,作物群体成行成条分布,叶片相互重叠,透射于地表的直射光多,光能利用率低。二是规则型散布。例如,西瓜、甘薯等蔓生植物的叶片,相互插空生长,群体叶面积较小;由于叶片均匀地分布于地表,透射于地表的直射光少,光能利用率高。三是随机型散布。若群体中的叶片充分均匀随机,并服从泊松分布,就称为随机型散布。例如,苜蓿、三叶草等植株占据空间较大的群体接近于随机型散布。由于作物群体空间散布性状的差异,叶面积指数相同的不同作物群体,叶片在空间分布的均匀程度不同,群体内光的分布不同,农田光能利用率也不同。

(二) 作物群体功能

作物群体功能体现在对群体本身和对环境的作用两个方面。作物个体之间、群体之间及群体与环境之间彼此影响,逐步发展成为互相适应、互相制约的生态系统。

1. 对环境的影响　　作物群体环境分为内生境和外生境。内生境直接与群体内的个体发生关系,内生境与群体相互影响。外生境主要与群体发生关系,相互作用。首先,作物群体影响内生境的光照,特别是群体下部的光照。其次,作物群体对内生境的温度和湿度有明显影响。再次,作物群体可以降低风速,减轻风害和土壤风蚀。另外,群体的叶枝交错覆盖效应可减少土壤水分的蒸发,而庞大的根系、根瘤和菌根也会提高土壤肥力。

2. 对群体自身的影响　复合群体中不同群体之间可以直接和间接地相互影响。伴生植物有的互利，而有的染病受害。例如，高秆作物遮挡低秆作物的光线，对阳性作物有害，对阴性作物有利。根系发达的作物，争夺幼弱作物的养料；固氮作物可提供养料。在长期的环境选择和适应过程中，群体与群体之间有些性状发生趋同现象。例如，在旱地上，耐旱的作物群体聚集在一起；而沼泽地上，耐湿的作物聚集在一起。在同一复合群体之中，由于所处的部位不同，局部的内生境中也会发生趋同现象。例如，处在高处的群体多为喜光的作物，处在低处的群体都是耐阴的作物。

二、作物群体与个体的关系

作物群体产量虽然取决于每个个体的产量，但绝不是每个个体产量充分增长后的总和，不同的空间组成将直接影响群体环境及群体生产力。通过合理密植、施肥、灌溉等措施，可以调节个体与群体的关系，促进其向有利于群体产量形成的方向发展。

（一）群体的边缘效应

边缘效应是指作物群体边缘部分的个体与中间部分的个体由于受到群体的内生境和外生境的影响而使其在个体的器官数量、产量、品质等方面表现出的差异。在有利的环境因子起主导作用时，作物群体发生正边缘效应，表现出效应优势，即边行优势；当不利的环境因子起主导作用时，作物群体发生负边缘效应（如与高秆作物相邻的边行），表现为效应劣势；正负边缘效应相抵消时，则表现出效应均势。而且，作物群体的边缘效应的绝对值随水平边距的递增而减弱。例如，边缘第一、二行的棉花开花数多，结铃数多，蕾铃脱落较少；然而，第三行及其以内的棉株生长发育和蕾铃脱落状况基本一致，边缘效应消失。

（二）作物个体与群体的协调机制

1. 竞争与密度效应　生态位相近的植株相互争夺光照、养分、水分及空间，随着争夺的不断加剧，幼弱的植株就会被淘汰，而竞争能力强的植株则表现出个体长势较好，从而保留下来。作物的密度不同，群体内个体与个体的邻接距离不同，个体间的影响也不同。在群体中，因密度而引起的生长量之差为个体密度效应，也称邻接效应。作物在生长的初始阶段，个体彼此相距较远，互不影响，群体密度为非效应密度（PD_a）。随着个体不断长大，群体密度增大，个体之间相互影响，则产生密度效应。在效应密度以内，作物个体之间越接近，单位面积的株数越多，个体相互影响越严重，因而密度效应越大；反之，密度效应越小。单作中的拥挤反应也是种内竞争的一种表现。图 6-3 是生物量积累的指数模式，由于密度的变化而发生了巨大改变，特别是与指数阶段有关的“缓慢生长阶段”随着密度的增加而缩短。所以，在未完全封垄（行）之前，作物群体生长率随密度的增加而增加；完全封垄之后，作物群体生长率与密度的相关性大大减弱。

2. 自疏　自疏是指当作物群体特别拥挤时，得到资源最少的最小植株，因处境变得非常不利而死亡。死亡植株留下的空间可供相邻植株进行扩张生长，这是作物群体自

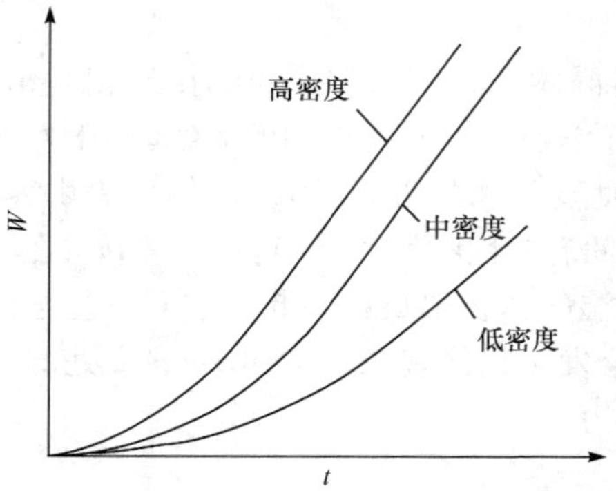

图 6-3　不同密度作物群体出苗后生物量积累
W. 生物量；t. 时间

我调节的一种方式。

3. 可塑性　作物最佳密度是由其生长的自然环境和生产季节长短共同决定的。但是，植物潜在的体型大小和成功占据不定空间的形态可塑性也很重要。禾本科作物的分蘖现象是可塑性的基本反映。分蘖使得小麦在较大的密度范围内达到相同的单位面积穗数和最后产量（图 6-4A）。与此不同，玉米则可按最后密度精确播种，而且经过选择的现代品种已很少分蘖甚至完全无分蘖，结果造成这种作物的最适密度范围较窄（图 6-4B）。

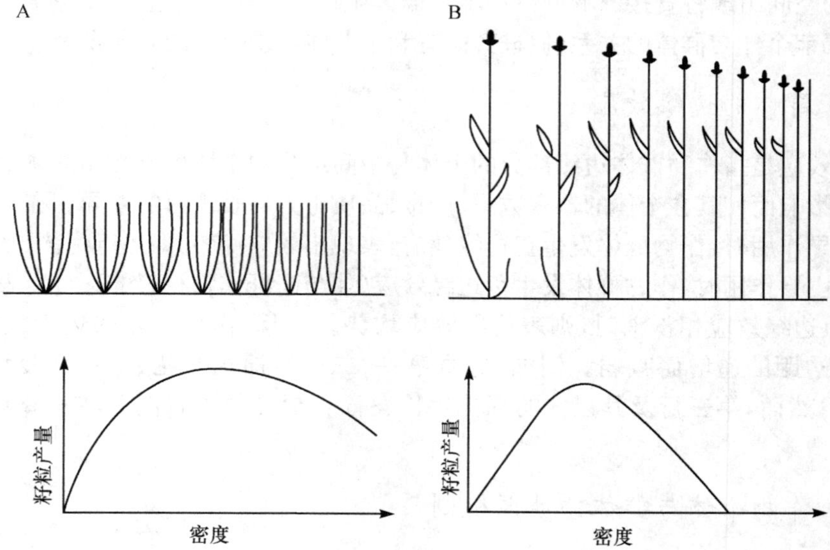

图 6-4　小麦（A）和玉米（B）株型模式及其籽粒产量与密度的关系

三、作物群体生产力

（一）群体产量

作物群体生产力是指作物群体生产有机物的能力。作物群体产量（PY）是作物群体在一定的生育期内和一定的土地面积上所积累的生物量，是群体内个体产量的总和（$\sum$IY）（IY 是群体内个体的产量）。它用一定时间内单位面积生产的产品重量或体积表示，一般可分为生物产量（MY）和经济产量（EY）。前者是由个体通过光合作用和呼吸作用，利用日光能、水、CO_2 和矿物质养料而合成的个体的全部重量或体积的总和（$PY = \sum IY$）。

经济产量是群体的主要栽培收获物的产量，即群体主产品的产量，由生物产量减去非主要栽培收获物的产量而得。经济系数(ER)是群体经济产量与生物产量的比值(ER＝EY/MY)。

在正常的情况下，薯类作物的经济系数为0.7～0.8，水稻为0.5，玉米为0.25～0.40，棉花为0.30～0.45。各类作物的经济产量构成因素，因器官类型、收获产品不同而不同。谷类作物群体产量由单位面积结实穗数(EN)、穗粒数(KN)、粒重(KW)3个因素构成(PY＝KW×KN×EN)。

(二) 群体光合作用

1. 作物群体光强与光合作用关系　就作物单叶而言，在光强较弱时随光强的增加，光合速率呈直线上升，但光强达一定程度时便出现光饱和现象，其能量固定效率却几乎随光强的增大呈直线下降。其光强与光合作用的关系除存在光补偿点和光饱和点外，还受生理因子(如光合酶的种类和活性)和环境(CO_2 浓度、温度、水分供应)的影响。作物群体光强与光合作用的关系较单叶复杂得多，除受生理因子和环境的影响外，还受群体结构(如光学密度、消光系数、气孔开度和密度)的影响。作物群体光饱和点与最大光合速率随群体光学密度和酶活性的提高及消光系数的减小而增高。

如图6-5所示，当水稻群体叶面积指数较大时，其群体无明显的光饱和点，而且在较大的范围内，群体净光合量随光强的增加而直线上升。当群体叶面积指数较小时，则在相对低的光强下便出现光饱和现象，光能浪费大。但作物群体的光学密度也有最适叶面积指数(LAI)，在过密群体中，往往造成群体内部的光环境恶化(图6-6)。

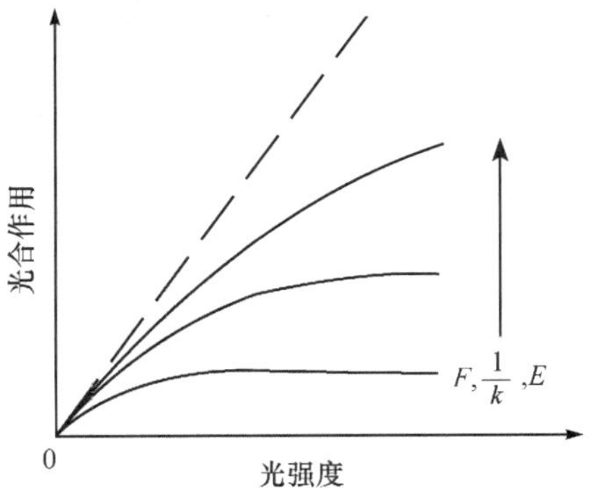

图6-5　光学密度(F)、消光系数(k)和酶活性(E)与光合作用关系的模式图
图中4条曲线代表从上到下LAI依次降低

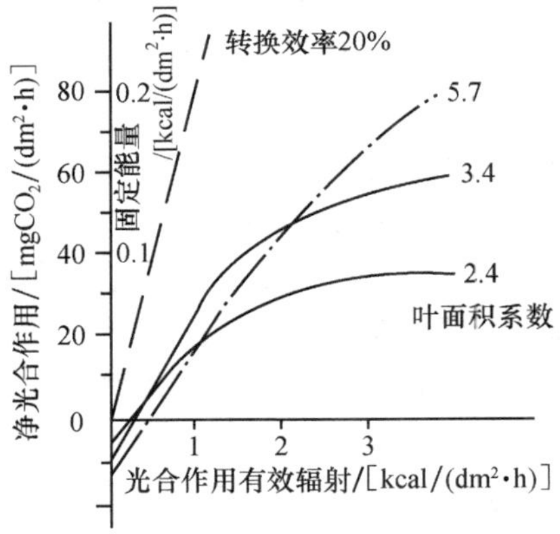

图6-6　水稻群体叶面积与光合作用速率的关系

2. 光暗间歇与光合作用　通常作物是生活在昼夜交替的光周期下，如果改变光暗交替的时间周期，对光合作用速率也会带来影响。在自然条件下，投射到作物群体上部叶层的阳光，可通过叶层间隙形成直射光斑，并由于风的吹动，光斑发生周期性的移动。这种移动的光斑，不仅可补充群体中、下部漫射光的不足，还可产生类似光暗间歇、光强起伏的间歇光效应。研究发现，在玉米群体中，太阳光斑对中、下部叶片的光合作用起着重要

作用。因此在作物栽培中，控制群体适宜的繁茂程度，充分利用太阳光斑"闪光"效应，对提高光能利用率是十分重要的。

3. 株型与群体光合作用 在作物群体中，株型对光能利用和光合作用的影响较大。作物叶片通常含有 $3\sim5mg/dm^2$ 的叶绿素，可吸收照射其叶面的 80%～90%的光能。发育良好的作物群体，其单位土地面积上的叶层，也只能吸收照射到该面积上的 90%左右的光能。从光能吸收来看，一层水平排列的叶(叶面积指数为 1)与群体多层叶对光能的吸收率极相近。即作物个体只需一片足够大的水平叶，就可充分满足对光能的吸收。但大多数作物并非只具一片水平叶，而是花费大量的能量来更新和维持多量的叶片，形成叶层群体。其生物学意义就在于由多量叶片所组成的叶层群体，有利于减少饱和浪费，同时充分利用作物在较低光强下光能固定效率高，而光合碳同化速率又能维持较高速率的特点。

（三）最后产量衡定法则

在一定范围内，当条件相同时，不管群体的密度如何，其最后产量差不多总是一样。最后产量恒定现象的生物学意义为：在稀疏群体中的每个个体，都很容易获得资源和空间，生长状况好，构件多，生物量大；而在密度高的群体中的个体，由于叶子相互重叠，根系在土壤中交错，对光、水和营养等竞争激烈，个体生长率降低，从而更合理地利用资源。

（四）提高作物群体生产力的途径

群体生产力的提高，首先要有一定的生物产量，在增加生物量的基础上，提高该作物群体的经济系数，从而达到增加群体主产品产量的目的。提高作物生产力有以下 3 种途径。

1. 选用光合生产率高的作物品种 作物的全部生物量都是光合作用的产物，光合作用的强弱，反映了其转化日光能能力的大小。不同作物品种的光合效率差异悬殊。另外，高光合效率的作物还必须具有较低的光呼吸。

2. 确定合理的群体密度 作物群体是由个体产量和群体密度所构成的。一方面提高个体产量，另一方面合理增加群体密度，在选用光合生产率较高的作物品种和适宜的生产条件下，达到其临界密度，取得相对的群体最高产量。

3. 改善作物生长环境 环境条件包括光、热、水、气和养料等，改善环境条件，满足作物群体需要是实现高产的基础。

第二节 作物的源-库-流理论

自从 1928 年，Mason 和 Maskell 提出了作物产量"源-库"理论，用来描述作物的产量形成之后，作物生理学家对源、库关系做了大量研究。在生产实践中，应用作物的源-库-流理论指导作物高产栽培与管理可以概括为在增加源供应量的基础上，塑造较大的产品库，尽可能多地促进光合产物输入产品器官，以提高产量。

一、作物的源与强源

（一）源的概念

源、库的概念是以同化物输出或输入的特点来描述的。源即代谢源，是产生或输出同化物的器官或组织，包括绿色的茎、鞘、叶、果皮等，其中功能叶及叶鞘是主要的源，根也属于源的一部分，因为收获器官合成碳水化合物所需的矿质营养都必须通过根系来吸收，收获器官合成的少量蛋白质所需的氨基酸和氮素也同样来自根系。除此之外，其他的非叶器官（如绿色的果皮或种皮及穗轴等）在开花后也能提供部分同化产物。有些器官是永恒的源，如含叶绿素的细胞和叶片；有些器官属源、库兼用型，如番茄、香蕉、芒果、葡萄等的果实。

作物产量的形成主要是通过叶片的光合作用进行的，叶片的光合作用强弱决定源的供应量的多少。作物群体的源供应量取决于群体的叶面积、光合能力及光合持续时间。作物的叶面积大小取决于作物种类、生长时期、环境因素及养分和水分供应等。例如，水稻、小麦和玉米的最大叶面积指数出现在旗叶（或剑叶）全展时，水稻为 4.5～8.0，小麦为 3.5～6.5，玉米为 4.0～7.0。不同作物的光合速率差异较大，如小麦和水稻在正常水分灌溉和充分的光照下净光合速率为 15～30μmolCO_2/(m^2 · s)，而玉米可达到 30～60μmolCO_2/(m^2 · s)，玉米在高光强下表现出高光效的特点。光合持续时间长短与品种生育期和后期是否容易早衰有关，同时受环境条件及栽培管理的影响。除叶片以外，非叶器官虽然也能进行光合作用，但对生物量的贡献比叶片要少得多，不但其光合面积较小，而且净光合速率也较低。例如，玉米茎的总光合速率为 0.21μmolCO_2/(m^2 · s)，净光合速率为−0.51μmolCO_2/(m^2 · s)；叶鞘的净光合速率仅有 1.10～1.19μmolCO_2/(m^2 · s)（Hesketh，1962）。

产品器官的内容物除直接来自于光合器官的光合作用外，也可以有部分来源于茎鞘储藏物质的再调运。例如，禾谷类作物开花前光合作用的营养物质主要用以穗、小穗或小花等产品器官的形成，并在茎、叶、叶鞘中有一定量的储备。不同作物开花前的储备物质的再调运对籽粒产量的贡献率不同，如小麦为 5%～20%，高粱为 20%左右。环境条件及栽培管理水平对开花前和开花后“源”的供应能力影响较大，在氮肥供应较少的条件下，作物开花后净光合速率逐渐降低，光合产物减少，产品器官内容物主要依赖于花前储备物的再调运，开花后光合同化积累的生物量对产量的贡献率低，经济产量也比较低。在高产栽培条件下，经济产量的大部分来自花后的光合产物，花后的叶面积持续期长短与产量密切相关。随着产量的提高，成熟期籽粒来自抽穗后光合作用所占的比例由 60%提高到 80%以上。可见要提高经济产量，如何充分提高抽穗至成熟期光合生产积累量尤为重要。

部分作物生育后期非叶器官的光合作用对产量的贡献不可忽视。例如，油菜至终花期叶面积指数达最大值，其后叶片迅速脱落，叶面积指数下降；相反，角果表面积迅速增大，并成为光合作用的主要器官。角果的光合速率约为 9.78μmolCO_2/(m^2 · s)，与叶片光合速率相近。因此，油菜开花后叶面积大小不再是产量的限制因素，只要增加角果数，就相应地增加了光合面积。

麦类作物的非叶器官对开花后生物量的贡献率也占较大比例。例如，小麦穗、茎鞘的光合作用对粒重的贡献率分别为20.9%～39.0%、5.6%～18.0%。

（二）源强的量度

源强是指源器官同化物形成和输出的能力。Wilson(1971)提出了源强的概念，即源强是指光合产物的供应能力，以源的大小与源活力的乘积表示。如果主要考虑叶源，则源强可以表述为叶源数量值与叶源质量值的乘积。

叶源数量值(叶面积持续期)＝光合面积×光合时间

叶源质量值(净同化率)＝光合速率－呼吸速率

叶源总量值＝叶源数量值×叶源质量值

1. 叶面积指数与光合势　叶面积指数(LAI)定义为单位土地面积上的叶面积与土地面积的比值，是反映作物群体大小(源强)的重要指标。在中低产地区或作物LAI较小的情况下，随着LAI的增加，光合产物也随之增加，但超过一定限度以后，继续增加LAI反而会导致光合产物积累减少。也就是说，作物高产栽培需要塑造达到或接近最适LAI的群体。当作物群体达到最适LAI时，作物群体能保持良好的通风透光条件，保持基部叶片有高于光补偿点的受光量，同时保持群体最大限度地截获太阳辐射能。不同作物的最适LAI不同，高产水稻介于7～8，小麦为5.5～6.5，棉花为3.5～4，油菜为4～4.5。

作物的光合势也是表征叶源数量值的重要指标。作物光合势是指单位面积土地上绿叶面积及其持续日数的乘积，单位为"平方米·日"(m^2·d)，即作物群体绿叶面积以平方米为单位工作的日数。叶面积小的群体光合势也小，群体叶面积过大时，中下部叶片早衰使得叶面积持续的天数缩短，光合势也下降。因此，只有在最适LAI时群体的光合势最大。一般情况下，光合势越大，生物量越多，产量也相应提高。

2. 光合速率与净同化率　光合速率也称光合强度，通常是指单位时间、单位叶面积的CO_2吸收量或O_2的释放量，也可用单位时间、单位叶面积上的生物量表示。光合速率的高低是度量源强度最直观的一个指标。在LAI接近的情况下，光合速率高则作物群体合成与输出同化物的能力就强。

作物单位叶面积的光合速率与作物产量的关系相当复杂，概括起来有正相关、无相关和负相关3种情况，因此，单一地应用光合速率指标作为源强度的度量指标显然存在着一些不足之处。尽管如此，由于光合作用毕竟是植物物质生产的基础，较高的光合速率是作物高产的基本特征之一，尤其是在作物籽粒形成过程中，光合速率与作物产量之间显示出正相关关系。

净同化率是指一定时间内在单位叶面积上所积累的生物量，常用g/(m^2·d)表示。实际上是单位叶面积上白天的净光合生产量与夜间呼吸消耗量的差值，也称为光合生产率。

除了光合速率和净同化率以外，还可以采用其他一些生理指标来衡量作物的叶源活性。例如，禾谷类作物以群体光合速率衡量叶源活性，以单茎茎鞘重、茎鞘物质输出率衡量茎鞘源活性，以基部节间伤流势和叶老化指数衡量根源活性。此外，颖花/叶面积、粒数/叶面积(粒叶比)、粒重/叶面积、叶片叶绿素含量、叶片含氮量等也用来表示源的活性。

(三)影响作物源的建成和生产能力的主要因素

1. 遗传特性 由于作物的种类和品种繁杂,其各自具有的遗传特性相差较大,不同作物的叶面积扩展,非叶光合器官的建成,光合速率或净同化率等方面存在较大的差异。通常禾谷类作物出叶速度和叶面积扩展速度较快,高产栽培中所要求达到的最适LAI也相应地要高一些。

不同作物叶源质量值如光合速率和净同化率相差较大。总体看来是 C_4 作物多数高于 C_3 作物。此外,作物叶片质量和株型特征也影响叶源的建成和生产能力。叶源质量指标也可以用叶片厚度、比叶重、叶绿素含量等多项特征值进行分析,这些性状受遗传因素影响较大。

2. 环境因素

1) *光照* 充足的光照有利于作物的光合作用,从而可以促进作物生长,有利于叶面积迅速扩大。此外,光照还直接影响源器官的光合速率。对于单一叶片或者群体而言,当光强介于光补偿点和光饱和点之间时,叶片或群体的光合速率随光强增加呈曲线增加,直至达到最大值。一般来说,C_4 作物的光饱和点大于 C_3 作物。在超过光饱和点的强光照下,叶片光合速率和表观量子产额降低,这种强光下光合作用活性降低的现象称为光合作用的光抑制。C_3 作物比 C_4 作物表现更强的光抑制作用,在温度和水分等胁迫下,会加剧光合作用的光抑制现象。

2) CO_2 与光照对光合作用的影响相似,环境 CO_2 浓度也存在着 CO_2 补偿点和 CO_2 饱和点。环境 CO_2 浓度在 CO_2 补偿点以上时,随着 CO_2 浓度提高,作物光合速率同步提高,直至光合速率达到最大值。C_3 作物和 C_4 作物叶片光合作用的 CO_2 补偿点和饱和点差异较大,C_4 作物 CO_2 的饱和点低于 C_3 作物。在低 CO_2 浓度下,CO_2 是光合作用的限制因素。作物光合作用对 CO_2 的利用除了与作物叶片的羧化效率有关以外,还受 CO_2 扩散阻力的影响。

3) *温度* 温度影响光合碳同化有关酶活性而影响光合作用,同时温度也影响着光合产物的转化、合成和输出。在强光和高 CO_2 浓度条件下,温度成为主要限制因素,高温显著抑制作物光合作用。温度对叶片光合作用和呼吸作用的影响也不相同,低温或温度过高对光合作用的抑制作用均大于呼吸作用。

4) *水分* 水分亏缺使叶片生长受抑,叶面积减小。除此以外,缺水还间接影响源器官的光合作用。例如,水分亏缺引起作物气孔关闭或气孔导度下降,导致进入叶内的 CO_2 减少;使光合产物输出变慢,光合产物在叶片中积累,对光合作用产生反馈抑制作用。

5) *矿质营养* 几乎所有必需营养元素都直接或间接地影响作物光合作用。例如,氮、磷、硫、镁显著影响作物器官的建成,同时也是构成叶绿体色素、光合膜和蛋白质的成分,参与叶绿体能量转化、同化力形成和光合作用过程中一些中间产物的转化;铜、铁是光合链电子传递体的成分;钾、钙对气孔开闭和同化物运输具有调节作用;钾、镁、锌是光合碳代谢有关酶的活化剂;磷酸和硼能促进叶片光合产物的运输。

3. 栽培管理 栽培管理措施上应根据作物各品种的生物学特征,结合生态环境条件采取合理的栽培管理措施,以增加作物的光合面积,提高作物的源的供应能力。

1) 合理密植 密度增大,作物前期群体分蘖(枝)数增长快,叶面积扩展迅速,叶源器官的数量值提高较快。但密度过高会影响作物中后期的群体质量,导致群体中下部叶片荫蔽及早衰等,反而致使后期有效光合叶面积减少,因此降低作物中后期的源的生产能力和同化产物的供应量。生产上应当注意采取合理的播种或移植密度。

2) 肥水管理 通过肥水调控可以构建作物的高光效群体。禾谷类作物如水稻、小麦和玉米等,在其生长前期供应足够的氮肥有利于分蘖发生,可以促进叶面积的迅速扩展,提高叶片含氮量,从而提高光合速率;磷、钾肥供应对叶面积扩展的影响不如氮肥大,但同样影响叶片的光合速率和同化产物的转运。叶面积主要依赖于营养生长期植物的发育,足够的营养尤其是氮素营养、适宜的气候及水分供应都有利于叶片的旺盛生长。在块茎块根膨大期,源器官的同化产物向块根块茎转运在很大程度上依赖于地上部茎叶(源器官)的适宜生长。

水分管理在作物源、库调节中也发挥重要作用。对于禾谷类作物的营养生长期,合理的灌溉措施有利于分蘖的发生和叶片的生长,当茎蘖数接近预期穗数或达到预期穗数时,采取搁田或控墒以控制无效分蘖的发生。

二、作物的库与扩库

(一) 库的概念

作物的库是消耗和储藏同化产物的组织、器官或部位,库容量和活力直接影响和制约着作物的经济产量,培育和构建较大的库容并提高库活力是获得作物高产的关键。库可分为初生库和次生库,如果实、籽粒等属于初生库,而先于生殖生长充实的块根、块茎等属于次生库。库器官也可以分为代谢库和储藏库(或经济库)两类。代谢库是指大部分输入的同化物被用于生长组织细胞结构的构建和呼吸消耗,如生长中的根尖和幼叶等。储藏库(或经济库)是指大部分输入的同化物用于储藏的组织或器官,如作物的种子或果实、块茎、块根等,在这些组织或器官中,同化产物以不同的形式进行储藏,如甜菜根中以蔗糖形式,禾谷类作物籽粒胚乳中以淀粉形式进行储藏。在作物源-库-流理论中,人们主要关注的是构成收获器官的储藏库,在本章中,非特指情况下通常是指储藏库。

作物的源库关系是相对、动态的,可因其所起作用或随生育期而变化。例如,幼叶在展开时必须从成熟叶片取得养料,只有输入没有输出,是一个消耗养料的代谢库;当叶生长达到最终叶面积的 1/3 时,由于叶尖部分较叶基部分长得快,同化能力发育较早,叶脉内筛管与导管已成熟,能够承担输出的功能,于是叶尖部分同化物除了能自给外,开始向外输出,而叶基部分还需要从其他成熟叶片输入同化物,这时同一叶片叶尖部分成了源,而叶基部分仍是库。只有当叶片生长达到最终叶面积的 1/2 时,叶尖、叶基部分都能输出有机物,整个叶片才变成了源器官。有些器官同时具有源与库的双重特点,如绿色的茎、鞘、果穗等,这些器官或部位既需要从其他器官输入养料,同时本身又可制造或加工养料,而后再输入需要的部位。尽管器官的源库地位随着生育期的不同而变化,但就植株整体而言，在一个生育期内总有一些器官是以输出养料为主，而另一些器官则是以接纳养料为主，具有较强接纳同化物能力的库器官即当时的生长中心。

（二）库强的量度

库强是指库器官接纳和转化同化物的能力。库强对光合产物向库器官的分配极其重要。由于进入库器官的同化物中有相当一部分是用于库器官本身的呼吸消耗，因此以库器官的绝对生长速率或净生物量积累速率并不能真正反映库强的本质，而只是表观库强的一种量度。生物量净积累速率加上呼吸消耗速度才能真正代表库的强度，库强是库大小（库容量）和库活力的乘积。库容量是指能积累光合同化物的最大空间，是同化物输入的“物理约束”。

由于库强会受到同化物供应能力及环境因素等的影响，因此只有当同化物供应充足及环境条件适宜时，库器官才能表现出最大的接受和转化同化物的能力，这种库强特指潜在库强。禾谷类作物潜在库强取决于单位面积穗数、穗粒数、籽粒最大容积和最大充实指数。

库容量的大小是决定作物产量的关键要素。以水稻为例，水稻高产必须有足够颖花量，这是群体质量的重要指标。凌启鸿（2000）对江苏省 20 世纪 30～80 年代水稻代表性品种进行比较研究发现，古老品种产量较低，颖花量为 1500 万/666.7m^2；20 世纪 60 年代产量徘徊在 500kg/666.7m^2，总颖花数为 2000 万～2200 万/666.7m^2；20 世纪 70 年代后期推广的杂交水稻，总颖花量达到了 3000 万/666.7m^2，因此容易现实 500～600kg/666.7m^2 以上的产量；现代品种颖花量达到 3500 万/666.7m^2 以上，水稻产量得到进一步提高（图 6-7）。虽然颖花量提高了一倍以上，但最大叶面积指数变动于 5.5～7.0，可见现代品种在更大程度上依赖于库容的增加来提高产量。

库活力是指库的代谢活性、吸引同化物的能力，也是同化物输入的生理约束。最简单的库容量定量方法是测定库器官的相对生长速率，即测定单位库在单位时间内光合同化物的积累量或生物量增加量。相对生长速率受库组织的代谢活性所调节，这些代谢活性涉及韧皮部卸出、细胞壁内的代谢活动、同化物的重新吸收、器官的生长潜势和储藏功能等许多因素。

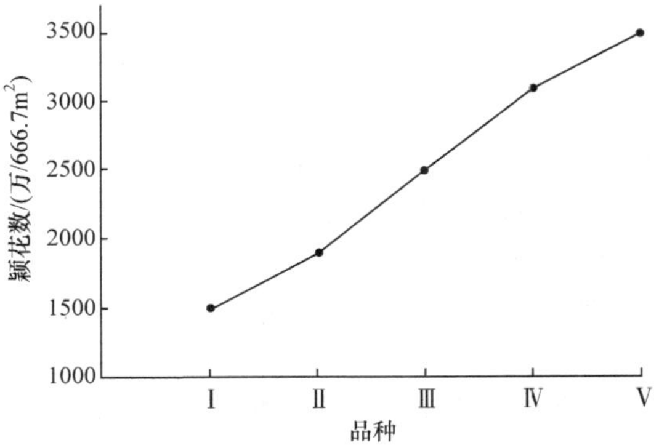

图 6-7　江苏各类中籼稻品种颖花量（凌启鸿，2000）

Ⅰ. 20 世纪 30～40 年代应用品种‘黄瓜籼’‘卅籽’；Ⅱ. 50 年代应用品种‘南京 6 号’；Ⅲ. 60 年代应用品种‘南京 11 号’‘珍珠矮’；Ⅳ. 70～80 年代应用品种‘南优 3 号’；Ⅴ. 80 年代应用品种‘赣化 2 号’‘汕优 63’

作物储藏库的衡量也可以采用储藏库数量值和质量值的乘积表示。对于禾谷类作物而言，其储藏库的数量与质量值由单位面积的颖花数和单粒重决定，其中单位面积颖花数决定库的数量值，粒重决定库的质量，储藏库的总容量则为两者的乘积。对于大多数作物在达到一定产量水平以上时，其产量构成因素之间往往存在着互补效应，从而使库容积变动幅度较小，制约着产量的进一步提高。例如，颖花数和粒重之间存在着互补效应，小麦遮光和剪半穗处理，籽粒数减少，籽粒大小有所增加，这也是某些特殊气候年份作物穗实粒数减少，但粒重增加的原因。大豆栽培密度由 64 000 株/hm^2 增加到 510 000 株/ hm^2，单株籽粒数由 308 降低至 45，而大豆收获产量相差不大(图 6-8)。

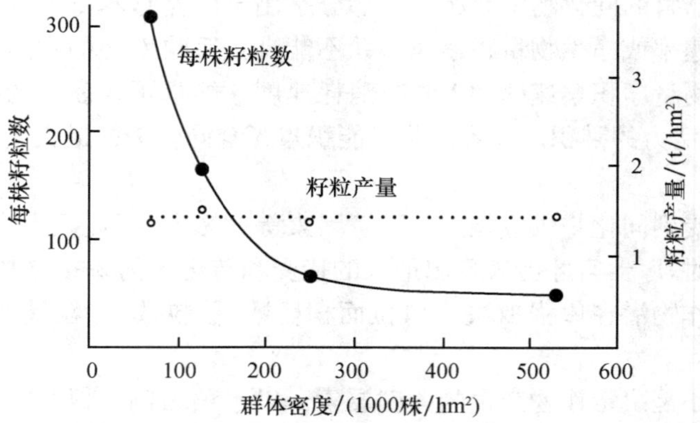

图 6-8　大豆栽培密度对每株籽粒数和产量的影响(Teber，1984)

实际上，作物的源库系统是动态变化的复杂系统，相应的度量指标往往侧重某一方面或某些性状，特别是能够量化的性状，如禾谷类作物的源库结构及其衡量指标(图 6-9)。

三、作物的流与畅流

(一) 流的概念

作物的流是指源器官产生和形成的同化物向库器官转移的过程，流的状况影响作物源器官中同化物的运输和分配，进而影响着作物的产量和经济系数。由于库器官分为代谢库和储藏库，因此，源同化产物向代谢库和储藏库转运的方式不同。从作物生长发育来看，无论是向代谢库还是向储藏库转运，对作物最后的产量形成都将产生重要影响。与储藏库不同的是代谢库往往在一个阶段是同化物流入，而在另一个阶段可以有同化产物的输出，处于动态变化之中。储藏库或收获器官在成熟以前大多处于接纳和消耗同化产物的状况，因此，研究作物的流大多指源同化产物向储藏库器官的转运过程。

同化物的转运包括短距离运输和长距离运输两种情况。短距离运输是指胞内与胞间运输，主要靠扩散和原生质的吸收与分泌来完成；长距离运输指器官之间的运输，主要是韧皮部的筛管和伴胞，需要特化的组织筛管伴胞复合体的参与。植物的同化物运输分配有时间与空间上的分工，在不同部位、不同生育时期有特定的源-库单位，即某一源分工供应某一特定库的同化物。例如，禾本科的小麦、水稻通常低位叶供应根和分蘖等生长所需同化物，构成源-库单位；而旗叶与倒二叶光合产物绝大部分运向穗，组成源-库单位。由于叶片分化有一定的叶序，叶片与茎的维管束联系一般在同侧，所以源-库单位常常是在同侧靠近器官之间形成，因此，光合产物的分配有同侧运输、就近供应的原则。例如，棉株

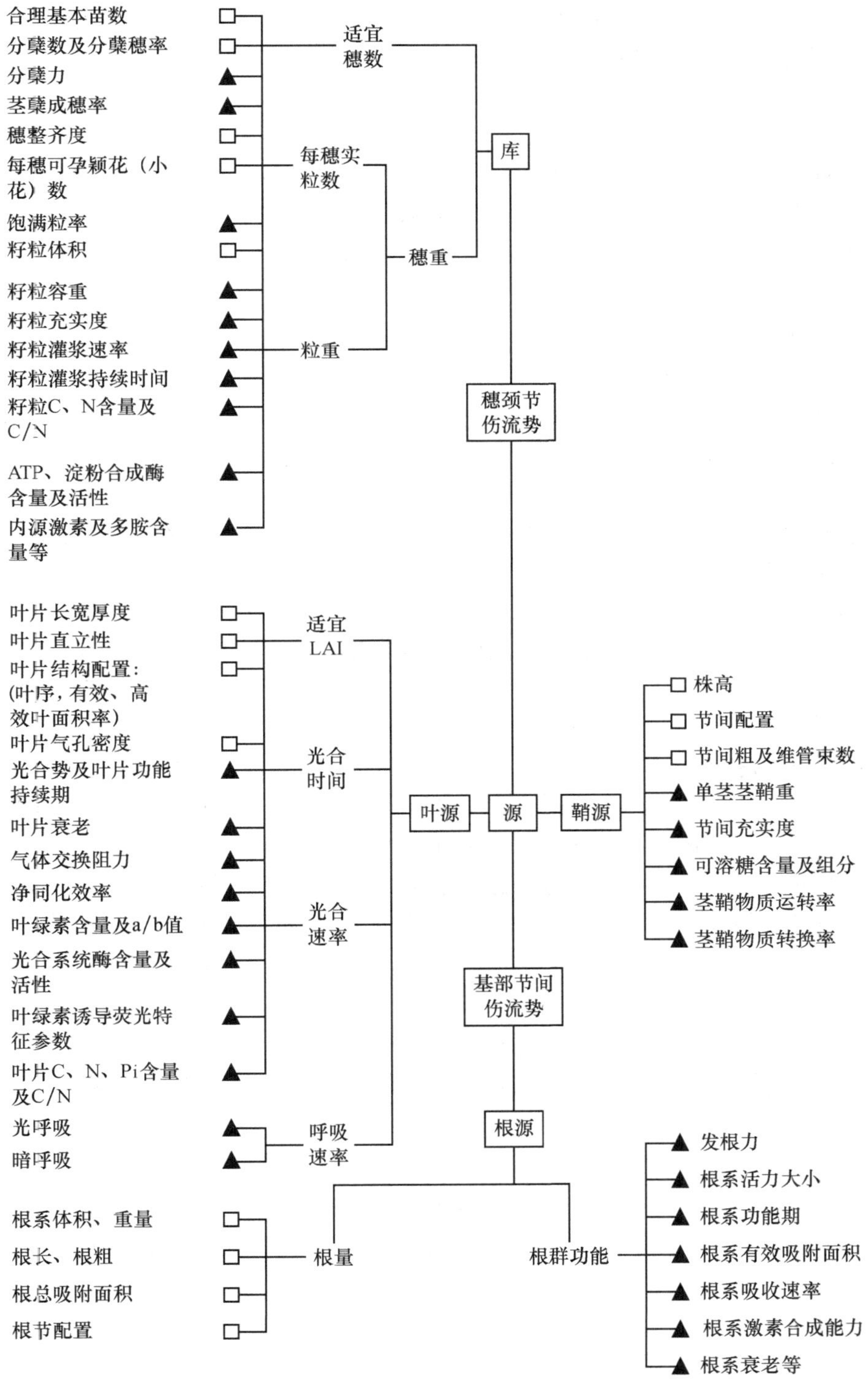

图 6-9 禾谷类作物产量系统源库质量指标图(赵全志等，1998)

□形态质量；▲生理质量

常常是每片叶供应对应叶腋的花芽生长，蕾铃主要从最靠近的几片叶获得营养。在韧皮部运输的同化物质中，大部分是碳水化合物，少部分是有机氮化合物。

（二）流强的度量

光合同化物（蔗糖）从源器官通过韧皮部向库器官的运输是由源库间的膨压差所驱动的，根据泊肃叶（Hagen Poiseuille）方程，蔗糖的通量（Js）与其浓度（C）等参数间的关系可用下式表示。

$$\mathrm{Js}=C\cdot\Delta P\cdot A\cdot r^2/(8\eta\cdot l)$$

式中，ΔP 为源库间的膨压差；A 为韧皮部的横截面积；r 为筛孔的半径；η 为筛管中溶质的黏度；l 为韧皮部的长度。

若其他参数相同，源库间的膨压差越大，库得到的蔗糖就越多。源和库间的膨压差是由源库两端的蔗糖浓度差造成的。因此，源与库间的相互作用实际上是韧皮部运输途径中蔗糖通量改变的结果。例如，降低库端蔗糖输入库细胞的速率会增加库端韧皮部内的膨压，从而导致蔗糖的通量变小，最终引起源端组织筛管伴胞复合体和光合细胞中蔗糖浓度的增加及光合速率的下降。

源和库内蔗糖浓度的高低直接调节同化物的运输和分配。源叶内高的蔗糖浓度短期内可促进同化物从源叶的输出速率。例如，短时期增加光强或提高 CO_2 浓度可提高源叶内蔗糖的浓度，从而提高同化物从这些叶片内的输出速率。但从长期看，源叶内高的蔗糖浓度则抑制光合作用和蔗糖的合成。另外，韧皮部内高浓度的蔗糖也对韧皮部装载有抑制效应。因此，只有在库器官不断吸收与消耗蔗糖，即库强较高时，才能长期维持较高的源强。

库细胞中糖浓度的高低也是调节韧皮部卸出的主要因素。短期内高蔗糖浓度会降低同化物进入库细胞的速度，但可提高库细胞利用蔗糖的速率。

流的度量通常用光合同化产物的运输速度衡量，可用放射性同位素示踪法直接测定。不同作物同化物运输速度不同，小麦为 39～87cm/h，玉米为 50～200cm/h，棉花为 36～40cm/h，大豆为 50～120cm/h，甜菜为 50～135cm/h。一般来说，C_4 作物比 C_3 作物的运输速度快（表 6-1）。

表 6-1 不同作物韧皮部中同化物运输的速度

作物种类	平均运输速度/(cm/h)	文献
小麦	39～87	Wardaw, 1965
玉米	50～200	Moorby et al., 1974
甘蔗	42～120	Hartt et al., 1964
棉花	36～40	Kypcahob et al., 1954
大豆	84～90	Vermon et al., 1952
大豆	50～120	Gage et al., 1960
甜菜	50～135	Moyttmer, 1965
马铃薯	20～80	Mokphocob et al., 1961
向日葵	30～100	Whittle, 1971

对于源器官向收获器官同化物转运强度的度量，运输速度不如比集运量更有效。比集运量是指有机物在单位时间内通过单位韧皮部横截面积运输的数量，单位为 g/(cm^2 · h)。韧皮部同化物的比集运量一般为 3～5g/(cm^2 · h)，最高可达 200g/(cm^2 · h)，作物之间差异较大。对于同一作物来说，韧皮部的截面积是限制运输强度的重要因素，如小麦穗部同化物的输入量与韧皮部横切面积成正比；水稻穗二次枝梗上颖花的花梗维管束比一次枝梗上的面积小，而且数量少，故运往二次枝梗颖花中的同化物也少。除此之外，禾谷类作物流的大小也可采用群体穗颈维管束总数、平均束通量和有效输导时间三者的乘积来表示。束通量[mg/(束 · d)]与维管束状态、库拉力、源推动力及环境因子有关，有效输导时间(d)受遗传因素和环境影响较大。流的实际完成量可用灌浆强度×灌浆时间×单位面积总粒数求得，最后向储藏库转运的同化产物总量实际上就是实粒产量即经济产量。

第三节　作物生长分析

作物生物量积累是由作物的生长过程来实现的，通过对作物生长过程中植株个体和群体生物产量的增长与增长速度、光合器官生产生物量的能力分析，可以描述作物生长的数量变化及变化规律。

一、作物生长分析的概念

作物生长率是指作物群体在单位时间内生物量的积累值，是可以用来表示作物群体生长快慢的指标。可用叶面积指数(LAI)、叶日积(LAD)、净同化率(NAR)、比叶面积(SLA)、比叶重(SLM)等表示。

叶面积指数(LAI)概念见前文所述。

叶日积(leaf area day，LAD)是指某一作物群体的叶面积指数与其持续时间的乘积。其计算公式为

$$\text{LAD}=\text{LAI}\times D$$

式中，D 为持续的天数。

叶日积较客观地反映出不同群体结构农田，作物不同生育时期叶面积变化的差异，也可以用来比较作物不同生育时期叶面积所占比例的大小。在实际应用中，叶日积可以通过下式计算。

$$\text{LAD}=[(L_1+L_2)\times(T_2-T_1)]/2$$

式中，L_1、L_2 为前后两次测定的群体叶面积指数；T_1、T_2 为前后两次测定的日期。

净同化率(net assimilation rate，NAR) 是指单位叶面积的作物生长率。它可以用来表示单位面积的作物生长量的大小。

比叶面积(specific leaf area，SLA)是指每克干叶的叶面积。它可以用来表示单位干重的叶片所占叶面积的大小。

比叶重(specific leaf mass，SLM)是指单位叶面积所具有的生物量重量。它可以用来描述叶片的厚薄程度。

二、群体叶面积和光截获

作物生长率的大小取决于叶片的光合作用活性，一般作物的最大LAI(即生长期中总叶面积最大时的数值)在2.5以下时，它与产量成明显的正比，即产量随总叶面积成比例地增加；当LAI增大到4以上时，则产量不再随叶面积的增大而增加。当LAI再增大时，对光能的吸收不再增加，然而由于下层叶片光环境的变劣，单个植株的光合速率下降，生物量积累减少。又由于下层叶片为了维持其基本的生长过程需要消耗一部分能量，因此，LAI过大总产量不会增加反而会大幅度减产。

由于叶片之间互相遮阴，叶冠层对光的截获是LAI的报酬递减函数。日本学者从冠层顶部开始，把各层水平面上的叶面积与光截获进行比较发现，任何水平面上的光通量(I)，都与其上面的叶面积及射入群体顶部的光通量(I_0)有关。这可以用一个简单的解析式，即Bouguer-Lambert定律表示。

$$I = I_0 \cdot \exp(-k_1 \cdot L)$$

$$\text{或}\ \ln(I/I_0) = -k_1 \cdot L$$

式中，L为群体叶面积指数；k_1为消光系数，它与LAI(L)所截获的光量有关。

上式与我们熟悉的表示均匀介质对光吸收的Beer定律的形式相同，但作物冠层不是均匀的，所以称为Bouguer-Lambert定律。图6-10A是三叶草和禾本科草类冠层的报酬递减关系，如果将这些曲线以$\ln(I/I_0)$与LAI的关系来绘制，通常能得到斜率k_1的直线。由于三叶草和禾本科草类的冠层结构不同，所以它们的k_1值也不同。三叶草的叶子倾向于水平伸展(图6-10B)，所以能有效地截获光照，三叶草的k_1较大，而叶子倾向于垂直伸展的禾本科草类的k_1值较小。

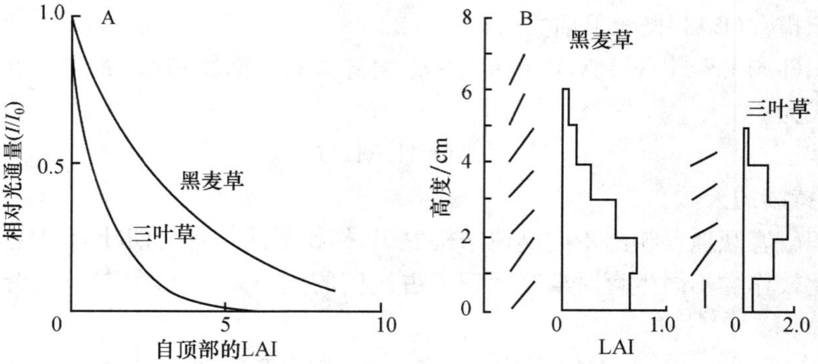

图6-10　三叶草和黑麦草群体中光强的衰减曲线(A)(Stern and Donald，1962)与三叶草和黑麦草叶伸展的典型模式(B)(Wilson，1959)

B图中小短线表示不同作物不同高度叶片的伸展情况

光截获作为描述冠层发育状况的一个指标是非常有用的。与LAI和k_1的测定相比，光截获量的测定较为容易，它是光敏探头分别水平放在植被上方和地面测到的两个读数的比值(I/I_0)。光截获量随着叶子伸展方向和阳光角度而变化，因此，需要一天连续测定以取得日平均值。

三、叶日积

叶日积可用来比较不同群体结构农田群体叶面积的大小和延续时间的长短。以不同群体结构冬小麦叶日积为例，群体结构不同的麦田，小麦生育期内的群体密度、群体叶面积不同，叶日积也不同。表 6-2 列出了精播高产栽培、传统栽培和晚播独秆栽培小麦不同生育时期的叶日积。

表 6-2 不同地点 3 种群体结构小麦不同时期的叶日积表

序号	地点	生育期						
		三叶至越冬	返青至起身	起身至拔节	拔节至开花	开花至蜡熟	全生育期	亩产/kg
1	山东	30.6	17.1	63.5	104.2	191.7	407.1	523.3
2	山东	38.5	19.4	72.1	116.0	180.6	426.6	526.4
3	北京	35.5	18.6	62.3	105.1	170.2	391.7	445.9
4	河北	34.5	19.1	60.4	100.7	168.4	383.1	431.4
5	山东	9.8	10.6	56.8	108.1	181.6	366.9	389.6

注：1 号是精播高产麦田；2～4 号是传统栽培麦田；5 号是晚播独秆栽培麦田

四、作物群体生物量积累

作物群体生物量的积累随着时间推移而不断变化。在一个生长季，其积累过程一般呈 S 形曲线。一年生作物群体的单位面积生物量积累（*W*）的模式比较简单（图 6-11A）。作

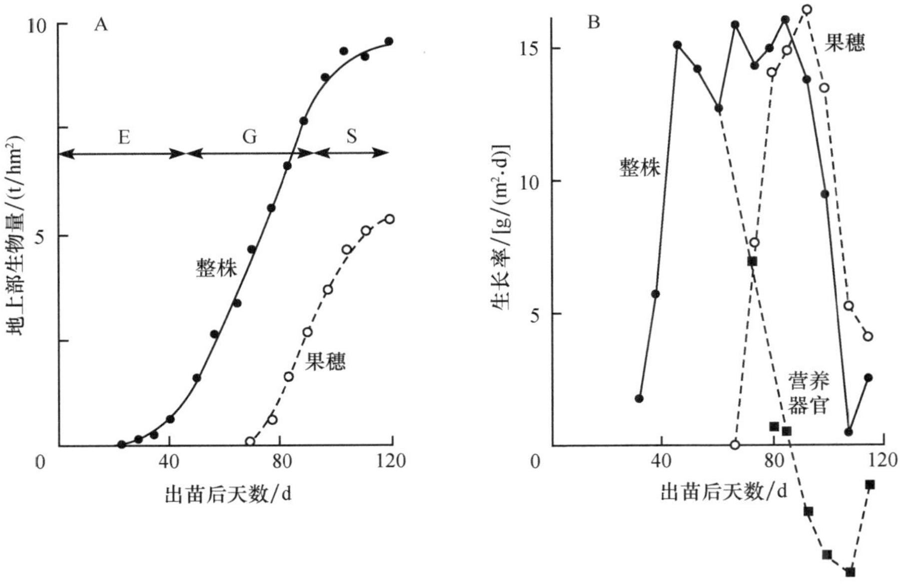

图 6-11 玉米群体的总生物量和果穗重随时间的变化曲线（A）和玉米整株、果穗和营养器官的生长率变化动态（B）（Bair，1942）

物生长率(图 6-11B)定义为 W 随时间的变化速率，即 $\Delta W/\Delta t$[kg/(hm^2 · d)或 g/(m^2 · d)]。这种曲线可以通过在整个生长季定期进行作物取样绘出。两个日期之间生物量的增量(ΔW)除以 Δt 便可以计算出作物生长率。

S形曲线可以划分为生长早期的“指数阶段”(E)，中期的“快速生长阶段”(G)和“最后的衰老阶段”(S)(图 6-11A)。幼苗的生长率受叶面积和光截获的制约，而指数阶段是由于扩展中的叶面积对生长速率的正反馈造成的。随着叶面积增加，光截获和光合作用也增加，包括叶生长在内的作物生长率同样增加。

在S形曲线的指数阶段，绝对生长率 dW/dt 与 W 成正比(同时通过 W 与叶面积成正比)。

$$dW/dt=\mu \cdot W$$

式中，μ 为比生长率或相对生长率。这一等式表示每单位现有生物量的生长率(比生长率或相对生长率)。参数 μ 在苗期呈最大值，但随植株增大和冠层郁闭而迅速下降。在指数阶段，μ 与叶面积及光合活性密切相关。作物完全封垄时的 μ 值已基本无意义，因为这时的 dW/dt 在很大程度上独立于 W 和叶面积。

本章视频

第七章　作物产量与品质

农业生产的目的主要是获得人类所需要的物质产品，并使之达到一定的数量和质量，因而提高作物产品的收获数量（即产量）和产品质量（即品质）是历来农业生产最重要的课题。在作物生产过程中，因作物种类、收获目的的差异，不同作物有各自的产量与品质构成因素。不同作物在生长发育过程中的物质生产能力与生理机制、对环境资源的利用能力不一，其产量与品质潜力和增加产量与品质的途径有着显著差异。

第一节　作物产量与品质的构成

作物产量与品质是作物栽培、遗传育种学科研究的核心问题，实现高产优质的栽培是作物遗传改良及环境和栽培措施等调控的主要目标。作物产量及品质是在光合产物积累与分配的同一过程中形成的，产量与品质间有着不可分割的关系。

一、作物产量与产量的构成因素

作物产量即作物产品数量的总和。作物产量包括生物产量和经济产量，通常产量是指经济产量，是单位面积上作物群体的产量，可见群体产量是由个体产量组成的，不同作物产量构成因素不同。

作物的产量（经济产量）构成因素是指构成主产品（经济产量）的各个组成部分，具体的内涵因作物种类和研究工作者的需要确定，通常可分为单位面积株数、单株产品器官数、产品器官重量，也可认为产量是由单株平均产量与单位面积上株数（或穗数）两个因素构成的。

（一）禾谷类作物

禾谷类作物的产量构成为：产量＝单位面积穗数×平均单穗产量。由于：平均单穗产量＝单穗粒数×单粒重量，因此：产量＝单位面积穗数×单穗粒数×单粒重量。穗数、单穗粒数和单粒重量（粒重）称为产量的构成因素。

（二）油料作物

油料作物（以油菜为代表）的产量构成为：产量＝单位面积株数×每株角果数或蒴果数［或每株分枝数及每分枝角（蒴）果数］×每果实粒数×粒重。

（三）纤维作物

纤维作物主要有棉花（种子纤维作物）和麻类（韧皮纤维作物和叶纤维作物）。其中，棉花的产量构成为：产量＝单位面积株数×单株有效铃数×单铃籽棉重×衣分（皮棉）。韧皮纤维作物（如红麻、亚麻、大麻等）的产量构成为：产量＝单位面积有效茎数×单茎鲜重（或鲜皮重）×出麻率。

（四）薯类作物

薯类作物（如马铃薯、甘薯等）的产量构成为：产量＝株数×单株薯块数×单薯重。

二、作物产品的品质与品质指标

作物产品的品质是指产品的质量，其直接关系到产品的使用价值和经济价值。作物产品品质的评价标准，即所要求的品质内容因产品用途而异。

随着人们对作物产品品质研究的深入，逐渐建立了一些评价作物产品品质优劣的指标。当前用于评价各种作物品质的指标主要有生化指标和物理指标。对于部分优质专用作物具有其独特的类型划分与国家标准等。

（一）禾谷类作物

禾谷类作物产品主要为籽粒，主要成分是蛋白质和淀粉，为人类和人工饲养禽畜提供了蛋白质和热量。同时还含有氨基酸、脂类物质、维生素、矿质元素等。

禾谷类作物籽粒蛋白质含量一般在6％～20％，根据在不同溶剂中的溶解性，分为清蛋白、球蛋白、醇溶蛋白、谷蛋白和不溶蛋白等组分。这些组分含量与比例是决定部分麦类作物营养与加工品质的重要因素。

淀粉是禾谷类作物籽粒中含量最高的成分，一般在50％以上，因此对其品质有决定性的作用。淀粉品质一般用淀粉的糊化特性决定，后者取决于淀粉中直链淀粉与支链淀粉的比例、淀粉的链长、淀粉粒的大小，以及淀粉粒中存在的蛋白质与脂类等物质的互作等。在种子萌发或面团醒发过程中，α-淀粉酶催化淀粉的分解，为种子发芽提供能量，或产生CO_2气体，促使面包和馒头等面制品中形成空腔。因此，淀粉含量与特性及α-淀粉酶活性影响着啤酒大麦麦芽品质和小麦加工品质。

脂类物质一般存在于禾谷类作物胚中，因此，对高油玉米而言，油脂含量是重要的品质性状。另有一部分脂类物质，存在于淀粉粒中，与淀粉有密切的互作，影响部分禾谷类作物如小麦的加工品质。

由于最终用途不同，对同一作物产品的品质指标要求可能截然相反。不同作物提出了相应的优质专用类型的概念。

根据不同的专用类型，需提出相应的品质要求或标准，以适应优质作物生产发展与种植业结构调整。为此，1999年11月1日国家质量技术监督局正式发布了修订后的稻谷、小麦、玉米质量标准，并制订了相应的优质专用粮食质量标准（表7-1，表7-2），于2000年4月1日起实施。

表 7-1 优质稻谷和玉米质量标准(GB/T 17891—1999、GB 1353—1999 和 GB/T 8613—1999)

作物种类		等级	标准						
			整精米率/%	垩白度/%	直链淀粉/%	食味品质	容重/(g/L)	水分/%	淀粉/%
优质稻谷	籼稻	1	≥56.0	≤1.0	17.0～22.0	≥9			
		2	≥54.0	≤3.0	16.0～23.0	≥8			
		3	≥52.0	≤5.0	15.0～24.0	≥7			
	粳稻	1	≥66.0	≤1.0	15.0～18.0	≥9			
		2	≥64.0	≤3.0	15.0～19.0	≥8			
		3	≥62.0	≤5.0	15.0～20.0	≥7			
玉米		1					≥710	≤14.0	
		2					≥685	≤14.0	
		3					≥660	≤14.0	
淀粉发酵工业用玉米		1							≥75.0
		2							≥72.0
		3							≥69.0

表 7-2 国标优质小麦品质指标

项目	指标	优质强筋小麦(GB/T17892—1999)		优质弱筋小麦(GB/T17893—1999)
		一等	二等	
籽粒	容重/(g/L)	≥770		≥750
	水分/%	≤12.5		≤12.5
	不完整粒/%	≤6.0		≤6.0
	杂质			
	总量/%	≤1.0		≤1.0
	矿物质/%	≤0.5		≤0.5
	色泽,气味	正常		正常
	降落数值	≥300		≥300
	粗蛋白质/%(干基)	≥15.0	≥14.0	≤11.5
面粉	湿面筋(14%水分基)/%	≥35.0	≥32.0	≤22.0
	面团稳定时间/min	≥10.0	≥7.0	≤2.5
	烘焙品质评分值	≥80		

(二)油料作物

脂肪是油料作物种子的重要贮存物质,油料作物种子的脂肪含量及组分决定其营养品质、贮藏品质和加工品质。一般来说,种子中脂肪含量高,不饱和脂肪酸中人体必需脂肪酸(油酸和亚油酸)含量较高,且两者比值(O/L)适宜,亚麻酸或芥酸(油菜油)含量低,是提高出油率、延长贮存期、食用品质好的重要指标。

(三)纤维作物

棉花的主要产品为纤维,棉纤维品质由纤维长度、细度和强度决定。一般陆地棉的纤维长度为21～33mm,海岛棉为33～45mm。纤维的外观品质要求洁白、无僵黄花、成熟度好、干爽等。麻类作物,如大麻、亚麻、剑麻等,其产品是韧皮纤维和叶纤维,其品质取决于纤维长度、宽度和纤维束拉力。

(四)薯类作物

薯类作物的利用价值主要在于其块根或块茎中含有大量的淀粉,甘薯块根淀粉含量为20%左右,马铃薯块茎含淀粉10%～20%,高者可达29%。甘薯块根中蛋白质的氨基酸种类多于水稻、小麦,营养价值较高,马铃薯块茎中非蛋白质含氮化合物以游离氨基酸和酰胺占优势,提高了块茎营养价值。此外,块茎中含有大量的维生素C(每100g含10～25mg)。

第二节　作物产量和品质的形成

提高作物产品品质是当前作物生产的又一重要目标。一般而言,与作物产量的形成过程相比,作物品质的形成和决定过程在时间幅度上要短得多,主要集中于产量器官的物质积累阶段,研究作物品质形成规律与调控技术是作物栽培学的重要内容之一。

一、碳水化合物

作物产量器官中贮藏的糖类主要是蔗糖和淀粉。蔗糖以液体的形态,淀粉以固体(淀粉粒)的形态积累于薄壁细胞内。根据分子结构特征,淀粉可分为直链淀粉和支链淀粉。禾谷类作物种子和薯芋类作物块根块茎储藏的是淀粉,禾谷类作物可达70%左右,薯芋类作物可达20%左右,其中支链淀粉占总淀粉含量的70%～80%;甘蔗和甜菜储藏的主要是蔗糖,其含量分别可达12%和20%左右。在作物体内,淀粉可作为长期和短期储存多糖,种子中的淀粉一般是长期储存,只有在种子萌发时才动用;而光合速率快时在叶绿体中会形成短期储存淀粉,随后转化为蔗糖运出。

蔗糖的积累过程比较简单,叶片等器官的光合产物以蔗糖的形态经维管束输送到贮藏组织后,先在细胞壁部位被分解成葡萄糖和果糖,然后进入细胞质合成蔗糖,最后转移至液泡被储藏起来。

淀粉的积累过程与蔗糖有些类似,经维管束输送的蔗糖分解成葡萄糖和果糖后,进入细胞质,在细胞质内果糖转变成葡萄糖,然后葡萄糖以累加的方式合成直链淀粉或支链淀粉,形成淀粉粒。通常禾谷类作物在开花几天后,就开始积累淀粉。另外,非产量器官内暂时储存的一部分蔗糖(如麦类作物茎、叶鞘)或淀粉(如水稻叶鞘),也能以蔗糖的形态(淀粉需预先降解)通过维管束输送到产量器官后被储存起来。叶片等器官的光合产物或营养器官暂储的光合产物(果聚糖等多糖或淀粉),以蔗糖的形态通过维管束输送到产量器官后,先由蔗糖合成酶(SS)催化分解成尿苷二磷酸葡萄糖(UDPG)和果糖。因此,禾谷类作物籽粒蔗糖含量一般随着灌浆进程与淀粉的积累而下降。UDPG在尿苷二磷酸葡萄糖焦磷酸化酶(UDPGPPase)的作用下形成1-磷酸葡萄糖,后者在腺苷二磷酸葡萄糖焦磷酸化酶(ADPGPPase)的催化下,形成腺苷二磷酸葡萄糖(ADPG)。ADPG是淀粉合成的直接前体，并在可溶性淀粉合成酶(SSS)的作用下合成支链淀粉，或在淀粉粒束缚态淀粉合成酶(GBSS)的作用下合成直链淀粉。此外，淀粉分支酶(SBE)和去分支酶(DBE)在支链淀粉的形成中起着重要作用。在整个淀粉合成过程中，蔗糖分解过程或此后的淀粉合成过程如被阻断或变弱，则形成的产品淀粉含量降低，蔗糖含量升高，成为甜性产品；直链淀粉合成过程受阻，即编码 GBSS 的基因不表达，则成糯性产品，如糯稻、糯玉米和人工育成的糯小麦等。蔗糖与淀粉间的关系如下。

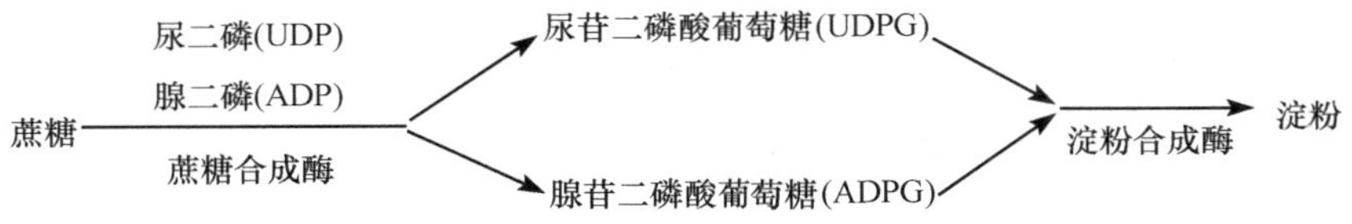

二、蛋白质

豆类作物的种子内含有特别丰富的蛋白质，因此，豆类作物的品质主要是指蛋白质含量和组分。植物在发育阶段中合成的蛋白质为种子萌发提供含氮的中间化合物即贮存蛋白，豆类作物种子的贮存蛋白是最主要的蛋白质来源。

豆类作物种子的蛋白质含量远比禾谷类种子高，一般大豆含 40%(有的野生大豆可高达 50%)，花生含 25.6%，豇豆含 23.4%，蚕豆含 23.4%，豌豆含 22.5%。豆类种子的主体部分是子叶，贮存蛋白主要存在于子叶中。

在种子发育成熟过程中，氨基酸等可溶性含氮化合物从植株的其他部位输出转移至种子中，然后在种子中转变为蛋白质，以不溶性蛋白质粒的形态储藏于细胞内。

作物种子中的储藏性蛋白质，在开花后不久便开始积累。随着灌浆进程，禾谷类作物单粒种子中所积累的蛋白质总量持续增加，但蛋白质的质量分数则一般呈 V 形曲线(图 7-1)，在灌浆初期，籽粒蛋白质含量较高，此后因淀粉的快速积累而出现“稀释效应”，

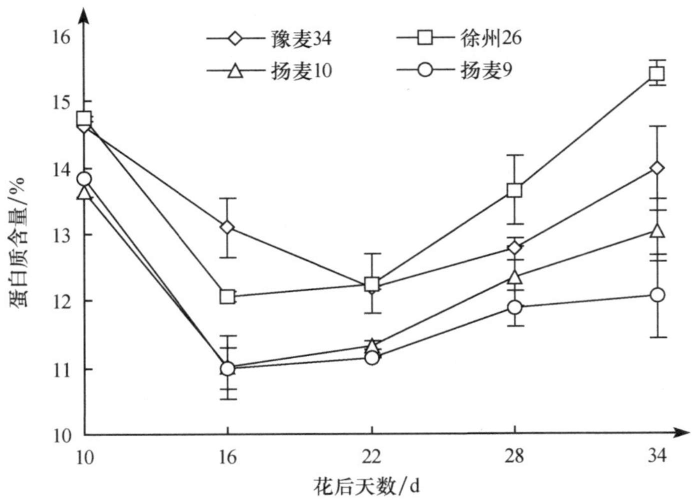

图 7-1　不同品质类型小麦籽粒蛋白质含量的动态变化(曹卫星等，2005)

蛋白质含量逐步降低，在灌浆中后期，蛋白质积累速率又加快，蛋白质含量上升。清蛋白和球蛋白一般在灌浆初期含量较高，并随灌浆进程而逐渐下降，醇溶蛋白和谷蛋白含量则随灌浆进程呈上升趋势。

作物籽粒淀粉和蛋白质合成需要碳源和氮源，其中碳源来自叶片形成的光合产物和开花前与开花后储存于营养器官的暂储碳水化合物，氮源来自根系吸收的氮素及营养器官储存的氮素。在一般情况下，淀粉合成所需的碳源有75%左右来自花后叶片直接形成的光合产物，储存碳素占25%；蛋白质合成所需的氮源约25%来自花后从土壤中直接吸收的氮素，75%来自开花前在营养器官储存的氮化合物。因此，开花前和开花后植株吸收（或合成）与储存的碳素和氮素的分配及再运转情况，影响着作物籽粒蛋白质与淀粉的积累状况（图7-2），并影响最终品质。

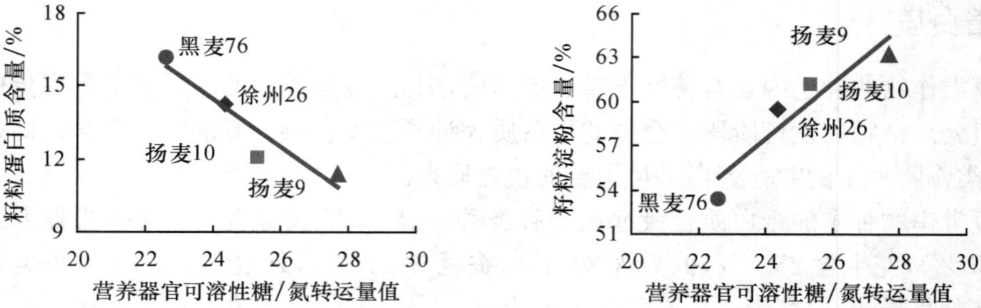

图7-2 小麦营养器官可溶性糖/氮转运量与籽粒蛋白质和淀粉含量的关系

豆类种子成熟过程中，果实的荚壳常起暂时储藏的作用，即从植株其他部位运输而来的含氮化合物及其他物质先储藏在荚壳内，到了种子发育后期才转移到种子中去。所以，在果实发育早期，荚壳内的蛋白质含量增加；至发育后期，荚壳内的蛋白质则开始降解，含量也就随之下降。大豆在开花后10～30d种子氨基酸增加最快，此后氨基酸含量迅速下降，说明后期氨基酸向蛋白质转化的过程加快。蛋白质的合成和积累，通常在整个种子形成过程中都可以进行，但后期蛋白质的增长量可占成熟种子蛋白质含量的1/2以上。在果实、种子形成前，植株体内一半以上的蛋白质和含氮化合物都储藏于叶片中，并主要存在于叶绿体内。一般叶片充分伸展时，其蛋白质含量达到高峰，而后随着叶的衰老而不断降解。在果实形成前，降解的蛋白质被上位叶等新生器官利用；在果实形成后，则开始向果实和种子转移。

豆类作物的品质除了受蛋白质含量的影响外，还与氨基酸的含量密不可分，理想的蛋白质应当富含各种人体必需的氨基酸，但现实中豆类作物的蛋白质往往缺乏某些氨基酸成分，如大豆蛋白质往往缺乏含硫氨基酸，因此，提高和改良豆类作物的品质，必须增强这些氨基酸的合成能力，增加其含量。

三、脂类

作物种子中储藏的脂类（脂肪或油分）主要为三酰甘油，它是由甘油与各种脂肪酸在

Kennedy 途径下形成的产物。

三酰甘油存在于植物的所有器官中，但在营养器官中含量很少，大部分存在于果实和种子中。三酰甘油以小油滴状态悬于细胞质中，在含油量低的营养器官中，三酰甘油分散为很小的油滴，在含油量高的种子或果实中，这些小油滴合成大油滴。由于三酰甘油不溶于水，不能在植物体内移动，因此在植物的所有器官和组织中都能合成三酰甘油。油料作物种子萌发时，作为储藏物质的三酰甘油在酯酶作用下分解很快，所形成的甘油和脂肪酸被生长的幼苗利用并合成其他各种物质。

油料作物种子含有丰富的脂肪，如花生达 50%左右，向日葵可达 56%左右，油菜达 40%左右，大豆达 20%左右。在种子发育初期，光合产物和植株体内储藏的同化物是以蔗糖的形态被输送至种子后，以糖类的形态积累起来，以后随着种子的成熟，糖类转化为脂肪，使脂肪含量逐渐增加。

油料作物种子在形成脂肪的过程中，先形成饱和脂肪酸，然后转变成不饱和脂肪酸，所以脂肪的"碘价"(每 100g 植物油可吸收的碘的克数)随种子成熟而增大。同时，种子成熟时，先形成脂肪酸，以后才逐渐形成三酰甘油，因而"酸值"(中和 1g 植物油中的游离脂肪酸所需的氢氧化钾的毫克数)随种子的成熟而下降。所以，种子只有达到充分成熟时，才能完成这些转化过程。如果油料作物种子在未完全成熟时就收获，由于这些脂肪的合成过程尚未完成，不仅种子的含油量低，油质也差。

根据在不同溶剂的溶解能力，禾谷类作物产品中的脂类物质一般可分为淀粉态脂、游离态非淀粉态脂和束缚态非淀粉态脂三大类。非淀粉态脂占总脂的 2/3～3/4，为非极性脂类，主要为三酰甘油；淀粉态脂主要为磷脂，特别是溶血胆碱磷脂或溶血卵磷脂，并与禾谷类作物籽粒直链淀粉含量呈正相关。在小麦中，淀粉磷脂占淀粉总量的 0.8%～1.2%。因此，在禾谷类作物淀粉胶凝过程中，会形成直链淀粉-脂复合体。在面粉中，脂肪酸主要形成亚麻酸($C_{18:2}$)，还有少量的棕榈酸($C_{16:0}$)和油酸($C_{18:1}$)。

禾谷类作物籽粒中脂类物质的形成与其他油类作物类似，由糖类转化而成。但到目前为止，禾谷类作物产品中脂类的形成过程尚不清楚。

四、纤维素

纤维素是植物体内广泛分布的一种多糖，即由葡萄糖残基通过 β-1,4-糖苷键连接而成的聚糖。从光合产物到纤维素的合成积累过程与淀粉基本类似。纤维素的合成在质膜上进行，以 UDPG 为糖基供体，通过纤维素合酶的催化作用，形成纤维素。生成的许多 β-1,4-糖聚糖链即自动聚合成晶体化的纤维素微纤丝。在纤维素微纤丝的合成过程中，不断定向排列，沉淀在胞壁内层上。纤维素不属于储藏物质，一般不能作为人类食物利用。作为纤维作物被人类利用的主要是棉花和麻类，棉花利用的是种子表皮纤维，麻类作物利用的大多是韧皮部纤维。棉花纤维中纤维素的含量可达 93%～95%；在麻类作物中，黄麻的纤维素和半纤维素含量可占到原麻的 70%以上，苎麻可达 85%左右。

棉纤维的发育要经过纤维细胞突起、伸长、胞壁纤维素淀积加厚和纤维脱水扭曲 4 个时期。胞壁纤维素淀积加厚期是纤维素积累的关键时期，历时25～35d。在开花5～10d后，在初生胞壁内一层层向心淀积纤维素，使细胞壁逐步加厚。纤维素在气温较高时淀积较致密，气温较低时则淀积疏松多孔。由于昼夜温差的关系，纤维素淀积在纤维断面上表现出明显的层次结构。

麻类作物不同的科、属，其纤维形成过程也有所不同。由于麻类作物主要利用茎韧皮部纤维，因此从出苗到现蕾开花期，也即植株快速伸长期是纤维形成的重要时期，而后则对纤维的厚度等工艺品质还有一定的影响。一般除留种用植株外，麻类作物在果实发育盛期开始前就应收获，这样可以避免积累于茎秆内的营养物质输向果实而影响纤维的品质。另外，实际生产中可采用一些抑制生殖生长的措施，以保证麻纤维的品质。

五、主要微量元素

19世纪30年代末就确定了铁、锌、铜、锰、钼和硼对植物生长发育的必需性，在世界各个地区这些元素的缺乏都会影响作物的产量与品质。现已确认的有8种微量矿质元素对高等植物是必需的，而其中氯和镍只对部分植物的生长发育是必需的或有明显的促进作用。

缺乏微量元素是农作物和土壤常见的问题，能够引起农作物产量的下降和谷物营养品质的降低。

各种农作物通常发生缺素症的原因是土壤中该元素含量太低。土壤受到长期强烈的淋洗作用，某些微量元素会因此而逸失。原来含量不高，经作物连年吸收，而得不到补充，也会造成缺乏。土壤中某些化学成分数量过多，或pH不当，会使一些微量元素处于不易被植物吸收利用的状态。例如，磷酸盐过多，会与铁结合成不溶性的磷酸铁。此外，两种元素间有拮抗作用时，一种元素存在量过大，会造成另一种元素的缺素症。例如，高氮和高磷营养会增加缺锌症发生的机会与程度；锰过多会造成缺铁，使植物表现缺绿。

植株常易缺乏的几种微量元素是：硼、锌、铁、锰、钼。油菜开花不结实、麦穗空瘪无粒、棉花现蕾不开花结铃等，常是缺硼引起的，施硼肥能显著提高产量。豆科植物施钼肥常可增多荚数、每荚粒数和粒重，降低空瘪率。在石灰性冲积土上施用锰肥常可提高10%～20%的禾本科作物产量。锌肥常能提高玉米和水稻的产量。

如微量元素轻度亏缺，虽不表现明显的缺素症状，施加该元素也可增加产量或改善品质。例如，对糖用甜菜喷施硼肥可提高块根的含糖量；水稻、小麦灌浆期喷施硼肥可促进灌浆，使籽粒饱满，千粒重增加。但并非任何情况下施用微量元素都能增产，不同植物对微量元素的需要量也不相同。施用前应先进行症状诊断、化学分析和施肥试验。

六、主要维生素

维生素是生物的生长和代谢所必需的微量有机物，分为脂溶性维生素和水溶性维生素两类。前者包括维生素A、维生素D、维生素E、维生素K等，后者有B族维生素和维生素C。

禾谷类作物是B族维生素的重要来源，其中维生素B_1、维生素B_2和维生素B_5较多。

谷类胚芽中含有较多量的维生素E，这些维生素大部分集中在胚芽、糊粉层和谷皮里。因此，精白米、面中维生素含量很少。

油料作物是维生素E的主要来源之一，针对油料种子维生素E基因工程的研究也有很多。

薯类作物中的马铃薯是所有粮食作物中维生素含量最全的，其含量相当于胡萝卜的2倍、大白菜的3倍、番茄的4倍，B族维生素更是苹果的4倍。特别是马铃薯中含有禾谷类粮食所没有的胡萝卜素和维生素C，其所含的维生素C是苹果的10倍，且耐加热。

第三节　作物产量与品质的现状与潜力及优质高产途径

获得更高的作物产量与品质，是作物栽培学最重要的研究内容之一。明确作物产量与品质的潜力大小，研究作物产量与品质潜力挖掘的技术途径，是作物栽培技术研究的核心内容。

一、作物产量与品质的现状与潜力

作物单位面积产量究竟能达到多高水平，也就是作物的生产能力究竟有多大？这是人们特别是农业工作者十分关心的问题。在1991年召开的“作物产量的生理和决定”国际学术研讨会上，美国学者G. Still提出了作物产量潜力的4个“A”：A1为绝对产量(absolute yield)，A2为可达到的产量(attainable yield)，A3为合算产量(affordable yield)，A4为实际产量(actual yield)。绝对产量取决于品种(基因型)的遗传潜力，可达到的产量往往受环境条件的制约，合算的产量取决于栽培管理的经济条件和效益，而实际产量与前3种产量的差距往往是很大的。他提出应当运用科学技术尽量缩小以上四者的差距，使实际产量逐渐与绝对产量接近。作物生产潜力的大小有多种估算方法，最常用的是根据对太阳辐射的光能利用率进行估算。

太阳辐射能进入地球大气后，能量是相当大的，这些射到地面作物群体上的太阳能有3个去向：一是被反射掉一部分，二是漏射到地面被土壤吸收一部分，三是被作物群体利用一部分。在被作物吸收的这部分当中也并不能全部用于光合作用，能够用于光合作用的部分(光合有效辐射)约占总辐射的47%，其余的一半多转化成热而散失于空气中。光合有效辐射也不能全部转化到光合产物中，据测定光合作用的最大转化效率为28%。

假设在最优条件下，按反射和漏射占15%，光合有效辐射占总辐射的47%，最大光合作用转化效率为28%，呼吸效率占50%，非光合器官吸收10%，那么：

$$\text{最大光合利用效率}=[(1-0.15)\times 0.47\times 0.28\times (1-0.5)\times (1-0.1)]\times 100\%=5\%$$

也就是说，太阳总辐射的最大利用率的理论值为5%左右。国内外不少学者也大致得出了5%～6%的结论。我国各地区之间也有较大的差异，这不但与不同地区栽培技术水平有关，而且受各地气候条件、太阳辐射总能量不同的影响。

光能利用率不高的原因主要有 4 个：一是漏光损失，作物从播种到出苗期间全部太阳辐射都不能被利用，苗期也由于很大一部分光照射在地面上而浪费，成熟期及以后，一部分光也要被浪费掉；二是反射和透射损失，植物体包括叶片要将一部分光反射掉，透射损失则较少；三是光饱和现象，光照强度超过光饱和点的那部分光，植物不能利用；四是环境条件不适宜，如干旱、缺肥、温度过高或过低、涝害、CO_2 浓度过低等，将降低光能利用率。

二、作物优质高产的途径

长期以来，作物栽培生理学工作者对作物产量潜力和增产途径进行了深入研究，可以概括为 3 种观点：①从作物光能利用率分析，作物对太阳总辐射的最大利用率可达 5%～6%，而实际的光能利用率目前只有 1%左右，我国耕地全年平均光能利用率仅为 0.4%，因此认为提高作物光能利用率、增加生物量是增产的根本途径。②从作物品种改良的历史和产量发展的过程分析，认为长期以来作物产量的增加主要是依靠经济系数的增加，而生物量的变化不明显，目前作物经济系数远没有达到极限，因此认为增加光合产物向产品器官的分配，进一步提高经济系数是今后品种改良和栽培管理的主要目标。③从产量形成的源库关系分析，认为作物产量受同化源、库相对平衡的制约，而且不同作物和品种在不同生态条件下，源和库对产量的决定作用不尽相同，或者源、或者库、或者源库两方面可能是增产的限制因子，因此挖掘产量潜力应先找出限制因子，而后相应地采取或增源、或扩库、或源库并重的管理措施。

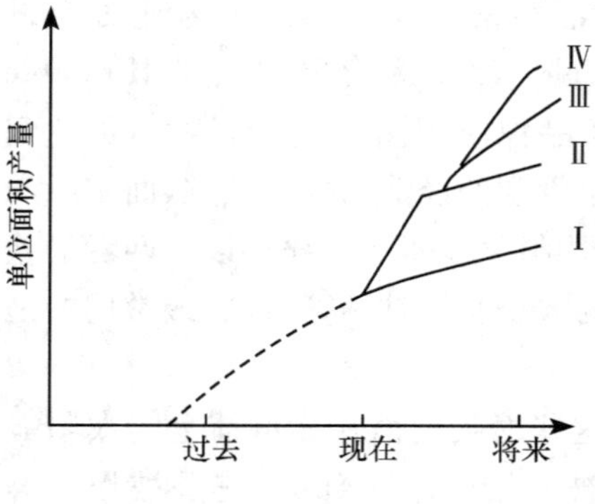

图 7-3　作物增产各阶段的技术措施
Ⅰ. 杂种优势、杀虫剂、除草剂；Ⅱ. 栽培体系、生长调节剂、新的株型；Ⅲ. 光合效率；Ⅳ. 合成农业（农业工厂化）

国内外都有人认为，将来作物产量的进一步提高，主要是依靠作物生理特性的改进（图 7-3）。在现阶段，通过品种更新、栽培措施特别是化肥和农药的合理应用，作物产量水平较以前已有较大幅度的提高。今后作物产量的提高应主要集中在改善作物株型、增加能量截获，使其能更多地利用光能，提高植株光合物质生产量和运转量，提高经济系数。

从提高作物光能利用率角度来提高单产的途径，可以分为改进作物因素和改进环境因素两个方面，具体应从以下方面着手。

（一）优质高产作物品种

“农业现代化，种子是基础”，通过常规育种、分子育种与转基因技术，国内在作物优质品种的选育工作方面已取得很大的成效。

粮食作物品质育种方向主要是提高蛋白质含量及改善氨基酸组成，特别是增加赖氨酸、色氨酸、苏氨酸等必需氨基酸的含量。例如，近年来我国选育出可与国外品质性状相媲美的优质弱筋和强筋小麦品种，通过在生产上推广应用，极大地促进了我国优质小麦生产水平。高赖氨酸玉米、高油玉米、爆裂玉米、甜玉米等优质专用玉米新品种的选育工作也取得了显著进展。

棉花纤维作为纺织工业原料，对纤维品质一向比较重视，高品质棉花品种、杂交抗虫棉品种、优质专用棉花新品种也已经在生产上大面积推广应用。另外，随着无腺体棉育种的成功，棉籽蛋白质的开发利用日益引人注目。

油菜籽的产品主要是油和饼粕。目前已育成低芥酸和低硫代葡糖苷的双低油菜新品种，提高菜籽的含油量和营养价值，菜籽饼也由单纯作肥料而开发用作饲料，以促进畜牧业的发展。

（二）生态因素

基于生态条件建立优势农产品产业带。我国已制订了优质专用小麦、稻米、棉花等作物的生态区划（图 7-4，图 7-5），并规划了优势产业带，部分省（直辖市、自治区）也制订了相应的优质作物生态区划与优势产业带（图 7-6），从而有利于指导我国优质作物生产。在作物种植上，要在优质作物生态区划的基础上，根据不同地区生态条件，选择各优质生态区适宜的优质品种，建立优势农产品产业带。

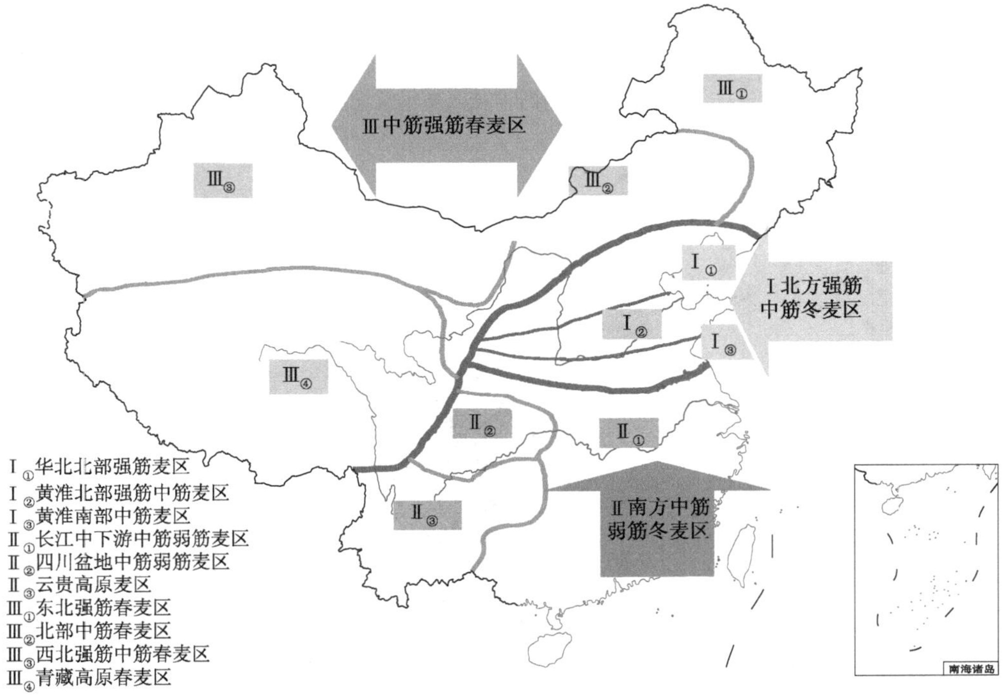

图 7-4　中国小麦品质区划示意图

图 7-5　中国棉花区划示意图

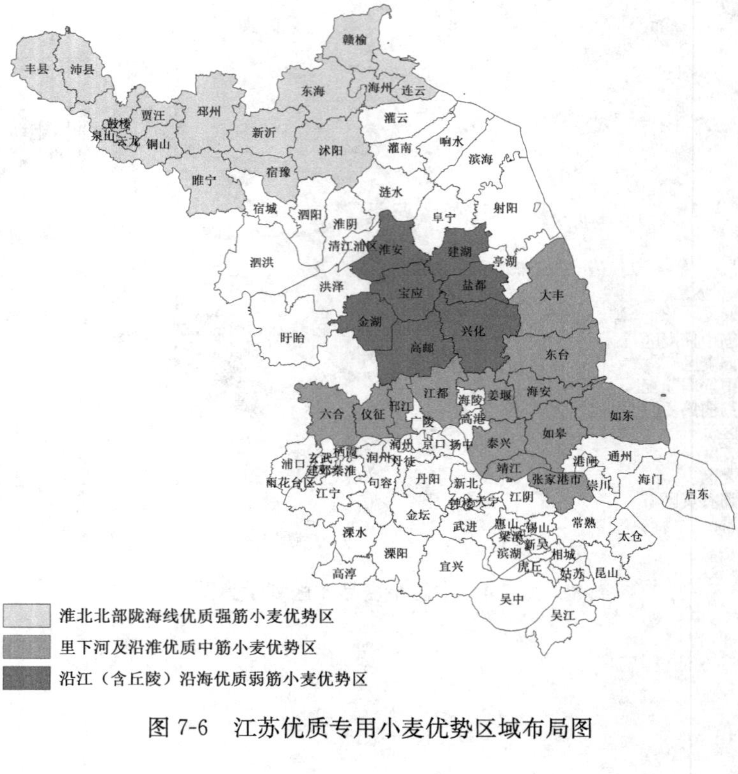

图 7-6　江苏优质专用小麦优势区域布局图

（三）栽培技术

许多研究和生产实践表明，作物在生长发育过程中采取的种种栽培措施，几乎都能影响产量与品质的形成，其中尤以轮作、种植密度、播种期、施肥、灌溉排水、收获时期等影响较大。

1. 轮作　作物通过合理轮作，可以消除和减轻土壤中有毒物质、病虫和杂草的危害，改善土壤结构，提高土壤肥力，有利于作物合理利用土壤养分，提高作物产量与品质。

2. 播种期　在通常的播种期幅度范围内，随着播种期的推迟，禾谷类作物籽粒蛋白质含量和赖氨酸含量逐渐增加，淀粉总量及直链淀粉与支链淀粉比例随播种期推迟而下降。因此，应根据不同专用类型的需要，确定不同作物适宜的播种期。例如，中强筋小麦要实现优质高产，应适期播种；弱筋小麦则应在适期范围内早播。

3. 种植密度　作物种植密度如超过一定限度，个体发育受到严重削弱，引起作物的群体变劣，产品品质降低。例如，小麦植株群体过大，后期会引起倒伏，籽粒变小且不饱满，蛋白质和淀粉含量降低，影响产量与品质。但对收获韧皮纤维的麻类（包括甘蔗）作物，适当增加密度能促使主茎茎秆伸长，抑制侧枝、分蘖的发生，反而对纤维品质及蔗茎长度的提高有好处。

4. 施肥　通过采用不同的施肥种类、施肥量、施肥时间和施肥方式，可以起到改善品质的作用，但也可能对品质产生不良影响。总的来说，有机无机配合、氮磷钾配合，可提高作物品质。平衡施肥有利于提高作物品质。

1）*肥料种类对作物产量与品质的影响*　一般认为，施用较多有机肥时，作物品质较好；过量施用化肥，作物品质较差，而且会因化肥中有毒物质的残留影响人们的健康。有机肥养分释放缓慢，适合作物对养分的吸收，土壤中有机质能促进土壤的硝化速度，从而有效地降低土壤中硝态氮的浓度，减少了作物对硝态氮的吸收。有机肥较施用纯无机肥可提高果实还原糖、维生素 C 含量。肥土和堆肥中的某些真菌可促进作物产生维生素及抗生物质。因此，高产优质栽培应强调有机肥与化肥配合施用。

氨基酸作为植物有机营养早已被肯定，但对作物产量与品质的作用尚未深入研究。有机酸对作物品质的改善作用主要有 4 个方面：提高瓜果类的糖分、维生素 C 含量，降低总酸含量；增加薯芋类蔬菜可食部分的糖分、维生素 C 和蛋白质含量，改善品味，耐储藏；提高经济作物含糖量，协调烟叶品质，提高上中等烟比例；提高谷物蛋白质和淀粉含量及花生含油量。

2）*不同矿质元素对不同农产品、不同营养成分的影响*　不同矿质元素对不同农产品、不同营养成分的影响不同。

（1）氮肥：在所有的肥料中，一般氮肥对改变作物产量与品质的作用最大。特别是在地力较差的中低产田，适当增施氮肥和增加追肥比例通常能提高禾谷类作物籽粒的蛋白质及谷氨酸和脯氨酸的含量，可增加植物叶绿素、胡萝卜素、维生素 B、维生素 C 含量，起到提高产量、改善品质的作用。但单增施氮肥会降低油料作物脂肪的积累及蛋白质中赖氨酸含量。过量施氮可能使硝酸盐在叶片及农产品中积累，形成使人体胃肠消化道癌变的物质亚硝胺，以及增加对人畜有害的草酸、氢氰酸的含量。

(2) 磷肥:施用磷肥到“适量”水平时,绿色植物各部位的粗蛋白增加,籽粒中必需氨基酸含量部分增加,糖类含量增加,某些维生素(如维生素B)含量增加,烟草中的烟碱含量和叶片中的草酸含量下降,牧草中的香豆素含量先增后减。

(3) 钾肥:钾可增加作物的含糖量,改进纤维品质,增加维生素的含量等。在施用氮磷肥的基础上施用钾肥可以提高谷类作物籽粒中必需氨基酸的含量。钾能够促进更多的糖类从营养器官转入储藏器官,促进单糖合成多糖、淀粉,提高块根、块茎类作物的品质。施用钾肥还可以减轻马铃薯切片颜色变黑的情况。钾肥可以普遍降低病虫害对植物的危害,通过提高作物抗病虫害的能力来提高作物的产量与品质。

(4) 微量元素:作物对微量元素的反应取决于土壤中的丰缺程度,各种元素的互作和氮、磷、钾大量元素的供应状况。钙、铁、硒、锌是人体需要的营养元素,合理施用可提高食物中这些元素的含量及营养品质。钙可促进果实和储藏组织的生长发育。镁可改善叶菜类作物叶色,提高油料籽粒含油量、小麦籽粒蛋白质和面筋含量,以及菠萝果实内糖和酸的含量。硫是甲硫氨酸、胱氨酸、半胱氨酸等蛋白质的组分,氮硫平衡有利于蛋白质的合成,硫和其他营养元素一起能改变种子中蛋白质成分,从而改变蛋白质的营养价值和加工品质,缺硫影响面粉中半胱氨酸的含量、豆类作物种子甲硫氨酸的含量,降低其营养价值;合理施硫可以增加花生、芥菜、油菜、亚麻和大豆等作物的含油量;硫代葡糖苷(简称硫苷)是作物吸硫的重要贮存库,施硫和种子中硫苷含量之间存在正相关,因而在低硫苷含量油菜的种植中需要加以注意;硫还有提高纤维长度与整齐度的作用。锌肥可提高油菜含油量,改善食品的营养品质。硒能明显改善产品的营养质量和感官质量,小麦施硒后,籽粒中多种氨基酸含量增加,其中胱氨酸含量增加最多。

3) *肥料用量和施用时间对作物产量与品质的影响*　肥料施用过少,作物生长发育不良,生物量积累少,产量低,品质也差;同样,肥料施用过量,尤其是化肥施用过多,容易引起物质转运不畅和倒伏等问题,反而导致品质下降,甚至会因有毒物质残留超标而影响消费者的健康。研究表明,随着氮肥用量的提高,水稻直链淀粉含量和蛋白质含量随之增高,但氮肥施用过多会使蛋白质含量下降。适量施磷能显著提高小麦籽粒蛋白质含量,延长面团形成时间和稳定时间,改善加工品质;但在施磷过量时,小麦籽粒加工品质会下降。

从目前的研究结果来看,基肥与追肥的比例、追肥的施用次数与时间对不同作物、不同品质指标影响不同。一般来说,与作基肥相比,氮素作追肥更有利于提高籽粒蛋白质的含量。生育中后期追施氮肥比例大有利于提高籽粒蛋白质含量,但有降低脂肪含量的趋势。某种施肥方式对某一品质成分的影响是有利还是有害,应该根据产品的用途来决定,同时应考虑以下两个因素:第一,某一施肥方式可能对某一品质成分是正效应,而对另一品质成分是负效应,要根据正副效应的大小及产品用途来权衡该方式是否可取;第二,某种施肥方式对某一品质成分的作用效果还与当地气候、土壤、品种、种植密度、播种期等有关。

4) *肥料形态对作物品质的影响*　许多试验表明,以铵态氮状态进入作物体内的氮素是提高作物品质的关键。硝态氮和硫酸钾对烟叶的产量与品质有良好作用,铵态氮和氯化钾有提高烟叶中蛋白质含量和降低燃烧性的不利影响。氮肥形态对春小麦淀粉及其组分积累的调节效应因品种而异,且对支链淀粉的调节效应高于直链淀粉。

5. 灌溉排水 根据作物需水规律，适当地进行补充性灌溉，通常能改善植株代谢，促进光合产物的积累，因而能改善作物的品质。对于大多数旱田作物来说，追肥后进行灌溉，能起到促进肥料吸收、增加蛋白质含量的作用，特别是当干旱已经影响到作物正常的生长发育时，进行灌溉补水，不但有利于高产，而且有利于保证品质。例如，大豆花期灌溉能提高籽粒含油量 0.39%～0.53%，结荚期灌溉能提高 0.03%～1.60%，鼓粒期灌溉能提高 0.01%～0.45%。

多雨地区，应及时排涝降渍，减少过多的土壤水分对作物产量与品质的影响。

6. 收获时期 适期收获在保证较高的禾谷类作物产量的同时，能提高籽粒品质。小麦蜡熟末期收获，产量最高，蛋白质含量及其干湿面筋含量也最高，且有利于面粉加工。但食用甜玉米在果穗授粉后 20～23d 收获，饲用青贮玉米在乳熟末期至蜡熟期收获，含水量适中，品质好；笋玉米则在雌穗刚开始抽丝时进行采收。纤维作物收获过早，纤维素含量低，成熟度不够；收获过晚纤维色泽不良，棉花纤维强度降低，麻类纤维由于木质化加大而变得粗硬。油菜过早收获，籽粒尚未充实饱满，秕粒多，并影响产量和含油量及脂肪酸组成。

此外，在作物生育期中过量施用农药，作物中农药残留量过高，也会严重降低产品品质。栽培措施的施用还应注意根据不同生态区及不同品种的适应性进行适宜调整，做到因地因种而异，达到优势生态区、优质品种和配套栽培措施相互协调促进的目的。

第三篇　作物生长与环境的关系

本章视频

第八章　作物生长发育与光温

光是农业生产的基本条件之一，地球上一切生命活动需要的能量，主要来自太阳辐射能。太阳辐射能只有通过绿色植物的光合作用才能转化为地球上生命活动所能利用的化学能。光合作用是绿色植物在光下利用 CO_2 和水合成有机物质，并放出氧气的过程，所合成的有机物质主要是碳水化合物。光不仅影响作物的生长和发育，也直接影响农作物的产量和品质。

温度是作物生活的重要条件之一，也是热量条件的标志，不但直接影响作物的生长、产量、品质及其分布，而且影响作物生长发育速度，进而影响作物全生育期的长短与各生育时期出现的早晚。所以，热带、温带和寒带所分布的作物种类和生育形态各不相同，即使在同一地方也有冬季作物和夏季作物之分。同一作物的不同生育期对温度要求也不一样，一般作物生长旺盛时期及开花结实时期，都需要多日照、较高温度、充足雨水，才能获得较高的产量。

第一节　作物生长发育的光温指标

光是太阳辐射能以电磁波的形式投射到地球表面的辐射线，是植物进行光合作用的能源，也是生命所需热量的能源。太阳放射出不同频率和波长的电磁波，组成太阳光谱，到达地球的太阳光谱为 250～4000nm。

一、光照

绿色植物进行光合作用的能量来自太阳辐射能，生长期内的太阳总辐射、光合有效辐射和日照时数与作物产量和品质的关系很大。

（一）年总辐射量与光合有效辐射

1. 年总辐射量　我国年总辐射量为 3300～8300MJ/m^2。6000MJ/m^2 等值线从内蒙古东西斜向西南至青藏高原东侧，将全国分为东低、西高两大部分，西半部为 6000～8300MJ/m^2，青藏高原是高值地区；东半部为 3300～6300MJ/m^2，川黔等地是低值区。我国作物生长旺盛季 5～8 月的总辐射量占全年的 40%～50%。太阳辐射与水热同季的季节分配特点，对农业生产十分有利。南方的光能年内分配较均衡，有利于作物周年生长，北方光能集中于夏季，使温带的一季作物得到充足的光能。

2. 光合有效辐射　光合有效辐射是绿色植物进行光合作用时的有效光谱成分的辐射量。我国大部分地区的年光合有效辐射在 2100MJ/m^2 以上，与年总辐射量的分布规律一致。年内不同界限温度期间光合有效辐射如下：≥0℃期间，大多数地区为 1600～2400MJ/m²，高值在云南南部、海南岛西南部等地，低值在青藏高原和东北的北部；≥10℃期间，大部分地区为 1300～2500MJ/m²，青藏高原不足 800MJ/m²，阴雨多的贵州和四川盆地为 1300～1500MJ/m²；≥15℃期间，大部分地区为 800～2100MJ/m²，华南和云南南部高达 1500～2100MJ/ m²，东北地区不足 800MJ/m²，青藏高原则几乎为零。

（二）日照时数

各地年光照时数为 4400～4700h。年日照百分率为 30%～70%，年日照时数为 1200～3400h，表现为西多东少。西部干旱地区云量少，日照多达 3000h 以上，日照百分率大于 70%。华北平原和东北地区为 2400～2800h，日照百分率为 55%～60%。长江中下游为 2000～2300h，其中黔、川南及桂西的云量在 80%以上，日照百分率为 30%～40%，年日照仅 1000 多小时。日平均气温稳定通过各界限温度期间的日照时数，随海拔、纬度和界限温度的升高而减少。≥0℃期间，大部分地区为 1700～2000h，华南南部、云南中南部和南疆盆地高达 2200～2600h，而青藏高原、川黔地区、东北北部只有 1200～1600h；≥10℃期间，黄河、海河下游地区为 1600～1700h，华南沿海地区高达 1600～2600h，新疆的南疆可达 1800～2000h，而西藏北部和青海南部为低值区，为 100～400h。

（三）光质（光谱成分）

光质一般用辐射波长表示，植物在光合过程中同化 380～760nm 波段的辐射能，也称为光合有效辐射（photosynthetic active radiation，PAR）。

二、温度

作物生长发育不但需要适宜的温度，而且对热量的总量有一定的要求。在农业生产中只有处理好作物与生态条件的关系，满足不同作物对温度的要求，才能实现高产、优质的目标。

（一）三基点温度

在作物生长、发育过程中，每一生理过程都有其相应的最适、最低和最高温度，总称为三基点温度（表 8-1）。作物只能在最低和最高温度范围内生长，在最适温度下作物生长、发育迅速而良好；在最高和最低温度下作物生长、发育趋于停止，但作物尚能够忍受。当温度高于高温值或低于低温值时，作物会受到不同程度的伤害，生长发育受抑，甚至死亡，这是作物生存的最高、最低温界限。

表 8-1　作物生理活动的基本温度范围　　（单位：℃）

作物名称	最低温度	最适温度	最高温度
油菜	3～5	15～20	25～30
小麦、大麦	0～3	25～31	31～37
黑麦	1～2	25～31	31～37

续表

作物名称	最低温度	最适温度	最高温度
燕麦、裸麦	3～5	25～31	31～37
荞麦	3～5	25～31	37～44
豌豆	1～2	20～30	30～40
蚕豆	4～5	20～30	30～40
甜菜	4～5	25～28	28～30
大豆	10～12	27～33	33～40
水稻	10～12	25～32	38～42
棉花	12～14	25～30	40～45
玉米	5～10	27～33	40～50
高粱	6～7	20～31	44～50
向日葵	5～10	31～37	37～47

三基点温度是确定温度的有效性、作物种植季节与分布区域、计算作物生长发育速度、光合潜力与产量潜力等方面的基本温度指标，在作物生产中得到广泛应用。作物的三基点温度有如下特征。

1. 不同作物的三基点温度不同 根据作物对温度的不同要求，可以把作物分为喜温作物和喜凉作物（表 8-2）。喜温作物生长的适温较高，生长的起点温度也高，一般在10℃以上，此类作物主要有水稻、棉花、玉米、大豆、麻类、甘薯等；喜凉作物生长的适温较低，其生长的起点温度也较低，一般在 2～3℃，此类作物主要有小麦、大麦、油菜、蚕豆、甜菜等。同一种作物不同品种的要求也有差异，如水稻播种出苗的最低温度粳稻≥10℃，籼稻则≥12℃；开花温度粳稻≥22℃，籼稻则≥23℃。

表 8-2 主要农作物不同阶段对温度的要求 （单位：℃）

类型	作物	播种期			营养生长期		
		最低	适宜	最高	最低	适宜	最高
喜温作物	水稻	10～12	早 12～15 晚 20～25	30～32	18～20	25～30	32～35
	棉花	10	12～14	—	15	25～30	32～35
	玉米	7～8	春 10～12 夏 20～25	30～35	10	25～28	30～32
	大豆	6	春 10～12 夏 25～30	33	10	25～28	30～32
	甘薯	13	15～25	30	10	20～30	32～35
喜凉作物	冬小麦	10～12	14～18	18～20	0～3	5～10	25
	冬油菜	12～14	16～18	20～22	3～5	5～20	25

资料来源：韩湘玲，1987

不同作物的三基点温度不同，与植物的原产地气候条件有关。原产热带或亚热带的植物，温度三基点偏高，分别为10℃、30～35℃、45℃；原产温带的植物，温度三基点偏低，分别为5℃、25～30℃、35～40℃；原产寒带的植物生长的温度三基点更低，北极或高山上的植物可在0℃或0℃以下的温度生长，最适温度一般很少超过10℃。

2. 同一作物不同生育时期和不同器官生长所要求的三基点温度不同 同一种作物不同生育期的三基点温度不同，通常作物早期要求温度低些，生长盛期要求较高，成熟期又要求低。不同器官生长发育要求的最适温度也不相同。例如，小麦种子萌发的最低温度为0～3℃，最适温度为20～25℃，最高温度为30～32℃；分蘖发生的最低温度为0～3℃，最适温度为10～17℃，最高温度为28～30℃；节间伸长的最低温度为10℃，最适温度为12～16℃，最高温度为30～32℃；开花的最低温度为9～11℃，最适温度为18～24℃，最高温度为30～35℃（表8-3）。这说明作物种子萌发的温度常低于营养器官生长的温度，而营养器官生长的温度又低于生殖器官发育的温度。

同一作物的温度三基点还随器官和生育期而异。多数一年生作物，从生长初期经开花到结实这3个阶段中，生长最适温度是逐渐上升的，这种要求正好同从春到早秋的温度变化相适应。播种太晚会使幼苗过于旺长而衰弱，同样如果夏季温度不够高，也会影响生长而延迟成熟。

表8-3 水稻和小麦对温度条件的要求 （单位：℃）

时期	水稻			小麦		
	最低温度（粳型-籼型）	适宜温度	最高温度	最低温度	适宜温度	最高温度
种子发芽	10～12	18～33	45	0～3	20～25	30～32
幼苗生长	12～14	20～32	40	3～5	15～18	32～35
移栽	13～15	25～30	35	—	—	—
分蘖	15～17	25～30	33	0～3	10～17	28～30
幼穗分化（拔节）	15～17	25～32	40	10	12～16	30～32
花粉母细胞减数分裂	15～17	25～32	37～40	9～10	13～20	32～35
抽穗开花	18～20	25～32	34～37	9～11	18～24	30～35
灌浆结实	13～15	23～28	35	10～11	18～22	32～35

不同生育时期对温度的要求不同，通常将遇低温或高温导致严重减产的时期称为温度临界期。通常情况下，作物性细胞进行减数分裂和开花时，对外界温度最敏感，温度逆境对产量的影响最大，即温度临界期。不同作物因作物种类和生长季节不同，温度临界期的温度存在较大差异（表8-4）。

表 8-4 几种作物开花期三基点温度 (单位:℃)

作物名称	最低温度	最适温度	最高温度
油菜	8～10	14～18	25～30
小麦	9～11	18～24	30～35
大豆	18～22	25～28	30～32
水稻	18～20	25～32	34～37
玉米	18～22	25～28	30～38
花生	16	25～28	38
棉花	18～22	25～30	35～40

3. 作物生长发育的不同生理过程的三基点温度不同 例如,光合作用的最低温度为 0～5℃,最适温度为 20～25℃,最高温度为 40～50℃;而呼吸作用分别为－10℃、36～40℃与 50℃。

4. 一般最适温度比较接近于最高温度,而离最低温度较远 作物最高温度多为 30～40℃,在生产中除夏熟作物外,其他作物受到高温危害比较少。低温造成的危害夏熟作物时有发生。

需要指出的是作物的三基点温度可以通过育种加以改变,而这种改变对作物的产量和分布有很大影响。例如,小麦抗寒品种的育成使我国冬(小)麦北移成为现实。

(二) 积温

1. 积温的含义 作物生长发育除了要求适宜的温度范围外,对热量的总量也有一定的要求。作物完成某一发育期或整个生命过程,要求一定的热量积累,通常用“积温”值来表示,即日均温≥0℃及≥10℃期间的温度之和。积温是指某一生育时期或某一时段内,逐日平均气温累积之和。积温是研究作物生长发育对热量的要求和衡量一个地区热量资源的主要指标。不同地点、不同作物或同一作物不同品种完成整个生育期需要的积温不同。例如,棉花早熟品种要求≥10℃的积温为 2600～2900℃,中熟品种为 3400～3600℃,而晚熟品种要求 4000℃(表 8-5)。

表 8-5 几种作物(不同类型)所需≥10℃的积温 (单位:℃)

作物类型	早熟型	中熟型	晚熟型
水稻	2400～2500	2800～3200	—
棉花	2600～2900	3400～3600	4000
冬小麦	—	1600～2400	—
玉米	2100～2400	2500～2700	＞3000
高粱	2200～2400	2500～2700	＞2800
谷子	1700～1800	2200～2400	2400～2600
大豆	—	2500	＞2900
马铃薯	1000	1400	1800

2. 活动积温和有效积温　　积温常用两种方式表达：一种是活动积温，一般高于或等于生物学下限温度的日平均温度称为活动温度，活动温度的总和称为活动积温，即将大于或等于生物学零度的日平均温度逐日累加起来。生物学零度一般指作物三基点温度的最低温度，喜温作物多用10℃，耐寒作物常用0℃。前面所提到的积温都是活动积温，其优点是使用方便，应用比较广泛。但作为作物生长发育的温度指数，活动积温不够准确。另一种是有效积温或生长度日(growing degree-day，GDD)，它是将日平均温度与作物学零度的差值累加起来，准确性提高。

活动温度与生物学下限温度的差值称为有效温度，生育时期内有效温度的总和称为有效积温。即有效积温是作物在生长发育过程中，必须从环境中摄取一定的热量才能完成某一阶段的发育，而且作物各个发育阶段所需要的总热量是一个常数。用公式表示为

$$K=N\cdot(T-T_0)$$

式中，K 为有效积温(常数)；N 为发育历期，即生长发育所需时间；T 为发育期间的平均温度；T_0 为生物发育起点温度(生物学零度)。发育历期 N 的倒数为发育速率。

积温在农业气象中一般应用于下列3个方面：①反映生物体对热量的要求，为地区间作物引种和新品种推广提供依据；②在农业气候研究中作为分析地区热量资源、编制农业气候区划的热量指标；③在农业气象预报、情报服务中根据作物各发育时期的积温指标，预报作物的发育时期。

3. 积温在农业上的应用　　不同作物(品种)在整个生育期内要求有不同的积温。小麦等需要热量较少，大约需要活动积温(≥10℃，下同)为1000～1600℃；春播禾谷类作物、向日葵等要求热量略多些，需要有效积温为1500～2100℃；玉米、棉花等要求热量更多些，需2000～4000℃。一般是起源和栽培于高纬度、低温地区的作物需要积温总量少，起源和栽培于低纬度、高温地区的作物需要积温的总量多。

同一作物不同器官生长发育也需要一定的积温，如小麦播种至出苗需要≥0℃的积温是100～120℃，这也解释了为什么冬小麦秋季早播(温度高)出苗快、晚播(温度低)出苗慢的现象。作物群体生物量积累与积温之间存在着很高的正相关。换句话说，积温越高，生物量积累也越多。当然，各种作物对积温的反应也并不一致。

(三)无霜冻期

无霜冻期的长短是衡量一个地区热量资源的又一个指标，通常称为无霜期，它是指从春季终霜的后一天到秋季初霜的前一天之间的持续日数。霜冻的温度指标是地面日最低温度降到0℃，因此把一年内地面日最低温度≥0℃的时期定为无霜冻期。无霜冻期的长短是作物布局和确定种植制度的依据，又是满足作物生长安全温度的一个指标。在无霜期内，各种作物能够正常生长，而在无霜期以外的有霜期，由于温度较低，并经常出现霜冻，作物会受到冷害或冻害。

无霜冻期与气象学上所称的无霜期不同。无霜期是根据地面出现白霜的终、初日期确定的，但白霜的出现并不完全取决于温度。当空气特别干燥或夜间有风时，尽管地面温度已降至0℃或以下，作物已受冻害，而地面仍不见霜；或者，地面虽已出现白霜，作物却未受害。

三、光温变化规律

太阳辐射因其光强、光质和周期的时空变化，影响着作物生长发育及其地理分布。

（一）光照强度

太阳光照强度在地球大气层上方基本上是恒定的，大约在 5.025MJ/m²，这一数值称为太阳常数。太阳光通过大气层时，由于散射、反射和被气体、水蒸气、空气中的尘埃微粒所吸收，强度大大减弱，并且进行了重新分配（图 8-1）。在穿过作物冠层时，太阳辐射又会大大减弱。

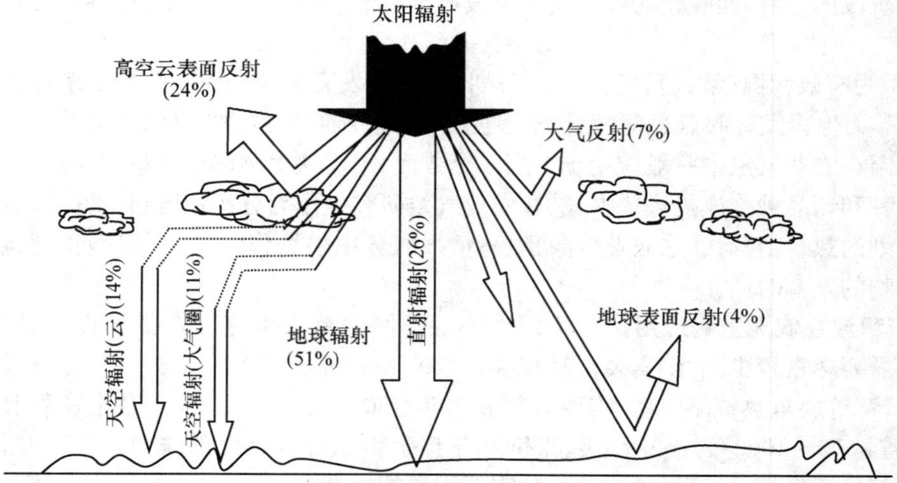

图 8-1　进入地球和大气圈的太阳能

在自然界中光照强度和光合有效辐射是随时随地变化的，这些变化与天气、太阳高度角、纬度、海拔、坡向等有密切关系，天气对光照强度的影响是显而易见的。当太阳高度角越小，也就是说太阳距地平线越近，太阳光到达地面所通过的大气层厚度也就越大，光线被吸收、散射得也越多，光照强度也就越弱。纬度对光照强度的影响，实际上也是因为太阳高度角的关系，高纬度地带太阳高度角低，全年接受的太阳辐射总量也少。海拔越高，空气越稀薄，阳光在大气中的路越短，阳光越强烈。地面的坡度和坡向也会影响到所受的辐射量，向阳越近接受的阳光越多，而背阴坡接受的阳光少。

（二）日照时数

日照时数是太阳辐射直射光实际照射的时间，以小时为单位，是农业利用的一个光资源指标，利用某一地区的日照时数及其他气象指标，可估算出该地区辐射资源的数量，是评价地区辐射资源的另一个重要农业气候指标。中国年日照时数分布，在内蒙古中西部、青海、甘肃、新疆的东南部和南部、西藏的西南部和雅鲁藏布江中上游一带，日照时数高达3000～3300h，柴达木盆地北部的冷湖地区平均日照时数达 3550h，西藏阿里地区的狮泉河一带平均日照时数也在 3400h 以上。中国年日照时数低值区出现在川、黔地区，通常为

1400h 以上，四川盆地西南及黔东北不足 1200h，雅安地区的天全（862h）、宝兴（791h）一带年日照时数为全国的最低值。

全国年日照时数大体呈西多东少的分布。在东部季节区域内，年日照时数的南北分布虽有差异但不明显。东北、华北地区为 2400～2800h，长江中下游、江南丘陵及华南，年日照时数为 1800～2200h，海南岛和台湾的西南增加到 2200～2600h，川西高原和滇中高原为 2400～2600h，新疆大部分地区为 2800～3200h。

中国年日照时数的季节分配，大部分地区夏季多、冬季少，最多月为 6 月或 7 月，最少月在 12 月或 1 月。

作物生长期间的日照时数表现为南方多、北方和西部高原地区少的特点。由于日照时间长，可为作物提供较多的光合时间，累积更多有机物，这无疑对农业生产有利。但生长期间的平均日照时数中国西部高原和北方比南方长，每日的作物光合时间较长，有机物日累积多，很有利于喜凉作物稳产高产，充分弥补了我国西部高原和北方温度低、生长期短的不足。

（三）作物温周期现象

作物生长、发育和产品质量对温度有节奏的昼夜变化具有周期性反应的现象称为温周期现象。大陆性气候地区，温度日较差大，原产于该地区的作物在温度日较差较大时生长较好；海洋性气候地区，温度日较差相对较小，原产于该地区的作物在温度日较差小的情况下生长较好。一般来说，温度日变化再配合其他条件比恒温条件更有利于作物的生长和发育。大多数作物在节律性变温下种子萌发较好，变温对作物体内物质转移和积累具有良好的作用。不同品种对变温的反应不同，越是起源于北方的品种对变温的反应越敏感。

第二节　光温资源与作物分布

在研究太阳辐射与作物光合作用的关系时，常需分析太阳辐射在作物群体中的分布，因为只有被叶片截获、吸收的太阳辐射才能被用来进行光合作用，所以需要首先计算出或测出被作物截获的能量。作物群体中不同部位所得到的照度、辐照度与光谱成分有显著差异，其光合效应也不相同。群体中太阳辐射的分布特点，可以作为作物群体结构好坏的重要标志。

一、作物群体光温分布

（一）太阳光反射、透射与吸收

太阳光线到达作物叶片，一部分被反射，一部分透射，一部分被吸收，其反射率、透射率与吸收率之和等于 1。一般叶片对太阳光的反射率与透射率，分别为 20%～30%，但其数值随太阳光的入射角变动。入射角为 90°即垂直照射时，反射率最小而透射率最大；入射角减少，相应地反射率增加而透射率减小，其结果使吸收率能够在一定的入射角范围内保持相对稳定的数值。

叶片的高度也是决定太阳光到叶面入射角的一个重要因子。当入射角小时，叶面对太阳光的反射犹如镜面的反射，是独立于波长的。所以对于较直立的叶片而言，在太阳高度角大时，这种似镜面的反射率可能很高，它可为群体下部提供一定数量的短波辐射，改善群体下层的光谱成分。据实测，在群体下部的生理辐射中并无明显的绿光峰值，这可能是因为下部光线已经过了叶片多次反射、散射。

作物群体内的光照，一种是穿过上部叶片间隙的直射光——呈“光斑”；另一种是透过叶片以后的透射光和部分散射光——呈“阴影”。两部分光照的强度和光谱成分均不同，对光合作用的效应也不同，其作用主要靠光斑。Monteith 十分重视光斑对光合作用的重要性，他认为一些计算作物群体内光分布的公式的缺点是没有将光斑与阴影分别开来，而重点考虑光斑。

既然光斑与阴影光强和光谱成分都有很大区别，在研究光照对光合作用的影响时，可以根据需要，分别观测与分析光斑与阴影部分的光照强度，观测光斑与阴影的比例，以及分析它们各自对光合作用的影响。

（二）作物群体光温分布

1979 年，V. C. Vanderbilt 等用激光技术测算小麦群体中各层次，甚至各器官在一天的不同时间截获日射的情况（图 8-2）。根据其结果可以较细致地预报不同时间小麦群体内太阳辐射的分布。作物群体内光分布一般符合 Beer-Lambert 定律，即

$$I=I_0\mathrm{e}^{-K_1F_1}$$

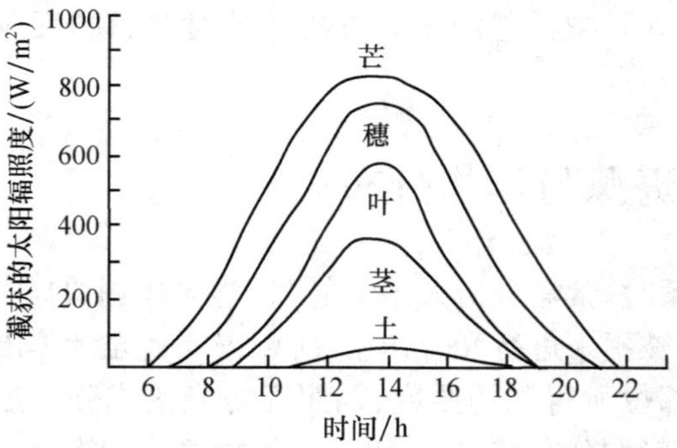

图 8-2　用激光技术测定小麦群体不同时间、不同器官截获太阳辐射能的情况（Vanderbilt，1979）

式中，I_0 为作物顶层的光通量（即自然光强度）；F_1 为所测高度以上的叶子层数，即叶面积系数；I 为 F_1 层叶子下的光通量；K_1 为群体的消光系数，是一个群体的特征，可以通过测定群体内不同高度（层次）的光强而计算得出。实际上 K_1 值随叶片的角度、分布、厚薄、颜色而变化，此外，还随天气、时间、作物种类、品种、种植密度与种植方式而变化，它远非一个常数。

（三）作物光温利用率及其提高途径

在组成作物体的全部生物量中，有机物质占 90%～95%。这些有机物质都是作物在光合作用中利用光能合成的。因此，光合作用形成有机物质的生产和积累是作物产量形成的主要物质基础。

太阳辐射投射到地面的辐射能并不是全被作物的光合作用所利用。作物所能利用的可见光部分即光合有效辐射仅占太阳总辐射能量的 45%～50%。作物对可见光并不能

完全利用，目前一般认为作物光能利用率可达 5%～6%。

单位面积作物收获物中包含的能量（E_h）与投射到该单位面积上的可见光（或光合有效辐射）能量 E_{lv}的比值，称为光能利用率（U_1），则

$$U_1=\frac{E_h}{E_{lv}}\times 100\%$$

如果计算某段时期的光能利用率，则上式可写为

$$U_1=\frac{H_m\cdot\Delta W_m}{\sum E_{lv}}$$

式中，ΔW_m 为单位面积上某段时期内生物量的增长量，如果计算最终产量，则 ΔW_m 用最终产量的生物量 W_m 代替；H_m 为 1g 生物量燃烧时所放出的热量（J），所以式中的 $E_h=H_m\cdot\Delta W_m$；$\sum E_{lv}$ 为该时段内可见光的能量的总和。

在实际生产中，光能利用率离理论数值相差甚远，仅有 0.5%～1.0%（表 8-6）。最高产量也仅为 2%，说明提高光能利用率以增加单位面积产量是大有潜力的。竺可桢曾提出，如能将光能利用率从通常的 1%提高到 2.6%，华北水稻产量将达到 18 750kg/hm^2。

表 8-6 不同作物在生长盛期短时间内的光能利用率

地区	作物	干物质生产量/[g/(m^2·d)]	光能利用率/%
温带	小麦（荷兰）	28	1.0
	大麦（英国）	23	1.8
	黑麦草（英国）	28	2.5
	玉米（美国）	40	3.4
	甜菜（英国）	31	4.3
亚热带	紫苜蓿（美国）	23	1.4
	藻类（美国）	24	1.5
	马铃薯（美国）	37	2.3
热带	木薯（马来西亚）	18	2.0
	水稻（菲律宾）	27	2.9
	甘蔗（美国）	37	3.8
	饲用高粱（澳大利亚）	54	4.3

1. C_3与 C_4作物的光能利用特点 根据植物光合作用中 CO_2 同化途径，植物分为 C_3植物、C_4植物和 CAM 植物。它们在叶片结构、叶绿体结构、叶绿素 a/b、CO_2 补偿点、CO_2 同化途径、光呼吸等方面均有很大不同（表 8-7）。

表 8-7　C_3 植物、C_4 植物和 CAM 植物的某些光合特征和生理特性

特征	C_3 植物	C_4 植物	CAM 植物
叶片结构	维管束鞘不发达，周围叶肉细胞排列疏松	维管束鞘发达，周围叶肉细胞排列紧密	维管束鞘不发达，叶肉细胞液泡大
叶绿体结构	只有叶肉细胞有正常叶绿体	叶肉细胞有正常叶绿体，维管束鞘细胞有叶绿体但无基粒或基粒不发达	只有叶肉细胞有正常叶绿体
叶绿素 a/b	约 3∶1	约 4∶1	≤3∶1
CO_2 补偿点/(μL/L)	30～70	<10	光照下：0～200 黑暗中：<5
CO_2 同化途径	只有卡尔文循环	C_4 途径和卡尔文循环	CAM 途径和卡尔文循环
CO_2 最初受体	RuBP	PEP	光照下：RuBP 黑暗中：PEP
光合作用最初产物	PGA	OAA	光照下：PGA 黑暗中：OAA
PEP 羧化酶活性/[μmol/(mg·min)]	0.30～0.35	16～18	19.2
强光下的净光合速率/[mg/(dm^2·h)]	15～35	40～18	1～4
光呼吸	多，易测出	很少，难测出	很少，难测出
同化产物分配	慢	快	不等
蒸腾系数	450～950	250～350	光照下：60～150 黑暗中：18～100

总的来说，C_4植物比 C_3植物光呼吸弱，CO_2 补偿点低，净光合速率高(表 8-8)。尤其是在高温、强光和低 CO_2 浓度下，更显示出 C_4植物的高光合效率。C_4植物以禾本科为多，占已知总数的 75%。作物中 C_4植物大部分属禾本科如玉米，还包括高粱、黍、粟、稷等小杂粮，苏丹草、紫狼尾草等生产率高的青饲料和一些牧草。双子叶植物中作物很少，仅有硬粒苋、苋菜和栽培马齿苋。但是，与大田作物相伴生的世界十大杂草中的 8 种是 C_4植物，它们在高温地区或高温季节，发挥其高光合效率，旺盛生长，成为作物生产的大敌。主要大田作物如小麦、水稻、棉花等和绝大部分蔬菜都是 C_3植物。CAM 植物中作物很少，除凤梨科外，仅有龙舌兰、菠萝麻等少数纤维作物，但在花卉植物中却很多。

表 8-8　C_4和 C_3作物的净光合强度及生长速度

作物种类		净光合强度/[mg/(dm^2·h)]	生长速度/[kg/(m^2·d)]
C_4作物	玉米	46～63	47
	高粱	55	43
	甘蔗	42～49	50
C_3作物	菠菜	16	13
	烟草	16～21	25
	水稻	12～30	—

2. 提高作物光能利用率的途径

1）高光效作物品种选育与应用　选育合理株型、叶型，较适合高密度而不倒伏的优良品种，是提高光能利用率的重要措施之一。

从叶型来说，一般斜立叶较利于群体中光能的合理分布和利用，叶面斜立使单位面积上可以容纳更多的叶面积。另外，斜立叶向外反射光较少，向下漏光较多，可使下面有更多的叶片见光。在太阳高度角大时，斜立叶每片叶子受光的强度可能不如垂直对光的叶片，但光合作用一般并不需要太强的光照。换言之，同样的光能分布到更大的叶面积上，这对光合作用有一定好处，因其使更多的叶面积利用光能进行同化，比之较少的叶面接受强光，其光能利用更为经济。

另外，平叶、直叶的多少及其对光合强度的影响，与叶面积指数有关。在叶面积指数较小时，平叶多，能增加光合产量，叶面积指数大时反之。平叶与直叶的上下分布对光能利用率有一定影响。叶面积小时，平叶或直叶对光能利用率的影响较小，叶面积指数较大时，以直叶在上为好。

除了叶的角度外，枝的排列分布与光能利用关系也很大。有的品种上下层枝条与叶柄的长短、角度配合适当，叶片互相镶嵌；另一些品种则上下枝叶重叠，一方面彼此遮光，另一方面造成空隙处漏光。

选育株型紧凑的矮秆品种，群体互相遮阴少，耐肥抗倒，生育期短，形成最大叶面积快，叶绿素含量高，以提高光能利用率，也是目前的育种方向之一。培育光呼吸作用略低的品种，或用筛选法从光呼吸型植物中选择光呼吸很低的植株，培育成新品种，也是提高光能利用率的一种途径。

2）延长光合时间　延长光合时间就是最大限度地利用光照时间，提高光能利用率。延长光合时间的措施有以下几种。

（1）提高复种指数：提高复种指数即增加收获面积，延长单位土地面积上作物的光合时间。国内外实践证明，提高复种指数是充分利用光能、提高产量的有效措施。提高复种指数的措施就是通过轮、间、套种形成立体种植，在一年内巧妙地搭配各种作物，从时间上和空间上更好地利用光能，缩短田地空闲时间，减少漏光率。

（2）延长生育期：在不影响耕作制度的前提下，适当延长作物的生育期。作物生育前期要求早生快发，较早就有较大的光合面积；后期要求叶片不早衰。当然，延长叶片寿命不能造成贪青，因为贪青徒长，光合产物用于形成营养器官，反而减产。例如，近几年黄淮海夏玉米区重点推广的夏玉米直播晚收栽培技术，农民习惯于苞叶变黄、籽粒变硬时收获玉米，但这时尚未达到籽粒生理成熟，适当延迟收获时间至籽粒生理成熟即乳线消失、黑层出现时收获，每晚收 10d，增产 9%左右，高产田平均每天可增收 108kg/hm^2。

（3）补充人工光照：在小面积栽培中，当阳光不足或日照时间过短时，还可用人工光照补充。日光灯的光谱成分与日光近似，而且发热微弱，是较理想的人工光源。白炽灯比较差，90%以上的电能都变成热能，温度过高，而且它的光谱成分与日光相比，蓝紫光过少，不利于作物生长。

3）增加光合面积　光合面积即作物的绿色面积，主要是叶面积，是影响产量最大、又是最容易控制的一个因素。

（1）合理密植：合理密植是提高光能利用率的主要措施之一，因为它能够使群体得到最好的发展，有较合适的光合面积，充分利用光能和地力。合理密植，不可太稀，也不可太密。种得过稀，个体发育较好，但群体得不到充分发展，光能利用率低；种得过密，下层叶片受到的光照少，在光补偿点以下变成消费器官，光合生产率减弱导致减产。

（2）改变株型：最近培育出比较优良的高产新品种（如水稻、小麦、玉米），株型都具有共同的特征，即秆矮，叶直而小，厚，分蘖密集。株型改善，就能增加密植程度，增大光合面积，耐肥不倒伏，充分利用光能，提高光能利用率。

4）提高光合效率　光、温、水、肥和二氧化碳等都可以影响单位绿叶面积的光合效率。C_4作物利用 CO_2 效率较高，光合效率也高，这里重点讲两种主要措施。

（1）增加 CO_2 浓度：空气中的 CO_2 含量一般占体积的 0.033%，即 330mg/L，这个浓度与最适 CO_2 浓度（1000mg/L）相差太远，尤其是密植栽培，肥多水多，需要的 CO_2 量就更多，空气中的 CO_2 量满足不了要求。如玉米，其光合速率为 40～60mgCO_2/（dm^2 · h），那就是每小时需要 6～9m^3 空气供给 CO_2。显然，如果只靠空气中 CO_2 本身的浓度差所造成的扩散作用为动力来移动补充，远远不能满足作物的需要，特别在中午前后光合速率较快，株间的 CO_2 浓度最低（图 8-3）。因此，通风良好就使大量空气（包括 CO_2）通过叶面，有利于光合作用正常进行。生产上要求田间通风良好，原因之一就是为了更好地供应 CO_2。我国古农书《齐民要术》中提到“正其行、通其风”，也正是这个道理。

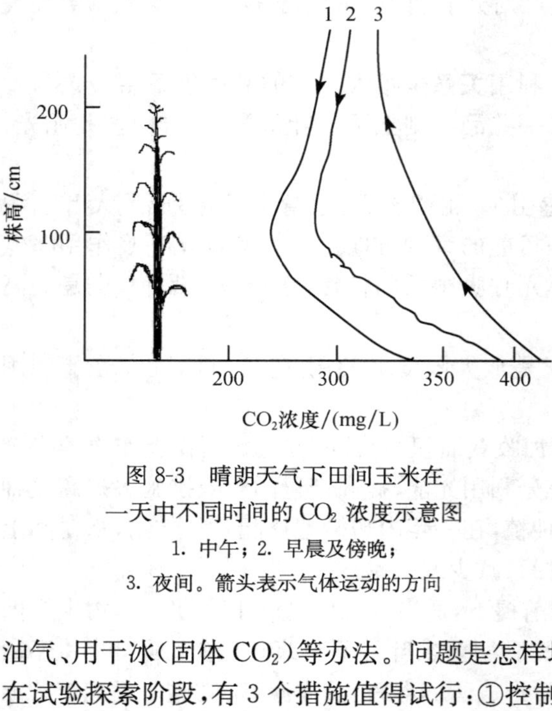

图 8-3　晴朗天气下田间玉米在一天中不同时间的 CO_2 浓度示意图

1. 中午；2. 早晨及傍晚；3. 夜间。箭头表示气体运动的方向

提高空气中的 CO_2 浓度，光合速率就会增加，产量也会有所提高。增加室内环境的 CO_2 浓度还是易行的，如燃烧液化石油气、用干冰（固体 CO_2）等办法。问题是怎样增加大田中的 CO_2 浓度。这个问题目前还在试验探索阶段，有 3 个措施值得试行：①控制栽植规格和肥水，因地制宜选好行向，使后期通风良好。②增施有机肥料，使土壤微生物的数量增多、活动能力加强，分解有机物，放出 CO_2。土壤放出的 CO_2，一部分溶解于土壤溶液中供根部吸收，一部分扩散到空气中被叶片吸收。③深施碳酸氢铵肥料。这种肥料除了含有氮素外，还含有 50%左右的 CO_2。

（2）降低光呼吸：水稻、小麦、大豆等 C_3 作物的光呼吸很显著，消耗光合刚刚合成的有机物总量的 20%～27%；而甘蔗等 C_4 作物的光呼吸消耗很小，只有 2%～5%，甚至更少。为了提高水稻等 C_3 作物的光合能力，要设法降低光呼吸。主要措施有两种：一是利用光呼吸抑制剂去抑制光呼吸，提高光合效率。二是改变环境成分，尤其增加 CO_2 浓度，使核酮糖二磷酸羧化酶氧化酶的羧化反应（固定 CO_2）占优势，减少其氧化反应的比例（减少光呼吸），光能利用率就能大大提高。

二、基于光温资源的作物分布

（一）喜光作物和耐阴作物

一般耐阴作物光饱和点与光补偿点低，而喜光作物则相反。大田作物绝大部分是白垩纪的喜光作物。水稻、小麦、棉花、大豆、谷子都是喜光的。据刘巽浩和牟国正（1988）研究，在同样的高秆作物遮阴下，大豆减产 50%，水稻为 32%，花生为 35%，玉米为 29%。

同一作物不同生育时期对光的需求不一致，营养生长时需光相对少一点，生殖生长时缺光影响较大。例如，棉花最需光的时期是吐絮期，谷子、高粱为光照时期（灌浆成熟），玉米若苗期、穗期和花粒期遮阴，产量将显著降低，且花粒期遮阴影响最大，苗期遮阴影响最小（表 8-9）。

表 8-9　遮阴对玉米产量的影响　　（单位：kg/hm^2）

品种	苗期（出苗—拔节期）遮阴 50%	穗期（拔节—开花期）遮阴 50%	花粒期（开花—成熟期）遮阴 50%	对照（CK）
农大 108	8 377	6 641	3 275	10 076

（二）短日照作物和长日照作物

根据作物的光周期反应，作物可以分为长日照作物、短日照作物、日中性作物和定日照作物（见第四章）。

（三）喜凉作物和喜温作物

根据作物对温度的需求，可划分为喜凉作物、喜温作物。

1. 喜凉作物　要求积温少、无霜期短，可以忍耐冬春低温。一般需≥10℃积温 1500～2200℃，有的只需 900～1000℃（表 8-5）。一般生长盛期适温为 15～20℃。喜凉作物在种植制度中起两方面作用：一是在无霜期较短的北方或者南方山区起主导作用；二是在暖温带或亚热带利用冬春季作复种或填闲作物用。除了某些粮食、纤维作物外，一些饲料绿肥作物能够在谷物不能生长的低温下生长至成熟，这是很值得重视的。喜凉作物又可分为两种类型。

1）*喜凉耐寒型*　如黑麦、冬小麦、冬大麦、青稞（裸大麦），这是谷物中可能分布在最北的作物。这类作物适宜生长温度为 15～20℃，冬季可耐－20～－18℃的低温，冬小麦以－22℃为极限，黑麦甚至可耐－25℃（表 8-10）。喜凉耐寒作物向南移则适应性渐减，日本小麦的南界为最冷月平均温度低于 20℃。

2）*喜凉耐霜型*　如油菜、豌豆、大麻、向日葵、胡萝卜、芥菜、芜菁、菠菜、大白菜、春小麦、春大麦及喜凉饲料绿肥（如箭筈豌豆、毛苕子、草木樨）等。生育盛期适宜生长发育温度为 15～20℃，8～12℃能正常生长，生物学最低温度（适于生长的起点温度）为 2～8℃，不怕霜，可耐短期－8～－5℃低温。燕麦（在我国食用的多为裸燕麦，又称莜麦）、亚麻、荞麦、马铃薯、蚕豆及某些谷子、糜子品种也较耐凉。例如，马铃薯薯块形成期适宜温度为16～18℃，当日平均气温高于26℃时就不结薯，但这几种作物耐霜能力不如油菜、豌豆等，一般只耐0～4℃低温。马铃薯、荞麦只耐－1℃的低温。有的作物苗期较耐低温，但生殖生长期耐低温能力降低。例如，豌豆一般可耐－6～－5℃低温，但开花时忌霜。有些作物生长期很短，出苗后60～80d即成熟可收获，如荞麦、糜子、小谷子，早熟马铃薯、黍、小油菜、芥菜及某些蔬菜、饲料绿肥作物，可作填闲作物或救荒作物用。

表8-10　不同作物抗寒能力

耐寒程度	作物名称	开始受伤害和部分死亡的临界温度/℃		
		出苗期	开花期	乳熟期
最耐寒	春小麦	－10～－9	－2～－1	－4～－2
	燕麦	－9～－8	－2～－1	－4～－2
	大麦	－8～－7	－2～－1	－4～－2
	豌豆	－8～－7	－3～－2	－4～－3
耐寒	向日葵	－6～－5	－3～－2	－3～－2
	亚麻	－7～－5	－3～－2	－4～－2
	甜菜	－7～－6	－3～－2	—
	胡萝卜	－7～－6	—	—
	蚕豆	－6～－5	－3～－2	－3～－2
	冬油菜	－7～－6	—	—
中度耐寒	大豆	－4～－3	－3～－2	－3～－2
	意大利谷子	－4～－3	－2～－1	－3～－2
低度耐寒	玉米	－3～－2	－2～－1	－3～－2
	谷子	－3～－2	－2～－1	－3～－2
	苏丹草	－3～－2	－2～－1	－3～－2
	高粱	－3～－2	－2～－1	－3～－2
	马铃薯	－2～－1	－2～－1	－2～－0.5
	荞麦	－1.5～－1	－1～－0.5	－2
	芝麻	－2～－1	－2～－1	－3～－2
	棉花	－1～－0.5	－1～－0.5	－1～－0.5
	水稻	－1～－0.5	－1～－0.5	—
	花生	－1～－0.5	—	—
	黄瓜	－1～0	－1～0	－1～0
	番茄	－1～0	－1～0	－1～0
	烟草	－1～0	－1～0	－1～0

注：根据Ventskevich(1958)和贺维农(1981)结合其他研究者资料汇总

2. 喜温作物　我国多数地区气候温暖，故喜温作物是农业生产中的主体。这类作物生长发育盛期适温为20～30℃，需≥10℃积温2000～3000℃，不耐霜。大致可分为两种类型。

1）温凉型　如大豆、谷子、甜菜、红麻等，适宜生长温度为 20～28℃，≥10℃积温 1800～2800℃。大豆要求温度与玉米差不多，但比玉米稍低，所以在东北难于种玉米的地方可种大豆。

2）温暖型　适宜温度为 25～30℃，如水稻、玉米、棉花、甘薯、芝麻、黄麻、蓖麻、苎麻、田菁均属此类。温度过低生长慢，生殖生长受阻。例如，温度为 18～20℃时，水稻往往开花不实，造成秕粒。温度超过 30℃也对一些喜温作物不利，据刘巽浩和韩湘玲(1981)研究，喜温的玉米在温度超过 33℃时，光合效率开始下降。

表 8-11 归纳了我国不同的 0℃积温地区适宜的作物种类，可作为不同积温地带作物适应性的参考。要指出的是，作物的分布并不只取决于温度，更不是只取决于积温。例如，昆明年均温度为 15.6℃，≥10℃积温为 4470℃，而南京相应为 15.5℃与 4911℃。昆明四季如春，树木冬夏常绿，不能种双季稻，而南京却四季分明，寒暑显著，主要生长落叶林，也可部分种植双季稻。原因是 7 月平均温度昆明为 20.7℃，南京为 27.4℃，而 1 月平均温度昆明为 23℃，南京只有 9.5℃。

表 8-11　我国各种积温地带的适宜作物与组合

≥0℃积温/℃	无霜期/d	类型	适宜作物与组合
1000～1500	<100	寒冷作物带	早熟春小麦、青稞、豌豆、小油菜、马铃薯、芜菁、萝卜
1500～2500	100～120	温寒作物带	亚麻、马铃薯、莜麦、大麦、春小麦、早谷子、甜菜、向日葵、水稻
2500～3500	120～150	温凉作物带	谷子、糜子、玉米、大豆、高粱、春小麦、甜菜、向日葵、水稻
3500～4500	140～180	温和作物带	冬小麦、玉米、高粱、豆类、早熟棉、水稻、糜子、谷子、饲料绿肥
4500～5500	180～200	暖温带	冬小麦、棉花、花生、甘薯、水稻、小麦-玉米、大豆、甘薯
5500～7500	220～280	北、中亚热带	茶、油菜、油桐、竹、柑橘、马尾松、杉、麦（油、肥、蚕豆）-稻-稻、麦-棉
7500～9500	280～360	南亚热带、热带	甘薯-稻-稻、香蕉、甘蔗、橡胶、油棕、椰子、可可

资料来源：中国科学院地理研究所经济地理研究室，1983

第三节　光温与作物生产

一、光温与作物生长发育

（一）光强

1. 光强与作物的光合作用　光合作用是绿色植物吸收太阳光的能量，同化 CO_2 和水，制造有机物质并释放氧气的过程，为同化产物的形成提供还原的碳素，并为生理代谢提供能量来源。光合作用分为光反应和暗反应两个部分，光反应中发生水的光解、O_2 释放及同化力(ATP＋NADPH)的生成，暗反应则是利用光反应形成的 ATP 和 NADPH，将 CO_2 还原为糖。光合作用的基本化学过程是在绿色叶片的叶绿体内进行的，光合速率的高低不仅取决于单叶的光合能力，还取决于作物冠层内光的分布及其吸收利用。

光能是光合作用的唯一能量来源，所以光强对光合作用的影响最大(图 8-4)，在黑暗中作物不进行光合作用，只有呼吸作用释放 CO_2；随着光强的增高，光合速率相应提高，当达到某一速率时，叶片光合速率(photosynthetic rate)与呼吸速率(respiration rate)相等，净光合速率为零，这时的光强称为光补偿点(compensation point)。在一定光强范围内(低光强区)，光合速率随光强的增加而呈比例增加(比例阶段，直线 A)；超过一定光强后，光合速率增加变慢(过渡阶段，曲线 B)；当达到某一光强时，光合速率就不再随光强增加而增加，呈现光饱和现象，开始达到光合速率最大值时的光强称为光饱和点(saturation point)，此点以后的阶段称为光饱和阶段(直线 C)。不同作物光照-光合曲线不同，光补偿点与光饱和点也有差异(表 8-12)。

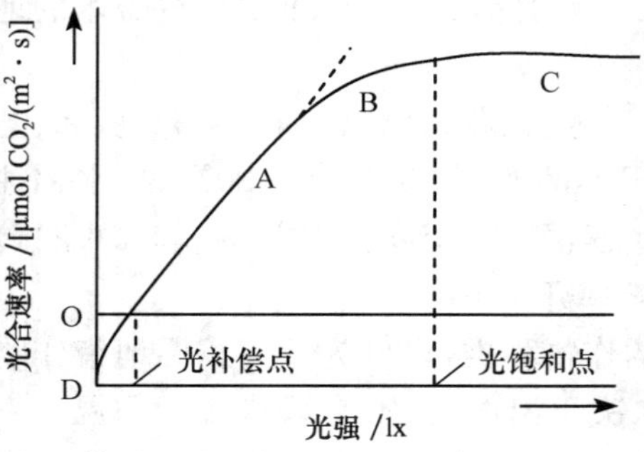

图 8-4　光照-光合曲线模式图
A. 比例阶段；B. 过渡阶段；C. 饱和阶段；OD. 呼吸速率

表 8-12　几种主要作物的光饱和点和光补偿点

作物	光饱和点/lx	光补偿点/lx
小麦	50 000	500～1 000
玉米	100 000	500～1 000
水稻	40 000～50 000	600～1 000
谷子	60 000	4 500
棉花	50 000～80 000	1 000～2 000
烟草	28 000～40 000	500～1 000

光合作用之所以有光饱和现象，一方面可能是光合作用的色素系统和光化学反应系统来不及吸收和利用那么多的光，另一方面则是光合作用的暗反应系统不能利用光反应产生的同化力。阳性植物光饱和现象的原因，可能主要是暗反应不能与光反应相配合，如 CO_2 供应不足、酶促反应的周转不够快等。阴性植物之所以产生光饱和现象，可能就是色素系统在强光下受到一定程度的破坏。

在生产中通过选择和培育适当的品种，供应充足的水分和肥料及合理密植等，可以降低光补偿点和提高光饱和点，进而提高光合效率。

2. 光强与作物生长发育　高等植物中光是叶绿素形成的必要条件。在黑暗中生长的植物，其节间特别长，叶片不发达、很小，侧枝和侧叶不发育，体内水分含量很高，细胞壁很薄，薄壁组织发达，细胞间隙小，机械组织和维管束分化很差，叶绿素不能形成，只能形成胡萝卜素和叶黄素，植株呈现黄色或黄白色即“黄化现象”。光能抑制作物细胞的过度伸长，充足的光照则能促成作物健壮生长。

强光对作物也有一定的伤害即光抑制，光抑制在自然条件下是经常发生的，晴天作物冠层叶片常处于光饱和点以上，造成光抑制。很多 C_3作物如水稻、小麦、棉花、大豆等，在中午前后经常会出现光抑制，轻者光合速率暂时降低，过后尚能恢复，重者叶片发黄，光合能力不能恢复。如果强光与其他不良环境（如高温、低温、干旱等）同时存在，光抑制现象更为严重。

光照对花发育影响很大，在作物完成光周期诱导，开始进行花芽分化的基础上，光照时间越长，强度越大，形成的有机物质越多，越有利于花的发育。光强有利于果实和种子的成熟，在作物生长的后期充足的光照可以使籽粒饱满，粒重增加。水果颜色变红是成熟的标志之一，它是由叶制造的色素原运到果实中，经过氧化物酶在氧气充足及较高温度的条件下，受感光作用（短波光最有效）产生花色素苷显色所致。此外，光照充足也有利于增加水果的含糖量和水果的香味，这是果实成熟的标志。

（二）光质

太阳可见光是由一系列不同波长的单色光组成的，这些单色光组成可见光谱，其波长为 380～760nm，光合作用的光谱范围就是在可见光区内。不同的光质对植物的光合作用、色素形成、向光性、形态建成的诱导等影响是不同的（表 8-13）。其中，红橙光主要被叶绿素吸收，对叶绿素的形成有促进作用，蓝紫光也能被叶绿素和类胡萝卜素吸收，因此把这部分光辐射称为生理有效辐射；绿光很少被吸收利用，称为生理无效辐射。研究证明，红光有利于糖的合成；蓝光有利于蛋白质的合成；蓝紫光与青光对伸长有抑制作用，使植物矮化；青光诱导植物的向光性；红光与远红光是引起植物光周期反应的敏感光质。

表 8-13　光的波段对植物的生理生态效应

光的波段/nm	光色	吸收特性	生理生态效应
>1000	红外光	能被组织吸收	热效应
1000～720	远红外光	植物稍有吸收	促进种子萌发，刺激植物延伸
720～610	红光	被叶绿素强烈吸收	对植物的光合作用和光周期有强烈的影响
610～510	黄橙光	叶绿素吸收稍有下降	对植物的光合作用和形态建成的影响稍有下降
510～400	蓝光	被叶绿素与胡萝卜素强烈吸收	能强烈影响光合作用，并抑制植物的生长，使之形成矮粗形体
400～315	绿蓝光	被叶绿素与原生质吸收	对光合作用光稍有影响，对植物没有特殊效应
315～280	紫光	被原生质吸收	强烈影响植物形态建成，影响生理过程，刺激某些生物合成
<280	紫外光	被原生质吸收	大的剂量能使植物致死

资料来源：蔡晓明和尚玉昌，1995

弄清光质的不同生态功能，有助于在生产实践中加以应用。在大棚或塑料薄膜栽培中，选用不同滤光性薄膜可获得不同的光质生态环境，以形成特定作物品种或满足特定生长阶段作物对光质的要求。

（三）光照时间与作物生长发育

作物对光照时间的需求见本章第一节。

（四）温度与作物生长发育

温度直接影响作物发芽、出苗与生长发育，包括近地气层空气温度、土壤温度、水温及作物体温等。温度对农业生产的影响是通过温度本身强度、持续时间及其时空变化等实现的。大气温度影响着土壤温度、水田温度和作物体温。同时作物生长季间的温度总量（积温）也显著影响作物生长发育。

1. 土壤温度　又称地温，影响作物的生长、发育及土壤形成和土壤中的各种生物化学过程，有周期性（年、日）变化和非周期性变化。土壤温度高低直接影响作物播种和出苗早迟、分蘖消长、越冬安全，以及土壤微生物活动和有机物质分解。例如，几种作物根系伸长的适温如下：水稻 32～35℃，小麦 20℃，玉米 24℃，大豆 22～27℃，菜豆 22～26℃；土壤温度为 20～30℃，随温度升高可促进作物体内有机物质的输送，温度较低有利于有机物积累，地温越高，甘薯块根形成越快，数目也越多，块根膨大的适温为 22～23℃，在日夜温差较大时更为有利，因为白天温度高能增加光合产物，夜间温度较低能降低呼吸消耗；地温低于 20℃或高于 30℃，块根膨大均较慢。

土壤温度不但直接影响作物根系的生长，而且影响根系对水分和矿物营养的吸收、运转和储存。作物根系比地上部要求的温度略低，若两者一致，有些作物生长不良，甚至不开花。

土壤温度显著影响土壤微生物活性，多数土壤微生物的活动要求有 15～45℃的温度条件，超出这个范围微生物的活动就受抑制，从而影响土壤中的腐殖化过程和矿质化过程。温度高时有机质分解快，温度低则分解慢。

土壤温度对种子发芽、出苗的影响无疑比气温直接得多，故一般用土壤温度指标更为确切。实际工作中土温与气温都被广泛采用，但要注意二者的差别。

(1) 在春播时 5cm 土温比气温高 2℃左右，故如果某作物以气温 12℃为播种的温度指标，改用土温时应提高 2℃，应改为 14℃。

(2) 土温受具体地块的地形、坡度、土壤水分、耕作条件、天气与作物覆盖等的影响而千差万别，故根据土温确定播种期时要注意这种差异。

(3) 土壤不同深度的温差明显，特别是白天温度。例如，春播时 3cm、5cm、10cm 土温的差值，以日平均温度论，差值常不到 1℃；但晴天中午可相差 2～4℃或更多。

2. 水田温度　水田温度包括水温和土温，其对作物的影响与旱地土温基本相同，但其变化规律则与旱地有异。水面反射的能力随太阳高度角而不同，反射后剩余的部分为水层所吸收，从而使水温提高；其中一部分热量传到水层以下，使水下土壤温度上升；同时水面大量蒸发，耗去许多热量。因此，水层对近地面层气温可起调节作用，进而影响作物生长发育。由于水的热容量大，白天水层增温缓慢，夜间降温也慢，温度变化较旱地缓和。在同样条件下，白天水田温度比旱地偏低，夜间则偏高，变幅较小。水田温度的变化还与水层深度有关。浅水层吸热散热快，温度变化大，深水层变化较缓和。水下土壤温度的变化与其上的水温变化相似，但日变化更为缓和。

3. 作物体温　表征作物体各部分冷热程度的量，包括根、茎、叶、花、果的温度，是影响作物发育与产量形成的主要因子之一。作物体温的变化与环境温度密切相关，一般落后于气温的变化。其中叶温最为重要，变化也最明显。在阳光照射下，叶温常高于气温3～5℃，有时甚至高10℃以上；阴天或遮阴时，叶温与气温接近。

二、光温与作物产量和品质

（一）光强与作物产量和品质

多数大田作物是喜光的，减弱光强将减少其生长量，并影响到产量。以小麦为例，光照减弱使小麦的单株分蘖数、次生根数和分蘖干重均降低，光照度弱严重影响小麦籽粒品质。

但有些作物喜欢并适应荫蔽条件。例如，烟草在35%全日照下产量与品质较好，三七、黄连、金鸡纳树也需荫蔽；草莓如荫蔽则维生素C含量减少；可可原产于亚马孙雨林，传统地需要荫蔽；茶叶也喜弱光，讲究云雾茶；非洲的马里、埃塞俄比亚的咖啡喜欢荫蔽，以生长在树丛内的产量高、品质好。

（二）日长与作物产量和品质

日长对于作物生长发育及其产量和品质形成有极其显著的影响。国际小麦改良中心研究指出，玉米产量变动80%受后期光照时数、光照强度和叶面积影响；Hatfiold也认为籽粒建成期光照时数800h可以高产，仅达到600h则减产44%。河北农业大学对深泽县13年(1980～1992)日照时数的统计表明，在玉米开花到成熟的籽粒形成阶段，每增加10h日照，产量增加32.15kg/hm^2。

（三）温度与作物产量和品质

温度对作物生长发育的影响，最终都会影响到产量和品质。以小麦等作物为例，既要有足够的苗数、穗数、穗粒数，又要有较高的粒重，才能综合形成高的产量与品质，这就涉及各个时期的温度条件。作物的不同生育期要求不同的最适温度，作物不同生育时期的环境温度能充分满足作物的要求就能获得高产。例如，青海柴达木盆地香日德农场1978年春小麦创产量15 195.75kg/hm^{2}的记录，千粒重大是其高产的重要原因之一。主要生态影响因子之一是其温度范围较适宜，旬平均气温为14～16℃，白天温度不超过灌浆最适温度，夜温低，呼吸消耗少，且适当的低温使灌浆日数延长，叶片寿命长，病虫害少，利于籽粒灌浆和产量形成。

温度对作物品质的影响有多种表现，温度日较差大一般有利于糖分积累，这是哈密瓜和吐鲁番葡萄香甜举世闻名的主要原因。番茄开花受精遇低温，幼果发育不良易形成畸形果，春播小萝卜在春寒年也易分杈、纤维多、品质下降。

三、作物生产潜力

作物生产潜力是指在一定的气候、土壤、社会经济及最优的管理水平、无杂草病虫条件下，作物通过其自身生物学特性利用太阳辐射能转化为生物化学潜能的能力。目前，计算作物生产潜力的方法有很多，但大多数都是以自然资源或气候资源为基础，来计算作物生产潜力，主要有以下几个层次：光合生产潜力、光温生产潜力、光温水（气候）生产潜力和土地生产潜力。

太阳辐射能是作物生命活动的能量来源，可以首先根据总辐射量推算假定理想状况下单位土地面积上所能生产的作物生物量或作物产量，得到光合生产潜力。然后按照实际的温度、水分条件进行订正，得到光温生产潜力和光温水生产潜力（又称气候生产潜力）。光合生产潜力是产量理论上限（期望值），光温生产潜力是高投入水平下在某一地区可能达到的产量上限，气候生产潜力则是自然降水条件下可能达到的产量上限，土地生产力则是由某一地区的气候、土壤和地形条件所决定的生产力。作物光合生产潜力是基础，其余生产潜力通过逐级订正得到。这里重点讨论作物光合生产潜力和光温生产潜力。

（一）作物光合生产潜力

光合生产潜力是指假定温度、水分、土壤肥力、农业技术措施均处于最适宜条件，只由辐射所决定的产量。根据总辐射量计算光合生产潜力需考虑的因素包括：①太阳总辐射量；②能够用于光合作用的光合有效辐射（可见光）占总辐射的比例，一般在(50±3)%；③漏射于农田土壤表面的可见光的比例，一般取5%～6%；④非光合器官接受的可见光比例，多取10%左右；⑤被光合器官反射掉的可见光比例，一般为4%～10%；⑥光合作用所需量子数及相应的量子效率，一般量子需要量取8～10个，量子效率为0.224左右；⑦植物呼吸消耗比例，据报道低者为20%，高者为40%～50%，一般多取25%～30%；⑧作物无机养分含量，多取8%左右；⑨作物含水率，约15%；⑩形成1kg生物量所需的热量，一般为1.78×10^7J/kg。将上述②～⑦各项相乘，可以得到光能利用率。可以看出，自然植被利用辐射能进行光合作用的效率是不高的。如果考虑农田接茬的农耗光能、作物苗期和衰老成熟的光能损失等，则利用率将更低。①～⑩各项相乘即光合生产潜力。由于不同研究的各项取值不同，所估算的光合生产潜力也彼此各异。

气温低于0℃期间的光合有效辐射作物一般不能利用，5℃以上耐寒作物才开始活动生长，10℃以上期间为喜温作物生长活跃期，因此，有研究计算了气温≥0℃、≥5℃、≥10℃期间的生理辐射（光合有效辐射）及光合生产潜力，揭示出露地条件下作物可能获得的生物量。其结果显然比全年光合生产潜力的分布要合理。

全国农业气候区划中按照各地主要熟制，可计算相应时间内的光合生产潜力Y_1。

$$Y_1 = f(Q) = \sum Q\varepsilon a(1-\rho)(1-\gamma)\varphi(1-\omega)/[(1-x)H]$$

式中，$\sum Q$为单位时间单位面积上的总辐射；ε为光合有效辐射比例，为0.49；a为被叶面反射、漏射后被吸收的光合有效辐射比例，考虑到作物生育期内叶面积系数变化所引起的反射、透射的变化，以随叶面积增长的线性函数表示整个生育期的群体吸收率，$a=0.83\dfrac{L_i}{L_0}$，L_0为最大叶面积系数，L_i为某时段的叶面积系数；非光合器官吸收的比例$\rho=0.10$；光饱和限制忽略，$\gamma=0$；量子效率$\varphi=0.224$；呼吸消耗率$\omega=0.30$；含水率$x=0.14$；H为每形成 1kg 生物量所需热量，取 $H = 17.8\mathrm{MJ/kg}$。

中国光合生产潜力为 11 250～37 500kg/hm^2 甚至以上。其中，≥37 500kg/hm^2 的高值区分布在江西、浙江、福建、广东、广西玉林以东、台湾及云南南部地区；22 500～37 500kg/hm^{2}的中值区在辽宁南端、河南、山西、陕西南部、山东、江苏、安徽、河南、湖北、湖南、四川、贵州、广西西部、云南的东北部和西北部及南疆地区；其余地区包括东北、内蒙古、宁夏、甘肃、青藏高原大部、北疆、陕西北部的光合生产潜力低于 22 500kg/hm^2，最低的地区为东北和新疆的北端。

目前我国耕地全年太阳辐射的平均利用率仅 0.4%。但据推算，在我国平均纬度的地方，每年照射在每公顷土地上的日光能，相当于 7.05×10^6kg 碳水化合物。

（二）作物光温生产潜力

光温生产潜力指 CO_2、水分、土壤肥力、农业技术措施全部适宜的条件下，由当地辐射、温度和水分因素决定的作物最大产量。

因我国不同生态区光、温、水资源条件不同，加之作物的光能利用率差异较大，导致不同生态区光温生产潜力不同。我国光温生产潜力≥30 000kg/hm^2 的高值区在滇南、桂南、粤南、闽南和台湾；26 250～30 000kg/hm^2 的地区为贵州高原以东、长江流域以南、南岭山地以北的地区及云南高原南部的临沧、思茅和广南地区；15 000～26 250kg/hm^2 的地区包括东北南部、华北、西北、华东北部、西南地区及新疆南部；偏低的地区分布在东北和内蒙古的大部、新疆北部、柴达木盆地、藏南谷地和川西高原，为 11 250～15 000kg/hm^2。光温生产潜力最低的地区为大兴安岭北端（3750～11 250kg/hm^2）和青藏高原西部（不到 3750kg/hm^2）（表 8-14）。

表 8-14　我国气候生产潜力分区

一级区农业气候大区	二级区光温生产潜力区	三级区气候生产潜力区分级	分区代号	包括主要区域	生产潜力/(kg/hm^2)			
					光温潜力		气候潜力	
					生物产量	经济产量	生物产量	经济产量
Ⅰ东部季风农业气候大区	Ⅰ东部一等光温生产潜力区	一级	$\mathrm{I}_{\mathrm{I}1}$	桂南，粤南，闽南，台湾	>86 250	>30 000	>75 000	>26 250
		二级	$\mathrm{I}_{\mathrm{I}2}$	滇南	>86 250	>30 000	63 750～75 000	22 500～26 250
	Ⅱ东部二等光温生产潜力区	二级	$\mathrm{I}_{\mathrm{II}1}$	桂北，粤北，闽北，湘，赣，浙大部，鄂南，皖南，黔东部	7 500～86 250	26 250～30 000	63 750～75 000	22 500～26 250
		三级	$\mathrm{I}_{\mathrm{II}2}$	滇中，桂西	7 500～86 250	26 250～30 000	52 500～63 750	18 750～22 500

续表

一级区农业气候大区	二级区光温生产潜力区	三级区气候生产潜力区分级	分区代号	包括主要区域	生产潜力/(kg/hm²)			
					光温潜力		气候潜力	
					生物产量	经济产量	生物产量	经济产量
Ⅰ东部季风农业气候大区	Ⅲ东部三等光温生产潜力区	三级	$\mathrm{I}_{\mathrm{III}3(\mathrm{E})}$	沪，苏南，皖中，鄂北，豫东南	63 750～75 000	22 500～26 250	52 500～63 750	18 750～22 500
		三级	$\mathrm{I}_{\mathrm{III}3(\mathrm{W})}$	黔、川、鄂、湘交界处，陕南，甘南，豫西南	52 500～63 750	18 750～22 500	52 500～63 750	18 750～22 500
		四级	$\mathrm{I}_{\mathrm{III}4(\mathrm{E})}$	豫东，苏，皖北，鲁西南	63 750～75 000	22 500～26 250	42 750～52 500	15 000～18 750
		四级	$\mathrm{I}_{\mathrm{III}4(\mathrm{W})}$	四川盆地	52 500～75 000	18 750～26 250	42 750～52 500	15 000～18 750
		五级	$\mathrm{I}_{\mathrm{III}5}$	京津，鲁大部，辽南，冀东，冀中南，晋东南，豫东北	52 500～75 000	18 750～26 250	42 750～52 500	15 000～18 750
		六级	$\mathrm{I}_{\mathrm{III}6}$	黔西，云南高原，西藏察隅、墨脱	42 750～52 500	15 000～18 750	21 375～31 875	7 500～11 250
		七级	$\mathrm{I}_{\mathrm{III}7}$	晋、陕大部，宁南，甘中南	42 750～75 000	15 000～22 500	10 500～21 375	3 750～7 500
Ⅰ东部季风农业气候大区	Ⅳ东部四等光温生产潜力区	六级	$\mathrm{I}_{\mathrm{IV}6}$	辽北，吉，黑大部	31 875～42 750	11 250～15 000	21 375～31 875	7 500～11 250
	Ⅴ东部五等光温生产潜力区	七级	$\mathrm{I}_{\mathrm{V}7}$	大兴安岭北端	10 500～31 875	3 750～11 250	10 500～21 375	3 750～7 500
Ⅱ西北干旱农业气候大区	Ⅲ西北三等光温生产潜力区	九级	$\mathrm{II}_{\mathrm{III}9}$	南疆大部，河西走廊	42 750～75 000	15 000～26 250	<2 250	<750
	Ⅳ西北四等光温生产潜力区	七级	$\mathrm{II}_{\mathrm{IV}7}$	内蒙古东部，宁夏北部，甘肃中北部	31 875～42 750	11 250～15 000	10 500～21 375	3 750～7 500
		九级	$\mathrm{II}_{\mathrm{IV}9}$	北疆，内蒙古西部	31 875～42 750	11 250～15 000	<2 250	<750
Ⅲ青藏高寒农业气候大区	Ⅳ青藏四等光温生产潜力区	六级	$\mathrm{III}_{\mathrm{IV}6}$	藏南大部，川西高原	31 875～42 750	11 250～15 000	21 375～31 875	7 500～11 250
		八级	$\mathrm{III}_{\mathrm{IV}8}$	柴达木盆地，青海东部、北部	31 875～42 750	11 250～15 000	2 250～6 375	750～2 250
	Ⅵ青藏六等光温生产潜力区	九级	$\mathrm{III}_{\mathrm{VI}9}$	羌塘高原，果洛，玉树，那曲大部	<10 500	<3 750	<2 250	<750

气候生产潜力受光、温、水因子的共同制约。大于 26 250kg/hm² 的高值区分布在华

南南部和台湾；22 500～26 250kg/hm^2 的偏高值区在长江下游以南、云贵高原以东、南岭山地以北的地区及云南高原南部；大兴安岭、太行山以东，长江流域以北的广大地区及云、贵、川大部、西藏东南部属中值区，为 7500～22 500kg/hm^2；地处中国西北干旱地区的内蒙古、新疆，地势高寒的青藏高原大部及陕、甘、宁的部分地区气候生产潜力最低，在 7500kg/hm^2 以下，这些地区或降水稀少，或温度过低，极大地降低了气候资源的利用率。

本章视频

第九章　作物生长与水分

水分是作物生命活动的基本生活因子，绿色植物含水量可达 80%～90%。水资源状况影响着作物的分布和作物生产的丰歉，正如农谚所言，有收无收在于水。水分是光合作用的初级反应物，对作物的生长与发育、产量与品质形成至关重要。水分除了具备重要的生理作用外，也通过调节作物周围的环境起到重要的生态调节作用，如水分可以促进养分吸收运转、增加大气湿度、改善土壤和地表的大气温度等。

第一节　作物生长水分指标

作物生长发育过程中，水分经由土壤到达植株根表皮，通过根系吸收后经由茎秆到达叶片，再通过蒸腾作用扩散到大气层，最后参与大气湍流交换，形成一个统一、动态、相互反馈的连续系统，这个体系称为“土壤-作物-大气连续体”(soil-plant-atmosphere continuum，SPAC)。自然界中的水在土壤-植物-大气系统中不断循环。其中，土壤供水状况影响着作物的生长发育和产量形成。土壤水分的主要来源是大气降水，包括雨、雪、冰雹、雾、露等不同形态。主要散失途径是通过土壤表面蒸发、径流、渗漏和植物吸取。自然降水是一个地区农田水分的主要来源，在有灌溉条件的农田，河流等地表水和地下水也是补充土壤水分的重要途径。另外，在潮土地区农田水分来源还应包括毛管上升水，在坡地也应包括地表的径流等。

一、土壤水

土壤水是土壤的最重要组成部分之一，同时也是作物吸收水分的主要来源，处于不断的变化和运动中，影响着作物的生长和土壤中的各种物理、化学过程，土壤水的亏缺盈余影响着作物的生长发育和产量建成。土壤水并非纯水，而是储存于多孔介质土壤中的稀薄的溶液，有各种溶质和胶体颗粒悬浮或分散在其中。一般情况下，降水、灌溉水都是通过转化成土壤水而供作物长期吸收利用的。

（一）土壤含水量

土壤水分含量是表征土壤水分状况的指标，也称为土壤含水量、土壤含水率或土壤湿度等。土壤含水量常用以下方式来表达。

1. 质量含水量　土壤中水分的质量与干土质量的比值，因在同一地区重力加速度相同，也可称为重量含水量，常用下式表示。

$$\theta_m(\%)=\frac{m_1-m_2}{m_2}\times 100$$

式中，θ_m 为土壤质量含水量；m_1 为湿土质量；m_2 为干土质量，即将湿土在 105℃条件下烘干时获得的土壤质量。定义中干土是指在 105℃条件下烘干的土壤干重，而不是指风干土(在大气中自然干燥的土壤)。

2. 容积含水量　单位土壤总容积中总水分所占的容积分数，也称为容积湿度、土壤水的容积分数等，可用下式表示。

$$\theta_v(\%)=\frac{V_1}{V_2}\times 100$$

式中，θ_v 为土壤容积含水量；V_1 为土壤水容积；V_2 为土壤总容积。由于水的密度近似等于 $1g/cm^3$，可推算出质量含水量(θ_m)和容积含水量(θ_v)间的关系为

$$\theta_v=\theta_m\cdot\rho$$

式中，ρ 为土壤容重。

一般而言，质量含水量多用于计算土壤干土重，而容积含水量被相对更为广泛地使用。

3. 相对含水量　土壤含水量和田间持水量的比值，用于说明毛管悬着水的饱和程度、有效性及土壤中的水、气比例等，是农业生产上常用的土壤含水量表示方法。

4. 土壤水储量　土壤水储量也称土壤储水量，是指一定面积和厚度土壤中含水的绝对数量，一般用 m^3/hm^2(水体积)或 mm(水深)表示。

(二) 田间持水量

土壤中粗细不同的毛管空隙连通一起形成复杂的毛管体系。在地下水较深的情况下，地面水进入土壤，借助于毛管力保持在上层土壤的毛管空隙中，由于其与来自地下水上升的毛管水有时不相连，而称为毛管悬着水。毛管悬着水是山区、丘陵、岗坡地等地势较高处植物吸收水分的主要来源。

当土壤毛管悬着水达到最大值时的土壤含水量称为田间持水量，数量上包括吸湿水、膜状水和毛管悬着水。当一定深度的土体内部水分储量达到田间持水量时，继续供水无法再提高该土体的持水量，而是靠水的重量下移，进一步湿润下层土壤。田间持水量是确定灌水量的重要依据，通常用来作为灌溉水的上限和计算灌水定额的标准，该值的大小受到土壤质地、有机质含量、土壤结构、松紧状况等的影响(表 9-1)。如土壤质地黏重，田间持水量就大，土壤质地轻，田间持水量就小，土壤有机质含量高，田间持水量也高，土壤耕作可显著影响土壤田间持水量范围。

表 9-1　不同质地和土壤耕作条件下的田间持水量　(m/m，%)

土壤质地	砂土	砂壤土	轻壤土	中壤土	重壤土	黏土	二合土		
							耕前	耕后	紧实
田间持水量	10～14	16～20	20～24	24～26	24～28	28～32	32	25	21

资料来源：熊顺贵，2001

土壤含水量达到田间持水量时，土面蒸发和作物蒸腾损失的速率起初很快，而后逐渐变慢；土壤含水量降低到一定程度时，较粗毛管中悬着水的连续状态出现断裂，但毛管中仍然充满水，蒸发速率明显降低，此时的土壤含水量称为毛管水断裂量。在壤土中大概相

当于该土壤田间持水量的75%左右。借助于毛管力由地下水上升进入土壤中的水称为毛管上升水,从地下水面到毛管上升水所能到达的相对高度称为毛管水上升高度。毛管水上升高度如果能够达到根系活动层,就为作物充分利用地下水提供了有利条件;如果地下水矿化程度高,盐分则会随着水分上升至根层,甚至地表,不利于作物生长。

(三) 土壤萎蔫系数

土壤水能否被作物吸收利用及其被利用的难易程度,取决于土壤水的有效性。不能被作物吸收利用的水称为无效水,能被作物吸收利用的水称为有效水。根据吸收的难易程度可将有效水划分为速效水(易效水)和迟效水(或者难效水)。土壤有效水的下限是土壤萎蔫系数,即当植物因根系无法吸水而发生永久性萎蔫时的土壤含水量,也称凋萎系数或萎蔫点。萎蔫点受土壤质地、作物和气候变化的影响(表 9-2)。一般土壤质地越黏重,萎蔫系数越大。低于萎蔫系数的土壤水分,作物无法吸收利用,属于无效水。达到萎蔫点时土壤水势相当于根的吸水力或根水势。

表 9-2　不同质地土壤的萎蔫系数　(%)

土壤质地	粗砂壤土	细砂土	砂壤土	壤土	黏壤土
萎蔫系数	0.96～1.11	2.7～3.6	5.6～6.9	9.0～12.4	13.0～16.6

资料来源:熊顺贵,2001

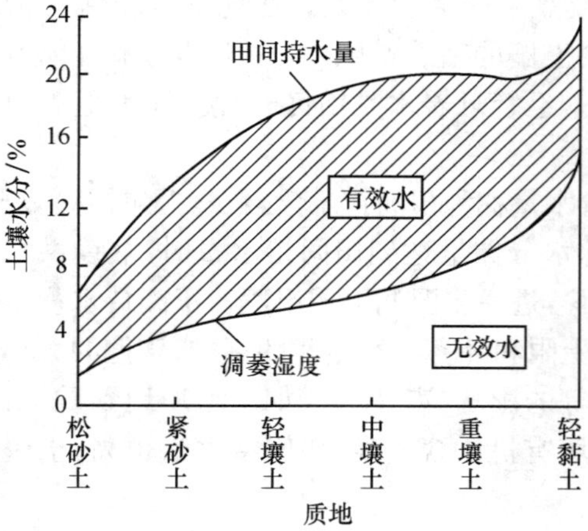

图 9-1　质地对土壤有效水数量的影响

(四) 土壤有效水最大含量

一般把田间持水量视为土壤有效水的上限,田间持水量和萎蔫系数的差值称为土壤有效水最大含量。土壤含水量往往低于田间持水量,所以有效水含量不是最大值,而只是土壤含水量和萎蔫系数的差值。土壤水是否有效和有效程度的高低在很大程度上取决于土壤吸水力和根吸力之间的对比。土壤吸水力大于根吸力时,土壤水为无效水;反之,则为有效水。黏质土类型田间持水量高,但水分有效性差,砂质土壤田间持水量低,然而有效性强(图 9-1,表 9-3)。

表 9-3　不同质地土壤的有效水范围　(*m*/*m*,%)

土壤质地	砂土	砂壤土	轻壤土	中壤土	重壤土	轻黏土
田间持水量	12	18	22	24	26	30
萎蔫系数	3	5	6	9	11	15
有效水范围	9	13	16	15	15	15

资料来源:熊顺贵,2001

土壤水是否有效在很大程度上取决于土壤水吸力和根吸力的对比。同时，也要充分考虑气象因素决定的大气蒸发力及植物根系发育(根系密度、深度、扩展速度等)。当大气蒸发力弱，根系分布相对密集、广大时，作物获得水分的能力强，就不会发生永久萎蔫。但是，如果大气蒸发力强，根系分布浅、稀，扩展速度慢，发生永久萎蔫的可能性就高。因此，农艺上采取措施促进根系发育(培肥土壤、加深耕层厚度等)都有助于提高土壤水的有效性，提高作物的抗旱能力。

二、水势

水分在土壤-作物-大气连续系统中的流动是由其在系统中的能态高低决定的，而自然界中能量是自发地从能量高的状态向能量低的状态运动或者转化的。在 SPAC 系统中，由于水分的传输速度相对较慢，其动能一般忽略不计，因此，决定水分的能态和运动的主要因子是水分的势能。水的化学势差可以指示水分转移的方向，从植物生理学的角度一般采用的是每偏摩尔体积水的化学势差，以帕斯卡(Pa)为单位。

人为地将标准状况下(1 个大气压下，引力场为 0，与体系温度一致)纯水的水势规定为 0，当水中有溶质存在或水分子被亲水性物质表面吸附时，均导致水势下降而表现为负值。溶液的水势 ψ_w 常用下式表示。

$$\psi_w = \psi_s + \psi_m$$

式中，ψ_s 为由于水中存在溶质而降低的水势，称为溶质势或渗透势；ψ_m 为由于基质(亲水性物质)与水分子间的相互作用而降低的水势，称为基质势。二者均为负值。在 SPAC 中，水势通常是负值，水分朝负值更大的部位流动。

(一) 植物细胞水势

在等温条件下，植物细胞水势可用下式表示。

$$\psi_w = \psi_o + \psi_m + \psi_p$$

式中，ψ_w为细胞水势；ψ_o 为溶质势或渗透势；ψ_m为基质势；ψ_p 为压力势。压力势是由于静水压而增加的水势，一般为正值，少数情况下可能为 0。在非等温条件下，温度势(ψ_T)也会对植物细胞水势产生较大影响。植物体中的细胞连在一起时，当一端的细胞水势较高而另一端较低时，就形成了水势梯度，水分就从高水势的细胞流向低水势的细胞。作物组织的水势反映了作物体内的水分状况，可以用来诊断作物的缺水程度。

(二) 土壤水势

土壤水势就是把单位数量的纯水从标准参考状态上等温、可逆地移到土壤中某一吸水点，使之成为土壤水所必须做的功。同一土壤，湿度越大则土壤水能量水平越高，土壤水势就越高，土壤水就从湿度大的地方流向湿度小的地方。土壤水受到各种力的作用，土壤总水势是各种力的分势的总和。

$$\psi_s = \psi_o + \psi_m + \psi_p + \psi_r + \psi_g$$

式中，基质势(ψ_m)是土壤颗粒对水分的吸附力、毛管力作用产生的，与土壤含水量密切相关，土壤含水量越高，基质势就越高，土壤水完全饱和时基质势达到最大值。土壤中的溶质势(ψ_o)是由于土壤溶液中溶质的存在而产生的,也称为渗透势,一般为负值,土壤水中溶质越多,溶质势越低。压力势(ψ_p)是在土壤饱和后或地面出现水层,自由水面下的土壤水处于静水压力作用下而产生的;在非饱和土壤中存在有闭塞的未充水空隙时,由于与土壤水平衡的气压可能不同于大气压,也有可能产生压力势。重力势(ψ_g)是由土壤中某一点和其参照的基准面的相对高度决定的。在研究 SPAC 时,主要考虑基质势和溶质势;水在土壤中的运动也是受水势梯度驱动的。

(三) 大气水势

大气中的水分由于发生相变而与土壤水势和植物细胞水势有所不同。利用大气的相对湿度,用水势公式重新计算得出大气水势(ψ_a)。

$$\psi_a = 4.6248 \times 10^5 T_k \ln R_H$$

式中,T_k为绝对气温;R_H为相对湿度。

三、作物需水量和需水临界期

(一) 作物需水量

在当地的气候条件下,当达到最佳水分供应条件时,作物旺盛生长的田间蒸散量称为作物需水量,也称田间最大蒸散量(ET_m)。它包括农作物叶面蒸腾的水量、棵间蒸发水量,以及作物用于组成植物体和完成生理活动所需的水量,是作物生理和生态耗水量的总和,可分为日需水量、阶段需水量和全生育期需水量。

作物需水量的构成中,植株蒸腾量是指从植株叶片表面(或其他部位)散失至大气中的水量,其过程与作物的生理活动密切相关,并受到作物生理活动的控制。棵间蒸发量是指直接从可见土壤表面(或水面)散失的水量,其过程与作物的生理活性没有直接关系。组成植物体的水量是参与了植株的光合作用及其他生理过程,最终成为植株组成部分的水量。由于植株蒸腾量和棵间蒸发量相对较大,而植物体水量相对很小,在计算作物需水量时常常可以简化为植株蒸腾量和可见土壤蒸发量之和。作物需水量通常表示为:单位时间或者全生育期消耗的水层深度(mm)或者总水量(m^3/hm^2)。

作物需水量与潜在蒸散量不同,它既受气候条件(大气蒸散需求)的影响,也受作物自身生长状况(作物覆盖程度)的影响。当水分供应充足时,作物需水量(ET_m)和潜在蒸散量(PET)及作物系数(K_c)间有如下式所示的关系。

$$ET_m = K_c \times PET$$

式中,K_c 因作物所处的生长阶段而不同,一般来说,苗期的作物系数较低,旺盛生长期达到最大值,而后随着作物的成熟逐渐下降。K_c 也与风速和湿度有一定的关系。

作物对水分的需要量可以根据蒸腾系数的大小来估算,蒸腾系数是作物每形成 1g 干物质所需要消耗的水分克数。以作物的生物产量乘以蒸腾系数就能获得初步的作物需水量。C_3植物的蒸腾系数大于 C_4 植物,为 400～900,也就是说形成 1g 干物质需要消耗 400～900g 水;而 C_4植物的蒸腾系数一般在 250～400。在实际生产中,还应当考虑土壤的蓄水能力和降雨量等综合因素来确定作物需水量(表 9-4)。

表 9-4　几种作物的蒸腾系数

C_3 植物		C_4 植物	
作物	蒸腾系数	作物	蒸腾系数
小麦	510	黍	293
水稻	710	谷子	310
棉花	646	高粱	322
大豆	744	玉米	368
平均	652.5	平均	323

（二）作物需水临界期

作物全生育期内对水分缺乏最敏感、最容易受害的时期称为作物需水临界期。一般而言，任何生育时期遭受较严重的干旱均会使作物减产，但不同时期干旱的减产幅度并不相同。同样，不同时期供水，作物的增产程度也不相同，这是作物不同发育阶段对干旱的敏感性不同所造成的。例如，棉花各生育阶段对干旱敏感程度的顺序为：开花和结桃期＞早期生长阶段＞结桃后。通常，作物的需水临界期是花粉母细胞四分体形成期，此时缺水会导致性器官发育不良而严重影响产量。

作物需水临界期缺水对产量的影响非常大，在水分临界期可通过适量灌溉对作物生长发育和产量进行调节。另外，不同作物由于其生长发育习性、栽培用途等方面的不同，需水临界期也不相同(表 9-5)。

表 9-5　不同作物的需水临界期

作物	临界期	作物	临界期
冬小麦	孕穗、开花期	大豆	开花期
水稻	孕穗、开花期	棉花	开花结铃期
玉米	大喇叭口、吐丝期	马铃薯	开花、块茎形成
高粱	孕穗、开花期	甜菜	抽薹到形成
谷子	孕穗、开花期	番茄	开花、结实
花生	花针期	瓜类	开花、结实

第二节　水资源与作物分布

作物分布及生产特点受作物特性、生态环境条件和生产条件的影响，其中水分条件是决定因素之一。喜水作物主要分布在水资源相对丰富的地区，而耐旱性强的作物则主要分布在干旱半干旱地区。例如，水稻主要分布在东南亚和南亚水多、温度高的热带和亚热带国家和地区，这些地区水稻的种植面积占世界水稻面积的 90%以上，我国水稻主要分布在淮河秦岭以南的亚热带湿润地区，北方由于水源所限，水稻主要分布在水源充足的河流湖畔两岸或有水源灌溉的地区。谷子、糜子等耐旱作物则主要分布在我国北方旱区。

一、水资源分布

我国水资源总量较多，但地区分布极为不均，特别是水土资源不平衡，呈现南多北少的特点，北方水资源状况十分匮缺，使得作物分布呈现显著的区域性特征。水资源包括大气降水、地表水、土壤水和地下水4部分。其中，大气降水是作物生产的主要水分来源；不同区域降水的多少强烈地影响着作物的分布、种植制度和生产格局。一个地区降水量的多少及其一年内的季节分配决定了有水分保证的作物生长季的长短和对作物需水的满足程度，从而决定了作物布局和生产。

我国年降水量的分布呈现出由东南沿海向西北内陆逐渐减少的趋势，等雨线大体呈东北-西南走向。降水量最多(大于2000mm)的地区在广东、广西南部和海南岛；东南沿海、广东、广西东部、福建、江西、浙江大部及台湾等地区年降水量在1500～2000mm；长江中下游地区为1000～1600mm。淮河秦岭一带和辽东半岛的年降水量为800～1000mm，黄河下游、渭河、海河流域和大兴安岭以东地区为500～750mm。年降水量在400mm以下的地区是我国农牧业的分界线。

二、年降水总量与作物分布

我国地缘辽阔，地形复杂，气候多样，降水量的差异很大；而且季风盛行。降水的季节分配也很不均匀，主要集中在夏季风盛行的夏季。受季风进退的影响，南方5～6月雨多，易发生洪涝和渍害；而7～8月雨水相对少些，易发生伏旱。北方地区4～6月少雨，易发生春旱；7～8月多雨，易发生洪涝。东南部地区雨量充沛，雨热同期，极有利于植物生长。因此，全国90%以上的耕地和森林分布在东南部地区。西北部地区降水不足，农业必须依靠灌溉，限制了农林业的发展；形成了大面积的草原和荒漠，成为天然的牧业地区。

年降雨量1000mm、400mm和250mm等雨线基本上划定了我国的典型作物布局(图9-2)。

1000mm降水分界线与我国的三熟区的北界基本吻合，由于该地区降水充沛，主要生长着各种热带、亚热带喜温好湿的经济林木和果树，同时也是我国的水稻主产区、稻麦二熟或三熟种植区。

年降水量800～1000mm地区，主要作物有小麦、玉米、水稻、棉花、油菜、甘薯、花生等，以一年两熟为主；年降水量500～750mm地区，主要以小麦、玉米、高粱、棉花等旱地作物为主，一年一熟或两年三熟，在黄淮海地区补充灌溉条件下，以一年两熟为主要种植方式。

年降水量在400mm以下的地区，是我国农牧业的分界线，这类地区旱种作物的产量低而且不稳定，适合牧草生长，宜于发展畜牧业；年降水量250～400mm地区是农牧交错带，一年一季种植，以玉米、谷子、马铃薯、油用向日葵、食用豆类、苜蓿等旱作物种植为主。而年降水量小于250mm的地区则以牧业为主。

三、年降水量的季节分配与作物分布

在考虑年降水量的同时，也应当考虑降水量的季节分配对作物布局的影响。由于不

图 9-2　我国年平均降水量(mm)分布图(郭建平等,2001)

同季节的辐射和温度条件不同,作物的蒸散量也有所不同,因此,同样数量的水分对作物的满足程度在不同季节是不同的。通常,温度指标被用于描述作物的可能生长季,水分的满足程度也可以作为作物生长季的确定指标。因为即使温度条件满足以后,如果水分条件不够,作物同样不能在该地区生长。依据联合国粮食及农业组织(FAO)的标准,当降水量大于可能蒸散量一半的时期再加上蒸散 100mm 多余降水的时间称为作物生长季。

作物生长季降水量的分布特征与年降水量分布大致相同。100mm 降水线分布位置基本没有变化,250mm 降水线也基本一致。其主要原因是这类地区冬季降水少,降水多集中在 7～8 月,生长季降水量可占全年降水量的 95%以上,生长季降水量基本可以代表全年降水量。500mm 生长季降水线与年降水线相比向南方移动较大。1000mm 降水线也从长江以北移到了长江以南地区,1500mm 和 2000mm 也相应发生南移,生长季降水量大于 1500mm 的地区只有广州、南宁以南地区,超过 2000mm 的地区只有广东的阳江。

四、作物水分利用率

面对水资源日益紧张的严峻形势,如何用好有限的水资源,使之发挥更大的增产效益,已经成为节水农业共同关注的焦点问题。开展农业用水有效性的研究,提高水分利用率(water use efficiency,WUE)是缺水条件下农业得以持续稳定发展的关键。

水分利用率包括灌溉水利用率、降雨利用率和作物水分利用率 3 个方面。其中作物水分利用率的概念在生态学和生理学上的表述不尽相同。

生理学意义上的水分利用率是指在控制条件下,完全去除土壤表面蒸发而测得的作物个体水分利用率,即作物吸收的单位水分所形成的光合产物重量。常用叶片水分利用率表示，也就是单位水量通过叶片蒸腾散失时进行光合作用所形成的有机物量，它取决于光合速率与蒸腾速率的比值，是植物消耗水分形成干物质的基本效率，也是水分利用率的理论值。

从生态学或者农学的角度，一般采用作物消耗单位水量所制造的干物质重量来表征作物的水分利用率。生产中，常用作物的经济产量作为计算依据以达到更接近农业生产实际的目的，用下式表示。

水分利用率＝经济产量/总耗水量

这里水分利用率一般用 kg/m^3 或 $kg/(mm \cdot hm^2)$ 表示。这里的总耗水量是指作物一生中消耗的全部水量，包括蒸发和蒸腾耗水，可以用以下简单方法进行估算。

总耗水量＝播种时土壤储水量－收获时土壤储水量＋生育期间降水量＋灌水量

由于考虑到了土壤表面的无效蒸发，作物水分生态效率对节水的实际意义更大，因而受到广泛的应用，有时也称水分生产效率。

作物的水分利用率一方面由产量高低决定，另一方面由水分投入的多少来决定。因此，在农业生产中只有在充分挖掘作物产量潜力的同时减少水分的投入，即进行节水灌溉，才能提高水分利用率，保障农业的持续稳定发展。

第三节　水分与作物生产

作物种子的萌发、生长、发育及产量、品质形成过程需要一定的土壤水分。土壤中水分含量的多少，直接影响到根系及地上部的生长：土壤中水分低于作物需要量，作物就会萎蔫，生长停滞，甚至枯萎；土壤中水分高于作物需要量，往往会使土壤水气比例失调，致使根系缺氧、窒息，直至死亡；只有土壤水分适宜，根系吸水和叶片蒸腾才能达到平衡。农田生态系统中水分失衡可能造成干旱或者涝渍，对作物生长来说都会形成胁迫环境，不利于作物生长发育和产量、品质的形成。

一、水分与作物生长发育

作物生长的数量和质量取决于细胞的分裂、增长和分化，不论是细胞分裂还是细胞的膨大，都会随作物的缺水而减缓，最明显的是使作物的外形尺寸变小。缺水或水分过多都对作物的形态、生理产生影响，严重时引起产量的降低。

作物不同生理过程对水分的敏感程度并不相同。就禾谷类作物而言，在从轻度到严重干旱过程中，干旱对其影响的先后顺序为：细胞扩展生长→气孔运动→蒸腾作用（水分散失）→光合作用（CO_2 同化积累）→物质运输（产物分配）。可利用上述原理在节水农业中采取相关措施，以避免生长盛期和幼穗分化期严重干旱，在苗期及后期适度控制水分有利于节水增产。

作物的一生中不同生长阶段对水分缺乏的敏感程度和反应不同。种子萌发和幼苗建成阶段，有相当一部分的种子可以忍受脱水，并且能够储存很长时间。随着根系开始形成和细胞开始液泡化以后，组织对脱水越来越敏感。营养生长阶段，在中度胁迫条件下，营养生长和叶片扩展受到抑制。生殖生长阶段，作物对水分缺乏最为敏感。

（一）水分对作物发芽、出苗的影响

水分是种子萌发的首要条件，适宜的土壤水分状况是作物顺利发芽、出苗的重要保证。适于种子萌发的土壤水分含量为田间持水量的50%～85%。水分供应不足时，种子无法充分吸水，导致呼吸作用变化、酶系统形成、有机物转变等后续萌发生理过程无法正常进行，致使无法发芽、出苗或出苗缓慢、整齐度差。水分过多时，则会造成缺氧环境，抑制种子呼吸作用，影响种子萌发；长时间的渍水会导致种子死亡、霉烂。在实际生产中，播种时机选择须充分参考土壤墒情，结合排灌措施，创造良好的水分条件，争取出苗迅速、整齐。

（二）水分对作物根系生长的影响

根系是作物吸收、运输水分和养分的主要器官，也是储藏物质、合成植物激素等生理活性物质的重要器官，其生长及生理代谢直接影响作物生长发育与产量、品质的形成。作物通过根系的生长、延伸来扩大对水分的吸收能力。深而密的根系更便于对作物水分的快速和持续供给。

水分供应不足时，根系生长变缓，同时有可能导致根系木栓化，吸水能力降低。但是与根系相比，作物地上部的生长对水分胁迫更为敏感，因此水分胁迫常造成同化物优先供给根系生长。水分胁迫程度较轻，基质供应充足的条件下，根系生长较少受限。作物苗期水分供给充足时，茎、叶的生长旺盛，利用了大量的同化物，则可能造成对根系生长的抑制。农业生产上常利用水分来调节作物地上部和根的生长平衡。如苗期适度水分亏缺，促进根系深扎，可以提高作物后期的吸水能力，同时把用水集中到关键的生殖生长阶段，提高水分利用率。

水分供应过多，会造成根部的缺氧环境，降低有氧呼吸并促进无氧呼吸。其结果是导致大量无氧呼吸或发酵作用的产物如丙酮酸、乙醇、乳酸等的累积，根系膜脂过氧化反应加剧，同时抑制地上部同化物累积，减少光合产物向根系的运输，使根系生长发育受阻，根系活力下降。特别是温度较高的季节，在土壤有机质较多的情况下，由于有机物的嫌气分解，土壤的氧化-还原电位势下降。缺氧导致土壤中好气微生物活性下降，影响根系对离子的吸收活性；缺氧条件下，嫌气微生物活性增加而制造了大量还原性有毒物质，影响了原生质及膜的透性，根系对离子的转移速度和能力下降。

作物一般都具有不同形态的根系，使其能够适应不同水分条件。以禾本科作物为例，当土壤表层水分供应充足时，不定根就会增生；而当表层土壤水分供应不足时，会促进种子根下扎，以利用吸收更深层的土壤水分。渍水环境下，能否保证根系的供氧量是植物存亡的关键。水分供应过多会促使玉米、高粱、大豆等作物气生根增生，以增加根系的供氧量。水稻之所以能在较长期的淹水条件下生长，就是由于水稻根表皮下有显著木质化的厚壁细胞，而且具有从叶向根输送氧气的通气组织，使根系不断地取得氧气。此外，根系向土壤分泌氧以适应土壤的还原状态，因为水稻根系分泌的氧使根际的氧化-还原电位反而较根外土壤为高，这样水稻就可以适应土壤的还原状态。

（三）水分对作物冠层特性的影响

叶片是作物最主要的碳同化器官，想要实现作物的高产高效栽培，必须使作物群体形成高光效的冠层结构。叶片生长及其形态变化对水分逆境较为敏感。

叶片的分化、伸展和衰老决定着叶面积的动态变化。叶的分化受水分胁迫的影响较小，在严重胁迫条件下，叶原基会在分生组织处累积，在适宜的水分和同化物供给条件恢复后会继续生长。叶片伸展则对水分逆境十分敏感，叶片伸展速率在胁迫条件下迅速降低。水分供应不足或过多均会加速叶片的衰老。幼叶在干旱时向老叶夺水，促使老叶死亡，以至减少有效光合面积；土壤水分过多或积水时，作物生长便很快停止，叶片自下而上开始萎蔫，接着枯黄脱落，根系逐渐变黑，整个植株不久就枯死。水分胁迫对冠层特性的影响不一定都是不利的，前期适当水分胁迫利于建造良好的作物冠层结构，如小麦等谷类作物易形成上部叶片短、下部节间短、根系深的株型和小个体、大群体、高光效、低耗水的群体。

叶片的形态也会对水分逆境做出明显响应。在轻度的水分逆境条件下，叶片会通过运动（改变空间角度）来降低辐射截获量，以避免或减轻光合机构的损伤；在严重水分逆境条件下，叶片细胞失去膨压时会萎蔫或卷曲。棉花等作物在缺水时会增加叶片上的短绒毛数量或者表皮蜡质的厚度，以增加反射率和提高保水性。叶片形态的改变可有效地减少辐射截获量，对适应及度过短期的水分逆境具有重要意义。

（四）水分对作物生殖生长的影响

作物的一生中不同生长阶段对水分缺乏的敏感程度和反应不同。种子萌发和幼苗建成阶段，有相当一部分的种子可以忍受脱水，并且能够储存很长时间。随着根系开始形成和细胞开始液泡化以后，组织对脱水越来越敏感。营养生长阶段，在中度胁迫条件下，营养生长和叶片扩展受到抑制。而生殖生长阶段是作物对水分逆境最为敏感的，也是作物产量、品质形成的关键期，若在此时期遭遇干旱或渍水灾害，往往会对生产造成不可逆的损失。

生殖器官的建成需要从叶、茎和根调运同化物。而叶片作为最主要的同化物来源，其光合作用对水分逆境十分敏感，茎、根储存的同化物的再分配则可用于弥补光合作用供应同化物的不足。例如，在小麦和水稻中，灌浆期遭遇干旱胁迫，可促使茎秆中储存的同化物向籽粒中运转。因此，生殖生长阶段水分供应状况的变化，会改变最终籽粒中所含开花前的同化物的比例；干旱胁迫可导致这一比例由正常供水条件下的10%增加到70%。生产上可利用作物的这一生理特性，适度控水，促进储存物质向收获器官运转。

在生殖生长阶段，水分逆境条件下作物会主动增加同化物和水分向生殖器官的分配，但这一生理机制也不一定能满足生殖器官正常的生长。作物体内的水分不足时，胚胎组织细胞的水分就分配到成熟部位的细胞中去。例如，禾谷类作物在幼穗分化时缺水，茎叶从幼穗吸水，穗的发育即受损害。基质和水分的供应不足，可能共同影响生殖器官的生长，如棉花的蕾和幼铃在干旱或渍水条件下大量脱落。

水分亏缺还会加速作物的生育进程，使开花期提前且开花持续期缩短。迅速的发育有利于作物完成其生命周期而不至于严重缺水，但这也是以牺牲碳同化持续期、降低物质累积为代价的。开花期作为作物的需水临界期，此时短暂的干旱胁迫就可能造成花粉、胚珠或者胚胎的大量死亡。有限花序作物，如水稻、小麦等，开花集中，持续期短，干旱胁迫易对其造成不可补偿的减产；而无限花序作物，如棉花、大豆等，短期干旱可能使某些部位的生殖器官受损，但胁迫解除后，可在新生枝节上继续开花结实，对产量损失有一定的补偿。

二、水分与作物产量和品质

上面所述水分对作物生长的各种影响，最终都会影响到作物产量和品质的形成。

（一）水分对作物产量和品质的影响

1. 作物产量　不同作物的收获器官不同，具有不同的产量形成特点，要分析水分对作物产量的影响，就必须考虑作物产量各个构成因素对水分变化的响应。以棉花为例，其以种皮上的纤维为主要收获器官，产量构成因素包括单位面积上的铃数、铃重和衣分，只有各个构成因素的协同提高，才能综合形成高的产量。水分供应不足时，会造成棉花大量蕾铃的脱落，铃数降低，严重的干旱胁迫会导致铃重的显著降低和衣分的下降，最终造成产量大幅降低。渍水条件下，棉花皮棉产量显著下降。在澳大利亚，由于受到涝渍的影响，每公顷棉花产量将平均减产大约 11%，在较为严重的情况下，减产高达 40%。对大田种植棉花进行 16h 以上渍水，发现此时皮棉产量的降低主要是由铃数减少所致，而渍水后铃数的降低主要是由棉花生长（包括株高、果枝数、叶面积指数、根茎生物量及叶片数等）受到抑制及蕾铃脱落率增加所致。

以生殖器官作为主要收获物的作物，其产量形成取决于作物生长后期，且其各产量构成因素形成和决定的时间也不同。如小麦等禾本科作物，其产量构成因素包括单位面积上形成的穗数、穗粒数和粒重，三者在生殖生长阶段依次建成。小麦前期经历适度干旱，对最终产量的影响较小，有时还表现出补偿效应，花后干旱处理则显著降低小麦的千粒重、穗粒数和籽粒产量；而小麦不同生育期发生湿害，无论受害时间长短，亩穗数、每穗实粒数、千粒重和产量几乎都有下降。

对以收获营养器官为目的的作物（薯类、烟草和饲料作物等）来说，在营养生长阶段提供充足水分，促进生物量的增加，可增加收获产量；但对以生殖器官为主要收获物的作物（如小麦、水稻和玉米等）来说，获得高的生物产量不一定能获得高的经济产量。

2. 作物品质　与作物产量相比，作物品质的形成过程和决定过程较短，主要集中于产量器官物质积累阶段。因此在生产中，因水分等环境因素造成的作物品质环境变异要低于产量的环境变异。

小麦花后遭受干旱胁迫会提高蛋白质含量，干、湿面筋含量，沉降值和降落值；而渍水胁迫则降低小麦籽粒蛋白质含量和干、湿面筋含量。轻度的干旱胁迫对棉花纤维品质的影响较小，而重度的干旱胁迫会导致纤维长度和比强度的降低，水分胁迫对纤维马克隆值的影响结论不尽一致。水分过多导致棉花纤维长度显著降低，纤维成熟度下降。花后渍水导致小麦籽粒淀粉粒的平均粒径和蛋白质积累下降。苗期渍水处理会导致成熟期油菜籽粒蛋白质、硫苷含量有一定程度的升高，且随渍水时间的延长增高幅度加大，而含油量随渍水时间延长有一定减少。

（二）水分对作物产量和品质形成过程的影响

水分状况影响着作物的各个生理代谢过程，如光合作用，呼吸作用，水分和矿质营养的吸收、运输和分配，酶活性，有机物质的转化、运输和积累等，水分逆境影响物质生产与分配，进而影响产量和品质的形成。

作物产量和品质的形成主要取决于产量器官的物质累积，如小麦等谷类作物的灌浆过程，棉花等纤维作物的纤维素累积过程和油料作物的脂类积累过程。以小麦为例，在受到渍水胁迫后，会在形态和生理上发生多方面的变化，从而影响地上部、地下部不同器官的生长发育，进而影响作物最终的产量。渍水不仅削弱小麦光合产物的积累量和积累速度，还改变光合产物在地上部和地下部的分配比例，严重影响小麦籽粒的形成、灌浆和成熟，进而对小麦产量结构存在着不同程度的影响。灌浆期渍水加速了叶片光合性能下降和叶片衰老，使籽粒灌浆期缩短，灌浆速率降低，影响了籽粒灌浆结实，从而导致小麦籽粒千粒重及产量的大幅降低。小麦籽粒产量和品质既受遗传因素，又受环境因子和栽培措施的影响，尤其是环境因子（主要是气象因子）对小麦产量和品质的形成有显著的调控效应。水分是影响小麦品质的重要因子，对小麦籽粒的蛋白质含量等品质特性有明显影响。

三、作物气候生产潜力

气候生产潜力受光、温、水因子的共同制约，本书第八章已经详细介绍了光温生产潜力。气候生产潜力实际上是光温生产潜力（Y_T）受水分条件限制而“衰减”后的作物生产潜力，也就是当土壤肥力和农业技术措施等处于最适宜的条件下，由光合有效辐射、温度、水分等气候因素所确定的作物产量。因此，正确认识作物生产与水分的关系，确定水分有效系数$f(w)$，是估算气候生产潜力的关键。研究表明，作物在光合过程中，每生产1kg生物量都需要蒸散一定量的水分；而且作物产量和蒸散量之间存在着一定的比例关系，因而，常用农田蒸散量与供水量（降水）之间的对比关系来确定水分有效系数。同样有两组公式：

$$f(w)=P/E_0$$

式中，P为月降水量（mm）；E_0为月蒸发量（mm）。

$$f(w)=\begin{cases}\dfrac{(1-C)R}{E_{tm}} & 1<(1-C)R<E_{tm}\\ 1 & (1-C)R\geqslant E_{tm}\end{cases}$$

式中，R为大气降水量（mm）；C为降水流出量系数，可取0.02；E_{tm}为农田作物最大蒸散量（mm）。

本章视频

第十章　作物生长与大气

大气是指从地表至1400km高空内存在的空气层，是地球自然环境的重要组成部分之一，与人类的生存息息相关。大气是由多种气体组成的混合体，它的主要成分为 O_2、N_2、CO_2、水等，组成比率因时、因地不同而有所差异。大气中的 O_2、N_2 和 CO_2 等是作物生长所需要的气体，作物利用无机环境中的水及大气中的 CO_2，制造有机物质并释放出 O_2 到大气中，同时作物生长过程中利用有机物质进行一系列需要能量的化学过程与化学转化，在此过程中释放出了 CO_2 即呼吸作用，这个连续的作用是大气与植物二者进行碳交换的基本通道，同时也是 CO_2 和 O_2 在大气中保持平衡的基本途径。另外，近年来随着全球气候的变化，温室效应及大气污染等也成为当前作物生产上面临的一个严峻问题，因此也是作物栽培学的主要研究内容之一。

第一节　作物生长主要气体指标

在大气组成成分中，以体积计算，O_2 占大气体积的21%，N_2 占78%，CO_2 一般为0.036%。从作用上看，O_2、N_2 和 CO_2 与作物的关系最密切，O_2 是作物进行有氧呼吸的主要原料之一，它是作物生存、繁殖的必要条件；N_2 可通过一定途径，如固氮作用等进入生物循环中，成为作物体内蛋白质的组成物质之一；大气中的 CO_2 含量虽不高，但作用却相当突出，是作物光合作用的主要原料之一。

一、作物与 CO_2

作物通过光合作用，使 CO_2 进入作物体内部，形成碳水化合物，释放出 O_2。同时，作物又通过呼吸作用吸收 O_2，释放出 CO_2，使整个农业生物层的 CO_2 和 O_2 处于动态平衡。大气与作物群体中的 CO_2 浓度不仅与能量、风速和大气稳定性有关，还受许多生物因子、环境因子的制约，因此它的浓度是在不断变化的。

一年之内，在田间有作物生长的季节，由于光合作用固定 CO_2 数量增加，空气中的 CO_2 浓度较低，而非生产季节，CO_2 浓度较高。

在一天之内，作物冠层的 CO_2 浓度随着绿色植物光合作用的不同而有明显的日变化。上午当太阳升起时，作物的光合作用开始进行，在光合作用最强的作物冠层顶部的叶片层，由于叶片迅速将 CO_2 转化为有机的碳水化合物，从而导致 CO_2 浓度明显下降。到了中午，温度上升而相应的湿度减小，呼吸作用加强，CO_2 的净消耗缓慢下降，但其绝对值在中午前后都达到了最低值，比日平均的 CO_2 浓度值低10～15μL/L。日落之后光合作用过程停止，而呼吸作用仍在继续，加上土壤本身的呼吸作用放出 CO_2，使得接近地面的大气层内，CO_2 浓度比日平均值高80μL/L以上。一般作物的 CO_2 浓度饱和点大于大气中的 CO_2 浓度，为800～1800mL/L或更高，光照越强，饱和点越高。C_3 作物的 CO_2 饱和点比C_4作物高，C_4作物在大气CO_2浓度下较容易达到饱和，而C_3作物的CO_2饱和点不明显。C_3作物光合速率在较高CO_2浓度下还会随浓度上升而升高，这是因为空气中的CO_2含量一般只占总体积的0.036%，而CO_2要到达作物同化部位，需经历周围大气→叶片表皮→叶肉细胞表面→叶绿体内这三大阶段的阻力，所以扩散到叶绿体基质中的CO_2浓度就很低了，几乎接近C_3植物的CO_2补偿点。但C_4植物有"CO_2泵"的作用，甚至在外界CO_2浓度小于0.036%时就会达到CO_2饱和点。

需要指出的是作物进行光合作用所需要的CO_2不仅来自群体以上空间，也来自群体下部，其中包括土壤表面枯枝落叶分解、土壤中活着的根和微生物呼吸、植物根系残体等有机物腐烂等释放出来的CO_2。作物群体中CO_2的循环见图10-1。

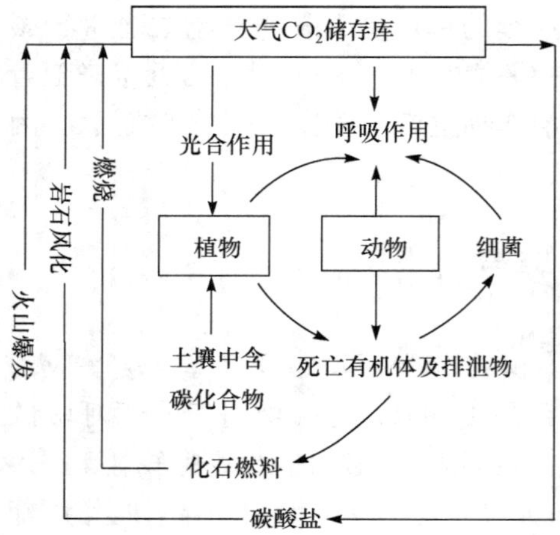

图10-1 作物群体中CO_2的循环

据测算，作物每日每平方厘米的叶面积生产20mg生物量，约需CO_2 29mg，一般农田土壤每日可供应CO_2为1～10mg，其余只能来自大气，约需消耗50L空气中全部的CO_2。在正常光照条件下，作物1min时间的光合作用就可以耗尽叶层周围空气中的CO_2，因此，要通过湍流扩散不断输送周围空气的CO_2。但是作物群体湍流扩散率很低，一般只有10～100cm/s，而作物生长需求至少要求达到1000cm/s。因此，CO_2浓度不足是作物光合速率的限制因子。这便是农业生产上十分重视作物群体通风透光的原因所在。生产上为了提高某些作物产量，也可以通过CO_2施肥提高CO_2浓度来促进其提高光合效率。由于CO_2施肥成本高，用量大，特别是CO_2以气体状态存在，流动性也大，应用起来比较困难。因此，迄今为止，CO_2施肥多半是在温室或在塑料薄膜保护下进行的。不同作物在不同的气候条件下，施用CO_2适宜浓度是有所不同的，晴天适宜浓度更高些，一般为1000～1500mL/L，阴天为500～1000mL/L。

二、作物与O_2

大气中的氧气占大气体积的21%，其中有一部分进入土壤或溶于水。大气、土壤空气和水层中的氧是植物茎叶和根系进行呼吸必不可少的成分。大气中的O_2主要来源于植物的光合作用。空气中氧气含量达21%，作物地上部不会缺氧，但如果空气中氧浓度下降，作物有氧呼吸速度也会下降，特别是在1%～5%低浓度时下降明显。

（一）作物的呼吸作用与O_2

呼吸作用是指有机物在细胞内经过一系列的氧化分解，生成CO_2或其他产物，释放出能量并生成ATP的过程。作物的呼吸作用包括有氧呼吸和无氧呼吸两种类型。在氧气充足的情况下，作物光合产物分解彻底，形成H_2O和CO_2，并放出较多能量，同时还能给其他必要产物如氨基酸、核苷酸、糖、脂肪及色素等提供碳骨架。在缺氧条件下，作物的光合作用产物不能完全氧化，以致形成对生长发育不利的物质，缺氧严重将影响作物的生殖生长，特别是种子的形成。

（二）作物种子萌发与 O_2

种子萌发需要适宜的温度、充足的水分和 O_2 供应，一般作物种子需要土壤空气含氧量在10%以上才能正常萌发，尤其是含脂肪较多的种子（如棉花、花生等）比淀粉种子要求更多的 O_2。土壤空气的含 O_2 量一般为10%～12%，可满足种子萌发的需要。但在土壤板结、透气不良时，可降至10%以下，特别是在渍水条件下，土壤会严重缺氧。当土壤 O_2 浓度低于10%时，便会明显抑制种子萌发，引起烂种或死苗；当周围空气含氧量下降至5%以下时，多数作物种子都不能萌发。在农业措施上实行深耕、平整土地、改良土壤等，目的之一就是为了增加土壤中的 O_2。此外，播种深度也关系到种子萌发时氧的供应，不同作物种子萌发对 O_2 的要求不同，要根据种子萌发特性决定其播种深度。

（三）作物根系生长与 O_2

作物根系的生长及根系功能的发挥均为消耗能量的过程，需要大量的 O_2。O_2 不足时，根和根际环境中的有害物质增加，抑制根系有氧呼吸，抑制根系对矿物质的吸收，细胞分裂素合成下降，从而影响根系的生理功能和生长。土壤空气中 O_2 的含量在10%以上时，作物的根系一般不表现出伤害症状。通常排水良好的土壤，O_2 的含量都在19%以上，而且越接近土壤表层，O_2 含量越高。所以旱地作物根系常集中在上层通气较好的土层中。当土壤空气中氧低于10%时，大多数作物根的正常生长机能衰退。对作物有利的 O_2 含量都出现在地下水位以上的土层中，因而大多陆生植物根系被限制在这一土层范围内。地下水位高的地方，作物自然地形成浅根系，根系的改变常给地上部的生长造成不利影响。在作物生产上，可以通过水分的管理来调节土壤 O_2 含量。

三、作物与 N_2

N_2 是作物有机体中氮元素的间接来源之一。虽然大气中含量大，但它不能被绝大多数作物直接利用，主要原因在于 N_2 分子十分稳定，大多数作物无法直接吸收，须通过各种方法使氮转化为含氮的化合物，如存在于自然界氮循环中的氨、铵离子、亚硝酸根、硝酸根等。生物有机体吸收这些氮化合物后，再合成生存、成长与繁衍所需的其他含氮化合物，如氨基酸、蛋白质和核酸。自然界固定氮的主要途径有两条：第一条途径是通过闪电固氮，闪电以其巨大的能量，把在大气中的氮分子解离，并继续与氧分子反应产生氮的氧化物，这些氧化物会溶于雨水，生成亚硝酸根及硝酸根而渗入土壤中。每年经由闪电固氮所得的含氮化合物，只占总量的10%。第二条途径是生物固氮，这是自然界固定氮的最重要途径，固氮细菌独自存在于土壤中，或与动植物共生，某些固氮细菌，如与豆类植物共生的根瘤菌，它们能吸收大气中的 N_2，将其转变成氨及铵离子。每年由生物固氮所得的含氮化合物，约占总量的65%，其余35%的固定氮来自工业固氮。生物固氮可以分为自生固氮、共生固氮和联合固氮3种类型。

（一）自生固氮

自然界中，自生固氮微生物种类很多，分散地分布在细菌和蓝细菌的不同科、属和不同的生理群中。红螺菌、红硫细菌、绿硫细菌和梭状芽孢杆菌等都是自生固氮细菌，它们利用光能和化学能固定氮素。土壤中的自生固氮菌能够在自由生活状态下固氮，当它们固定的氮素足以满足自身生长繁殖需要后就不再固氮了，多余的氮会反过来抑制它们自身固氮作用，因此，固氮效率较低，固氮量也少。据统计，每公顷土地上的自生固氮细菌，每年固定 20～50kg 的大气氮。虽然不及另两种生物固氮的固氮量，但是它们在增加土壤有机氮化合物方面起着巨大作用，对生态农业的开发及保护环境也具有重要意义。另外，自生固氮细菌中有少数也可以在特定条件下与植物进行联合固氮。

（二）共生固氮

共生固氮是指固氮菌与宿主植物形成共生固氮体系，进行生物固氮。常见的有根瘤菌属的细菌与豆科植物共生形成的根瘤共生体系，根瘤菌能与豆科植物根系共生形成根瘤，进而从豆科植物中获得有机物后进行生物固氮。一些非豆科植物根系也存在共生固氮，如弗氏菌属与非豆科植物共生形成的根瘤共生体系，还有某些蓝细菌与植物共生形成的共生体系等。共生固氮所形成的共生结构紧密，不易受外界环境影响，固氮效率高。据统计，每年每公顷土地大约可以固定纯氮 200kg，且几乎全部可被作物利用。在 3 种生物固氮形式中，共生固氮效率最高，比自生固氮效率高数倍，固氮量最多。目前，世界上已知具有固氮能力的豆科植物约 2800 种，在一般生产条件下，根瘤菌固氮能提供豆科作物所需氮的 1/3～1/2。迄今，从豆科植物根瘤中分离出来并进行过研究的固氮菌有 100 多种，但真正应用于农业生产上的不足 1/5。环境因子的限制一直是豆科植物根瘤菌共生固氮体系没有在农业生产中充分发挥作用的重要原因之一。在栽培措施中，加强光照、稀植、单作、施有机肥等都有助于根瘤菌固氮；相反，遮阴、与高秆作物间作、密植、施无机肥，将会抑制根瘤菌固氮。

（三）联合固氮

联合固氮是指某些固氮细菌在高等植物根际形成的一种特殊的共生固氮作用，这种固氮体系的固氮细菌和植物具有较密切的关系，但又不与其形成特殊的共生结构，它们聚居于植物根际或根内，并对所联合的植物有一定的专一性，固氮细菌从植物获得光合产物作为碳源和能源，植物则得到固氮菌固定的氮和分泌的生物活性物质。与根瘤菌不同，联合固氮细菌大多聚集在根表，未能形成类似根瘤的稳定的共生结构，因而受根际土壤因素的影响较大。研究表明，联合固氮容易受到 NH_4^+、O_2 的影响，至于接种联合固氮细菌后能否发挥固氮作用，则因作物、土壤和气候条件而异。目前所熟悉的联合固氮菌大多数分离自粮食作物的根系，它们的存在有利于作物的增产，因而，在农业生产上具有广阔的应用前景。

开展生物固氮作用的研究迄今已有 100 多年的历史了，目前关于生物固氮的研究正不断深入，生物固氮在自然界氮素循环和人类农业生产中具有十分重要的作用，开展生物固氮作用的研究和应用是解决我国所面临的粮食、能源和环境问题的重要举措之一，也是我国农业可持续发展的关键所在。

第二节 大气CO_2浓度与作物生长

CO_2是绿色作物进行光合作用制造有机物质的原料，对作物来说是其生命活动必不可少的。大气中CO_2浓度的增加影响作物形态结构、生理生化、品质及最终的生物产量，由CO_2引起的温室效应对作物生产也将产生间接的影响。

一、CO_2浓度对作物生长的直接影响

CO_2浓度升高对作物的直接影响体现在形态学特征、生物量变化、生理生化机制及根系分泌物等方面。

（一）形态学特征

1. 根形态的变化 根具有固定植株，从土壤中吸收水分和矿质元素的功能，同时作物根系也是合成氨基酸和作物激素等有机物的重要场所。CO_2浓度升高会导致作物根的分枝增多，根幅扩大，细根数量、总根长和根系表面积增加。研究表明，较高的CO_2浓度会促进小麦和玉米的细根及大豆根的数量增加。此外，CO_2浓度升高使得根的半寿期缩短，周转率加快，同时还能够改变土壤中根系的垂直分布。例如，在上层土壤中可以促进根的生长，在下层土壤中却抑制根的发育。

作物根系与土壤的接触状态直接影响根系对土壤养分的吸收。适当增加根表面积可以提高整个根系获取养分的能力。但有研究结果显示，根系群体过大易消耗作物的能量并引发根系的早衰，而且多分枝的根系会因相邻分枝吸收区域的叠加而降低吸收效率。因此，在大气CO_2浓度不断升高的情况下，调控作物根系的合理分布和生长是当前农业科学研究的一大热点问题。

2. 茎的变化 茎为作物地下部与叶片之间物质传输的主要通道。CO_2浓度增加也会影响到作物茎的生长。据报道，高浓度的CO_2使得作物的高度增加，节间数量变多，冠幅加大，茎干中的次生木质部生长轮变宽，体积增大。另外，具有鳞茎的作物在高CO_2浓度下，生长前期地上部的生长速率要远高于低CO_2浓度下生长的对照。但在作物的生长后期则呈相反的趋势。这可能与生长后期的作物在高CO_2浓度下大量转移光合物质至鳞茎，从而减缓了地上部的生长有关。

3. 叶片形态结构的变化 作物的叶片对环境条件的变化反应非常敏感。大气中CO_2浓度增加会促进作物叶片数的增多，增加叶片的厚度，叶片内部的栅栏组织层数也增多。例如，玉米在CO_2浓度倍增的情况下，叶面积指数可提高40.9％。但高浓度的CO_2对不同植被类型和不同光合类型的作物叶片形态结构影响有所不同。研究结果表明，小麦、大麦、水稻等C_3禾本科作物的叶片厚度随CO_2浓度的增加而显著加厚。例如，在CO_2浓度增加的条件下，大豆的叶肉内部会多产生一层栅栏组织使叶片明显增厚。C_4作物如高粱等则没有明显的叶片增厚现象，但叶片的叶绿素含量和维管束鞘细胞中叶绿

体数目比 C_3 作物明显增多。同时也发现 C_4 作物叶绿体内淀粉粒数量增加，颗粒体积增大，从而导致光合膜结构的破损。

4. 根冠比的变化　根冠比作为衡量矿质元素和养分在地上部和地下部之间分配的指标，其大小与作物生长情况具有密切的联系。当作物生长在水分和营养均充裕的条件下，大气中不断升高的 CO_2 浓度基本不影响作物的根冠比。如果作物的水分和营养受到一定的限制，那么高浓度的 CO_2 会使得根系获得更多的光合产物，提高其生物量从而增加根冠比。

5. 生物量的变化　在大气中 CO_2 浓度不断增加的情况下，作物的生物量和作物产量均能得以增加。据报道，CO_2 浓度倍增可使得玉米地上部、地下部和总生物量分别提高 10.0%、54.3%和 19.6%。实验结果也显示，如果大气中的 CO_2 浓度由 350mg/kg 增加至 700mg/kg，全球农作物的产量和生物量可增长 24%～43%。

但不同光合途径的作物对碳素利用具有差异，其生物量的增加程度有所不同。在 700mg/kg 的 CO_2 浓度下，小麦、大麦、水稻和燕麦等 C_3 禾本科粮食作物的产量增加幅度可达 25%～64%。甘薯、马铃薯等 C_3 块根类农作物的产量增加幅度为 18%～75%。玉米、甘蔗、高粱、谷子等 C_4 禾本科作物的产量增加幅度为 10%～55%。可见 CO_2 浓度增加对 C_3 作物产量的促进作用胜过对 C_4 作物的影响。

6. 品质的变化　CO_2 浓度增加除了促进产量提高外，还影响着作物的品质，如水稻籽粒中的直链淀粉随 CO_2 浓度的提高而增加，但铁和锌的含量减少。高 CO_2 浓度能够促进作物积累更多的碳水化合物。研究发现，CO_2 浓度倍增可增加 1.22%的大豆籽粒粗脂肪，0.34%的饱和脂肪酸，2.02%的不饱和脂肪酸；玉米的粗脂肪增加 54%，粗淀粉增加 2.3%；冬小麦籽粒中的粗淀粉含量增加 2.2%。

但如果 CO_2 浓度超过一定的阈值则因淀粉和碳水化合物的过量累积而导致光合速率的下降，影响最终的作物品质，如 CO_2 浓度倍增下玉米籽粒中的氨基酸、直链淀粉、粗蛋白、粗纤维和总糖含量呈下降趋势(图 10-2)。

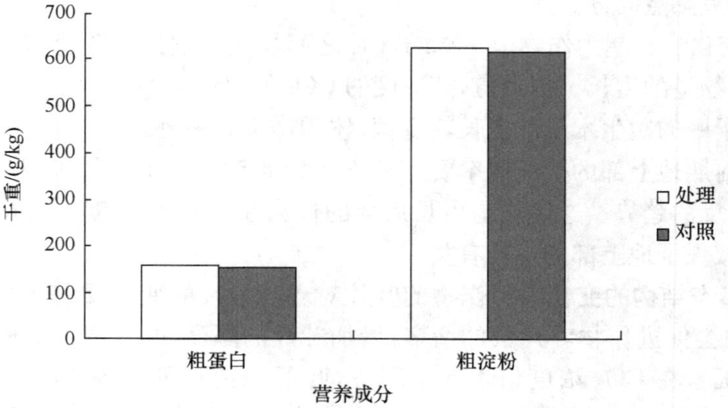

图 10-2　CO_2 浓度倍增对冬小麦籽粒成分的影响

由此可见，不断提高的大气 CO_2 浓度对作物的根、茎、叶、根冠比、生物量及品质均有影响。

（二）生理生化指标

1. 光合色素　在 CO_2 浓度升高的环境下，作物叶片的光合色素（包括叶绿素和类胡萝卜素）含量均增加，对光能的捕获能力显著高于正常大气 CO_2 浓度中生长的对照作物。这可能与 CO_2 浓度增加促进了叶绿素 b 含量的提高从而降低了作物叶绿素 a/b 值有关。叶绿素 b 是作物捕光色素蛋白复合体的重要组分之一，其含量的增加有利于形成更多的捕光色素蛋白复合体，扩大叶绿体膜吸收光能的截面积，从而捕获更多的光能。除此之外，CO_2 浓度增加还能减少非辐射能量的耗散，降低荧光非化学猝灭系数，提高光系统Ⅰ活性与原初光能转化效率，使高 CO_2 浓度下的作物有充足的能量固定和还原 CO_2。

另外一类光合色素——类胡萝卜素能够把它所吸收到的光能传递给叶绿素并最终用于光合作用。因此，CO_2 浓度增加通过提高类胡萝卜素的含量加大作物对光能的吸收。此外，类胡萝卜素含量的增加还能提升作物对逆境的抵抗能力，原因在于类胡萝卜素可以猝灭活性氧从而保护叶绿素和光合膜，降低作物的光抑制，使得作物在胁迫环境下如强光、高温等仍能顺利进行光合作用。

2. 光合作用　CO_2 是作物进行光合反应的主要底物之一。理论上大气中的 CO_2 浓度增加必然有利于光合作用，提高作物的光合速率。据报道，作物进行光合作用最适的 CO_2 浓度为 0.1%，远高于当前大气中的 CO_2 浓度。

作物对大气中 CO_2 浓度增加的反应有长短期之别。当前大气 CO_2 浓度水平是 C_3 作物进行光合作用的主要限制因子之一。短期内高 CO_2 浓度可以增加 C_3 作物的光合速率和净光合产物量，这与 1,5-二磷酸核酮糖（RuBP）羧化酶的活性提高有关。RuBP 羧化酶催化进入叶绿体的 CO_2 与叶绿体内的 RuBP 结合，形成 3-磷酸甘油酸并进一步合成光合产物。但 RuBP 羧化酶是双功能酶，它既可以催化 C_3 循环中的碳固定，又能催化光呼吸。在催化光呼吸时，称之为 RuBP 加氧酶。这两种反应的速率由作物体内的 CO_2/O_2 浓度来调节。高浓度的 CO_2 通过抑制 RuBP 加氧酶的活性来减少作物的光呼吸。因此，CO_2 浓度增加既加强了光合作用对 CO_2 的固定能力，又抑制了光呼吸的进行，最终表现为作物光合速率的提高。研究结果显示，当 CO_2 浓度提高到 700mg/kg 时，小麦、大豆和玉米的光合速率分别增加了 30.7%、63.4% 和 15.7%。显然 C_3 作物对 CO_2 浓度变化的反应比 C_4 明显。图 10-3 表明当 CO_2 浓度增加时，C_4 作物光合作用速率提高较 C_3 作物的低。对 CAM 作物的研究相对较少，其结果也不尽一致。对于大多数 CAM 作物来说，其夜间碳水化合物的积累可能会增加，CO_2 对其生长的影响推测是通过 C_3 模式。

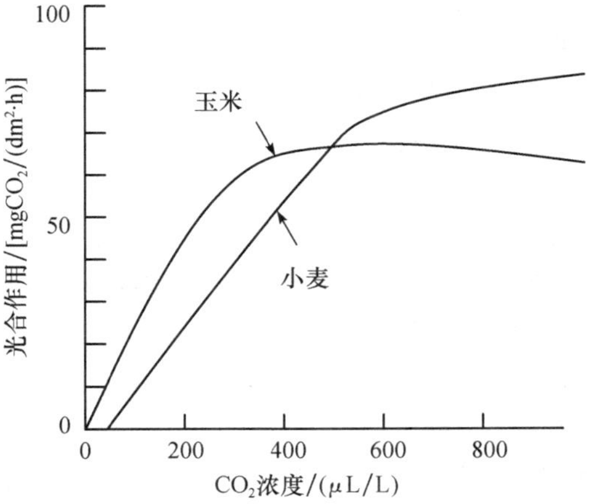

图 10-3　具有代表性的植物的光合作用对 CO_2 的反应

在相同的光照强度下，小麦的净光合作用强度大于玉米，说明玉米更适应较低的 CO_2

浓度(光饱和点约为 450μL/L)。

3. 呼吸作用 CO_2 是呼吸作用的产物之一,CO_2 浓度升高会抑制作物的呼吸作用。当大气中 CO_2 浓度提高 1%～10%,呼吸作用明显降低,保卫细胞产生收缩,关闭气孔,造成细胞内氧分压降低,达到 10%时可使作物死亡。这与高 CO_2 浓度抑制线粒体中呼吸链中关键酶的活性有关。

C_4作物对 CO_2 浓度升高的敏感性较弱,是由其自身光合作用的特性所决定的。C_4作物叶肉细胞内固定 CO_2 的酶为磷酸烯醇式丙酮酸(PEP)羧化酶。它具有很强的 CO_2 亲和能力。PEP 羧化酶催化 PEP 与 CO_2 结合,通过 C_4途径把大气中低浓度的 CO_2 固定并浓缩集中到维管束鞘细胞。这样维管束鞘细胞内进行的 C_3循环便有足够多的 CO_2 浓度,C_4途径在其中起着"CO_2 泵"的作用。正因为如此,C_4作物对 CO_2 的需求较弱,提高大气中的 CO_2 浓度对其光合作用促进不大,光合速率的增幅有限。

长期高 CO_2 浓度对作物光合速率的提高会随着时间的延长而逐渐消失。这种现象称为作物对 CO_2 的光合适应现象。这种现象的产生可能与相关酶活性的下降、光合产物的反馈抑制及源-库平衡遭到破坏有关。长期的高 CO_2 浓度会降低 RuBP 羧化酶、磷酸甘油酸激酶、磷酸核酮糖酶和蔗糖合成酶等的活性。而且随着 CO_2 浓度的提高及时间的延长,叶绿体内的淀粉或蔗糖等光合产物积累增加,会超过运输和利用能力,不能及时外运,造成光合产物的反馈抑制,叶绿体不能进一步有效利用 CO_2,使得光合速率下降。此外,由于淀粉的累积会抑制蔗糖的合成,影响磷酸丙糖载体运送无机磷的能力,使得叶绿体中无机磷含量下降,相关反应变慢,光合速率无法进一步提高。叶绿体不断积累的淀粉粒会挤压类囊体片层结构,造成叶绿体的损伤进而影响光合作用的进行。

4. 水分利用率 高浓度 CO_2 可以提高作物的光合能力,增加作物的生物量,而缩小气孔的张开度,降低气孔导度,减少蒸腾作用,从而提高了作物的水分利用率。据报道,在 800mg/kgCO_2 条件下生长的大豆,其水分利用率比在 300mg/kg 时增长了 140%;在 550mg/kgCO_2 条件下生长的春小麦,其水分利用率是 370mg/kg 条件下的 1.33 倍。不管是 C_3作物还是 C_4作物,其水分利用率都随着 CO_2 浓度的升高而提高。但是这并不意味着作物对水分的需求减少,因为在高 CO_2 浓度下作物的叶面积指数也有所增加。

5. 根系分泌物 作物根系在生长发育过程中能够向土壤中释放一些化学物质,其中部分物质具有特殊的生理功能,如根系磷酸酶、有机酸类、化感物质及可以调节共生关系的信号物质等。研究表明,随着大气中 CO_2 浓度的提高,作物地上部向地下部转移的碳素量增加,提高了土壤中微生物的活性和凋落物的分解速度,加速养分的矿化过程,改善了作物的根际营养,促进了作物根系次生代谢物质的形成和分泌。这就为作物的化感作用提供了更多的物质基础,有利于提高作物的防御能力。同时,作物根系分泌物的组成成分也可能因 CO_2 浓度的变化而发生改变。目前,还没有关于这方面的具体数据,有待于进一步研究。

6. 杂草竞争 由于营养水平相同,杂草与作物在农田生态系统中竞争生存资源(光、CO_2、水、养分)和空间,并且通过化感作用等抑制作物的生长发育而导致减产。环境因子如 CO_2、温度、水或养分中任何一个因素的变化都会影响作物和杂草的竞争关系,因为许多农田杂草是 C_4植物,而多数作物是 C_3植物。大气 CO_2 浓度升高对 C_3作物和 C_4杂草的不同影响将使原来的作物与杂草的竞争关系向有利于作物生长的方向变化。目前关于大气 CO_2 浓度升高对作物与杂草的竞争关系的研究报道主要是在培养箱中盆栽条件下或开顶式温室条件下进行的，大多数结果是 C_3 作物和 C_4 作物相比，C_3 作物的竞争力更强。

（三）作物产量与品质

1. 作物产量　作物生物产量和经济产量都是光合作用的产物，由于 CO_2 浓度升高时作物的光合作用速率增强，而呼吸作用强度受抑制，减少了因呼吸作用而消耗的光合产物。据报道，C_3 作物在 CO_2 倍增后光合产物将增加 10%～50%，而 C_4 作物仅增加 0～10%。小麦、水稻、大豆和棉花等作物的产量在 CO_2 浓度升高的情况下将有不同程度的提高，在长期 CO_2 浓度加倍环境下，水稻产量约提高 30%，棉花产量将提高 50%左右。近几十年来，全世界谷物单产年相对递增率为 2.3%，大气 CO_2 浓度增加带来的肥料效应所起的作用占 5%～10%。

2. 作物品质　CO_2 浓度增加不但对作物具有增产的效应，而且对作物的品质如淀粉、维生素 C、蛋白质、粗脂肪、叶绿素含量，以及植物体内的灰分、钾、钙、镁、磷等成分都有着不同程度的影响。

CO_2 浓度的增加可以提高作物碳水化合物的积累，适当地增加叶片组织的碳水化合物；光合作用的强度增大，维生素 C 的含量就增加，葡萄糖的含量也提高；随 CO_2 浓度的增加，大豆粗蛋白和粗脂肪都有所增加，不饱和脂肪酸含量随 CO_2 浓度的升高而增加。

二、CO_2 浓度对作物生长的间接影响

土壤中 CO_2 浓度远高于大气中 CO_2 的浓度，因此大气 CO_2 浓度升高对作物的影响主要为间接效应。大气中 CO_2 浓度的改变通过影响作物根系分泌物的量及组成，从而间接影响到土壤中微生物的生长。土壤中微生物群落处在动态平衡过程中，当土壤理化因子变化时，土壤微生物群落的平衡失调，随之土壤微生物的活性及其生态功能受到影响。例如，具有潜在化感效应的根系分泌物在土壤中积累，就会对作物的根际微生物种群产生影响，改变根际微生物多样性，从而导致根系微生物系统的组成及功能发生变化。微生物群落结构和活性敏感地反映出土壤质量和健康状况，是土壤环境质量评价不可或缺的生物学指标。而土壤环境的变化会作用于作物的根系，进而影响作物的生长发育。

此外，大气中 CO_2 浓度的提高还通过影响气温和降水变化间接影响到作物的生长。全球的平均气温随着 CO_2 浓度的增高而增加。据研究，当大气中 CO_2 浓度倍增时，我国的平均气温将提升 2.9℃。我国气温的幅度由南向北递增，预计到 2030 年，西南地区气温可能会上升 1.6～2.0℃，西北地区可能上升 1.9～2.3℃，青藏高原可能上升 2.2～2.6℃。而气温的提高将导致全球范围内水分蒸发量和降雨量的增加；就降雨量而言，会呈现不均一性，有的地区降水会增加，而有的地区会减少。异常多雨易造成洪涝灾害，异常少雨则导致旱灾。像我国的华北地区近年来一直干旱少雨，造成水资源短缺和农作物歉收；而长江流域则常发生水灾。但根据气候模拟计算，未来全球降水量会低于水分的蒸发量，导致水资源更加短缺，干旱化加剧。我国内陆地区的水分蒸发量也会增加，干旱、半

干旱地区面积进一步扩大，农业用地缺水更趋严峻。

总之，大气中 CO_2 浓度增加及其引起的温室效应对作物生产的影响是多方面的，既会产生有利的效果，也会带来不利的影响。作物栽培上应对此进行深入细致的研究，为确保未来作物生产的持续性、稳定性和安全性提供理论和技术支撑。

三、调控措施对农田 CO_2 浓度的影响

作物进行光合作用所需的 CO_2 主要来自于大气。农田中的 CO_2 浓度缺乏是限制作物产量的最常见因素。增加 CO_2 浓度可以促进光合作用，增加作物产量。因此，农业上常采取各种措施以增加农田中的 CO_2 浓度。

合理的间套作，有利于田间大气 CO_2 浓度的提高。间作的宽行比等行单作作物更有利于通风，加速 CO_2 的扩散。当空气停滞不流通时，叶片附近的 CO_2 很快就会消耗光。一般而言，田间大气 CO_2 浓度低于正常值的 80%，就会影响作物光合作用的正常进行。如果继续降低至正常值的一半，作物就停止光合作用。间作增产的原因之一就是间作提高了农田大气 CO_2 浓度。

此外，增施 CO_2 肥料可直接提高农业生态系统中的 CO_2 浓度。当前 CO_2 施肥主要应用于可进行人工控制的温室或塑料大棚中。在完全开放的大田环境下施 CO_2 肥料尚有一定的难度，这与 CO_2 肥成本较高，价格昂贵且为气态肥，应用难度较大有关。因此，农业上常采取增施有机肥和秸秆还田措施，通过有机肥和秸秆的分解促进土壤中好气性细菌的数量和活力，释放更多的 CO_2 以提高作物群体上空的大气 CO_2 浓度。这种方法的优点是肥源丰富，成本低，简单易行，但也有其缺点，就是 CO_2 发生量集中，且不易掌握。

CO_2 施肥也不是浓度越高增产效果越好，通常把作物周围的 CO_2 浓度提升至原来的 3 倍左右就有较明显的增产效果。过高的 CO_2 浓度反而会对作物产生伤害。

有关通过农业固碳减排等措施调控农田或大气 CO_2 浓度的问题将在下节中讨论。

第三节　全球气候变化与作物生长

从 19 世纪末尤其是从 20 世纪 80 年代至今，全球气温发生了明显变化。在导致全球升温的各种因素中，温室气体引起的温室效应被认为是最重要的原因。事实上温室效应在远古以前就已存在了，因为只要大气中的 CO_2 等温室气体存在，就有温室效应，只是由于近年来温室气体增加，几百万年来稳定的温室效应发生了变化，并进而导致全球气温升高，在“双碳”目标下，应以绿色生态为主线，减少农业系统碳排放，推动构建人类命运共同体。

一、大气气体浓度与全球气候变化

（一）大气气体浓度

在各种温室气体中，CO_2 被认为是最重要的气体，其他一些温室气体如 CH_4、N_2O 和 O_3 等也具有重要作用。

1. 二氧化碳(CO_2)　地球上原始大气的主要化学组成是 H_2O、CO_2 和 HCl，其中 CO_2 含量仅低于 H_2O 而远高于 N_2 和 O_2 含量，因此原始地球表面的温度是很高的。大约在 38 亿年前生物出现，并经过漫长的发展和进化过程后，大气中的 CO_2 才稳定到 300cm^3/m^3的动态平衡状态，这一含量所造成的地球表面温度使人类和其他生物得以顺利繁衍和发展。

但从工业革命以后，大量矿物燃烧和森林破坏等使大气中 CO_2 含量显著升高，由此导致了温室效应增强，全球气温升高。众多研究表明，公元 1750 年以前，大气中的 CO_2 浓度基本保持在 280cm^3/m^3 左右；工业革命以后，CO_2 的浓度逐渐上升，而上升速度在 1960 年之后加快，其中 80 年代以来上升最快。1958～1977 年 20 年间，CO_2 浓度从 316cm^3/m^3增加至 330cm^3/m^3，平均每年递增约 0.7cm^3/m^3，而 80～90 年代，CO_2 浓度从 330cm^3/m^3增加到了 354cm^3/m^3，平均每年递增约 1.7cm^3/m^3，递增幅度明显增加，到了 2012 年 CO_2 浓度增至 393.8mg/kg(图 10-4)。如果不加控制的话，预计至 21 世纪末，大气中的 CO_2 浓度还会再增加一倍左右。

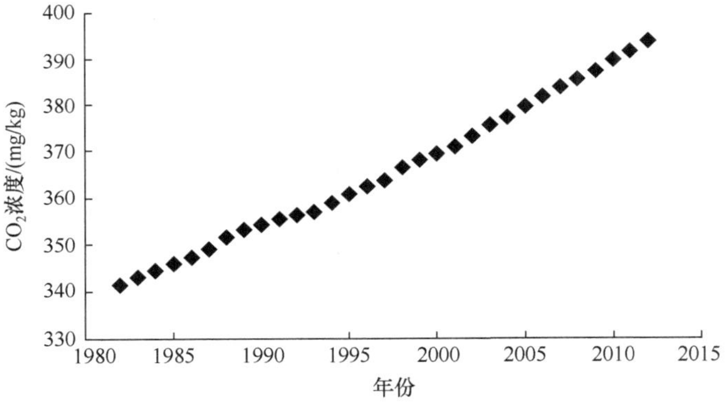

图 10-4　大气中 CO_2 浓度的变化趋势图

2. 甲烷(CH_4)　大气中 CH_4的来源有多个方面，湿地、稻田、反刍动物、垃圾填埋场是最主要的 4 个来源，其中湿地排放主要集中在热带地区，而稻田排放主要集中在亚洲。大气中 CH_4浓度一直很低，大约 300 年前，CH_4浓度才开始逐步上升，而明显的大幅度增长发生在近 20 年，此间 CH_4年平均增长率达到了 0.8%～1.0%。据粗略估计，现在大气中 CH_4含量已达到了 1.70cm^3/m^3以上，与 CO_2 相比，CH_4的温室效应更明显，以单位质量计，CH_4对空气的相对加热率是 CO_2 的 58 倍，因此 CH_4在全球气候变化中起着重要作用。

3. 氧化亚氮(N_2O)　N_2O 在自然界中主要来源于水体和土壤中微生物的活动，人为因素主要是天然氮肥的大量施用和化石燃料与生物体的燃烧。N_2O 在大气中的存在非常稳定，可保持 130～150 年不变，因此大气中 N_2O 浓度一旦增加就不易再降低。不过与其他气体相比，大气中 N_2O 的浓度变化较小，有资料表明，工业革命前 N_2O 浓度为 285～288mm^3/m^3，从 1700 年开始逐渐增加，但增加速度一直很小；即使到 20 世纪 70 年代，N_2O 的浓度变化仍不大，如 1976～1980 年的 5 年内，北半球 N_2O 浓度只增加了 3mm^3/m^3，年增加率只有0.2%；但80年代以来，N_2O呈迅速增长趋势，1980～1990年的10年间，大气中N_2O浓度从301mm^3/m^{3}增加至310mm^3/m^3，年增加率达到了0.3%。N_2O导致温室效应的作用也很明显，研究表明，N_2O的相对增温作用约是CO_2的20.6倍。N_2O除本身为重要的温室气体外，它的增加还会引起平流层O_3的减少，因此N_2O具有双重温室效应。

4. 氟氯烷烃(CFCS)　　除海洋中可产生少量氯甲烷外，氟氯烷烃几乎全部来自人工合成，因而大气中CFCS的浓度增加只是近几十年的事，原来的大气中几乎没有这类物质存在。由于氟氯烷烃在烟雾喷射剂、制冷剂、泡沫发生剂和灭火剂中广泛使用，因此人类排放到大气中的量呈逐年增加趋势，特别自20世纪70年代以来，大气中的氟氯烷烃含量迅速增加。氟氯烷烃的特点是种类较多，除少数几种外，大部分CFCS在大气中的保留时间较长，如C_2F_5Cl和CF_3Cl的停留时间可达400年，而C_2F_4Cl的保留时间可到200年。这类物质的另一特点是致温室效应的作用特别强，其对空气的相对加热率是CO_2的几百至几千倍。所以这类物质对温室效应的贡献不但大，而且持续时间长。氟氯化物对气候变化的另一影响是它们对臭氧层有破坏作用。而臭氧层遭破坏后，强烈的紫外线作用会引起地表温度升高。

5. 臭氧(O_3)　　在各种人为因素作用下，大气中不同高度O_3的浓度呈现出不同的变化趋势：一方面是对流层O_3的增加；另一方面则是平流层O_3的减少。而这两种变化趋势都将引起地表和低层大气温度的上升，即引起全球气温升高。对流层O_3增加引起温度升高的原因是：O_3在红外光谱中有吸收带，可以吸收红外光，在紫外光谱中有一强吸收带，可吸收大量紫外光。平流层O_3减少导致地面升温的原因是：O_3减少后对于平流层中紫外光的吸收减少，致使到达地面和低层大气中的紫外光强度增加，从而引起地表温度上升。

（二）大气气体浓度的改变对全球气候的影响

温室气体的排放持续增高，使地球已经受到温室效应的诸多影响，其中，温室气体浓度上升对全球气候的变化有着深刻的影响。2011年，世界气象组织(WMO)发布了最新一期《温室气体公报》，称2011年全球大气温室气体浓度再创新高，当年所有长期温室气体的总辐射强度相当于0.0473%的CO_2当量，比1990年的水平增加了30%。公报数据显示，作为大气中人类活动排放的最主要温室气体，2011年大气中CO_2浓度达到0.0391%，是工业革命前水平的140%。2011年，其他温室气体，如甲烷、氧化亚氮等的大气浓度也创下新高，其中甲烷、氧化亚氮浓度分别为工业革命前水平的259%、120%，而氧化亚氮对气候的影响长达百年以上。温室气体排放导致全球平均气温上升，引发冰盖融化、极端天气、干旱和海平面上升，这种全球性影响将会危及人类生命和生活。

1. 温室效应的增强将导致全球气候变暖　　大气的主要成分——氮气和氧气都不吸收长波成分的红外辐射，所以它们对温室效应没有贡献。大气中的CO_2、CH_4等气体可以强烈地吸收红外辐射，因而它在大气中的存在对截留红外辐射能量影响较大。这些气体如同温室的玻璃一样，它允许来自太阳的可见光到达地面，但阻止地面重新辐射出来的红外光返回外空间，因此，这些气体起到了单向过滤作用。大气中如CO_2等气体吸收了地面辐射出来的红外光，把能量截留在大气之中，从而使大气温度升高，这种现象称为温室效应。如果大气中温室气体增多，便有过多的能量保留在大气中而不能正常地向外空间辐射，这样就会使地面和大气的平衡温度升高，对整个地球的生态平衡会有巨大的影响。

2. 海平面升高　有两种过程会导致海平面升高：温室效应导致气候变暖，而气候逐渐变暖的趋势对海洋上的影响，首推海平面变化。首先，因为气候变暖了以后，两极冰盖融化，陆地上的冰川融化，大量的水进入海洋；其次，进了这么多水以后，海水的盐度和密度都会降低，在持续温暖的条件下，海水的膨胀率会增长，海水膨胀后相对沿岸的固体来讲（水位）就上升了。

3. 影响农业和自然生态系统　实验证明，在高 CO_2 浓度的环境下，植物会生长得更快速和高大。但是，全球变暖会影响大气环流，继而改变全球的雨量分布及各大洲表面土壤的含水量。由于未能清楚了解全球变暖对各地区性气候的影响，以致对植物生态所生成的转变也未能确定。全球降雨量可能会增加，但是地区性降雨量的改变仍不知道。某些地区可有更多雨量，但有些地区的雨量可能会减少。此外，温度的提高会增加水分的蒸发，这给地面上水源的运用带来压力。

二、温室效应对作物生长的影响

全球变暖对作物生长的影响既有有利的一面，也有不利的一面，总的来说弊大于利。从全球范围看，中、高纬度地区的温度与工业革命前相比升高 1～3℃，农作物产量呈增加趋势。而在低纬度地区尤其是季节性干旱地区和热带地区，温度虽然升高了 1～2℃，但农作物产量呈减少趋势。一般而言，温度升高 1～3℃，可以增加作物的产量，然而高于这个温度范围可能会造成农作物产量的减少。

（一）全球变暖对作物产量的影响

气候变暖使农业生产的不稳定性增加，作物产量波动加大，其影响主要体现在以下几个方面：温度、降水量、太阳辐射、土壤有机质含量及 CO_2 浓度，各个因素间存在相互关联的作用。温度升高，有效水分减少，将在很大程度上制约对 CO_2 的有效吸收，减弱作物的光合同化过程和强度。另外，温度升高会导致蒸发率过高，可能抵消因 CO_2 增加而提高的水分利用率，导致作物的水分胁迫更加严重；作物的呼吸消耗也将随着温度升高而呈指数递增，直接导致光合同化产物被植株自身为维持呼吸作用而大量消耗。温度的升高还会使土地更多的氮元素以 NH_3、N_2O 和 NO_3^- 形式遗失，危害农作物的正常生长。

全球变暖预计会改变水循环的强度，但农田水分的可用性与作物冠层的结构和根层的储水能力有密切关系，这就增加了季节性降水分布和强度变化对农作物影响的不确定性。

引起全球变暖的 CO_2 浓度上升同样对作物有重要的影响。CO_2 浓度上升可促进光合作用，抑制呼吸作用，提高植物水分利用率，并且可以减少 O_3 的毒害，在一定程度上增加作物对于病虫的抵抗力，因此将可能提高作物的产量。但 CO_2 浓度的升高也会致使作物吸收的碳元素增加，氮元素减少，作物蛋白质的含量降低，导致作物质量下降。因此，作

物的产量与质量受 CO_2 浓度的影响存在一定的平衡关系。

若降水量、CO_2 浓度同时增加，温度升高时蒸发便加剧，降水蒸发差则为负，土壤有效水分将会变少，因而并不能提高农作物对 CO_2 的吸收。气温升高也可以通过改变土壤有机质中碳的含量而对农作物产生影响。

土壤有机质中的碳是地球碳库的重要组成部分，参与全球碳循环，有机质分解产生的 CO_2 和 CH_4 是重要的温室气体。气温升高后，土壤有机质的分解将加快，造成地力下降。土壤有机质对气候变化反应敏感，其中温度是支配其分解速率的重要环境因素，其含量沿着降水减少和温度升高的梯度而减少。温度升高 1℃，植物能吸收的速效氮肥释放量将增加 4%，释放期将缩短 3.6d，因此要保证原有肥效，将增加农业成本，并且对土壤和环境的污染加重。

（二）全球变暖对作物种植制度、地理分布及生育期的影响

气候变暖将使我国作物种植制度发生较大的变化。一些学者曾预测，到 2050 年，气候变暖将使农作物三熟制的北界从长江流域移至黄河流域，两熟制地区将北移至目前一熟制地区的中部，三熟制的面积可能扩大 1.5 倍，一熟制的面积将减少 23%。而我国西北地区气候变暖对农业的负面影响大于正面影响：冬季气候变暖，越冬作物种植区北界向北扩展；气候变暖，喜温作物面积扩大，多熟制向北推移。除了作物种植制度发生改变外，主要作物品种的布局也将发生变化，有研究结果显示，华北目前推广的冬小麦品种将无法适应变暖的气候，比较耐高温的水稻品种会在南方占主导地位，并且向北方稻区发展，而东北地区玉米的早熟品种逐渐被中、晚熟品种取代。

与此同时，全球变暖下作物的生育期也发生了改变。气候变暖将使冬小麦播种期向后推延，返青期提前，对冬小麦增产有利，也利于玉米生育期的延长和产量提高；对于棉花生产，终霜期明显提前，初霜期略有推迟，霜期变短，生育期平均延长，霜后花率降低，棉花产量和质量也有很大程度的提高。温度升高可延长全年生长期，对无限生长习性或多年生作物有利，而对生育期短的作物来说会减少生物量。

（三）全球变暖对病虫害的影响

气候变化（尤其冬季增温），北方许多害虫和病原物容易越冬，使病源和虫源有效越冬基数增大，病虫的分布区可能扩大；温度升高使害虫生长季节加长，一年中害虫世代数增多，农田多次受害的概率增大；温度升高，大气中 CO_2 浓度升高，作物生长速度加快，导致植物含氮量下降，农业害虫需要摄取更多的植物以满足自身营养需求，农作物的改变和复种指数的增加都可能有利于害虫和病原物的传播和危害。同时，气候变暖下作物种植区的迁移改变作物病原体的地理分布，热带的病原物和寄生组织将会扩展到亚热带甚至温带地区。因此，全球变暖将导致农作物容易感染虫害而产量下降。

三、大气污染对作物生长的影响

大气污染对农业的影响和危害程度已位居工业“三废”之首，成为人们极为关注的问题。大气污染是指大气中由于人类活动产生的大气污染物及其转化形成的二次污染物的

浓度达到有害程度的现象。目前已知的有100多种大气污染物，主要来自于自然（如森林火灾、火山爆发等）和人为（如工业废气、生活燃煤、汽车尾气、核爆炸等）两个方面，以后者为主，尤其是交通运输和工业生产。这些污染物质均能对农作物的生长和发育产生直接或间接的影响，造成农作物的减产和品质下降。

（一）大气污染物的种类

按其存在状态，大气污染物可分为气溶胶状态污染物和气体状态污染物两大类。气溶胶状态污染物是指沉降速度可以忽略的固体粒子、液体粒子或它们在气体介质中的悬浮体，根据气溶胶的来源和物理性质，可将其分为粉尘、烟、飞灰、黑烟、液滴、轻雾（霭）、雾。气体状态污染物是以分子状态存在的大气污染物，可分为以二氧化硫为主的含硫化合物、以氧化氮和二氧化氮为主的氮氧化物、碳的氧化物、碳氢化合物和卤素化合物等5类。

按污染物的危害机制，其可分为氧化物质（如臭氧、过氧乙酰硝酸酯类、二氧化氮、氯气等）、还原物质（如二氧化硫、硫化氢、甲醛、一氧化碳等）、酸性物质（如氟化氢、氯化氢、氰化氢、三氧化硫、四氯化硅等）、碱性物质（如氨等）、有机物质（如乙烯等）和无机物质（如镉、汞、铅和粉尘等）。

（二）大气污染物对作物的影响

大气污染最容易对作物产生危害，首先是作物必须通过庞大的叶面积同空气接触并进行活跃的气体交换；其次，作物不具有高等动物可以缓冲外界影响从而为细胞提供相对稳定内环境的循环系统；第三，作物一般是固定不动的，不像动物一样可以自行移动避开污染。

大气污染物对作物的危害，根据伤害的方式可分为直接伤害（作物因与污染接触而导致的伤害）和间接伤害（污染物在大气中形成次生污染而对作物造成的危害，如酸雨、紫外辐射增强、温室效应等）。

大气污染物对作物的危害，根据症状呈现可分为可见伤害和不可见伤害。可见伤害是指作物茎、叶由于吸收较高浓度的污染物或长期暴露在被污染的大气环境中而出现的可以看到的受害现象。可见伤害根据受害程度又可分为急性型、慢性型和混合型3种类型。急性伤害是指浓度很高的污染物在短时间内对作物造成了危害，如叶片出现伤斑、脱落甚至整株死亡等；慢性伤害是指低浓度的污染物长时间作用于作物，使作物受到的危害，如叶片褪绿、生长发育受影响等；混合型伤害是介于慢性伤害和急性伤害之间的受害症状，一般叶片出现黄白化症状，以后虽可恢复青绿，但仍会造成普遍减产。不可见伤害是指作物吸收低浓度污染物后，叶片不呈现明显的受害症状，但其生理、生化方面受到不良影响，并造成作物不同程度的减产或影响产品的质量。

（三）大气污染对作物的生理影响

1. 光合作用变化 大气主要污染物可影响气孔活动，对叶绿体的类囊体膜产生破坏，从而对光合作用的电子传递系统及CO_2固定效率等产生妨碍。因此，用一定剂量的污染物(如 SO_2、NO_2 等)对作物进行短期处理,即可迅速降低其光合作用。各种污染物对光合抑制的效应顺序如下。

$$\underset{0.01mg/L}{HF} > \underset{0.05mg/L}{O_3} > \underset{0.2mg/L}{SO_2} > \underset{0.4\sim0.6mg/L}{NO_2}$$

2. 呼吸作用变化 在受大气污染物的影响后,一般作物的呼吸强度增大,但也有发现作物受污染物的影响后,呼吸作用出现降低的现象,污染物对氧化过程的破坏程度是呼吸作用出现不同变化方向的主要原因,试验也证明 O_3 能抑制线粒体的氧化磷酸化和呼吸作用。

3. 过氧化物酶变化 过氧化物酶是一种对各种逆境反应灵敏的氧化还原酶类,被 SO_2 熏气后的小麦,不仅各部位叶片的过氧化物酶活性都增高,其同工酶活性也增加并有新的酶带产生,表明过氧化物酶活性与伤害的产生有一定的相关性。

(四)大气污染物对作物的危害

1. 二氧化硫 SO_2 是目前我国最主要的大气污染物,也是对农作物危害最广泛的空气污染物,作物在 0.05~10mg/m³浓度的 SO_2 中就会受到危害,SO_2 伤害的典型症状出现在作物叶片的叶脉间,呈不规则的点状、条状或块状坏死区,坏死区和健康组织之间的界限比较分明,坏死区颜色大多呈现灰白色和黄褐色。研究发现,敏感作物在 0.05~0.5mg/m³浓度的 SO_2 中 8h 即受害;在 1~4mg/m³浓度的 SO_2 中 3h 即受害。不敏感的作物在 2mg/m³浓度的 SO_2 中 8h 才受害,在 10mg/m³浓度的 SO_2 中 30min 受害。不同作物对 SO_2 的敏感性相差很大,对 SO_2 敏感的作物有冬小麦、春小麦、大麦、荞麦、大豆、甜菜、芝麻等,对 SO_2 中等敏感的作物有水稻、玉米、燕麦、高粱、棉花、烟草等,对 SO_2 不敏感的作物有蚕豆、油菜、向日葵、甘蓝等;同一植株不同年龄时期的器官,其敏感性也不同,刚刚完成伸展的嫩叶最易受伤害,中龄叶次之,老叶和未伸展的嫩叶抗性较强。

2. 氟化物 氟是卤素中化学性质最活泼的元素,作物很容易受到它的伤害,大气中的氟化物主要有氟化氢(HF)、四氟化硅(SiF_4)、硅氟酸(H_2SiF_6)及氟气(F_2)等,其中排放量最大、毒性最强的是 HF。作物较长时间接触 1~5μg/m³浓度的 HF 即会受害。炼铝厂和磷肥厂是大气氟污染的主要来源,氧化铝电解用的溶剂冰晶石($3NaF \cdot AlF_3$)含氟 54%,磷肥的原料磷矿石 $3Ca_3(PO_4)_2 \cdot CaF_2$ 含氟 3%~4%,因而生产过程会排放大量的氟化氢。此外,陶瓷、搪瓷和玻璃厂的原料釉子、陶土、萤石(CaF_2)和氟硅酸钠($NaSiF_6$)中也含氟,生产过程也都会排放含氟废气。钢铁厂使用含氟量高的铁矿石时,也会造成大面积的氟污染。

作物受氟化物气体危害的症状与受 SO_2 危害的症状相似,红棕色至黄褐色的坏死斑出现在叶尖、叶缘,在正常组织与受害叶组织之间常形成一条暗色的带,受害严重时,叶片整个枯焦脱落。对氟化物比较敏感的作物有荞麦、番茄、玉米等。而棉花及豆类作物和蔬菜等对氟化物有较强的抵抗力。

3. 氯气 氯的化学活性不如氟活跃,但进入作物组织中的氯气,会与水发生作用产生次氯酸,是一种强氧化剂,对作物有较大的破坏作用,其毒性虽不及氟化氢强烈,但较 SO_2 强 3~5 倍,氯气污染主要来自化工厂、农药厂、冶炼厂等企业发生偶然事故时,产生大量氯气逸散，叶片受氯气危害后叶绿素很快被破坏，形成褐色伤斑，严重时全叶漂白、枯卷甚至脱落。

不同作物对氯气的相对敏感性不同，抗性弱的作物有番茄、菜豆、洋葱、芝麻、大麦等，抗性中等的作物有甘薯、水稻、棉花、玉米、高粱等，抗性强的作物有茄子、甘蓝、韭菜等。与二氧化硫相似，不同年龄的器官对氯气的敏感性不同，最易受伤害的是刚刚完成伸展的嫩叶，其次为中龄叶，抗性较强的是老叶和未伸展的嫩叶，但受氯气急性危害后的作物叶片，尖端的芽叶仍能继续生长，这不同于作物受氟化物的危害。

4. 光化学烟雾　汽车、工厂等污染源排入大气的碳氢化合物（HC）和氮氧化物（NO_x）等一次污染物，在阳光（紫外线）的作用下，发生各种化学反应，形成臭氧（O_3）、二氧化氮（NO_2）、醛类（RCHO）、硝酸过氧化乙酰（PAN）等二次污染物，再与大气中的粒状污染物（硫酸液滴、硝酸液滴等）混合成浅蓝色的烟雾，由于这种烟雾的污染物主要是光化学作用形成的，故称为光化学烟雾。

臭氧是光化学烟雾的主要成分，所占比例最大，其次是 PAN。这些污染物的氧化能力均极强，对作物的生长会产生严重危害。在美国加利福尼亚州，由于汽车数量多、雨量少，光化学烟雾相当严重，农作物的损失惊人，甜玉米减产 72%，苜蓿减产 38%，脐橙减产 50%，柠檬减产 30%，在工业发达国家光化学烟雾经常造成严重事故，我国也开始有这种迹象，值得警惕。

1）臭氧　受臭氧伤害后，症状一般出现在成熟叶片上，嫩叶不易出现症状，伤斑零星分布于全叶各部分，斑点大小因作物种类和受害程度而异。通常有 3 种类型伤斑（有时只出现一种，有时会同时出现两三种），一是褪绿，呈杂色斑点，斑点很小，直径小于 1mm，常出现在叶的上表皮；二是漂白，叶子上表皮变成白色或黄褐色，谷类和番茄叶背常变白；三是叶的海绵组织也受到危害时，斑点透过叶片组织，斑点直径大于 1mm，叶片发生黄化，甚至退成白色，小叶脉枯死，主脉保持绿色，叶肉组织坏死后形成网状。

位于叶片上表面的栅栏组织细胞是臭氧侵害的主要组织，严重时下层的海绵组织才会受害。臭氧危害作物的浓度与作物的敏感性有很大关系，敏感作物如小麦、大麦、玉米、菜豆、菠菜、烟草、紫花苜蓿和番茄等在空气中臭氧浓度为 0.3mg/kg 时 2h 就可受伤害，中等抗性的萝卜、胡萝卜和莴苣在臭氧浓度超过 0.3mg/kg 时 2h 也可受伤害。抗性比较强的作物如甜菜、黄瓜、棉花和洋葱等在臭氧浓度超过 0.4mg/kg 以上经过 2h 后才会受害。

2）氮氧化物　大气污染物氮氧化物的主要成分是二氧化氮、一氧化氮和硝酸雾，以二氧化氮为主，主要来自汽车尾气。受二氧化氮危害后作物出现的症状与二氧化硫、臭氧相似，叶脉间、叶缘出现不规则水渍状伤害，并逐渐坏死，变成白色、黄色或褐色斑点。二氧化氮毒性弱，一般无急性危害。敏感作物番茄，也需要 2～3mg/kg 甚至以上浓度才表现受害症状，敏感作物还有大豆、甘薯、芝麻、菠菜、草莓等；中等敏感作物有菜豆、韭菜、荞麦、粟等；抗性作物有黄瓜、西瓜、水稻、玉米等。

3）硝酸过氧化乙酰（PAN）　PAN 是硝酸过氧酰基类的一种，是主要的空气污染物之一。它是由氮的氧化物与烷类的裂解产物通过化学反应而形成的，所以是次生的空气污染物。作物受过氧乙酰基硝酸酯危害的症状很特殊，豆类、番茄等双子叶作物刚受害时叶片外表像涂了油和蜡似的发出光泽，叶背面呈现银灰色的光亮，有时可以是青铜色，受害一段时间严重的变成褐色，伤害出现的部位，幼龄叶在叶尖，壮龄叶横跨叶片中部，老叶达叶基部，往往由于伤带四周的健康组织还在生长，因此形成伤带区域下陷。谷类作物等单子叶作物受害后也能形成横贯叶片的损伤带，伤带宽度从几毫米到 2cm，伤带呈现褪绿没有釉光，严重时叶肉遭到破坏解体。

过氧乙酰基硝酸酯对作物的毒性很强，在比臭氧低一个数量级的浓度时，作物就会受到危害。它与臭氧一样具有强氧化性，危害部位以叶肉的海绵组织为主，受害叶从叶背面海绵组织开始坏死，而留下表皮细胞或栅栏组织，叶片中间形成空隙，从外观看呈现银灰色或青铜色，这与臭氧危害作物的症状不一样。

不同作物对过氧乙酰基硝酸酯的敏感性有很大差异，敏感作物有菜豆、番茄、莴苣等；抗性较强的有玉米、棉花、黄瓜、洋葱、萝卜等；中等的有苜蓿、大麦、甜菜、胡萝卜、大豆、菠菜、烟草、小麦等。

5. 酸雨　酸雨一般是指 $pH<5.6$ 的降雨或降雪。酸雨中不仅含有大量 H^+，还含有浓度更高的 SO_4^{2-} 和 NO_3^- 等阴离子，电厂、冶炼厂和各种机动车辆排放的 NO_x 和 SO_2 经光化学反应和催化反应产生这些阴离子，由于各地的排放状况不同，因而各地酸雨的酸度和离子组成及比例有明显的差异。

研究表明，我国 1985 年年均 pH 小于 5.6 的降水区域面积为 175 万 km^2，到 1996 年已扩大至 384 万 km^2，占全国土地面积的 40%左右，且仍呈逐年加重的趋势，成为除北欧和北美之外的第三大酸雨区。

酸雨会对作物产生直接和间接两个方面的危害，直接危害一般指酸沉降与作物叶面相互作用而使作物受害，试验表明，酸雨使叶片的蜡质层破坏加快，导致养分淋失，作物的代谢和呼吸受到破坏，从而造成坏死性损害，还会诱发叶簇器官的病理性变化，生殖生长期的作物遇到酸雨，则种子的萌发率会受到影响，花粉寿命缩短，从而影响作物的产量和质量。

酸雨对作物的间接危害主要是通过影响土壤性质和土壤微生物从而对作物的产量和品质产生危害。①酸雨导致土壤酸化：大量铝的氢氧化物存在于土壤中，土壤酸化后，使土壤中含铝的原生和次生矿物风化加速而释放大量铝离子，产生了作物可吸收形态的铝化合物，长期过量吸收铝会使作物中毒，甚至死亡。②酸雨导致重金属毒害：环境介质中的重金属（如锰等）活性在酸雨作用下明显增强，化学形态转化明显，明显增强了重金属的迁移能力和生态危害能力，从而对作物产生毒害。③酸雨导致肥力下降：土壤微生物种群在酸雨作用下发生变化，土壤中氨化细菌和固氮细菌的数量大大降低，氨化作用和硝化作用能力下降，使营养元素的良性循环受到影响，也使土壤矿物质营养元素的流失加速，土壤结构发生改变，导致土壤贫瘠化，影响作物正常发育，使作物减产。

四、作物生产对温室气体的调节

农业是与自然环境关系最为密切的产业，随着化学农业、石油农业和机械农业的发展，农业已成为温室气体（CO_2、CH_4、N_2O 等）的重要来源。据估计，全球范围内农业源排放的 CH_4 占人类活动排放 CH_4 总量的 50%，N_2O 占 60%，政府间气候变化专业委员会第 4 次评估报告表明，农业生产活动排放的 CO_2、CH_4、N_2O 等温室气体总量仅次于电热生产，成为全球温室气体的第二大重要源，减少农业温室气体的排放量、改善农业生态环境，成为各国的当务之急。

农业活动释放的3种最常见的气体分别是CO_2、CH_4、N_2O，CH_4大多是由有机物如农作物、牲畜饲料或粪便等无氧分解产生的，占农业总排放量的50%左右；N_2O主要是来自微生物分解土壤和粪肥中的氮产生的一种副产品，农业生产中为了追求产量大量施用富氮复合肥料，使土壤中的氮含量超过作物生长需求，形成过剩，导致N_2O含量大大增加，目前N_2O约占农业温室气体排放量的36%；CO_2则是在土壤中的有机物有氧分解时释放出来的，农业领域"有机土壤"的排水和耕作是CO_2最大的排放源，如出于种植目的而对包括泥塘、泥炭地、湿地或者富含有机物质的沼泽等这些地区进行排水时，土壤中的有机物就会快速分解，释放出CO_2，这一过程产生的CO_2约占农业温室气体总排放量的14%。

农业温室气体过多排放导致的气候变化将给农业生产带来诸多问题，如增加农业生产的不稳定性、作物种植制度发生较大的变化、农业成本和投资因农业生产条件的改变而大幅增加等，因此，在不影响农业经济发展的前提下发展低碳农业，通过有效的技术创新和制度模式减缓温室气体排放，成为目前农业可持续发展的必然道路。

低碳农业是指以减缓农业温室气体排放为目标，将现代节能减排技术与传统农业技术有机结合，通过加强基础设施建设、产业结构调整、提高土壤有机质含量、做好病虫害防治、发展农村可再生能源等转变农业生产和农民生活方式，实现高效率、低能耗、低排放、高碳汇的新型综合农业体系，既能保证农作物的高产稳产，又能减缓气候变暖压力，是当前应对气候变化、实现现代农业提升品质的重要途径。目前减缓农业温室气体排放和有效增加农业碳汇是低碳农业实现对农业源温室气体调节的两个主要方面。

（一）农业温室气体减排

1. 推进农业机械节能　农业机械的动力主要依靠柴油、电力等来提供，现代农业不断增加的机械化程度，必然带来不断增大的农业机械能源需求，农业机械过高的能源消耗会排放大量的温室气体，导致资源的不可持续和环境污染问题。因此，减少农业机械的能源消耗是发展低碳农业的重要途径。降低农业机械的能源消耗可通过以下几种方式：一是耕作技术与制度改革，通过作业工序的减少、作业效率的提高等来实现能源消耗的减少，如与传统耕作相比，保护性耕作可节油33%，综合考虑地区差异及其他耕作技术等的影响，可节油25%～30%；二是通过农业机械利用率和经济效益的提高实现能耗减少，促进农机行业协会的建立和发展，对分散的农机户采用多渠道、多区域、多层次的合作方式，提高组织化程度，使农机户形成利益同盟，扩大农机跨区作业规模；三是研发、推广节油、节电、节煤等节能型农业机械，提高农机装备和作业水平。

2. 改进农业施肥技术　化肥在农业生产中不仅会对地上植被生物量和土壤碳源供应量产生影响，还会对土壤微生物活性和土壤呼吸强度产生影响。因此，土壤碳库必然会因化肥的使用而发生变化。通过增施有机肥可使土壤有机质的腐烂减缓和有机粪肥的田间暴露时间缩短，并结合土地耕作活动的减少和土壤水分管理的改善，可使CO_2的排放量大大减少。

3. 开发利用农村可再生资源　通过开发利用农村可再生能源，既可以增加农村能源供给、改善能源结构，又可以节能减排，实现农业经济的可持续发展。农村可再生能源是一类区别于煤、油等不可再生能源的非化石能源，主要包括沼气、农作物秸秆、风能、太阳能等。通过实施农村沼气工程，以沼气替代薪柴及化石燃料和电能的消耗，可减少温室气体的排放，同时沼渣可用作肥料，减少常规化肥的使用，减少施用化肥产生的 N_2O（其温室效力是 CO_2 的 300 倍左右）排放。推广秸秆的综合利用，即秸秆的能源化、饲料化和肥料化，如通过生物质致密成型（固化）技术和秸秆气化技术，既可替代农村生产生活中的化石燃料，又可减少秸秆就地燃烧产生的 CH_4、N_2O 的排放。

（二）农业固碳减排

作为地表生态系统中最活跃碳库之一的土壤碳库，既是温室气体 CH_4、CO_2、N_2O 等的重要释放源，也是重要的吸收汇，因而，农业固碳减排主要指土壤固碳。土壤固碳是指通过管理措施提高土壤的有机和无机碳含量，将大气中的 CO_2 固持在土壤碳库中。研究表明，农业生产的诸多措施如采用保护性耕作/免耕措施、土地利用方式等都会影响农田土壤固碳，并影响农田温室气体排放水平。

1. 保护性耕作/免耕措施　从农业技术的发展看，传统耕作方式中肥料的不当施用、翻耕频繁、作物残余物的清除和焚烧、抵御土壤侵蚀和防治土壤退化措施的缺乏等是造成土壤有机碳损失的主要因素，而免少耕技术与传统耕作方式不同，它是一项集保护性耕作与轻型简约栽培于一体的先进适用技术，通过少耕、免耕技术可减少对土壤的扰动，使土壤团聚体数量得以增加，土壤结构得到改善，并可增加秸秆的还田量和降低农业机械操作的次数及燃料的消耗，进而降低碳的排放。因而，从增加土壤碳固定、净碳释放量、碳减排方面看，保护性耕作/免耕措施是农业固碳减排的一种重要措施。

2. 农学措施　通过作物品种选择、合理轮作等农学措施可以起到增加粮食产量、土壤碳固定和减少温室气体排放的目的。通过使用改良的作物品种，可提高作物生产力，从而增加固碳能力；选择种植较高 C∶N 非固氮的燕麦或深根作物黑麦作覆盖作物，土壤中的残留氮会更多地被深根系统带走，可减弱覆盖作物对 N_2O 产生的影响；通过在两季豆科作物之间种植生长期较短的绿被作物，既可增加土壤有机碳，又可吸收上季土壤中作物未利用的氮，从而起到减少 N_2O 排放的目的。

3. 土地利用与管理措施　土地利用与管理措施均能对土壤 CO_2、CH_4 和 N_2O 的释放产生影响。把严重退化的土地退耕还林还草，可减少对土壤的扰动，减少收获物的移除，增加土壤有机碳含量，同时由于仅需投入较低的氮，从而减少了 N_2O 的排放，提高了对 CH_4 的氧化，进而减少温室气体排放；将旱地农田转变为湿地可增加土壤有机碳的累积，达到固碳减排的目的。

4. 合理规划土地经营　尽管通过土壤固碳来控制 CO_2 的排放量展示出较大的潜力，但是我国目前正处于高速工业化、城市化和现代化的进程中，土地要素的投入量极大，因此，必须合理规划土地经营，严格控制工业用地，保证生态农业用地的合理规模，才能达到固碳减排的目的。一方面，要使退耕还林、天然林保护等生态建设的成果得到巩固，通过增加森林、恢复农村湿地等途径和措施来增加碳汇；另一方面，要对土地用途严格控制，加大土地的复垦力度，实行计划性的封山育林，加强草地管理，实施草原保护制度及退牧还草工程。

本章视频

第十一章　作物生长与土壤

土壤是作物生产最基本的生产资料，土壤健康是农业可持续发展和农产品质量安全的保证，土壤耕作是作物生产的重要步骤，也是作物生产的基础环节。土壤耕作泛指运用犁、耙、耢、盖、磙等农具，通过机械作用，改善土壤耕层结构和孔隙度，协同水、肥、气、热情况，为作物播种、出苗和生长发育提供良好的土壤生态环境。土壤耕作方法多种多样，因地制宜，根据土壤类型、作物种类、栽培目的、生育时期、自然条件等选择土壤耕作方法。

第一节　土 壤 特 性

土壤特性是指土壤所具有的内在特性，包括土壤物理、化学、生物等诸多特性。土壤特性除与成土母质、成土条件等密切相关外，还在很大程度上受人类土壤利用活动的影响。土壤特性在一定程度上决定土壤的肥力水平，进而影响作物的生长发育和产量、品质的形成。

一、土壤物理特性

土壤物理性质包括土壤母质、土层厚度、土壤颜色、土壤质地、土壤结构、土壤孔隙、土壤容重、土壤空气及土壤通气性、土壤水分、土壤温度等特性，是影响作物生长发育的重要因素和反映土壤肥力的重要指标。

（一）土壤颜色

土壤颜色在一定程度上可反映土壤本身的性质，可粗略表示出土壤的组成及肥力水平，实践中常以土壤颜色作为识别土壤和判断土壤肥瘦的一种依据。一般呈黑褐色的土壤有机质含量较高，呈红色的土壤无水氧化铁含量较高，呈黄色的土壤含水氧化铁含量较高，典型的红壤或红黄壤具有这些特征；呈青色或蓝色的土壤亚铁含量较高，如潜育性水田常呈青色或蓝色，还原性强，早春土温低，早稻易翻秋。

（二）土壤质地

土壤质地指土壤中各种大小土粒的配合比例，又称土壤机械组成。其影响土壤水分和空气的保持和有效性、根系发育状况、土壤透水速率和耕性等。

1. 土壤质地分类及基本特性　根据土壤性质，土壤质地大体可分为砂土、黏土和壤土。

1）砂土类　砂土颗粒粗、孔隙大、较疏松，保肥能力差，养分含量少，土温变化大。耕作容易，宜耕期长。播种后易出苗，发小苗不发老苗。漏水漏肥不耐旱。

2）黏土类　黏土颗粒细、孔隙小、通气透水性差，保肥能力强，养分含量多，肥劲长而稳，土温变化小。湿时黏，干时硬，耕作困难，宜耕期短。播种后不易出苗，发老苗不发小苗。

3）壤土类　壤土砂黏适中，兼有砂土和黏土的优点，又克服了两者的缺点。适合多种作物生长，既发小苗也发老苗，是农业生产上较理想的土壤质地。

2. 作物对土壤质地的适应性　根据作物对土壤质地的适应性不同，可分为适砂土型、适壤土型和适黏土型。

1）适砂土型　砂土质地疏松，总孔隙度虽小，但非毛管孔隙度大，蓄水量小，蒸发量大。土壤升温快，昼夜温差大。由于表面积小，故蓄水、保肥能力差，肥力较低，适宜于花生、块根、块茎作物及瓜类（如西瓜）等作物的生长，而且品质优良。

2）适壤土型　壤土质地轻松，通透性良好，土壤肥力较高，适宜大部分作物生长。

3）适黏土型　黏土保肥保水能力强，但透水性、透气性等物理性质差，耕作难，易成坷垃或大土块。作物在黏土上的生长常表现为发大不发小，水稻适于黏土。

作物对土壤质地的适应性是相对的，因为有些作物对土质适应较宽，当某一限制因素消除后适应性可能就会发生变化。现将各种作物对土壤质地的要求列于表 11-1。

表 11-1　主要作物的适宜土壤质地范围

作物种类	土壤质地	作物种类	土壤质地
水稻	黏土、黏壤土	梨	壤土、黏壤土
小麦	黏壤土、壤土	桃	砂壤土、黏壤土
大麦	壤土、黏壤土	葡萄	砂壤土、砾质壤土
粟	砂壤土	豌豆、蚕豆	黏土、黏壤土
玉米	砂壤土	白菜	黏壤土、壤土
甘薯	砂壤土、壤土	甘蓝	砂壤土、黏壤土
棉花	砂壤土、壤土	萝卜	砂壤土
烟草	砾质砂壤土	茄子	砂壤土、壤土
花生	砂壤土	马铃薯	砂壤土、壤土
油菜	黏壤土	西瓜	砂土、砂壤土
大豆	黏壤土	茶	砾质黏壤土、壤土
苹果	壤土、黏壤土	桑	壤土、黏壤土

3. 土壤质地对作物根系生长及地上部产量形成的影响不同　不同土壤质地使作物根系伸展程度、根系活力大小表现不同。例如，玉米根系的根数、根生物量在不同质地土壤中的表现依次为：砂壤土＞壤土＞黏土。不同土壤质地对小麦根系分布影响很大，砂土区冬小麦根深一般大于 2m，有时可达 4m；介于砂、黏土壤之间的土壤，根深达 1m 左右；而在黏土区，根深只有 0.80m。

（三）土壤结构

土壤结构是指土壤颗粒互相胶结或与腐殖质黏结在一起而形成大小不一的土壤团聚体。由钙腐殖质将土粒胶结凝聚起来的一种圆滑疏松近似球形的小土团称团粒结构。拥有较多团粒结构的土壤，水、肥、气、热较协调，保水供水、保肥供肥性能较好，土质较疏松，有利于耕作及作物根系的伸展，比较适合作物生长发育。

除上述团粒结构土壤具备良好的肥力之外，我国大面积水稻田中常常具有直径为0.001～0.25mm的微团粒结构，这种结构土壤多存在于水稻土的耕作层。结构好、肥力高的水稻土，浸水后大的结构体能散成微团粒，造成“水土相融”，微团粒显著增加，尽管多次耕耙仍然存在，土壤松软，有利于根系的发展。微团粒内可闭蓄空气，微团粒外则为自由水，为渍水条件下水气共存创造了条件，有利于根系呼吸和防止烂根的发生。结构差的水稻土浸水后，大结构体化不开，不呈微团粒状，或者彻底分散呈单粒状而造成淀浆板结或浮泥状态，这些都不利于扎根生长，并且造成通气不良。因此，对水稻土来说，微团聚体的多少，是衡量肥力高低的指标之一。在土壤质地基本相同的情况下，微团聚体含量高的土壤，旱作时耕层比较疏松，容重较低；相反，微团聚体含量低的土壤，旱作时土块僵硬，容重较高。

（四）土壤容重和土壤孔隙

1. 土壤容重　是土壤重要的物理性质之一，不仅直接影响土壤孔隙度与孔隙大小分配，土壤的穿透阻力，土壤的水、肥、气、热变化，决定土壤微生物活动和土壤酶活性的变化；也间接影响作物生长及根系在土壤中的穿插和活力大小。

土壤容重显著影响土壤物理性质如土壤通气、持水性质、坚实度等。土壤的毛管孔隙度与容重呈正相关，通气孔隙度与容重呈负相关；低容重土壤中根系纵向分布均匀，数量多，根细而长，而高容重土壤中根系短而密度小。适宜的土壤容重对作物后期正常生长至关重要。

2. 土壤孔隙　是指土壤孔隙的大小及其在土层中的分布，孔性良好的土壤能够同时满足作物对水分和空气的要求，有利于养分状况的调节和植物根系的伸展。从农业生产需要来看，适合于作物生长发育的土壤孔隙指标为耕层孔度50%～56%，通气孔度在10%以上，最好为15%～20%，大小孔隙之比为1∶(2～4)，在土体内的孔隙垂直分布为“上虚下实”。

各种作物对土壤松紧和孔隙状况的要求略有不同，因为各种作物的生物学特性不同，根系的穿插能力不同。

（五）土壤空气和土壤通气性

土壤空气和水分共同存在于土壤孔隙之中。土壤空气的组成基本和大气相同，都是由氮气、氧气、二氧化碳等构成。但由于受土壤中各种生物化学过程的影响，与大气相比，土壤空气中二氧化碳含量高于大气，氧气含量低于大气；水汽含量高于大气，水汽呈常饱和状态；土壤空气中有时含还原性气体，如甲烷、硫化氢、氢等，在渍水或还原性土壤中发生较严重，对植物生长不利。

土壤氧化还原电位是评价土壤通气性好坏的一个指标，氧化还原电位高则氧分压大，土壤的通气性较好，微生物活性强，氮素转化率提高。决定土壤微生物活性的不仅是土壤肥力状况，还有土壤的通气性。土壤通气性的变化随着土壤容重、孔隙度、团粒结构等的变化而变化，且土壤通气性与土壤中通气孔隙的大小和数量多少有关，因此要从根本上提高土壤的生物肥力和改善作物生长的环境条件，必须改善土壤的通透性，改变土壤孔隙大小分配的比例或采取措施调节土壤的孔隙状况，使其向有利于通气性方向发展。

土壤的通气性对作物生长也有着很大影响。孔隙数量、大小、比例和分布适当时才有利于根系活动和水、肥、气、热的协调，有助于改善土壤的结构和肥力。"上实下虚"的孔隙垂直分布使心土层保持一定量的大孔隙，可增强微生物活性和养分转化，促进根系深扎，扩大营养范围。

土壤空气、通气性对作物生长发育的影响，主要通过影响根系生长发育、根系吸收功能、种子萌发、养分状况、作物抗病性等，进而影响作物产量与品质的形成。

（六）土壤水分

土壤水分主要来自大气降水、农业灌水、地下水、大气中气态水凝结等。土壤水分与作物生长的关系极为密切，光合产物的运输必须有水分的参与，作物的新陈代谢也必须有水的参与。作物从土壤中吸收的水分，大部分用于叶面蒸腾而散失热量，以维持作物体温稳定。因此，土壤水分是维持作物正常的生理和生命活动所必需的重要条件。

另外，不同作物对土壤水分的需求不同，作物蒸腾系数随土壤肥力水平和气候条件的变化而不同(表 11-2)，生产上一般认为土壤含水量占田间持水量的 60%～80%最为适宜，此时水、气协调，适宜作物生长。

表 11-2　不同作物的蒸腾系数

作物	蒸腾系数	作物	蒸腾系数
谷子	311	马铃薯	636
高粱	322	棉花	646
玉米	368	紫苜蓿	831
小麦	513	南瓜	834
大麦	534		

此外，作物不同生育期对土壤水分的需求也不同。一般作物苗期和成熟期需水量较少，生育盛期需水量较多。如果某一生育期土壤缺水，对作物产量影响最为严重，则这一时期即需水临界期。例如，谷子在抽穗前缺水，即所谓"卡脖旱"，对产量影响最大。作物生殖器官形成和发育时期对水最为敏感，为需水临界期。不同作物甚至不同品种的需水临界期不同，如麦类作物在抽穗至灌浆期、玉米在抽雄期、高粱和黍在形成花序至灌浆期、棉花在开花结铃期、豆类和花生在开花期、水稻在孕穗抽穗期、向日葵在形成花盘到开花期、马铃薯在开花至块茎形成期。

（七）土壤温度

土壤温度主要来自太阳辐射热，同气温一样是不断发生变化的。土壤表层温度变化大，底层变化小。土温变化分为日变化和年变化，即日间与夜间、春夏秋冬的变化。土壤的化学和物理变化过程受土壤温度的影响很大，温度上升，化学反应加速，有效养分释放多，土壤水分运动加快。相反地，土温下降，则水分移动减缓，甚至冻结，以致作物受冻害。

土壤温度影响作物生长，主要影响作物种子萌发与出苗、作物根系生长、作物营养生长与生殖生长、养分转化与吸收运输等。一般作物生长的最低温度为 0～5℃，并随温度的升高而加强。最适温度为 20～30℃，超过 35℃生长迅速下降，以致停止甚至引起热害。土温只有在适宜范围内，对作物生长和微生物活动才有利。

二、土壤化学特性

（一）土壤有机质

土壤有机质是指动物、植物的残体及其分解、合成的产物，是土壤肥力的物质基础，其含量高低是评价土壤肥力的重要标志。在土壤中含量并不多，我国耕地土壤耕层有机质含量一般为 10～50g/kg 甚至以下。土壤有机质中含有氮、磷、钾、碳、硫等各种营养元素，其随有机质的分解不断释放，供作物生长利用。

土壤有机质不单是作物养分的重要来源，同时还改善土壤理化性质，并能促进团粒结构的形成，使土壤结构性能良好，土壤不板结，有利于耕作，协调土壤水和空气。有机质多的土壤，保水保肥能力较强；反之土壤结构性能差，易板结，不利于耕作，保水保肥能力差。在其他条件基本相同时，土壤肥力水平与有机质含量密切相关，土壤有机质在土壤肥力、作物营养和作物生长发育中具有重要的作用。

1. 提供作物需要的养分 土壤有机质含有氮、磷、钾等作物和微生物所需要的各种营养元素。随着有机质的矿质化，这些养分都成为矿质盐类（如铵盐、硫酸盐、磷酸盐等）不断释放出来，供作物和微生物利用。此外，土壤有机质分解过程中还可产生多种有机酸（包括腐殖酸本身），对部分土壤矿物质有一定的溶解能力，促进风化和某些养料的有效化；还能络合一些多价金属离子，使之在土壤溶液中不致沉淀，从而增加这些作物必需的金属离子的有效性。

2. 增强土壤保水保肥能力 腐殖质疏松多孔，又是亲水胶体，能吸持大量水分和养分。据测定，腐殖质吸水率为 500%～600%，而黏粒吸水率为 50%～60%，腐殖质的吸水率是黏粒的 10 倍左右，显著提高土壤的保水能力。腐殖质因带有正、负两种电荷，故可吸附阴、阳离子；又因其所带电荷以负电荷为主，所以它吸附的主要是阳离子。其中作为养料的主要有 K^+、NH_4^+、Ca^{2+}、Mg^{2+} 等。这些离子一旦被吸附后，就可避免随水流失，而且能随时被根系附近 H^+ 或其他阳离子交换出来，供作物吸收，仍不失其有效性。腐殖质保存阳离子养分的能力，要比矿质胶体大许多倍。因此，在保肥力弱的砂土中增施有机肥料，不仅可增加土壤养分的含量，改良砂土物理性质，还可以提高其保肥能力。腐殖质是一种含有许多功能团的弱酸，提高土壤腐殖质的含量可提高土壤对酸碱变化的缓冲性能。

3. 促进团粒结构的形成，改善物理性质，促进作物生长 腐殖质在土壤中主要以胶膜形式包被在矿质土粒的外表。由于它是一种胶体，黏结力比砂粒强，施于砂土后能增加砂土的黏性，可促进团粒结构的形成。另外，由于它松软、絮状、多孔，而黏结力又不如黏粒强，因此黏粒被它包被后，易形成散碎的团粒，使土壤比较松软而不再结成硬块。这说明有机质能使砂土变紧，黏土变松，土壤的透水性、蓄水性及通气性都有所改变。对农事操作来讲，由于土壤耕性较好，耕翻省力，宜耕期长，耕作质量也相应提高。由于腐殖质是一种暗褐色的物质，它的存在能明显地加深土壤颜色。深色土壤吸热升温快，在同样日照条件下，其土温相对较高，从而有利于春播作物的早发速长。

4. 含氮丰富，是微生物所需能量的来源 土壤有机质因其矿化率低，不像新鲜植物残体会对微生物产生迅猛的"激发效应"(指由于加入了有机质而使土壤原有机质的矿化速率加快或变慢的效应)，而是持久稳定地向微生物提供能源。所以含有机质多的土壤，肥力平衡而持久，不易产生作物猛发或脱肥等现象。

5. 腐殖酸在一定浓度下，能促进微生物和植物的生理活性 极低浓度的腐殖质(胡敏酸、褐腐酸等)溶液对作物有刺激作用，能改善作物体内糖类的代谢，促进还原糖积累，提高细胞渗透压，从而提高作物的抗旱性。另外，能提高氧化酶活性，加速种子发芽和对养分的吸收，促进作物生长；还可增强作物的呼吸作用，提高细胞膜透性，从而提高对养分的吸收能力，加速细胞分裂，增强根系的发育。

6. 腐殖质有助于消除土壤中的农药残毒和重金属的污染 腐殖质能吸附和溶解某些农药，并能与重金属形成溶于水的络合物，随水排出土壤，减少对作物的毒害和对土壤的污染。例如，DDT 在 0.5%褐腐酸钠水溶液中的溶解度比在水中至少大 20 倍，这就使 DDT 容易从土壤中排出去。

在生产实践中常从以下几个方面增加土壤有机质的含量。①种植绿肥：可以混种、间种，地多的地方可隔年种植。绿肥分解快，腐殖质的形成也快。②增施有机肥：堆肥、沤肥、厩肥等均是较好的有机肥，连年施用可显著提高土壤有机质含量。③秸秆还田：作物秸秆还田不仅对有机质含量低的土壤可以增加其含量，对有机质基本保持平衡的土壤还能调节其腐殖质的组成状况。综上所述，因地制宜地广开肥源，增施有机质肥料，不断增加土壤有机肥的含量，是提高土壤肥力的重要措施，也是使农作物高产、稳产的重要条件。

(二) 土壤酸碱性

土壤酸碱性是指土壤在形成过程中受气候、植被、母质等因素综合作用所产生的属性，也是影响土壤肥力的重要因素之一。土壤酸碱性通常用 pH 表示，根据我国土壤的酸碱性变化情况，可分为极强酸性(<4.5)、强酸性(4.5～5.5)、酸性(5.5～6.5)、中性(6.5～7.5)、碱性(7.5～8.5)、强碱性(8.5～9.5)、极强碱性(>9.5)7 个等级。不同类型的土壤，由于气候、母质、成土条件和利用程度的不同，土壤的理化性质、酸碱度和盐度等存在较大差别。一般南方土壤多呈酸性，北方或沿海滩涂多盐碱土。

不同作物对土壤酸碱度的要求和适应性不同。某些作物对酸碱度要求比较严格，如茶树只能生长于酸性土；而甜菜和紫花苜蓿喜钙而只能生长在中性至微碱性土壤上；一般作物对土壤酸碱性的适应范围较广，如马铃薯在 pH 4～8 可以生长，但以 pH 5 左右生长最好。对大多数作物来说，喜欢近中性的土壤，以 pH 6.0～7.5 为宜。

表 11-3 表示主要栽培作物生长的适宜土壤 pH 范围。对于过酸或过碱不适宜于作物生长的土壤，可采用相应的农业技术加以调节。酸性土壤常施用石灰调节；碱性土壤可施用石膏、磷石膏、明矾等调节，但必须指出，改良盐碱地除采用化学改良措施外，更主要的是采取多种农业技术措施，进行综合治理。

表 11-3　主要栽培作物生长的适宜土壤 pH 范围

大田作物	pH	大田作物	pH
水稻	6.0～7.0	甘蔗	6.0～8.0
小麦	6.0～7.0	甜菜	6.0～8.0
大麦	6.0～7.0	甘薯	5.0～6.0
大豆	6.0～7.0	花生	5.0～6.0
玉米	6.0～7.0	烟草	5.0～6.0
棉花	6.0～8.0	紫云英、苕子	6.0～7.0
马铃薯	4.8～5.4	紫花苜蓿	7.0～8.0
向日葵	6.0～8.0		

（三）土壤离子交换与保肥供肥能力

1. 土壤对离子的交换吸附　土壤胶体（1～100nm 的固体颗粒）带有电荷（一般为负电荷），只有在强酸性土壤中才可能带正电荷，故土壤对离子的交换吸附主要是阳离子交换吸附。土壤胶体带电的数量受土壤胶体的数量、种类及 pH 的影响。一般含黏粒较多的土壤（胶体较多），含腐殖质、蒙脱石较多的土壤及土壤 pH 高的土壤，其带负电荷也多，吸附阳离子的能力也就强。每 100g 干土中所含全部交换性阳离子的毫当量数称为土壤的阳离子交换量，是土壤保肥供肥能力的重要指标。土壤阳离子交换量小于 10me/100g 土时，表示土壤保肥保水能力较差；10～20me/100g 土为中等；大于 20me/100g 土时表示土壤保肥保水能力较好。

2. 土壤保肥性　是土壤具有吸收和保持固态、液态和气态养分的能力，也称为土壤的吸收性能。其对保蓄土壤本身和施入土壤中的养分具有重要作用。土壤保肥能力的产生，是由于土壤有许多有机-无机复合胶体粒，其大小只有 1～100nm，因胶粒具有巨大的表面能和带电性，故能保肥。施肥时，黏土及含有机质多的土壤，应少次多量施用；砂土及含有机质少的土壤，应多次少量施用。对保肥能力较差的土壤，生产上常采用增施有机肥料、客土掺黏、对酸性土壤施用石灰等措施来提高它的保肥能力。

土壤保持肥分的方式有：①机械吸收，是土壤孔隙的截留作用，只能保住不溶性的肥分。土壤颗粒越小，排列越紧密，土壤孔隙越细，截留不溶性物质的能力越大。新开稻田开始漏水漏肥，耕种一段时间，细土粒阻塞了下层孔隙，土壤保水保肥性能改善，就是机械吸收的作用。②物理吸收，是土粒表面的吸附作用。③化学吸收，是化学沉淀作用，能使溶解度大的肥料变成溶解度低的另外一种化合物而被保留在土壤中，如可溶性磷肥分别施入酸性和石灰性土壤中，磷分别和土壤中的铁、铝、钙发生化学变化，生成溶解度很低的磷酸铁、磷酸铝、磷酸三钙，这种吸收虽未造成养分的流失，但却使养分失去了有效性，对作物生长不利，在生产上要采取措施防止。④物理化学吸收，是离子代换吸收，它能使离子态的肥料被土壤胶体上其他离子按等量电荷代换而被土壤所吸收。⑤生物吸收，是植物和微生物选择集中、积累、积蓄养分的一种能力，对提高土壤肥力有特殊的作用。

3. 土壤供肥性 是土壤供给作物养分的能力，主要通过矿物质、有机质的分解作用及土壤离子交换作用等途径来实现。一般保肥性强的土壤，供肥性也强，但土壤中所保存的养分并非都能为作物所利用，故土壤的保肥性与供肥性并不完全一致，判断土壤的供肥性，不仅要看养分含量的多少，还要看养分存在的形态和转换的难易，以及供应的持续时间。根据土壤的供肥性，可把土壤养分分为潜在养分和有效养分，潜在养分以有机质及难溶性矿物质养分为主，有效养分以代换和水溶性养分为主，并在一定条件下可相互转化。

（四）土壤养分

1. 作物对土壤养分状况的适应性 根据作物对土壤养分状况适应性的不同，可分为以下几种类型。①耐瘠型：这类作物有3种，一是具有共生固氮作用的豆科作物，如绿豆、豌豆及豆科绿肥（紫云英、苜蓿、苕子、田菁）；二是根系强大、吸肥能力强的作物，如高粱、向日葵、荞麦、黑麦等；三是根系和地上部都不太发达，但吸肥能力较强或需肥较少，适应性强的作物，如谷子、糜子、大麦、莜麦、胡麻、芝麻等。②喜肥型：这类作物有的是地上部生物量大，或者是根系强大且吸肥多，或是根系不发达且要求土壤有良好供肥能力或耕层深厚，如小麦、玉米、杂交水稻、青稞、纤维用大麻、蔬菜、西瓜等。③中间型：这类作物对土壤肥瘦有较宽的适应性，在较瘠薄土壤中能生长，在肥沃土壤中生长更好，如籼稻、谷子、大麻、棉、麦、糜子及豆类等作物。

2. 土壤养分与作物生长 作物在整个生育期中需要从土壤中吸收各种必需营养元素，且数量有多有少，只有保持适宜的数量和比例，作物才能正常生长发育，否则某一种必需营养元素不足或缺乏，就会影响作物生长发育，产量和品质下降。生产上，土壤中各种有效养分的数量并不都符合作物的要求，需要通过施肥来调节。人为施肥造成的养分比例不平衡，称为养分比例失调。养分比例失调会严重影响作物对其他营养元素的吸收和体内代谢过程，导致产量降低，品质下降。

不同的必需营养元素对作物的生理和营养功能各不相同，但对作物生长发育都是同等重要的，任何一种营养元素的特殊功能都不能被其他营养元素所代替，这就称为营养元素的同等重要律和不可替代律。营养元素的同等重要律和不可替代律包含着两个方面的内容。首先，各种营养元素的重要性不因作物对其需要量的多少而有差别，作物体内各种营养元素的含量差别可达10倍、千倍，甚至10万倍，但它们在作物营养中的作用，并没有重要和不重要之分。缺少大量营养元素固然会影响作物生长发育，最终影响产量；缺少微量元素也同样会影响作物生长发育，也必然会影响产量。例如，因土壤供氮不足引起作物缺氮，表现为植株生长慢，老叶先黄化，造成早衰减产；作物需要微量营养元素虽然很少，但也同作物生长发育所必需的大量营养元素一样是不可缺少的。例如，玉米缺锌时呈现“白苗病”，严重时不抽雄穗；油菜严重缺硼时幼苗死亡，轻者呈现“花而不实”症。其次，各种必需营养元素都有着某些独特的和专一的功能，其他必需营养元素是不可替代的，即磷不能代替氮，钾不能代替磷。在缺磷的土壤只有靠施用磷肥去解决，而施用其他元素则无效，甚至会加剧缺乏，造成养分比例失调。因此，在考虑作物施肥时，必须根据作物营养的要求去考虑不同种类肥料的配合,以免导致某些营养元素的供应失调。

第二节 作物矿质营养

矿质营养是指高等绿色植物为了维持生长和代谢的需要而吸收、利用无机营养元素(通常不包括 C、H、O)的过程。与动物不同之处在于后者主要吸收、利用有机养分。植物所需的无机营养元素,因需要量不同,可分为大量(营养)元素及微量(营养)元素。

一、大量营养元素

(一) 氮

在所有必需营养元素中,氮是促进作物生长、形成产量和改善产品品质的首要因素。一般作物含氮量占作物生物量的 1%~3%,与作物种类、器官、发育阶段有关。豆科作物含有丰富的蛋白质,含氮量也高,大豆植株含氮 2.5%左右;禾本科作物一般含氮量较少,大多为 1%左右。

氮是作物体内许多重要有机化合物的组分。例如,蛋白质、核酸、核蛋白、叶绿素、酶、维生素、生物碱和一些激素等都含有氮素。氮素是一切有机体不可缺少的元素,所以称为生命元素。作物氮素营养充足时,叶片大而鲜绿,光合作用旺盛,叶片功能期延长,营养体健壮,产量高,品质好。

氮在作物生长发育过程中的移动性大且再利用率高,并在体内随作物生长中心的更替而转移。因此,作物对土壤氮素的丰缺状况极为敏感,氮的营养失调对作物的生长发育、产量和品质有着重要的影响。土壤缺氮时,蛋白质、叶绿素的形成受阻,细胞分裂减少。作物在不同生育时期表现出不同的缺氮症状(图 11-1),在营养生长期,作物以根、茎、叶生长为中心,苗期土壤缺氮时出叶速度慢,叶片小而少,呈浅绿色或淡黄色,分蘖、分枝少,根系少而长。当作物进入生殖生长期,以开花结实为中心,缺氮时作物下部老叶提早枯落,上部叶片生长缓慢,植株矮小,茎秆纤细,纤维素增多,组织老化。土壤缺氮易导致成熟期作物早衰或过早成熟,结实率降低,籽实少,产量低,品质差。当土壤氮素供应过多时,导致作物氮素的奢侈吸收,过量的氮用于叶绿素、氨基酸及蛋白质的形成,过多地消耗体内光合产物,减少构成细胞壁所需的原料,如纤维素、果胶等物质形成受阻,细胞壁变薄,机械支持力减弱;体内过多的氮主要以非蛋白质态氮的增加为主,植物组织柔软多汁,使作物容易倒伏和发生病害;体内过多的氮会增加细胞内氨基酸的积累,促进细胞分裂素形成,作物长期保持嫩绿,延迟成熟。

总之,土壤氮素供应失调可引起作物氮营养失调,从而对作物生长发育、产量和品质都带来不良影响。需要指出的是,氮素供应过量、适量、不足都是相对的,是依一定条件而变化的。氮肥的适宜用量,必须根据土壤类型、气候条件、作物种类与品种特性、产量、品质要求、养分配比、施肥技术及其他农艺措施综合考虑,这样才能达到高产优质、经济高效的目的。

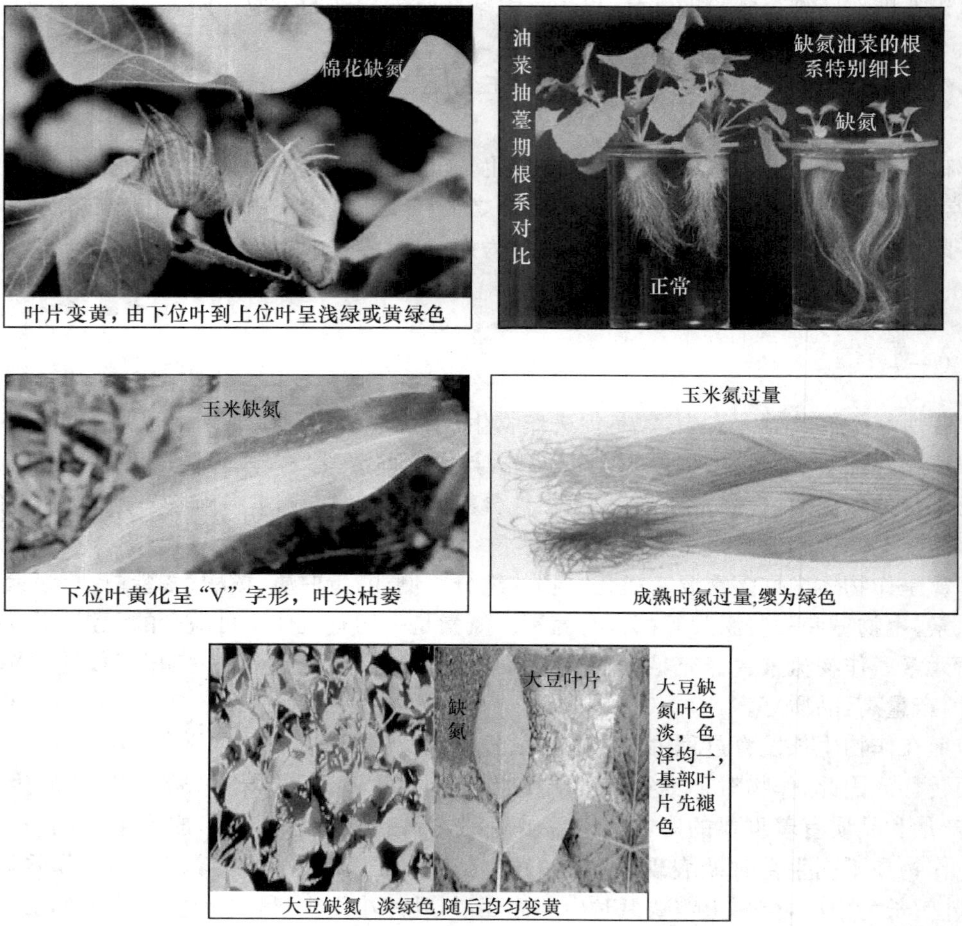

图 11-1　土壤氮素供应失调时几种主要作物的症状
（加拿大钾磷研究所中国项目部，2003）

（二）磷

作物体内含磷量为生物量的 0.2%～1.1%，多数作物为 0.3%～0.4%，其中大部分是有机态磷，约占全磷量的 85%。作物种类不同，含磷量也有差异，且因作物生育时期和器官不同而有变化。油料作物含磷量高于豆科作物，豆科作物高于谷类作物。生育前期的幼苗含磷量高于后期老熟的秸秆，幼嫩器官中的含磷量高于衰老器官，繁殖器官高于营养器官，种子高于叶片，叶片高于根系，根系高于茎秆。

磷既是作物体内大分子物质的结构组分，又是多种重要化合物如核酸、磷脂、核苷酸、腺苷三磷酸（ATP）等的组分，同时也是参与体内的碳水化合物代谢、氮素代谢和脂肪代谢等的活跃因子。

由于磷是作物许多重要化合物的组成成分，并参与多种重要的代谢活动，因此，土壤缺磷时作物的缺磷症状相当复杂。从作物生长状况看，常表现为生长迟缓，植株矮小，结实状况差。土壤缺磷妨碍叶绿素能量输出，直接或间接地影响体内许多依赖能量供应的代谢过程，包括蛋白质和核酸的合成，严重缺磷时，植株几乎停止生长。

植物种类不同，缺磷的症状也有差异(图 11-2)。禾谷类作物缺磷时表现为分蘖小或不分蘖，分蘖的抽穗均延迟，甚至整个生育期都会延迟，株型瘦小直立，出现生长停滞现象，叶片灰绿并可能出现紫红色，尤其是背面，抽穗后则表现为穗小、粒少、籽瘪，根系发育不良，次生根少。油菜缺磷时，叶面积小，叶色暗绿，茎、叶柄和叶的背面略显紫红色，抽薹开花延迟，分枝小，果荚瘦小且易脱落，籽粒不饱满，出油率低。棉花缺磷则易落花落蕾，成桃少，吐絮期推迟。

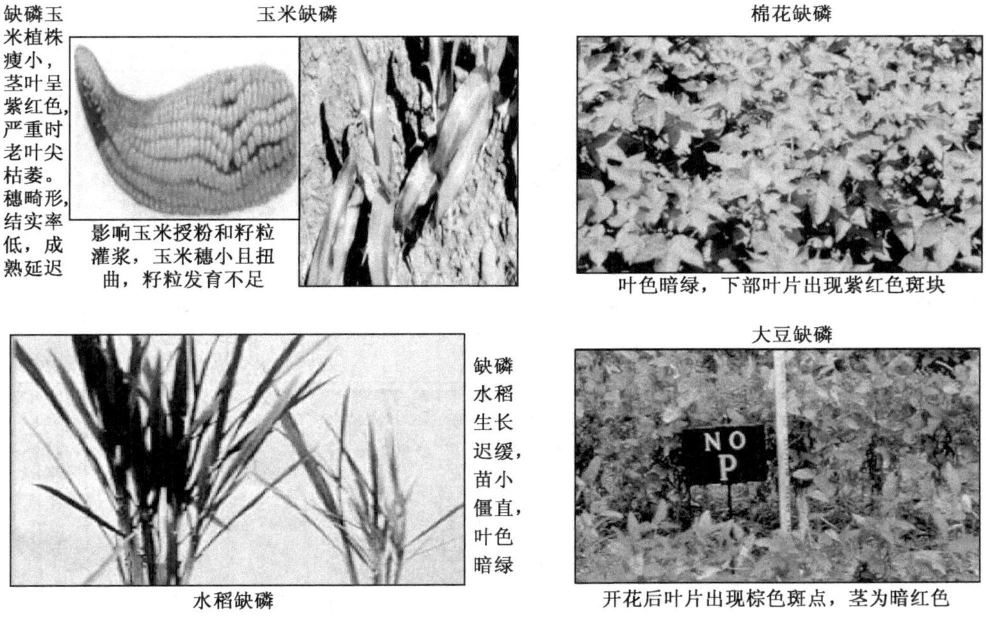

图 11-2　土壤磷素供应失调时几种主要作物的症状
(加拿大钾磷研究所中国项目部，2003)

磷肥施用过量时由于作物呼吸作用增强，消耗大量糖分和能量，产生的不良影响包括作物的无效分蘖和瘪籽增加，叶片肥厚而密集，叶色浓绿，植株矮小，节间过短，生长明显受到抑制。磷肥施用过多，造成植物繁殖器官成熟进程加快，并由此而导致营养体小，茎、叶生长受到抑制，反而降低产量。磷肥供应过多，地上部生长受抑制的同时，根系十分发达，表现为数量多但短粗；还会导致蔬菜的纤维素含量增加、烟草的燃烧性差等品质下降的情况。作物吸收磷酸盐过多还可能会妨碍锌、铜、铁等微量元素的吸收和运输，引起植物对这些元素的营养不良反应。

（三）钾

许多作物需钾量较大，作物体内的钾含量仅次于氮，一般作物体内含钾量(K_2O)占生物量的 0.3%～5.5%，有些作物含钾量甚至比氮高。通常含淀粉、糖等碳水化合物较多的作物含钾量较高。禾谷类作物种子中钾的含量比较低，茎秆中钾的含量则较高；薯类作物的块根、块茎的含钾量较高。钾在作物体内不形成稳定的化合物，而呈离子状态存在。至今尚未在作物体内发现任何含钾的有机化合物。

钾的营养生理功能为促进光合作用和提高 CO_2 的同化率，促进光合产物的运输，促进蛋白质的合成，影响细胞的渗透调节作用，调控作物的气孔运动与渗透压、压力势，激活多种酶的活性，促进有机酸代谢，增强作物的抗逆性，改良作物品质等。由于钾具有提高产品品质和适应外界不良环境的能力，因此它有“品质元素”和“抗逆元素”之称。

土壤缺钾时，作物外观也有明显的症状(图 11-3)。由于钾在作物体内流动性大且可

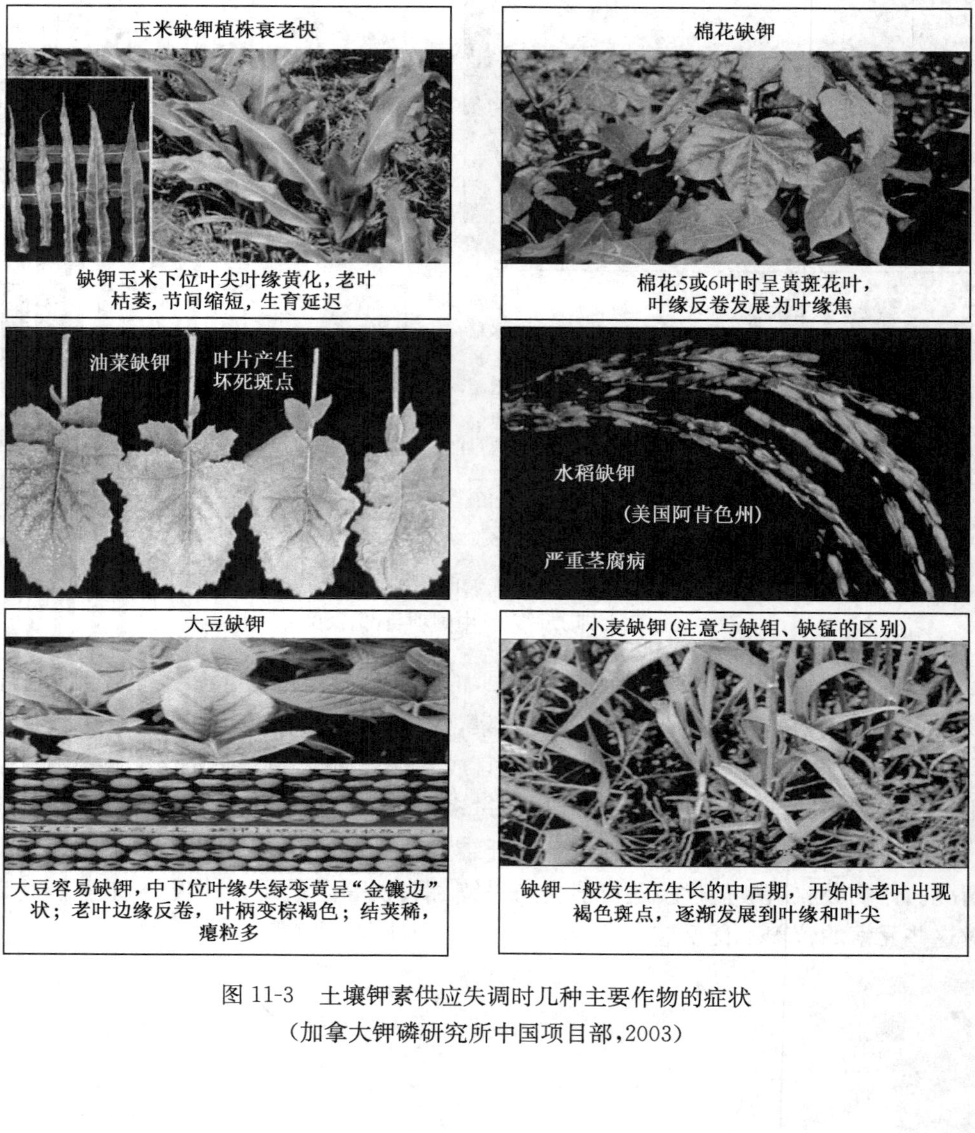

图 11-3　土壤钾素供应失调时几种主要作物的症状

(加拿大钾磷研究所中国项目部，2003)

再利用，故在缺钾时老叶上先出现缺钾症状，再逐渐向新叶扩展，如新叶出现缺钾症状，则表明土壤严重缺钾。缺钾的主要特征通常是老叶的叶缘先发黄，进而变褐，焦枯似灼烧状。叶片上出现褐色斑点或斑块，但叶中部、叶脉处仍保持绿色。随着缺钾程度的加剧，整个叶片变为红棕色或干枯状，坏死脱落。有的植株叶片呈青铜色，向下卷曲，叶表面叶肉组织凸起，叶脉下陷。

然而，作物对钾的吸收具有奢侈吸收的特性，土壤钾过量虽不易直接表现中毒症状，但可能影响各种离子间的平衡，还要浪费化肥用量，降低施肥的经济效益。偏施钾肥，不仅会引起土壤中钾的过剩，还会抑制作物对镁、钙的吸收，促使出现镁、钙的缺乏症，影响作物的产量和品质。因此，合理施用钾肥必须根据植株及土壤中钾的丰缺状况而定。

二、中量营养元素

（一）钙

作物对钙的需要量因作物种类和遗传特性的不同而有很大的差异。作物体内钙的含量为生物量的 0.1%～5%。通常双子叶植物含钙量较高，单子叶植物含钙量较低；根部含钙量较少，地上部较多；茎、叶（特别是老叶）含钙量较多，果实、籽粒中含钙量较少。

钙对细胞膜的构成和渗透性、稳固细胞壁起重要作用，参与第二信使传递，在细胞伸长和根系生长方面起重要作用。

（二）镁

作物体中镁的浓度为生物量的 0.05%～0.70%。一般当叶片含镁量大于 0.4%时，镁是充足的。块根作物镁的吸收量通常是禾谷类作物的 2 倍，豆科作物地上部镁的含量是禾本科作物的 2～3 倍。

镁作为叶绿素 a 和叶绿素 b 卟啉环的中心原子，在叶绿素合成和光合作用中起重要作用；镁是核糖体的结构组分，为蛋白质的合成提供场所；镁也参与同磷酸盐反应功能团有关的转移反应。

（三）硫

作物含硫量为生物量的 0.1%～0.5%。十字花科作物需硫量最多，豆科作物次之，禾本科作物最少。在小麦、玉米、菜豆和马铃薯等作物中硫与磷含量相近或略低，但在苜蓿、卷心菜和萝卜中硫含量较大。

硫在作物生长和代谢中有多种重要功能。胱氨酸、半胱氨酸和甲硫氨酸等氨基酸需要硫，合成辅酶 A、生物素、硫胺素（即维生素 B_1）和谷胱甘肽需要硫，硫氧还蛋白在光合作用电子传递和叶绿体中酶的激活方面也有重要的作用。

三、主要微量营养元素

（一）硼

作物体内硼含量变幅较大，含量低的只有 2mg/kg 生物量，含量高的可达 100mg/kg

生物量，通常大多数作物成熟叶片中硼含量在20mg/kg生物量以上。双子叶植物的需硼量高于单子叶植物。

硼在作物分生组织的发育和生长，尤其是在分生组织新细胞的发育，花粉管的稳定性和花粉的萌动及其生长、正常授粉、坐果和结籽，糖类、淀粉、氮和磷转运，氨基酸和蛋白质合成，豆科作物结瘤，调节碳水化合物代谢等方面起重要作用。正因如此，我国油菜产区发生的“花而不实”与植株缺硼有关。

一般需硼多和对硼敏感的作物容易缺硼，不同种类的作物缺硼症状不同。但共同的特征是植株矮小，茎节间短粗，顶端生长受阻而枯死，茎和叶柄表面增厚并木栓化，根系发育不良，有时只开花不结实，生育期推迟，果实和果肉缩小，果肉出现褐色斑点等，如油菜的“花而不实”，棉花的“蕾而不花”，大豆的“芽枯病”，甜菜的“心腐病”等。作物硼中毒主要集中在叶间或叶缘，先是叶间或叶缘褪绿，接着出现坏死斑点，最后全叶枯萎，过早脱落。

（二）铁

作物中含铁量一般是50～250mg/kg生物量，通常豆科作物的含铁量高于禾本科作物。不同植株部位的含铁量不同，如禾本科作物秸秆含铁量高于籽粒。

铁是形成叶绿素所必需的，是作物体所有氧化还原过程中极其重要的参与者。作物缺铁症状首先从上部幼叶开始显现，幼叶叶脉间失绿黄化，而叶脉仍保持绿色，黄绿相嵌呈网纹状，以后完全失绿，甚至整个叶片呈黄白色，而下部的老叶仍保持正常绿色。在土壤淹水或水稻田嫌气环境下，由于氧化还原时电位低，亚铁离子浓度提高，使作物体内积累过多的亚铁而引起中毒。铁中毒的症状在不同作物上表现不同。例如，水稻亚铁中毒时先从下部叶片尖端出现褐色斑点，逐步向整个叶片扩展，最后上部叶片也出现症状，严重时下部叶片转变为灰白色或白色。

（三）锌

作物正常含锌量为25～150mg/kg生物量，其含量常因作物种类及品种不同而有差异。作物各部位的含量也不相同，一般多分布在茎尖和幼嫩的叶片中。

锌在作物体内参与多种酶活动，但不能确定其中锌究竟是功能性、结构性还是调节性辅助因子；锌参与以下酶系统或代谢过程：色氨酸合成酶、脱氢酶、磷酸二酯酶、碳酸酐酶（存在于叶绿体中）、过氧化物歧化酶等；参与生长素、色胺、细胞色素c的代谢；参与光合作用中CO_2的水合作用；促进生殖器官的发育和提高抗逆性。

作物缺锌的共同特征是叶片失绿，光合作用减弱，节间缩短，植株矮小，生长受抑制，产量降低。禾本科作物缺锌易形成“白苗病”。在锌矿区附近，或过多地施用含锌矿渣及农药，有时也会引起植株中毒，其症状为叶片失绿，新叶发生黄化，进而产生赤褐色斑点，严重时完全枯死。

（四）锰

作物体内含锰量一般为20～500mg/kg生物量，通常植株地上部锰含量在15～

25mg/kg 时则表现缺锰。

锰直接参与光合作用，特别是氧释放，也参与氧化还原过程、脱羧和水解反应。在许多磷酸化反应和功能基因转移反应中锰可代替镁，在大多数酶系统中镁与锰同样有效地促进酶转变，锰能促进种子萌发和幼苗生长等。

对锰敏感的作物很多，其中以小麦和大麦最为突出。土壤缺锰时，首先在作物新叶叶脉间失绿黄化，而叶脉和叶脉附近保持绿色，脉纹较清晰；严重缺锰时，叶脉间出现黑褐色斑点，进而斑点增多扩大，布及整个叶片；当土壤 pH 下降，锰的溶解度增加，不少作物可能发生锰中毒，其症状为根部变褐，叶片出现褐斑，叶缘部发生白化，变紫色，幼叶卷曲。

第三节　作物对土壤矿质营养的吸收与利用

根系是作物吸收养分和水分的主要器官，也是养分和水分在作物体内运输的重要部位。根系将植株固定于土壤，有利于作物正常受光和生长，并能作为养分的储藏库。作物根系吸收的矿质养分，一部分在根细胞中被同化和利用；另一部分经皮层组织进入木质部输导系统向地上部输送，供应地上部生长发育所需要的养分。同时，作物地上部绿色组织合成的光合产物及部分矿质养分则可通过韧皮部系统运输到根部，构成作物体内的物质循环系统，调节养分在体内的分配。

一、作物对矿质营养的吸收

（一）根营养

作物对矿质养分的吸收，主要通过庞大的根系从土壤溶液中或土壤颗粒表面获得。根系吸收水分和矿质养分最活跃的部位是根尖以上的分生组织区。就整个根系而言，幼嫩根的吸收能力比衰老根强。根毛因其数量多、吸收面积大、有黏性、易与土壤颗粒紧贴，而使根系养分吸收的速度与数量成十倍、百倍甚至千倍地增加。根毛主要分布在根系的成熟区，因此根吸收养分最多的部位大约在离根尖 10cm 以内，越靠近根尖的地方吸收能力越强。作物根系主要分布在离地表 15～20cm 土层内，该处集中了 70%的根系。当然，作物种类不同，根系的密集程度和分布范围也有差异。

根系吸肥的特点决定了在施肥实践中应注意肥料施用的位置及深度。一般来讲，种肥（除与种子混播的肥料外）施用深度应距种子有一定距离，而基肥则应将肥料施到根系分布最稠密的耕层之中（距地表 20cm 左右），即集中施肥。在作物生长期追肥时，应根据肥料的性质和种植状况，施到近根区。这样利于溶解度和移动性小的养分（如磷肥）吸收，减少铵态氮的挥发和硝态氮的流失。

1. 土壤养分向根部的迁移方式　土壤养分被吸收前接近根表的方式，一是根与养分的直接接触，二是土壤中离子态养分向根部迁移，其具体方式有截获、扩散和质流 3 种（图 11-4）。

1）截获（interception）　指作物根系在土壤中伸长并与其紧密接触，使根释放出的 H^+ 和 HCO_3^- 与土壤胶体上的阴离子和阳离子直接交换而被根系吸收的过程。仅靠根系生长时的直接截获所得的养分是有限的，一般只占作物吸收总量的 0.2%～10.0%，远远不能满足作物生长的需要。

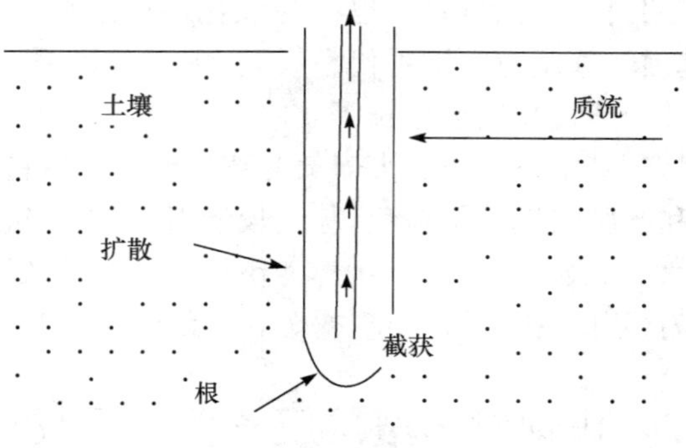

图 11-4　养分离子向根部迁移的 3 种途径

2）扩散（diffusion）　是由于根系吸收养分而使根系附近与离根较远处的离子浓度存在浓度梯度而引起土壤中养分的移动，扩散是养分迁移的主要方式之一。施肥也会造成根表土壤和土体之间的养分浓度差异。另外，土壤水分含量、养分扩散系数、土壤质地和土壤温度等都影响养分扩散。在大量元素中，磷、钾主要是依靠扩散方式供给根系。

3）质流（mass flow）　是因作物蒸腾作用而引起土壤中养分随土壤水分流动迁移的过程。作物蒸腾作用消耗了根际土壤中大量水分以后，造成根际土壤水分亏缺，而作物根系为了维持作物蒸腾作用，必须不断地从根周围环境中吸取水分，土壤中含有的多种水溶性养分也就随着水分的流动带到根的表面，为作物获得更多的养分提供了有利条件。氮、钙和镁主要是通过质流方式供给根系。

一般认为，养分与根系有较长距离时，质流是补充养分的主要形式；而在短距离内，扩散作用则更为重要。硝酸态氮素移动性较大，质流可提供大量的氮素。氮素通过扩散作用输送的距离比磷和钾要远得多，磷的扩散又远远低于钾。

2. 根系对矿质营养的吸收　养分通过质流和扩散作用被送到根系表面，这只是为根系吸收养分准备了条件，而养分进入根内是一个复杂的过程。养分种类不同，进入细胞的部位不同，其机制也不同。目前作物吸收离子态养分的过程可划分为被动吸收和主动吸收两种形式。

1）被动吸收（passive uptake）　又称非代谢吸收，指养分进入根细胞内不需要供给能量，属于物理或物理化学作用，是一种顺电化学势梯度的吸收过程。养分通过扩散、质流等方式进入根细胞的方式就属于被动吸收。

一般阴离子如 NO_3^- 和 Cl^- 在土壤中扩散速率较阳离子快，进入细胞的就多。当土壤中离子态养分较多、气温较高、作物蒸腾作用较大时，通过质流而进入根细胞的就多。总之，离子态养分无论是通过截获、扩散还是质流都能进入根细胞。但一般不能通过细胞膜，对整个组织来说，一般不能通过内皮层。

根系吸收离子态养分，还可以通过离子交换的方式进入根内。一种是根系表面与土壤溶液之间的离子交换（图 11-5，图 11-6）。另一种是根系表面与土壤黏粒之间的离子交换，也称为接触交换（图 11-7）。

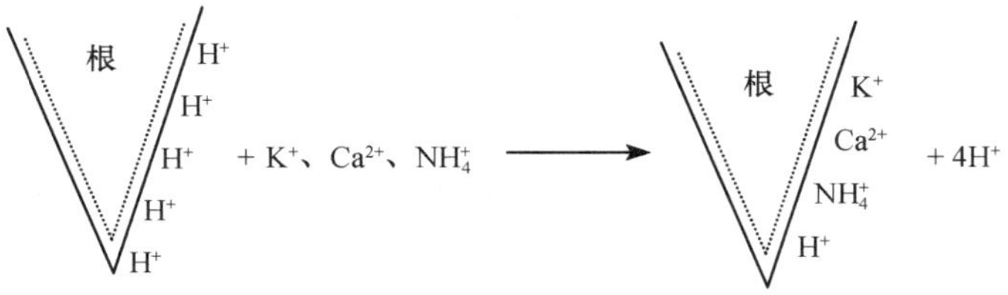

图 11-5　根表的 H^+ 和土壤溶液中的阳离子交换

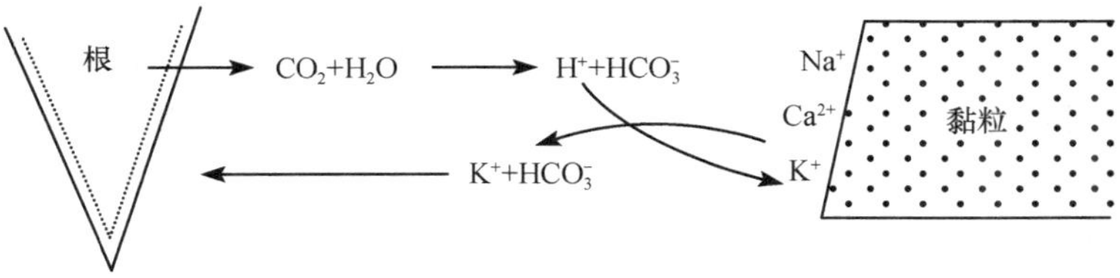

图 11-6　碳酸和黏粒所吸附的离子交换

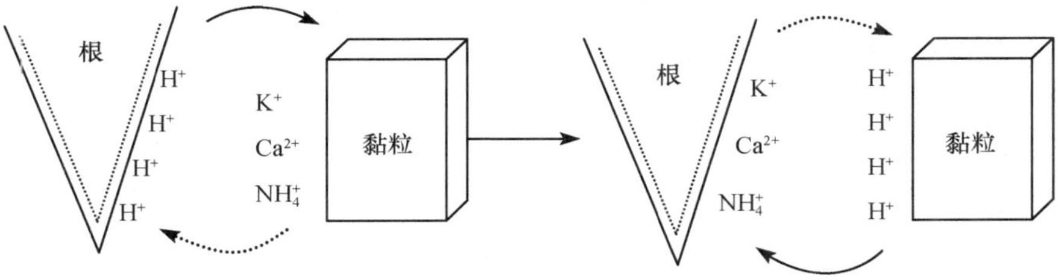

图 11-7　作物根与黏粒直接交换

不论哪一种离子交换形式都有一个共同的特点，它们都属于养分由高浓度向低浓度扩散或是离子间的交换，其推动力是物理化学的作用，与作物的代谢作用关系较小，同时这种吸收交换反应是可逆的。

2）**主动吸收**（active uptake）　又称为代谢吸收，是一个逆电化学势梯度且消耗能量的吸收过程，有选择性。之所以提出作物吸收养分还有主动吸收的机制，是因为有很多现象用被动吸收难以或不能解释。例如，①作物体内某种离子态养分的浓度，常比外界土壤溶液中的浓度高出很多倍，有时竟高达十倍至数百倍，而且作物根系仍能不断地吸收这种养分，并不见养分有外溢现象。②作物吸收养分有高度的选择性，而不是外界环境中有什么养分，就吸收什么养分。③作物对养分的吸收强度与其代谢作用密切相关，并不取决于外界土壤溶液中的养分浓度。作物生长旺盛，吸收强度就大，而生长衰弱，吸收强度就小。

无机态矿质养分通过根的被动吸收和主动吸收到达根细胞内，除少部分被根所利用外，大部分养分都运输到其他器官中，参与作物的代谢作用。

（二）根外营养

根外营养是指作物通过地上部器官吸收养分和进行代谢的过程，是作物吸收养分的一种辅助方式。生产上把肥料配成一定浓度的溶液，喷洒在作物叶、茎等地上器官上，称为根外追肥。

1. 根外营养的机制　根外吸收营养的主要器官是茎和叶，其中叶的比例较大。一般认为叶部吸收养分是从叶片角质层和气孔进入，最后通过质膜而进入细胞内。最近的研究认为，根外营养的机制可能是通过角质层上的裂缝和从表层细胞延伸到角质层的外质连丝，使喷洒于作物叶部的养分进入叶细胞内，参与代谢过程。

2. 根外营养的特点　与根部营养相比，作物根外营养具有以下 4 个特点。

1) *可直接供给作物有效养分，防止养分在土壤中的固定和转化*　对于有些易被土壤固定的营养元素如磷、锰、铁、锌等，根外追肥可避免被土壤固定，直接供给作物；某些生理活性物质如赤霉素等，施入土壤易于转化，采用根外喷施就能克服这种缺点。

2) *养分吸收运转快，能及时满足作物需要*　一般尿素施入土壤 4～5d 后才见效果，但叶部施用只需 1～2d 就可显出效果。由于根外追肥的养分吸收和转移的速度快，这一技术可作为及时防治某些缺素症和作物因遭受自然灾害而需要迅速补充营养或解决作物生长后期根系吸收养分能力弱的有效措施。

3) *改善根部营养，促进植株健壮*　根外追肥可提高叶片光合作用和呼吸作用的强度，显著地提高酶活性，从而直接影响作物体内一系列重要的生理生化过程，也改善了作物对根部有机养分的供应，增强根系吸收水分和养分的能力。

4) *节省肥料，经济效益高，又能避免危害*　根外喷施磷、钾肥和微量元素，用量只相当于土壤施用量的 10%～20%，特别是对微量元素，采用根外追肥不但可以节省肥料，而且能避免因土壤施肥不匀和施用量过大所产生的毒害。

二、矿质营养在作物体内的运转和利用

养分从根表皮细胞进入根内再经皮层组织到达中柱的迁移过程，称为养分的横向运输。由于其运输距离短，又称为短距离运输。养分由根经木质部或韧皮部到达地上部的运输，以及养分从地上部经韧皮部向根的运输过程，称为养分的纵向运输。由于其运输距离长，又称为长距离运输。

（一）木质部运输

木质部运输（xylem transport）是指养分及其同化物从根通过木质部导管或管胞运移至地上部的过程。根压和蒸腾作用是木质部养分移动的驱动力。绝大多数矿质营养以无机离子的形式在木质部运输。离子在木质部导管里运输主要靠质流，是随蒸腾流向上运输的。例如，钙和硼的运转只能从根到叶子，而不能逆向往根运送，因此钙和硼的运输主要取决于蒸腾质流。如果蒸腾小，钙和硼从土壤由根运输到顶尖的量少，因此就可能发生缺素症状。

木质部汁液运输的主要是水分和无机离子，有些情况下木质部汁液运输氨基酸的量也很大，此外还有一些糖。但是木质部导管壁上果胶带负电荷，能吸附阳离子，特别是二价阳离子，因此它们的运输以离子交换为主。一般茎内汁液的离子浓度比根内要低得多。茎上部汁液中的离子浓度比茎基部里要低得多，这是钙离子与其他阳离子的运输是以离

子交换形式进行的缘故。

阳离子的交换吸附与细胞壁上负电荷密度有关。不同作物细胞壁上电荷的密度是不同的，双子叶植物负电荷多，而单子叶植物负电荷少，所以双子叶作物以阳离子交换为主，而单子叶作物主要靠质流。另外，还与离子浓度有关，离子浓度高时，交换吸附和质流作用都加强。

（二）韧皮部运输

韧皮部运输(phloem transport)是指叶片中形成的同化物及再利用的矿质养分通过韧皮部筛管运移到作物其他部位的过程。养分从老组织到新组织的运输完全靠韧皮部运输。

矿物质在韧皮部中的长距离运输是双向性的。运输方向取决于不同器官或组织对矿质营养的需求，即由源到库的转移。在筛管的汁液里可以检测出大部分主要营养元素的无机离子。在长距离运输期间，矿质养分和有机溶质靠扩散交换过程在木质部和韧皮部之间进行转移(图 11-8)。从韧皮部向木质部的转移可能是“下坡型”的，如果存在明显的浓度梯度，便可以通过筛管原生质膜“渗漏”出去。相反，对大多数有机或无机溶质来说，由木质部到韧皮部的转移是一个逆浓度梯度的“上坡型”运输，即可能是一个主动转运过程。木质部到韧皮部的转移对于作物的矿质营养尤为重要，因为木质部运输的主要方向是蒸腾最强的场所(器官)，而那里往往不是矿质养分需要量最多的部位。矿质元素的库主要在茎顶端、果实和种子。在禾本科作物的茎中，节是矿质养分从木质部向韧皮部转移最集中的部位。

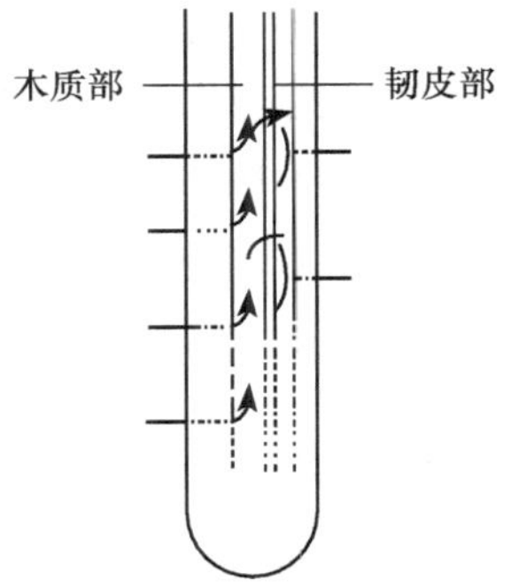

图 11-8　作物根部矿质养分长距离运输方向

（三）养分在作物体内的再分配与再利用

养分进入作物体内后就参与其生理生化过程，发挥着自己的生理和营养功能。由于作物在不同的生育时期对养分的数量和比例要求不同，环境中养分供应水平与程度也不一样，因而，作物体内的养分会随生长中心的转移而使养分再分配与再利用。

作物不同生育时期中有明显不同的生长中心，这些生长中心既是矿质元素的输入中心，也是光合产物的分配中心。例如，稻、麦分蘖期无机的与有机的同化物分配中心是新生叶片、分蘖和根；孕穗期至抽穗期分配中心转向穗和茎；而在乳熟期穗几乎是同化物的唯一去向。

当然各种养分转移的情况和数量是不同的，一般氮、磷、硫、镁、钾较易移动，再利用程度较高，而钙和硼很难被再利用。营养元素在韧皮部的转移很大程度上取决于韧皮部汁液中营养元素的浓度，由于韧皮部汁液中钾的浓度很高，因而钾能非常迅速地转移到作物的各种器官。镁在韧皮部汁液中浓度也相当高，在作物体内也较易活动。钙在韧皮部汁液中浓度很低，因为钙主要依靠蒸腾流向植株上部器官输送，所以钙在植株体内不易转移，缺钙首先表现在最幼嫩的叶子。同样，铁在植物体内的再移动和再利用程度很低，因此缺铁也首先出现在幼嫩的叶片和茎尖。

三、土壤养分的高效利用

根据全国化肥试验网大量试验结果，我国施用化肥可提高水稻、玉米、棉花单产40%～50%，提高小麦、油菜等越冬作物单产50%～60%，提高大豆单产近20%。另据全国100多个连续5年以上的肥料定位试验结果，施用有机肥后，平均粮食单产增加达12.8%。我国是世界用肥大国，每年用量达1.05亿t。然而施入农田的化肥，因施肥技术和肥料质量与品种不同，肥料利用率差别很大。目前，发达国家氮素化肥利用率一般为50%～60%，并由单一作物的施肥向轮作制中的肥料统筹安排发展，由平衡施肥向高产施肥发展，由注重施肥提高作物产量向施肥提高产品质量发展，由研究肥料-土壤-作物三者的关系向肥料-土壤-植物-动物-人类整个食物链中生命元素的循环与平衡发展。同时化肥正向高浓度、复合型、杀虫、杀菌、除草等多功能方向发展。但我国肥料利用率仅为30%左右，且化肥品种单一。同时，由于施用不当，不但造成能源浪费、效益低下，而且使环境受到严重污染，给我国高产、优质、高效农业发展带来不利影响。因此，通过科学的田间管理提高化肥利用率，满足农作物的矿质营养需求，势在必行。

（一）科学施肥，提高肥料利用率

在作物生长过程中，根据作物不同生育阶段的营养特点施用肥料，补充、调节和满足作物对养分的需求，是获取高产、优质的重要措施之一。

1. 施肥方式

1）基肥　在播种前施入的肥料，又称底肥。施用基肥的作用主要有：培肥地力，改良土壤，为作物生长发育创造良好的土壤条件；为作物生长不断地提供养分。用作基肥的肥料品种以有机肥和缓效肥为宜。磷、钾肥一般作基肥，与有机肥料一起施入。速效性氮肥，不宜过多施用，以免造成养分流失，同时也会使作物初期生长过旺，易染病虫危害。基肥用量一般占总用肥量的一半以上（50%～70%）。具体施用方法还应根据作物种类、土壤条件、耕作方式、肥料用量和性质等而定。

2）种肥　在作物播种、栽培块茎或移植幼苗时施入土壤的肥料。施用种肥的目的是为培育壮苗提供必需的养分。种肥一般采用速效性氮、磷肥或腐熟的有机肥，因为肥料与种子或秧苗接触较近，故在选择肥料和使用方法时，都应预防肥料对种子或秧苗可能产生的腐蚀、灼伤和毒害作用。

3）追肥　在作物生长过程中，根据作物各生育阶段对养分需求的特点进行施肥的措施。通常情况下，追肥是以速效性的无机肥为主，最常用的是速效氮肥。

2. 配方施肥　配方施肥，是综合运用现代农业科技成果，根据作物需肥规律、土壤供肥性能与肥料效应，在有机肥为基础的条件下，产前提出氮、磷、钾和微肥的适宜用量和比例，以及相应的施肥技术。配方施肥主要有3条原则。

1）有机与无机相结合　实施配方施肥必须以有机肥料为基础。土壤有机质是土壤肥沃程度的重要指标。增施有机肥料可以增加土壤有机质含量，提高土壤保水保肥能力，增加土壤微生物的活动，促进化肥利用率的提高。因此必须坚持多种形式的有机肥料投入，才能够培肥地力，实现农业可持续发展。

2）大量和微量元素配合　各种营养元素的配合是配方施肥的重要内容，随着产量的不断提高，在土壤高强度利用下，必须强调氮、磷、钾肥的相互配合，并补充必要的中、微量元素，才能达到高产、稳产、优质和高效的目的。

3）用地与养地相结合，投入与产出相平衡　要使作物-土壤-肥料形成物质和能量的良性循环，必须坚持用养结合。破坏或消耗了土壤肥力，意味着降低了农业再生产的能力。配方施肥必须不断补充和提高土壤肥力，才能达到稳产、高产。

（二）合理耕作，以耕促肥

耕作措施包括基本耕作和表土耕作。基本耕作包括耕翻、深松等。表土耕作包括耙地、耱地、镇压和中耕等。

适当的耕翻和中耕能提高土壤的通气性和蓄水能力，促进土壤微生物的活动，加速土壤矿物质养分的风化释放和有机质的分解转化，显著地增加土壤有效养分。所以，耕作成为调节土壤供肥性的一项经常性的技术措施。但耕作过于频繁，又容易造成土壤有机质分解过快和有效养分的过度消耗，必须做到耕作适度、合理，并要与施肥等措施配合。

（三）合理灌排，以水促肥

水是土壤肥力诸因素中最活跃的因素，水分条件影响土壤水、气、热的平衡和微生物活动，也在很大程度上左右着作物对养分的吸收。干旱缺水，会降低土壤养分的有效性，故施肥必须结合灌水，以充分发挥肥效，促进作物生长；土壤水分过多，又会抑制土壤养分的释放，影响作物对养分的吸收，应及时排出，以透气增温，促进养分转化。

（四）轮作换茬，调节土壤肥力

合理的轮作可以增产，而不适当的连作不仅产量锐减，品质也恶化。

1. 协调不同作物茬口的土壤养分供应　各种作物的生物学特性不同，自土壤中吸收养分的种类、数量、时期和吸收利用率也不相同（表 11-4）。

小麦等禾谷类作物与其他作物相比，对氮、磷和硅的吸收量较多；豆科作物吸收大量的氮、磷和钙，但在吸收的氮素中，40%～60%是借助于根瘤菌固定空气中的氮，土壤中氮的实际消耗量不大，而磷的消耗量却较大；块根块茎类作物吸收钾的比例高，数量大，同时氮的消耗量也较大；纤维和油料作物吸收氮、磷均多。如果连作，对土壤养分要求倾向相同的作物，必将造成某种养分被片面消耗后而导致减产。因此，通过对吸收、利用营养元素能力不同而又具有互补作用的不同作物的合理轮作，可以协调前、后茬作物养分的供应，使作物均衡地利用土壤养分，充分发挥土壤肥力的生产潜力。

表 11-4　各类作物氮、磷、钾养分吸收比例表

作物名称	氮	磷	钾	备注
禾谷类作物	2.22	1	2.89	小麦、水稻、玉米、谷子
籽实用豆类作物	4.26(1.42)	1	1.19	大豆、花生
纤维类作物	3.22	1	2.77	棉花、大麻
油料作物	1.80	1	0.89	油菜
块根块茎类作物	3.00	1	3.66	甜菜、马铃薯

资料来源：刘巽浩，1986

各种作物根系深度和发育程度不同。例如，小麦、水稻、谷子等浅根性作物，根系主要在土壤耕层延展，主要吸收利用上层土壤的养分和水分；而大豆、棉花等深根性作物，则可从深层土壤吸收养分和水分。所以不同根系特性的作物轮作，茬口衔接合理，就可以全面利用各层的养分和水分，协调作物间养分、水分的供需关系。

2. 改善土壤理化性状，调节土壤肥力　各种作物的秸秆、残茬、根系和落叶等是补充土壤有机质和养分的重要来源。但不同作物补充供应养分的数量不同，质量也有区别。例如，禾本科作物有机碳含量多，而豆科作物、油菜等落叶量大，豆科还能给土壤补充氮素。有计划地进行禾、豆轮作，有利于调节土壤碳、氮平衡。

轮作还具有调节、改善耕层物理状况的作用。密植作物的根系细密，数量较多，分布比较均匀，土壤疏松，结构良好。深根性作物和多年生豆科牧草的根系对下层土壤有明显的疏松作用。土壤物理性质的改善，可使土壤肥力得以提高。

第四篇　作物栽培技术

第十二章　作物区划与种植制度

本章视频

作物区划、布局与种植制度的制订是在农业自然资源调查和社会经济条件分析的基础上，依据农业地域分异规律，因地制宜，扬长避短，对作物生产进行科学分区、布局及制订相应的种植制度，使作物生产与区域自然条件及社会经济条件相适应，最大限度地开发作物生产潜力，并使种植业得以可持续发展。

第一节　作物区划与布局

我国国土面积广阔，各地农业自然资源和社会经济条件差异明显。在深入分析和评价农业资源的基础上，进行作物区划，对于因地制宜地调整作物结构与布局，搞好农业生产的分区分类指导具有重要意义。

一、作物区划布局及其依据

作物区划(crop zoning)是农业区划的重要组成部分，其主要内容是研究作物生产分布与自然条件、社会经济状况的关系，分析作物区域分布现状、生产水平、存在问题、增产途径及优良品种适宜推广的地区范围，并在考虑区域发展潜力的基础上，对作物生产进行区域划分。其目的是在全面查清有关自然资源和社会经济资源的基础上，从指导种植业发展出发，考虑今后若干年内国民经济发展的远景要求，对全国或区域性的作物生产进行分区划片，使作物生产因地制宜，合理布局，并期望获取较高的经济效益、生态效益和社会效益。

（一）自然条件

作物生产与气候、土地、水资源等自然条件密切相关，这些自然条件或自然资源的类型、数量、质量、结构在时间、空间分布上的不同形成了农业生产的地域性，自然条件的地域差异具有一定规律性，这一规律称为自然地域分异规律；其中尤以影响农业生产最大的气候条件如热量、水分的地域分异最显著。根据自然因素形成原因和表现形式，可将自然地域分异规律分为地带性差异和非地带性差异两类。

地带性差异主要表现为热量、水分等自然条件大致沿纬度或经度的方向呈有规律的变化，即纬度地带性差异和经度地带性差异。所谓纬度地带性差异，是指因地球与太阳位置不同而造成的纬度高低、南北之间以热量条件为主的差异。中国从南向北沿纬度方向，积温越来越少，依次分为南热带、中热带、北热带、南亚热带、中亚热带、北亚热带、中温带、北温带。这种热量分布的地带性差异在相当程度上形成植物种类、生长期、栽培方式、耕作方法与熟制、生产率与经济效益等的地域差异。经度地带性差异是指由于陆地距离海洋的远近及由此产生的海陆相互作用，导致出现降水量由东到西沿经度方向递变的规律。中国大陆从东南到西北，降水量逐渐降低，根据干燥度分为湿润区、半湿润区、半干旱区和干旱区 4 个区。水分条件的经向地带差异规律是引起植物种类、灌溉方式、耕作方法与种植制度、生产力等有地域性的一个重要因素，并且最终影响到农业生产经济效益的区间差异。

非地带性规律又称垂直性差异，主要是由地形、地貌、地势起伏等对光、热、水、土和生物等条件的影响而造成的。由于海拔的不同，引起热量和水分的数量呈现有规律的变化，海拔越高，热量越少，气温越低，而降水量先随海拔的增加而增加，到了一定高度之后，又随高度的增加而减少。热量与水分的垂直性差异是形成土地立体利用的自然基础。

（二）社会经济条件

社会经济条件与作物专业生产有着密切的关系。区域的生产力水平、人口和劳动力、作物专业生产技术、工业化条件、交通运输与商品流通的分布和组合，都直接影响作物生产。这些社会经济条件的形成和发展是人们长期以来认识自然，改造、利用自然的结果，它是一个不断发展变化的因素。社会经济条件对作物生产的影响是多方面的，人口多、劳动力充足，技术水平高、机械化设施完善，有利于专业化、集约化生产的发展；交通运输便利，市场经济健全，有利于专业生产基地的建设和产品的消化。我国的社会经济条件在地域上也呈现出明显的差异。从东到西，随海拔的升高，人口密度逐渐降低。按生产技术、经济水平和交通运输条件可分为东部沿海发达地区、中部中间过渡地区、西部内陆落后地区。在各地带内，又为平原好于丘陵、山区，大中城市郊区好于一般农村，沿海开放区好于一般内陆地区。

（三）区域资源状况

区域资源的结构、数量和分布，决定着区域作物生产的结构和布局。同一类型资源在我国的分布各不相同，有些资源分布广，而有些资源分布的范围则小一些，但是它们都形成了各自的集中分布区和分散分布区。例如，饲料资源在我国的分布就有明显的地区差异，内蒙古、甘肃、宁夏、新疆、青海、西藏等省份的天然草场面积大，青粗饲料资源丰富，故以放牧和牧草加工等青饲料的生产利用为主；内陆农业地区以粮食生产为主，精饲料丰富，而青粗饲料相对不足，则以精饲料的加工利用为主。总之，各部门资源在我国的分布具有明显的地区差异性，其开发利用方式也具有相应的地区差异性。

（四）社会需要

虽然无论哪个部门的专业生产都受自然条件、社会经济条件和部门专业资源的影响，但其根本目的都是为了社会需要。社会需要决定了该部门专业生产的规模大小和产品的多少，特别是要根据社会市场的需要，来决定部门资源的开发利用程度和部门专业生产的规模。

二、作物区划布局方法

区划的基本任务之一是分类划区，而农业类型和区域是客观存在的地域差异的集中体现。要正确反映这种地域分异现象，就必须通过一定的分类分区方法区别其差异性，归纳其类似性，揭示农业生产的地域分异规律。

（一）指导思想

在区划工作中，不论进行哪一种区划或是哪一级区划，尽管所采用的方法各异，但都必须遵循以下4条基本原则：一是要有明确的市场经济观念，以市场为导向，以效益为核心来安排农业生产的作物品种或是调整作物布局和农业结构；二是树立鲜明的生产观点，坚持为实现农业现代化服务，做到有用可行；三是坚持实事求是的科学态度，从实际出发，正确完整地认识农业生产的地区差异性，针对存在的主要问题，采取相应的措施；四是要有长远的观点，根据农业生产发展和农业现代化的要求，做出分阶段的安排，并保持连续性，着眼长远。

（二）作物区划步骤

作物区划工作可简单归结为以下步骤：①准备工作，包括组建工作队伍，培训区划人员，制订进度计划，收集、整理资料并初步分析；②室外调查，是取得第一手资料的重要手段，一般包括普查、重点调查和典型调查3种不同方式；③室内分析研究，运用已经掌握的资料，绘制有关分析图表，确定分区原则和指标，修改和校正最初的分区方案草稿，并分区研究其作物生产发展方向，提出科学论证和改进措施；④区划成果的应用。

（三）分区方法

农业区划在进行具体分区时，方法种类较多，主要有两大类，即定性分区法和定量分区法。

1. 作物生态适宜度比较法　这种方法是研究分析某一作物对土壤、气候、地貌等的要求，然后与所研究地区的环境资源相比较，做出该作物适应性的分析，用作物生态适宜度这个指标来表示。即用生态因素对作物的实际满足程度与最适指标比值来表示，可用下式计算。

$$P=\sum_{i=1}^{n}\sum_{j=1}^{m}\frac{C_{ij}}{T_{ij}}$$

式中，P 为作物对 i 生态因子的适宜度；C_{ij} 为 i 生态因子的实际值；T_{ij} 为 j 生育阶段作物 i 生态因子所要求的最佳值；i 为生态因子的个数（$i=1,2,\cdots,n$）；j 为作物的生育阶段（$j=1,2,\cdots,m$）。

2. 聚类分析法　聚类分析法和模糊聚类法主要是根据分类单元及其指标体系所含特征量，经过数学处理，对研究地区进行分区划片。首先根据区划目的，罗列出相关因素；接着针对各因素对农业生产影响的重要程度，确定各相关因素的权重；然后进行聚类，聚类既可从上到下分解，将全体分类单元视为一类，然后将差异最大的类分开，也可自下而上聚合，即把相似程度最大的合为一类，使类数目减少；最后将聚类结果放到实际中检验和调整。其方法如下。

1）分区指标标准化　由于所选择的分区指标变量一般取值单位不同，为了便于变量间的比较，通常要进行数据转换。转换方法有平移转换、极差转换、对数转换、主成分转换和标准差转换等。在模糊聚类中多用标准化的方法，即进行平移转换（将某一指标的所有数据减去平均值），然后再进行极差转换（即再除以该指标数据的极差）。

2）计算样点间的距离求模糊相似矩阵 R　设有 n 个分区样点，X_{ik} 为第 i 个样点的第 k 个分区指标值，x_{jk} 为第 j 样点的第 k 个分区指标值，R_{ij} 为第 i、j 两个样点的相似统计量。其中，R_{ij} 常用的计算方法有

$$R=\begin{bmatrix} r_{11} & r_{12} & \cdots & r_{1i} & \cdots & r_{1n} \\ r_{21} & r_{22} & \cdots & r_{2j} & \cdots & r_{2n} \\ \vdots & \vdots & & \vdots & & \vdots \\ r_{i1} & r_{i2} & \cdots & r_{ij} & \cdots & r_{in} \\ r_{n1} & r_{n2} & \cdots & r_{nj} & \cdots & r_{m} \end{bmatrix}$$

（1）夹角余弦法。

$$r_{ij}=\sqrt{\frac{1}{m}\,(x_{ik}-x_{jk})^2}$$

（2）欧氏距离法。

3）确定模糊等价矩阵 $\underset{\sim}{R}$　由上述方法建立的是模糊相似矩阵，必须将其转换为模糊等价矩阵才能进行分类。将 $\underset{\sim}{R}$ 多次自乘得 $\underset{\sim}{R}^k=\underset{\sim}{R}^{2k}$ 就是模糊等价关系矩阵。

4）逐步聚类　当得到等价关系矩阵后，逐步取 λ 水平，将模糊关系矩阵转化为由 0，1 组成的清晰矩阵，把相似系数为 1 者归为一类，其他为一类，如此分类，即得到系统聚类图。

5）确定适宜的 λ 水平作分区图　系统聚类图因 λ 的水平不同得到多种分类方案。根据研究目的和专家经验，确定适宜的 λ 水平，即得到适宜的分类方案，而后在坐标上绘出分区图。

三、中国作物区划布局

中国种植业区划是根据自然条件和社会经济条件，比较作物结构、布局和种植制度等，考虑种植业发展方向和关键措施的相对一致性，把中国分为东北大豆、春小麦、玉米、甜菜区；北部高原小杂粮甜菜区；黄淮海棉、麦、油、烟、果区；长江中下游稻、棉、油、桑、茶区；南方丘陵双季稻、茶、柑橘区；华南双季稻、热带作物、甘蔗区；川陕盆地稻、玉米、薯类、柑橘、桑区；云贵高原稻、玉米、烟草区；西北绿洲麦、棉、甜菜、葡萄区；青藏高原青稞、麦、油菜区十大种植区。

1. 小麦种植区划　小麦（*Triticum aestivum* L.）属禾本科小麦属，一年生或越年生植物，是我国最主要的粮食作物，播种面积和产量约占粮食作物播种面积和产量的50%。小麦类型和品种繁多，适应性强，分布较广，在丘陵平原、高原、山区，甚至低洼盐碱地都有种植。依据其地理地域（气候区划）、品种特性（冬春性、籽粒特性等）、栽培环境（平

原、丘陵、雨养、灌溉条件等)将我国小麦种植区域划分为春播区、秋冬播区和冬春兼播区三大主区和10个亚区(图12-1)。

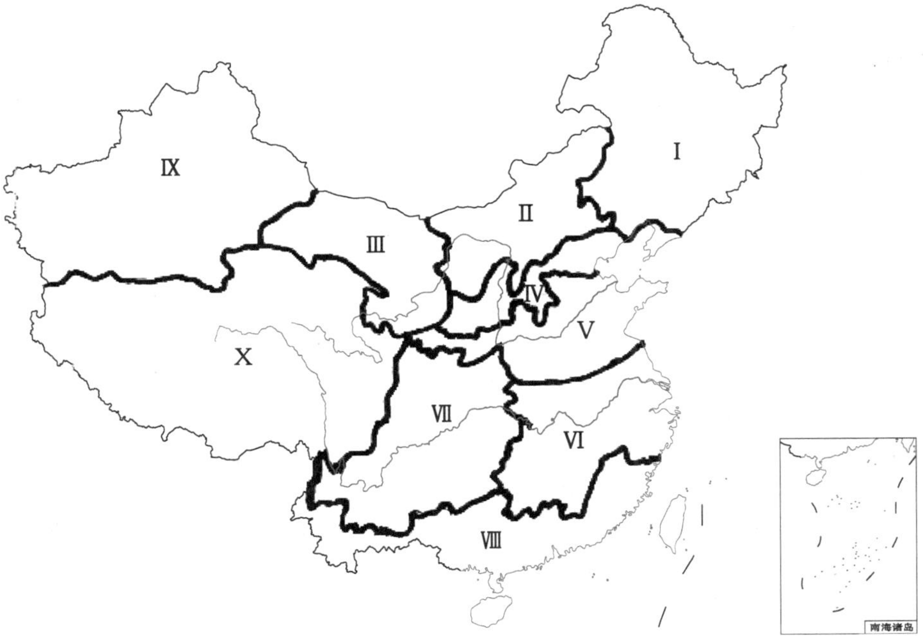

图12-1　中国小麦种植区划图

春播区：Ⅰ. 东北春麦区；Ⅱ. 北部春麦区；Ⅲ. 西北部春麦区秋冬麦区：Ⅳ. 北部冬麦区；Ⅴ. 黄淮冬麦区；Ⅵ. 长江中下游冬麦区；Ⅶ. 西南冬麦区；Ⅷ. 华南冬麦区冬春兼播区：Ⅸ. 新疆冬春麦区；Ⅹ. 青藏冬春麦区

2. 水稻种植区划　水稻(*Oryza sativa* L.)是世界上栽培面积和总产量仅次于小麦的重要作物。我国的稻作面积仅次于印度,但稻谷总产量居世界产稻国之首。我国北至黑龙江,南至海南岛,东到台湾,西迄新疆,从低洼的沼泽地到海拔2670m的西藏高原山区,到处都有水稻种植。大体上可以秦岭、淮河为界,分南方和北方两个稻区,再进一步划分为6个稻作带(表12-1)。其中华中湿润单双季稻作带内又可分为南部双季稻作区和北部单双季稻作区;东北半湿润早熟单季稻作带又可分为南部早熟稻作区和北部特早熟稻作区;西北干燥单季稻作带又划分为东部半干旱稻作区和西部干旱稻作区;西南高原湿润单季稻作带又划分为云贵高原稻作区(包括西藏东南部)和青藏高原稻作区。

表12-1　中国稻作区划

名称	主要范围	>10℃积温/℃	降水量/mm	干燥度	种植制度	品种类型
华南湿热双季稻作带	南岭以南及台湾	>6500	>1000	<1	双季稻,三熟	早籼、晚籼、少数晚粳
华中湿润单双季稻作带	南岭以北,秦岭淮河以南	4500～6500	>1000	<1	双季稻为主,二熟或三熟	早籼、中籼、晚籼、中粳、晚粳

续表

名称	主要范围	>10℃积温/℃	降水量/mm	干燥度	种植制度	品种类型
西南高原湿润单季稻作带	云贵高原，青藏高原	3000～6500	1000左右	<1	单季稻为主，二熟	中粳、晚粳、中籼、晚籼
华北半湿润单季稻作带	长城以南，秦岭淮河以北	3500～4500	>400	1～2	单季稻，一熟或二熟	早粳、中粳、中籼、晚籼
东北半湿润早熟单季稻作带	长城以北，大兴安岭以东	<3500	>400	1～2	单季稻一熟	早粳、特早熟早粳
西北干燥单季稻作带	河西走廊以西，祁连山以北	2200～4400	<400	>2	单季稻	早粳、中粳

3. 玉米种植区划 玉米(*Zea mays* L.)属禾本科玉米属，为一年生雌雄同株异花授粉作物，具有单产高、用途广、抗逆性强的特点，是我国重要的粮食作物之一。玉米品种类型繁多，适应性强，分布极为广泛。东至沿海各省，西至青海、新疆，南至海南省，北至黑龙江的黑河都有种植。但主要分布在从黑龙江经吉林、辽宁、河北、山东、河南、山西、陕西，转向西南的四川、贵州、云南和广西等12个省(自治区)，形成了从东北到西南的一个狭长的玉米带。东北和华北是在平原上种植玉米，其他约65%的玉米分布在丘陵旱地。根据各地自然条件、栽培制度等，中国玉米种植区可以划分为6个玉米产区：北方春播玉米区、黄淮海平原夏播玉米区、西南山地玉米区、南方丘陵玉米区、西北灌溉玉米区和青藏高原玉米区(图12-2)。

图12-2 我国玉米种植区划示意图

4. 高粱种植区划　高粱[*Sorghum bicolor*(L.)Moench]属禾本科高粱属中的一个栽培种，一年生草本，是我国重要的粮食和饲料作物。广泛种植于平原、山丘、涝洼、盐碱地。主要产区包括辽宁、河北、山东、吉林、黑龙江、陕西、山西等省份，约占全国高粱面积的 80%。根据高粱产区的气候、土壤、种植制度及品种的适应性特点，形成春播早中熟高粱区、春播晚熟高粱区、春夏兼播高粱区和南方高粱区等 4 个类型区。

5. 谷子种植区划　谷子又名粟[*Setaria italic*(L.)Beauv.]，属禾本科黍族狗尾草属中的一个栽培种，是我国旱农地区第二大粮食作物，其播种面积占粮食总播种面积的 15%，产量占 10%。谷草是家畜的优质饲草之一。根据谷子主产区的气候特点、种植方式和品种生态型特点可分为东北寒冷春谷区、内蒙古高原春谷区、华北平原春夏谷区和黄淮流域夏谷区 4 个类型区。

6. 大豆种植区划　大豆[*Glycine max*(L.)Merrill]属豆科大豆属，一年生草本。种子蛋白质含量为 40%，油分为 20%，营养丰富，广泛作为食用油、食品、饲料及工业原料。按照大豆产区的自然资源状况、耕作制度和品种类型可分为北方一年一熟春大豆区、黄淮流域夏大豆区、长江流域夏大豆区、长江以南秋大豆区和南方大豆两熟区 5 个区。

7. 棉花种植区划　棉花(*Gossypium* L.)属锦葵科棉属，是我国重要的经济作物。棉纤维是纺织工业的重要原料；棉籽含油分和蛋白质，是食品工业的原料；棉短绒也是化学工业和国防工业的重要物资。根据旱作棉区气候、地理及品种生态适应性可分为黄河流域棉区、长江流域棉区、西北内陆棉区和北部特早熟棉区 4 个类型区。

8. 花生种植区划　花生(*Arachis hypogaea* L.)为豆科落花生属，一年生草本。因地上开花，地下结实，故名落花生。花生仁富含脂肪和蛋白质，是重要的油料作物，也是食品加工、医药化工的原料。根据自然气候条件和品种生态适应性特点，可分为黄河流域区、长江流域春夏兼作区、东南沿海与华南春秋两作区、云贵高原区、黄土高原区、东北春播区和西北花生区 7 个类型区。

9. 油菜种植区划　油菜(*Brassica* spp.)为十字花科芸薹属，以采籽榨油为种植目的的一年生或越年生草本。菜籽油是良好的食用油和工业原料；饼粕可作肥料、精饲料和食用蛋白质原料。此外，油菜在轮作复种中也有重要地位，是新垦地、休闲地和盐碱地的先锋作物。油菜抗逆性强，适应范围广，从平原到高原几乎都有油菜分布。但总体可以划分为冬油菜区和春油菜区。冬油菜区以长江流域为中心，可划分为华北、关中、长江中下游、四川盆地、云贵高原和华南沿海 6 个亚区，面积和产量占 85%以上。品种多为冬性强、根系发达的白菜型和甘蓝型油菜。春油菜区主要分布在西北高原、青藏高原、华南及东北地区，划分为蒙新内陆亚区、东北平原亚区和青藏高原春油菜亚区 3 个亚区。品种主要以白菜型和芥菜型油菜为主，也有甘蓝型油菜种植。

第二节　农作方式与作物品种搭配

农作方式是指在一定的自然和社会经济条件下形成的规范化的耕地利用方式或作物种植形式，是作物与作物之间在时间、空间上的组合布局方式，可以解决作物布局规划中怎么种的问题。农作方式由作物结构(含品种搭配)与种植熟制两部分组成，作物结构指田间作物种群组成与空间配置，包括单一作物结构（单作）和多作物复合结构（多作）。种植熟制是指一年内种植作物的季数，包括了一熟制和多熟制。

一、作物布局概念与原则

作物布局是从宏观层面上对一个地区或生产单位的作物种植结构进行部署和安排，包括作物组成、空间配置、种植方式、种植顺序等综合技术体系，它是一项综合性较强、影响全局的生产技术设计，因而在农业生产中占据十分重要的地位。合理的作物布局可综合平衡自然资源、社会经济资源及科学技术等综合因素，根据社会需要与资源可能条件，统筹兼顾，可持续地利用土地等自然和社会资源，获得最大的经济效益、社会效益和生态效益。

（一）作物布局概念

作物布局（crop arrangement）是指一个地区或生产单位作物结构与配置的总称。作物结构是指作物种类、品种、面积及占有比例等，配置是指作物在区域或田块上的分布。作物布局解决种什么作物、种多少、种在哪里的问题，是建立合理种植制度的主要内容和基础。作物布局通常包括区域型地理布局和生产单元型布局，前者是指范围较大、时间较长、具有战略部署作用的宏观布局，如我国东、中、西部地区各种什么，山区、平原地区应种什么；后者是指生产单位内部范围小、时间短、具有战术灵活性的生产任务安排，如自然村或农户一年或一个生长季节作物的安排。作物布局中的“作物”范畴一般不局限于粮、棉、油等大宗农作物，还应包括饲料作物、绿肥作物、园艺作物（瓜、果、蔬菜、花卉）及其他作物（如药材等），甚至可把树木和草类也纳入作物范畴。在我国多熟制地区，一年内由二季或三季作物组合而成，故作物布局不仅涉及单季作物的平面布局，也包括上下季作物组合的熟制布局。我国幅员辽阔，自然条件和社会经济状况的差异极大，应因地制宜，依据当地条件，采取多元化策略进行作物布局。

（二）作物布局原则

1. 满足社会需求　满足人类对农产品的需求是农业生产的主要动力与目的。社会需求分3个方面，一是自给性的需要，主要是农民自已对食品、饲料、燃料、肥料等的需要；二是市场对农产品的需求，世界上农业发达国家农产品主要是以商品形式供应市场，我国目前粮食商品率约占35%，经济作物大部分作为商品；三是国家或地方政府从全局出发提出的农产品需求。

2. 遵从作物生态适应性　作物生态适应性是作物长期进化过程中系统发育的结果，是经过自然和人工选择形成的一种遗传特性。作物的生态适应性有宽有窄，适应性较广的作物分布较广，如小麦适应性很广，热带、亚热带、温带都可种植，而椰子、油棕等生态适应性较窄，只适宜在热带种植。

3. 效益最大化　在农业生产中，追求较高经济效益也是合理作物布局的主要目标之一。在市场经济条件下，不讲经济效益的农业生产或农作制度难以持久发展。作物布局的经济效益既要涉及微观的价格、成本、产值、利润，也要涉及宏观的产品消费与需求、供应、流通、加工、劳动就业、劳动生产率、出口贸易、多样化与专业化等方面的问题。在一个小范围内对一个农户来讲，除自给外，最重要的就是增加收益。在确定作物布局时，一方面根据比较效益原则和最低风险原则灵活多变地选择作物，通常是多种收益高的作物，少种收益低的作物，但同时要考虑到高效益农产品市场容量有限所带来的风险；另一方面要适应市场经济发展和全球经济一体化的要求，促进作物结构由满足自给性需要的多样性生产向满足商品性需求的专业化生产转变，积极参与全国和全球性作物生产布局的地域分工，培植具有市场竞争能力和较大规模的农产品专业化生产基地，才能够获得并保持较为稳定的经济收益。

4. 先进性　一个地区或生产单位的作物布局并非一成不变。随着水利、肥料、机械等生产条件的改善和经济发展所带来的市场需求的改变，促使作物布局随之作相应调整。例如，高粱、谷子等作物过去比较适应于华北的旱作条件，但随着水利条件的改善，肥料投入的增加，耐旱的谷子、高粱在相当大面积上已被喜水耐肥和高产的小麦、玉米、棉花等作物所代替。另外，随着商品性农业的快速发展，全国性的作物生产区域分工正在逐步形成，区域型作物布局和单位型作物布局都在不断调整之中。

（三）作物布局规划

作物布局规划是指对某一区域或生产单元未来时段内作物生产的战略安排，包括作物的布局、产量目标的制订、种植方式及生产技术途径的确定等。布局规划的基本原则如下。

1. 明确市场需求　农产品市场具有季节性、鲜活性、区域性与分散性的特点。农产品市场价格多不稳定，存在季节性生产造成的淡旺季之分，从而产生市场价格的季节性波动，供求关系的变化又造成一定年份的农产品价格的周期性变化。生产布局中最重要的经济因素是市场价格比例。各地产品价格比例变动来自于该地产品供需总趋势的改变。因此，在进行作物布局规划过程中要了解国内外市场需求量、价格、交通、加工、储藏、农产品质量、安全卫生标准及农村政策等方面的内容。

2. 甄别环境条件　影响作物生产布局的因素包括自然条件和社会经济条件，这些条件对作物布局具有重要影响，适地适作是布局规划的基本要求。自然条件包括热量、水分、光照、地貌、土壤、肥料、环境质量（大气环境、水质标准、土壤环境等）、自然灾害等，社会经济条件包括机械化水平、劳动力、畜牧业、产值收入、市场、价格、政策、科技、文化水平等。各种因素共同影响种植业生产，因而布局规划中必须对区域的环境条件充分熟悉，以保证规划的科学性、合理性与可操作性。

3. 确定作物生态适应性及区域　作物生态适应性是作物布局的基础。规划前要从光、热、水、土等自然生态角度对作物的生态适应性进行确定，并区分作物的最适宜区、适宜区、次适宜区与不适宜区。

4. 划分作物生产基地和商品基地　选定了适宜区和适生地，再结合历史生产状况和远景生产目标，选择某种作物的集中产地和商品生产基地。商品生产基地的条件是：有较大的生产规模，土地集中连片；生产技术条件较好，生态经济分区上属最适宜或适宜区；

生产水平较高。

5. 确定作物组成 在单一的各个作物适宜区与适生地选择的基础上，确定各种作物间的比例数量关系，处理好粮食作物与经济作物、饲料作物，以及主导作物和辅助作物的比例。一般生产量大且生态适应性比较好的作物是主导作物，生产量少、面积小的作物是辅助作物。明确主导作物是解决当地粮食或经济收入的主要途径，但不能因重视主导作物而忽视辅助作物，如杂粮、杂豆、饲料、绿肥等。随着人民生活水平的提高，国内外市场对一些小杂粮需求量增加，在生产中应予以重视。另外，在确定作物组成时需考虑作物轮作、复种及间套作的需要。

二、熟制类型

（一）单作一熟型

单作一熟型是指单一的作物种类构成单一的群体结构，并实行一年一熟制，生产上称为单作，如冬小麦一年一熟，春玉米一年一熟等。其主要特点是单一的群体结构，种植技术简单，管理方便，也利于机械化操作，但在生长季节较长的地区不能充分利用气候和土地资源，农田产出量低。因此，这种模式只适应于生长季节较短、机械化程度较高的地区。

（二）单作多熟型

单作多熟型是指单一的作物种类构成单一的群体结构，但在一年内种收两次以上。即第一茬作物收获后，直播或移栽第二茬、第三茬作物，构成多熟种植，通常称为复种，是时间上实行种植集约化的种植模式，如小麦-玉米、小麦-水稻-水稻等。其主要特点是一年种收两季以上，延长了光合作用时间，集约利用农业资源，通过熟制提高土地产出，适于生长季节较长、水肥及劳动力充足的地区。

（三）多作一熟型

多作一熟型是指两种或两种以上的作物组成的复合群体结构，由于生育期相近，种收同时或基本同时，也称为间混作，是空间上种植集约化，如玉米与大豆间作、小麦与豌豆混作等。其主要特点是两种以上作物构成复合结构，可从空间上集约利用光、热、水、土资源，主要适应于人多地少、生长季节较短的地区。

（四）多作多熟型

多作多熟型是指在同一块地上，一年内分期种植两种或两种以上生育季节不同的作物，并构成复合群体结构的种植方式，既在时间上实行种植集约化，又在空间上实行种植集约化。两茬或两茬以上作物套种就是多作多熟制的典型代表。但由于多种作物构成复合群体结构，田间结构复杂，必须选配合理的田间结构和套种时期，才能发挥其增产增收作用。这种方式适合于一熟向两熟过渡和两熟向三熟过渡、劳动力充裕、水肥条件较好的地区运用。

三、复种和间混套作

（一）复种

1. 复种的概念　复种(sequential cropping)是指在同一年内在同一块田地上种植或收获两季或两季以上作物的种植方式。根据一年内在同一田块上种植作物的茬数，把一年种植两茬作物称为一年两熟，种植三茬作物称为一年三熟。为衡量大面积耕地复种程度的高低，通常用复种指数(cropping index)来表示，即全年作物收获总面积占耕地面积的百分比。公式为

复种指数(%)＝(全年作物收获总面积/耕地面积)×100

式中，"全年作物收获总面积"包括绿肥、青饲料作物的收获面积在内。

2. 复种的条件　一定的复种方式要与一定的自然条件、生产条件与技术水平相适应。影响复种的自然条件主要是热量和降水量，生产条件是劳畜力、机械、水利设施、肥料等。热量条件是决定一个地区能否复种的首要条件，一个地区的热量状况决定了复种的可能性和复种程度。确定能否复种的方法通常有3种：一是根据年平均气温粗略评价一个地区的热量状况，一般年平均气温8℃以下为一年一熟区，8～12℃为两年三熟区，12～16℃为一年两熟区，16～18℃及其以上为一年三熟区。二是积温法，一般≥10℃积温低于3600℃为一年一熟，3600～5000℃可以一年两熟，5000℃以上可以一年三熟。一个地区复种程度除需了解当地积温以外，还需了解不同作物完成一个生育期对积温的要求(表12-2)。此外，也可根据生长期长短进行判断，以无霜期表示生长期时，一般140～150d为一年一熟，150～250d为一年两熟，250d以上为一年三熟。

表12-2　不同作物对≥10℃或≥0℃积温的要求　（单位：℃）

作物	早熟种	中熟种	晚熟种
冬小麦(≥0℃)	1700～2000	2000～2200	2200～2400
油菜(直播)(≥0℃)	2000～2200	2200～2400	2400～2600
油菜(移栽)(≥0℃)	1400～1600	1600～1800	1800～2000
玉米(≥10℃)	2000～2200	2500～2800	>3000
高粱(≥10℃)	2100～2400	2500～2800	>3000
水稻(≥10℃)	2400～2500	2800～3200	—
甘薯(≥10℃)	1600～2100	2500～3000	3500～4000
马铃薯(≥10℃)	1000	1400	1800
大豆(≥10℃)	1650～2100	2500	2900
棉花(≥10℃)	3200～4000	4000～4500	>4500
春小麦(≥0℃)	1700～2100	2100～2300	—

在热量条件满足的地区，能否复种主要受水分条件的影响。一般年降水量600mm以下地区的旱作农田只能实行一熟，600～1000mm地区旱作农田可实行两熟或套作三熟，1200mm以上旱作农田可实行三熟制。虽然热量和水分条件可以满足复种，但地力不足，复种之后产量降低。因此，提高复种指数，除安排养地作物外，必须增施肥料，培肥地

力，否则多种不能多收。复种指数提高，用工量增大，前茬作物收获和后季作物播种季节紧张，农活集中，要求有充足的劳畜力和较高的机械化程度。经济效益是复种成败的最终决定因素。要增加经营的集约度，通过高投入获得高产出，实现经济效益的提高。

（二）间混套作

1. 间混套作的概念　间作(intercropping)是指在同一块田地上于同一生育期内，分行或分带相间种植两种或两种以上作物的种植方式。混作(mixed cropping)是指在同一田地上，同期混合种植两种或两种以上作物的种植方式。套作(relay cropping)是指在前季作物生长后期的株行间播种或移栽后季作物的种植方式。

如果在同一农田上，两种或两种以上的作物从平面、时间上多层次地利用空间的种植方式，就称为立体种植(multistory cropping)。单一的群体难以充分利用环境资源。作物生长初期，植株个体较小，叶面积小，漏光损失多。作物旺盛生长阶段，植株基本定型，枝叶繁茂，叶面积指数达到最大，田间封垄，冠层呈平面用光状态。作物后期生长，随着个体衰老，部分叶片脱落或变黄，叶面积指数减少，会再次出现漏光损失，光合效率下降。间、混、套作复合群体是人们通过选择适宜的作物种类，组成具有空间成层性分布和时间演替性分布的作物田间结构，并运用合理的田间管理技术，发挥作物间的互补关系，削弱竞争关系，能充分利用环境资源，显著地提高单位面积产量，从而提高土地利用率。

2. 间混套作技术原则

1）选择适宜的作物种类和品种　根据作物的生态特性、生物学特性和生产管理特点，合理搭配种植方式中的作物种类。要求所选择作物的形态特征和生育特性相互对应，如株型一高一矮，根系一深一浅，生育期一长一短等；选择生态位不同的作物，充分利用时间和空间。

2）建立合理的田间配置　间混套作田间结构是指作物群体的田间组合、空间分布及其相互关系，包括垂直结构和水平结构。垂直结构是作物群体在田间的垂直分布，即间混套作作物冠层在田间的成层分布，水平结构是作物群体在田间的横向排列，即作物的密度、行数、行株距、幅宽、间距、带宽等要素的组合。

3）调整作物的种植时间　调整作物的种植时间是解决作物竞争、发挥间套作优势的有效技术。在套作条件下，套种过早，延长了套种作物的共生期，对套种作物苗期生长不利；套种过晚，套种作物增产效果不显著。因此，套种共生期的长短应根据具体种植方式、种植规格、前作长相确定；间作时应考虑不同间作作物的适宜播种期，以减少彼此的竞争。

4）合理肥水运筹　间混套作作物间存在肥水竞争，需要加强肥水管理，促进生长发育。间混套作作物种植密度大，对水肥竞争激烈，易出现水肥亏空区，应及时适量地追肥和灌水，保证处于竞争劣势作物的生长发育。

5）采用新技术，调控作物生育进程　实施生产技术、化学调控技术等均可对间混套作复合群体的生长发育进行调节和控制，协调作物生育进程，塑造理想株型，实现复合群体的高产、稳产。

四、作物品种搭配

选择优良的品种，按照地域特点进行合理布局和品种搭配是实现作物高产、稳产、优质的保证。

（一）作物品种的概念

作物品种（variety）是人类在一定的生态条件和经济条件下，根据人类的需要所选育的某种栽培作物群体。该群体具有相对稳定的遗传特性和生物学、形态学及经济性状上的相对一致性，而与同一栽培作物的其他群体在特征、特性上有所区别；在相应地区和耕作条件下种植，在产量、抗性、品质等方面都符合生产发展需要。

品种是作物生产的重要生产资料，优良品种能充分利用自然条件，克服不利因素，有效地解决倒伏、病虫及其他特殊问题，是保证增产的基本条件之一。优良品种首先应具备高产性，有较大的生产潜力；其次，应具备优质性，随着商品经济的发展，产品质量越来越受到重视，尤其是工业原料作物，产品的工艺品质更为重要，如棉花纤维长度、细度和强度，甘蔗的糖分含量，油菜的油分、芥酸含量等；最后，还应具备良好的适应性和较强的抗逆性，不同品种具有不同的适应性。品种的优良性和适应性有其时间性和地区性，在不同地区由于生态、经济、耕作栽培条件的不同，对品种的要求也不同，即使在同一地区，其生态、经济、耕作栽培条件也会不断发展、变化，因而对品种的要求也会随之改变。因此，在选育、推广良种时，必须因地因时制宜。

（二）品种选择的原则

品种是在一定生态条件下形成的，对生态条件和栽培条件具有一定的要求。人类长期生产实践的经验表明，要发展作物生产，必须掌握两个密切关联的环节：一是选育推广优良品种，二是改善栽培环境和改进栽培技术。前者是内因，后者是外因。土、肥、水等外部条件及一切农业技术措施，都要通过品种本身的遗传特性才能起作用。另外，任何品种的优良遗传特性也必须在相应的栽培条件下才能充分表现出来。只有内因和外因相互结合，良种良法配套，才能有效地促进作物生产水平的提高。因此，选择品种时应当遵循如下几个原则。

1. 根据当地栽培制度选择品种　在作物和品种间应注意茬口与季节衔接。多熟制地区，应选择熟期适当而高产优质的品种；茬口早的宜选择耐寒性较强、适于早熟的品种；茬口晚的应选择耐迟播的品种；间套作地区宜选择早熟高产、株型紧凑、矮秆抗倒的品种，以便早收获，有利于间套作物的生长发育，发挥各季作物的生产潜力，提高全年总产量。

2. 根据当地自然条件和生产条件选择品种　各地的气候、土壤和生产水平不同，对品种的要求当然有所不同，要选择抗御当地主要自然灾害和与当地生产水平相适应的品种。例如，生长季节短的地区，应选早熟、耐寒性强的品种；土壤贫薄、施肥水平较低的地区宜选耐瘠、适应性强的品种；地势低洼或盐碱地区，宜选择耐盐碱力强的品种；土壤肥沃或施肥水平较高的地区，宜选择耐肥、抗倒的品种；在病虫害严重地区，宜选择抗病虫性强的品种等。

（三）品种合理布局和搭配

1. 品种合理布局　品种合理布局是指在一个大的范围内，合理配置和选用不同特点的作物品种，将品种的生产潜力、特征特性充分发挥出来，从而保证作物丰产、稳产、优质，获得最佳经济效益。在进行品种布局时，主要是根据气候如温度、降雨和地形、土壤等生态条件，先划分大的自然区域，如我国小麦可分冬麦区、春麦区；玉米可分春玉米区、夏玉米区。各不同地区，则要根据当地的生态条件、种植习惯、市场需求，确定发展哪些植物种类和品种，以满足提高人民生活水平和发展经济的需求。任何品种都是在一定的生态条件下，通过不断培育选择而成，故有其相应的生态特点，适应一定的生态条件。我国幅员辽阔，地形、气候、土壤等条件复杂，只有根据品种要求的生态环境，选用、推广与之相适应的良种，才能保证农业生产的全面高产、稳产。

2. 品种合理搭配　品种合理搭配是指在同一生产单位或生产条件相似的地区内，有主有次地分别搭配种植各具一定特点的几个良种。搞好品种的合理搭配，可以克服品种单一遇灾害性天气或病虫危害的不利影响，又可避免品种“多、乱、杂”现象的发生，但不利于规模化、专业化生产。品种搭配应有主有次。首先根据当地自然、耕作等条件及品种在当地的表现，加之市场的需求，选择 1 个或 2 个品种作为主要品种或称为当家品种，再选择 2 个或 1 个作为搭配品种。各具特色的品种搭配恰当，有主有次，各得其所，可以充分发挥良种的作用。但选用的品种不宜过多，一般以 1 个主要品种 2 个搭配品种或 2 个主要品种 1 个搭配品种为宜。易混杂的作物则最好实行一地一种。

3. 良种良法配套　良种优良特性的表现，是品种内在遗传性和外界环境条件共同作用的结果。不同品种具有不同的遗传性，各有其自身的生长发育规律，表现出各自的特征特性。但其品种性状的形成和表现，还需一定相应的外界条件。因此，要搞好品种推广工作，充分发挥良种的增产潜力，必须注重良种良法相配套，即推广良种时，要做到良种良法配套、良种良法一起推广。要做到良种良法配套推广，必须在品种试验、示范中或通过专门试验，根据不同品种的生长发育特点及其对环境的要求，有针对性地对各品种采取相应的栽培管理措施，使品种的生长发育处于最适条件，使其优良性状充分发挥，从而获得优质、高产作物及最大的经济效益。

第三节　农　作　制

农作制(farming system)是指在一定的自然资源状况、社会经济条件和科学技术水平下，一个地区或农业企业为了土地持续高产高效所采取的农作物种植制度，以及与之相应的土地养护制度和农作经营制度等综合农业技术体系。它具有特定的自然环境、社会经济和科学技术特征，不是一项单纯的农田作物生产技术，而是具有增加土地产出、保护农业资源和提高经济收益等多个目标的土地经营管理制度。

一、轮作制

（一）轮作制的概念

轮作制(rotation system)是在同一田地上不同年度间按照一定顺序轮换种植不同作物或轮换不同复种方式的农作制度。例如，豆类→小麦→玉米(符号“→”表示作物或种植模式在年间的轮换)这个轮作方式属于不同种类作物之间的轮作，小麦/玉米→水稻，绿肥—水稻—水稻→油菜—水稻—水稻→小麦—水稻—水稻等属于不同种植模式间轮作。对于不同复种方式之间的轮作又称为复种轮作，如小麦—玉米→小麦—水稻，绿肥—水稻—水稻→油菜—水稻—水稻→小麦—水稻—水稻等。

通常，正规轮作具有周期性和顺序性两个特征。所谓周期性是指一个固定的轮作方式有它的轮作周期。例如，豆类→小麦→玉米这个轮作方式是以三年为一个周期的轮作。一个周期完成之后，如无重大调整仍按这个方式进入下一个轮作周期。所谓顺序性是指成熟轮作方式，作物的排列顺序是在考虑了前后作物的协调性关系，有利于地力培养和病虫害防治等多方面因素而确定的，随意改变可能会造成茬口的混乱。正规轮作的典型代表是目前一些发达国家实行的，以及前苏联和我国20世纪50年代大型国有农场中曾实行过的“定区式轮作”，这种轮作要求划分面积相等的轮作田区，有严格的轮作周期和作物轮作顺序，进行时间和空间上的轮换，形成严格的轮作周期表。其特点是生产计划性强，在生产任务比较固定的情况下，能较好地完成生产任务。但灵活性差，难以适应不断变化的生产体制和市场经济发展的要求，因而在我国农业生产中一直很少应用。

换茬式轮作是以某一田块或地段为目标，无严格的作物轮换顺序和轮作周期，只着重考虑前后茬作物病虫害及茬口衔接关系，实行灵活多样的作物轮换种植。这既是我国传统轮作的主要形式，也是目前广大农村盛行的作物轮作形式，特别是在目前市场经济发达、商品需求多样化的条件下，换茬式轮作将继续发挥其重要作用。

（二）轮作的作用

合理轮作具有积极的增产作用，这是经长期生产实践和大量科学实验证明的不争事实。归纳起来，其促进作物增产的主要原因有：调养地力、减轻作物病虫草害、合理利用农业资源等方面。

1. 合理的轮作可以协调和均衡利用土壤养分和水分　各种作物的生物学特性不同，从土壤中吸收养分的种类、数量、时期和吸收利用率也不相同。因此，将营养生态位不同而又具有互补作用的作物合理轮作，可以协调前后作物养分供应，均衡地利用土壤养分，充分发挥土壤肥力的生产潜力。

不同作物需水数量、时期和吸收能力也不相同。将水分适应性不同的作物轮作能充分而合理地利用全年自然降水和土壤中储存的水分，对农田高效用水有重要作用。

各种作物根系深度和发育程度不同，将不同根系特性的作物轮换，可全面地分层利用土壤养分和水分，协调土壤与作物之间对水分、养分的供求关系。

2. 改善土壤理化性状，调节和提高土壤肥力　作物的秸秆、残茬、根系和落叶是补充土壤有机质和养分的重要来源。禾本科作物秸秆量大，有机碳含量多，豆科作物、油菜等落叶量大，含氮量高。进行禾、豆轮作，可利用豆科作物的生物固氮维持土壤的氮素平衡，利用谷类作物和绿肥牧草残留的茎叶、根茬维持和提高土壤有机质含量，增进土壤肥力因素的数量。

作物轮作换茬还具有改善耕层理化性状的作用。密植作物的根系细密，数量较多，分布均匀，土壤疏松结构良好。深根性作物和多年生豆科牧草的根系对下层土壤有明显的疏松作用。水稻和旱作作物组成的水旱轮作还有利于减轻土壤容重，增加土壤孔隙和通透性，促进氧化反应，防止稻田土壤次生潜育化过程，消除土壤中有毒还原性物质的积累，对改善稻田土壤理化性状有显著效果。在水土流失地区，有多年生牧草作物参加轮作，可增加土壤团粒结构，有效地保持水土，在盐碱地区可降低土壤盐分含量，起到间接养地的作用。

3. 有效减轻农作物的病虫草害　　农作物的病原菌一般都为专性寄生菌类，害虫也有一定的专食性和寡食性，有些杂草也有其相应的伴生者或寄生者，它们是农田生态系统的组成部分，在农田土壤中都有一定的生活年限。如果连续种植同种作物，通过土壤传播的病害，如小麦全蚀病、棉花枯黄萎病等必然会大量发生。实行抗病作物与感病作物轮作，更换其寄主，改变其生态环境和食物链组成，使之不利于某些病虫的正常生长和繁衍，从而达到减轻农作物病虫害和提高产量的目的。一些作物的伴生性杂草，如稻田的稗草、麦田的燕麦草、谷田的狗尾草等，与其伴生作物的生活型相似，形态特征也相似，不易分辨和消灭。一些寄生性杂草如大豆、菟丝子，向日葵、列当等连作后更易滋生蔓延，不易防除。通过轮作并结合土壤耕作则可有效地防除伴生性和寄生性杂草。

4. 有利于合理利用农业资源，提高经济效益　　根据作物的生理生态特性，在轮作中前后作物搭配，茬口衔接紧密，既有利于充分利用土地和光、热、水等自然资源，又有利于合理均衡地使用机具、肥料、农药、灌溉用水及资金等社会资源。还能错开农忙季节，均衡投放劳畜力，做到不误农时和精细耕作。由于轮作具有培肥地力和减轻农作物病虫草害的作用，无须肥料、农药、劳力等资源的过多投资，只需作物合理的轮换就可获得与连作在高投入条件下相当的产量，降低了生产投资成本，提高了经济效益。

（三）建立合理的轮作制

1. 轮作周期　　轮作周期是指在一个轮作田区，每轮换一次完整的顺序所用的时间。轮作周期的长短主要取决于组成轮作作物的种类多少和主要作物面积的大小、轮作中各类作物耐连作的程度和需要间歇的年限，以及养地作物后效期的长短等。

2. 轮作中的作物组成　　轮作中的所有作物必须适应当地的自然条件，并能充分利用当地的自然资源；轮作中应确保主作物占有较大面积，且用地、养地作物各占一定比例。此外，也要考虑当地的机械、劳力、水利等生产条件。

3. 轮作顺序　　轮作一定要根据茬口特性，坚持用养结合，合理安排轮作顺序。

二、连作制

（一）连作制的概念

连作制（continuous cropping system）是指在同一块地上连年种植相同作物或连续使

用同一种种植模式的农作制度。例如，连年种植小麦，连年种植水稻；连年应用小麦/玉米、玉米/大豆、小麦—水稻—水稻等种植模式都可称为连作。其中同一种复种方式的连作（如小麦—水稻—水稻→小麦—水稻—水稻；小麦—玉米→小麦—玉米等）又称为复种连作。在生产上连作也称为重茬，但重茬更偏重于同一种作物的连年或连季种植。

连作是现代农业生产中，尤其是专业化生产比较明显的地区或生产单位广泛应用的一种种植方式。在低投入的传统农业阶段，长期连作的弊端十分明显，所以人们往往把连作视为一种必定要产生不利影响并降低农作物产量的种植方式。随着农业科技事业的飞速发展，现代科学技术和化学制品大量的投入农业生产，可以有效地克服或减轻连作所产生的某些不利影响，从而提高作物产量。

（二）不同作物对连作的反应

实践证明，不同作物连作致害的原因和程度有差异，同一种作物不同品种对连作的忍耐力也有差别。按照作物对连作的反应敏感性差异，大致可将其分为如下 4 类。

1. 忌连作作物　以茄科的马铃薯、烟草、番茄，葫芦科的西瓜，亚麻，甜菜等为典型代表，它们对连作的反应最为敏感。这类作物连作时，作物生长严重受阻，植株矮小，发育异常，减产严重，甚至绝收。其忌连作的原因是特殊病害和根系分泌物的致害作用。通常需要间隔 5～6 年甚至以上方可再种。

2. 不耐连作作物　以禾本科的陆稻，豆科的豌豆、大豆、蚕豆、菜豆，麻类的大麻、黄麻，菊科的向日葵，茄科的辣椒等作物为代表，其对连作的反应仅次于忌连作作物。一旦连作，生长发育受到抑制，造成较大幅度的减产。这类作物连作障碍多为病害所致，宜间隔 3～4 年受害较轻。

3. 耐短期连作作物　甘薯、紫云英、苕子等作物，对连作反应的敏感性属中等类型，生产上常根据需要实行短期连作，在连作 2～3 年时受害较轻。

4. 耐连作作物　这类作物包括水稻、甘蔗、玉米、麦类及棉花等作物。它们在采取适当农业技术措施的前提下耐连作程度较高。其中又以水稻、棉花的耐连作程度最高，在施足肥料的情况下，可长期连作。

（三）消除连作弊端的途径

合理轮作可以增产，而不适当的连作不但产量锐减，而且品质恶化。连作致害的原因有：导致营养物质的偏耗、导致土壤水分大量消耗、导致有毒物质积累、导致土壤物理性状恶化、导致病虫草害加重、导致土壤微生物种群数量与比例失调和土壤酶活性下降，降低了土壤的供肥能力，致使作物减产。

采用适当的技术措施可以有效地减轻连作弊端，延长作物连作年限，提高作物耐连作的程度。在生产上通过及时足量地施肥和灌溉措施，可以消除连作营养偏耗和水分不足；合理使用各种农药，可以缓解连作造成的病虫草害和土壤微生物区系变化带来的障碍；有计划地进行品种更换，用抗病虫耐瘠薄高产品种代替感病虫品种，减轻连作的弊端；采用适宜有效的土壤耕作措施，改善土壤理化性状，促进有毒物质分解，调节土壤微生物活动状况，提高土壤供肥能力。

三、休闲制

（一）休闲制的概念

休闲制（fallow system）是指耕地因长期连续种植作物造成肥力不足、地力较差，为恢复、培肥地力在一定时期内不种作物，但仍进行管理的农作方式。目前欧美等大多数国家和地区都存在农业休耕，出于保护环境控制粮食产量或是调节国家粮食储存量的目的，美国、法国、日本等国家都采用了休闲制，并取得了一定效果。实施休闲制是耕地利用的一种合理方式，是保障粮食生产持续提高的有力措施。

（二）休闲模式

1. 季节性休闲　为了提高粮食的生产能力，提高耕地复种指数是一项主要措施，在我国华北地区大部分实行二年三熟，复种指数为120%～150%，长江流域及华南地区一年两熟至三熟，复种指数为180%～250%，也就是说大部分耕地差不多全年都在生长作物，耕地的“连轴转”状态导致土壤肥力下降，为保证粮食产量不得不频繁过量地使用化肥、农药，造成了环境污染。因此，对于那些复种指数高的耕地，应该实施季节性的休耕。具体来说就是根据粮食生产情况，每年对一部分以往年度复种指数较高的耕地进行季节性休耕，在休闲季节可种植豆科绿肥等作物以提高地力。

2. 中短期年际休闲　中短期年际休闲主要涉及3类耕地：第一类是地处生态敏感区的耕地，第二类是产量较低的中低产田，第三类是产量较高、地力趋于下降的耕地。这3类耕地可根据生产及区域土地实际情况确定休闲年限，一般以1～3年为宜。对于地处生态脆弱区的耕地，由于耕作不善极有可能造成较大的环境负效应，可适当考虑多年休耕，休耕期鼓励实施种草、培肥等保护土地的措施，对于中低产田及地力下降的耕地，合理的休闲方式是耕地轮休，即按照作物生产情况调整农业生产用地，每年都有一部分耕地进行休耕。在既考虑土地休养生息保护环境又要保证粮食安全的基础上，应当科学制订土地休耕周期及休耕面积。

第十三章　土壤耕作与培肥

本章视频

土壤是作物生产最基本的生产资料，土壤耕作是作物生产的重要步骤，也是作物生产的基础环节。土壤耕作泛指运用犁、耙、耢、盖、磙等农具，通过农机具的机械力量作用于土壤，调整耕作层和地面状况，改善土壤耕层构造和孔隙度，协调水、肥、气、热状况，为作物播种、出苗和生长发育提供良好的土壤生态环境。农田培肥是通过多途径对土壤的物质基础、植物营养及土壤生态条件进行综合调控。土壤耕作与培肥方法多种多样，应因地制宜，根据土壤类型、作物种类、栽培目的、生育时期、自然条件等选择土壤耕作方法。

第一节　土 壤 耕 作

在传统农业中，土壤耕作是农业生产活动的一项主要内容，花费在这方面的能量和成本历来都占有很大比例。据统计，传统农业生产劳动量中约有 60%用于各种土壤耕作，农业生产资金中约有 1/3 消耗于土壤耕作。随着保护性耕作的研究和发展，减少土壤耕作或免耕的相关技术逐渐成熟并推广应用。因此，研究采取适宜的土壤耕作技术，对减少劳动量、节约能源、提高耕作效益、控制土壤侵蚀和保护生态具有重要意义。

一、土壤耕作的作用

土壤耕作虽然没有直接向土壤投入任何物质，但却能够调节土壤物理性质，是改善肥力条件和提高肥力因素有效性的重要措施。从理论上讲，土壤耕作的核心任务是通过农具的物理机械作用创造一个良好的耕层构造和适宜的孔隙比例，以调节土壤水分和空气状况，从而协调土壤中水、肥、气、热等肥力因素之间的矛盾，为作物播种、出苗、根系生长创造一个松、净、暖、平、肥的土壤环境。在实际生产条件下，土壤耕作的具体任务在于翻埋肥料、残茬和杂草，翻转耕层，松碎土壤，混拌土壤，平整地面，压紧土壤，开沟培垄，打埂做畦，满足作物生产过程中对土壤多方面的需求。

（一）调整耕层三相比例，建立适宜的耕层构造

耕层是指农业耕作经常作用的土层，也是作物根系分布的主要层次，通常厚度为15～30cm，因耕作机具作业深度的不同而异。耕层构造（structure of plough layer）是指耕层内各个层次中土壤矿物质、有机质与土壤总孔隙之间，以及总孔隙中毛管孔隙与非毛管孔隙的比例关系。它由各个层次中的固相、液相和气相的三相比例决定，对调整土壤中水分、养分、空气和温度等因素具有重要作用。毛管孔隙和非毛管孔隙分别是土壤水分和空气存在的场所，其数量多少会影响土壤热量状况、水分和养分有效性。在作物生产过程中，由于降水、灌溉、镇压等因素会使土壤变得紧实，总孔隙度、毛管孔隙与非毛管孔隙的比例会不断下降，需要通过土壤耕作来调整耕层三相比，建立适宜的耕层构造。一般来

说，耕层土壤总孔隙度以50%较为适宜，在湿润气候条件下，毛管孔隙和非毛管孔隙之比以(1～1.5)：1较为适宜；而在干旱条件下，毛管孔隙和非毛管孔隙之比以(2～3)：1较为适宜。

(二) 创造深厚的耕层，准备适宜的播床

耕层从上至下可分为表土层(0～3cm)、播种层(或称种床层)(3～10cm)、稳定层(或称根床层)(10～25cm)，耕层之下为心土层，是犁耕难以涉及的层次，俗称生土层，是土壤水分储存的主要场所。在耕作层和心土层之间，有一层厚度5～10cm的犁底层，是犁耕时犁底与心土层摩擦、压实并淀积黏粒而逐渐形成的。犁底层土壤紧实，作物根系在此受阻，水分的入渗也受到限制，是作物吸收利用耕层以下水分和养分的障碍。犁底层因耕作而形成，在传统农业中要破除犁底层还需通过耕作，增加耕作机具作业深度，打破犁底层，促进作物根系下扎，增强作物对深层土壤水分和养分的吸收能力。但对易漏水漏肥的土壤和稻田，则需要通过土壤耕作创造透水性差的犁底层。

耕作深度一般受到动力和农具性能的影响。一般畜力耕作深度为14～16cm，机械动力耕作更深。此外，耕层深度增加1cm，机耕费用增加20%，作业成本大幅度上升；作物增产值与耕深值不呈直线相关，耕深超过25cm以后再增加耕作深度，增产效果并不显著；耕层加深必须与施肥配合，才能够有效地扩大土壤水分库和养分库的库容。

在播种前，土壤耕作的任务是精细整地，为作物的播种和种子的萌芽出苗创造适宜的土壤环境。一般要求播种区内地面平整，土壤松碎，无大土块，表土层上虚下实，使种子播在稳实而不再下沉的土层中，种子上面又能盖上一层松碎的覆盖层，促使毛管水不断流向种子处。整平地面可以使播种深浅一致，保证出苗整齐均匀。小粒作物种子(如油菜等)对土壤细碎程度要求更为严格，而大粒作物种子(如玉米等)则可稍粗糙些。

(三) 翻埋残茬和肥料，消灭杂草和病虫害

作物收获后，田间通常留有一定数量的残茬落叶，还有人为还田的作物秸秆，为了便于播种和掩埋肥料，需要通过翻耕将其翻埋入土，并通过耙地、旋耕等措施的搅拌作业，将肥料与土壤混合，使土肥相融。在水田通过精耕细作，使土肥混合，还可以防止脱氮作用，避免氮素的挥发。

消灭杂草及附着的某些病菌、害虫卵等也是土壤耕作的一项重要任务。通过翻耕，使杂草、病虫等处于缺氧条件下，使其窒息死亡；也可将躲藏在土中的地下害虫病菌等翻到地表，经曝晒或冰冻而死亡。当杂草种子翻入土中后遇到疏松湿润的土壤环境，可促使其发芽并随后予以消灭。

(四) 改变地表形态，调控地表水热状况，保持水土，熟化土壤

在多雨高湿地区，播种时要做畦或做垄，开沟排水，改善通气性；在气候寒冷、无霜期短的我国北部地区，垄作有利于提高地温；在干旱半干旱地区，疏松的表土层不宜过厚，否则跑墒严重；坡耕地为减轻水土流失与截留雨水，应进行等高耕作、沟垄种植；在风沙地区，表土层不宜过细过平，应保持较大土块或开沟做垄减少风蚀；新垦农田土壤耕作有利

于土壤熟化，促进矿质和有机质的分解释放。

二、土壤耕作技术原则

土壤耕作是在一定的时间和空间里进行的作业，确立与气候、土壤和作物相适应的土壤耕作方式，是提高土壤耕作质量、增进土壤耕作成效的关键。

（一）与气候条件相适应

1. 降水和蒸发　作物生产要求农田土壤具有足够而又不过多的水分。就土壤耕作来说，调节易旱农田土壤水分有两条途径：一是尽量把降水蓄存于土壤，防止和减少地面径流的产生；二是尽量减轻地面蒸发。对于湿润多雨或低洼易涝农田，调节其土壤水分也有两条途径：一是在农田里开沟排水；二是减少外水浸入并促进蒸发。例如，我国西北雨养农业区，雨季集中在夏、秋季节，早春干旱少雨，在雨季之前深耕晒垡（伏耕），能增强耕层保蓄水分的能力，冬、春旱季，耙、耱、镇压防蒸发，即使在年降雨量 400～500mm 的地区，仍能获得作物高产。

土壤水分蒸发不仅关系到水分的损失，还有助长土壤盐渍化的情况。在西北内陆干旱半干旱地区，地表径流汇集处，含盐量相对较高的径流水分蒸发，盐分留在表层，便形成盐渍化土壤，这是干旱半干旱地区土壤盐渍化的典型过程。通过土壤耕作，切断表层土壤中毛细管，使地表形成疏松的干土覆盖层；或压紧土壤，降低上层土壤非毛管孔隙量，堵塞汽化水逸失通道，减少气态水的损失，均能有效地防止土壤蒸发、减少盐渍化土壤形成。

2. 干湿交替和冻融交替　干湿交替是根据土壤胶体遇湿膨胀、干燥收缩的特性，利用水热因素的季节变化，使土壤变得松碎，改善土壤结构，促进团聚体的形成。冻融交替是利用冬季低温，膨胀的冰晶引起土块崩解，而春季较暖时，扩大的土壤孔隙却不能还原，于是土壤变得疏松，并形成团粒结构。干湿交替和冻融交替对提高土壤耕作质量起辅助作用。

3. 水蚀和风蚀　由于降水次数和一次性降雨量过大等因素，常常会引起对坡耕地土壤的冲刷，造成水蚀。采用保护耕作措施，如等高耕作、残茬覆盖耕作有助于农田水蚀的控制。在风蚀地区，土壤耕作应创造紧密的表土层，减少耕作次数，保持良好的表土结构。例如，地面留茬或覆盖、少免耕、开沟起垄、增大地表粗糙度等。

（二）与土壤特性相适应

土壤的理化、生物特性和剖面构造因土壤种类而异，土壤耕作必须根据土壤类型的特点正确应用，才能创造出适于作物生长的土壤环境。例如，在西北地区，处于干旱气候带的旱地土壤，土质松散，易受水力侵蚀，故土壤耕作要以蓄水、保墒、防止水蚀为主要依据；在北方地区，犁底层的存在是影响蓄积雨水的重要原因，故耕作深度以打破犁底层为宜；水田因长期淹水，土壤物理性质较差，耕作任务在于使土壤松软、柔匀和防止水分渗漏，有助于长期淹水的潜育化进程形成的还原性毒害物质的降解。因此，水旱轮作、耕翻晒白、水耙水耖是主要措施。

影响土壤耕作难易、土壤耕作质量及宜耕期长短的土壤属性称为土壤耕性。土壤耕性因土壤质地、有机质和土壤水分含量而异。通常砂土耕性好于壤土，壤土好过黏土，有机质含量多的土壤耕性好过有机质含量少的土壤。对一种土壤而言，即质地、有机质含量一定时，土壤水分含量则是耕性和耕作质量的决定因素。干燥的土壤水分含量低，土壤颗粒凝聚力强，耕作阻力大，强行耕作，土壤成块，难以松碎，耕作质量差，耗用动力多；土壤含水量过多，土壤凝聚力虽小，耕作时土壤黏附农具的黏着力明显上升，耕作阻力增大，易使过湿的土壤成型，耕作质量更差。基于土壤水分含量与土壤凝聚力负相关、与土壤黏着力正相关的情况，选择土壤水分含量适宜，土壤凝聚力和黏着力同时较低时进行耕作，则用力少而质量高。这种处于宜耕阶段的适宜水分幅度起止时限称为宜耕期。通常砂土宜耕期最长，壤土次之，黏土最短。旱地土壤含水量达到田间持水量的40%～60%时为宜耕期，水田水耕时以田面有遮泥水层为宜。据此，科学地安排不同土壤类型农田的耕作顺序，甚为重要。

（三）与作物相适应

土壤耕作就是为作物播种、出苗、根系良好发育、生长创造一个相宜的土壤环境，而不同作物对土壤环境的要求不同，因此土壤耕作必须与作物相适应。例如，根茎类作物需要较为松厚的耕层土壤，采用起垄培土的耕作措施，利于块根、块茎的膨大；小粒种子作物（如油菜等）对种床的平整、细碎要求严格，必须精细整地；而大粒种子作物（如玉米等）则可稍粗糙些。大豆的茬口特性相对较好，故称肥茬、软茬，播种后耕作时可不翻耕，而采用耙茬即可；而高粱、谷子使土壤板结和贫瘠，形成瘦茬、硬茬，所以高粱、谷子茬的土壤要进行翻耕疏松，熟化土壤。

此外，土壤耕作必须配合有关农业技术的需要，才能发挥其最大效益。例如，施肥数量、时期和肥料种类不同，耕作方法和耕作深度应有所不同。通常，施用有机粪肥要求翻耕，绿肥需要翻压，化肥施用量较少，可结合播种、中耕施入。

三、土壤耕作方法

土壤耕作措施是指以相应的农具对土壤起特定作用的单项耕作作业。按照土壤耕作措施对土壤影响的深度和强度，可以分为基本耕作措施和表土耕作措施两类。

（一）基本耕作措施

基本耕作（basic tillage）指入土较深、对耕层土壤作用较强烈、能显著改善耕层物理性状、后效较长的一类土壤耕作措施，包括翻耕、深松耕及旋耕。

1. 翻耕　翻耕（plowing）是国内外农耕沿用历史最长，应用最为广泛的基本耕作措施。它对耕层土壤起3种作用，即翻土、松土和碎土。因此，翻耕的主要作用是，使土壤耕层上下翻转松碎，同时也有翻埋作物根茬、粪肥、绿肥、杂草及清除病虫害的作用，对增加土壤通透性，促进好气性微生物活动和有机质矿化等十分有利。翻耕的主要工具是有壁犁。

2. 深松耕　深松耕（subsoiling）是指以无壁犁、深松铲、凿型铲对耕层进行全面的（无壁犁或靴式犁）或间隔的（凿形铲或铧形铲）深位松土，不翻转土层。一般耕深25～

30cm，最深为 50cm。与翻耕相比，只松不翻、不乱土层是深松耕的最大特点。深松耕可以分散在各个适当时期进行，避免翻耕作业时间过分集中，做到耕种结合和耕管结合，可以间隔深松，做到纵向虚实并存，节省动力。深松耕可以打破翻耕形成的犁底层，利于降水入渗，增加耕层土壤持水性能；深松耕可以保持地面残茬覆盖，防止风蚀，减轻土壤水分的蒸发，雨水多时可以大量吸收和保存水分，防旱防涝；盐碱地深松耕，可以保持脱盐土层位置不动，减轻盐碱危害。深松耕的不足之处是不能翻埋肥料、残茬和杂草，地面比较粗糙等。它适合于土层深厚的干旱半干旱地区，以及耕层土壤瘠薄、不宜耕翻的盐碱土地区。

3. 旋耕　运用旋耕机进行旋耕(rotary tillage)作业，既能松土，又能碎土，地面也相当平整，集犁、耙、平三次作业于一体。旋耕多用于农时紧迫的多熟地区和农田土壤水分含量高、难以耕翻作业地区。用于水田或旱地，一次作业就可以进行旱地播种或水田插秧，省工省时，成本低。临播前旋耕，深度不能超过播种深度，否则因土壤过松，不能保证播种质量，也不利于出苗。旋耕机按其机械耕作性能可耕深 16～18cm，故应列为基本耕作措施范畴。但实际运用中常只耕深 10～12cm。从国内实践看，无论水田还是旱地，多年连续单纯旋耕，均易导致耕层变浅、理化性状变劣，故旋耕应与翻耕轮换应用。

（二）表土耕作措施

表土耕作(surface tillage)是在基本耕作措施基础上采用的入土较浅，强度较小，旨在破碎土块，平整土地，消灭杂草，为作物创造良好的播种、出苗土壤环境的一种土壤耕作措施。表土耕作的深度一般不超过 10cm。

1. 耙地　耙地(harrowing)是收获后、翻耕后、播种前或播后出苗前、幼苗期采用的一类表土耕作措施，深度一般为 5cm 左右。播后出苗前耙地，可以破除板结，保蓄耕层土壤水分；冬小麦越冬前耙地可以增强麦苗抗性，冬后耙地可清除田间枯枝落叶。

2. 耱地　耱地(dragging)又称耢地，是耕翻之后，或是耙地之后的平土碎土作业，它可与耕翻、耙地、播种联合作业，起碎土、轻压、平土、保墒的作用。播种后耱地能促进种子与土粒紧密接触，又使表土形成一极薄的干土覆盖层，有利于保墒。耱地多用于半干旱地区旱地上，也常用于干旱地区灌溉地上，多雨地区或土壤潮湿时不宜采用。

3. 中耕　中耕(cultivating)是在农田休闲期间或是在作物生育期间进行的表土耕作措施。中耕具有松土、除草、破除板结、保蓄土壤水分、增温和晾墒的作用。通常分为播前的“赤地中耕”和作物生长期间中耕两类。采用的工具有人工作业使用的锄、畜力牵引的耘锄和动力机牵引的中耕机。

4. 镇压　镇压(packing)是以重力作用于土壤，可以破碎土块，压紧耕层，平整地面。镇压既有减少土壤水分蒸发、抗旱保墒的作用，也有提墒、促进种子萌发、助长水分调节的作用。一般镇压的作用深度为 3～4cm，重型镇压器可达 9～10cm。镇压主要应用于我国北方旱作农田和灌溉农田。在北方旱作农区，播前若遇土块较多，则播前镇压可提高播种质量。播种后镇压使种子与土壤密接，引墒返润，及早发芽。冬小麦越冬前也常用镇压，防止漏风，固根，提高越冬存活率。在盐碱地或水分过多的黏重土壤上不宜镇压。

5. 起垄培土　起垄(ridging)可增厚耕作层，利于作物地下部生长、发育，也利于排水和防止风蚀。在高纬度地区有助于地温提高。近年来，南方稻区在排水不良的浸水稻田上实行垄作水稻，改善了土壤的通气性，起到一定的增产效果。培土常与中耕结合进行，将行间的土培向植株基部，逐步培高成垄。其主要有固定植株，防止倒伏，增厚土层利于块根、块茎的发育及防止表土板结，提高地温，改善土壤通气性，覆盖肥料和压埋杂草等作用。

第二节　土壤保护性耕作

保护性耕作(conservation tillage)是一个技术体系，在美国和澳大利亚是指在保护环境、提高环境质量、实现农业可持续发展的前提下，最有效地利用和节省资源，提高农业生产能力和利润率，改善农产品的品质，保持农业在国际市场上的竞争力的农业技术体系。其主要内容是：通过地表秸秆残茬覆盖、少免耕、合理轮作、合理施肥等综合措施，为作物创造良好的生态环境。在我国，土壤保护性耕作包括一系列技术措施，如坡耕地上的等高耕作法，适宜于川台塬坝和水平梯田的沟垄耕作法，残茬覆盖耕作，地膜覆盖，少免耕，风沙土区的垂直主风向耕作等防风防蚀耕作措施。

一、保护性耕作的内涵

2003 年 7 月，在澳大利亚布里斯班召开的国际土壤耕作组织第 16 届学术研讨会上，FAO 的 Jose R. Benites 和巴拉圭保护性农业顾问 Rolf Derpsch 等提出了保护性农业(conservation agriculture)的概念，认为保护性农业是为了解决由犁耕或锄地而引起的土地退化、土壤肥力和生产力水平下降、有限水资源利用效率低和沙化等问题而发展起来的技术体系，有 4 条基本原则：①覆盖。利用前作残茬或控制生长的牧草或其他物质作为覆盖物，覆盖全田或行间，借以减轻风蚀、水蚀和土壤水分蒸发。②减少土壤耕作次数。一般采用联合作业的免耕播种机，喷药、施肥、播种、覆土、镇压一次完成作业。③固定机具田间作业道。④应用作物轮作系统。遵循上述 4 条基本原则形成的核心技术环节有：覆盖(如秸秆覆盖、地膜覆盖、砂田等)、少免耕、固定道耕作、轮作等，这些技术环节可单独应用也可组装应用。由此看来，保护性农业实际上就是保护性耕作概念的扩充，是广义的保护性耕作。

二、保护性耕作的历史渊源

保护性农业是人们在遭遇严重水土流失和风沙危害的惨痛教训之后，逐渐研究和发展起来的。美国在 20 世纪二三十年代利用大型机械翻耕大面积农田，但由于气候持续干旱，土地沙化严重，一场著名的“黑风暴”从美国西部干旱地区刮起，席卷 2/3 的美国大陆，大风在没有遮挡的农田裸地上横扫，刮走地表层 10～50cm 厚度的肥沃土壤 3.5 亿 t，冬小麦减产 51 亿 kg。40 年代，苏联广大的干旱农区也尝到了“黑风暴”的苦头，接着，“黑风暴”又席卷了加拿大、澳大利亚及一些亚非国家。沉痛的教训，迫使人们对传统的耕作方式进行反思和变革。1935 年，美国成立了土壤保持局，从此开始研究保护性耕作技术。1943 年，美国俄亥俄州农民福克纳(E. H. Faulkner)曾用圆盘耙(不用犁)耙地，并把残茬留在地面，减少了水土流失。随后，他写了《犁耕者的愚蠢》一书，首次明确提出反对犁耕的看法，认为黑风暴是由于犁耕引起的。至此，对土壤耕作的研究便在世界各国全面铺开。从 50 年代起，各国开始进行少耕的研究，在少耕法研究的基础上，人们发现残茬覆盖有明显的蓄水保墒和防水蚀风蚀的作用，但残茬覆盖地面的同时，带来了杂草的严重危害。直到 1957 年，高效广谱除草剂的问世和 60 年代后期免耕播种机的研制成功，才使少免耕法在美国得到迅速的应用和发展。澳大利亚从 70 年代初，相继在一些主要牧区建立了保护性耕作研究站，研究探索农业可持续发展的新途径，并取得了辉煌成就，这就是被称为当今澳大利亚农业革命的保护性耕作法。

我国对保护性农业的探索始于 20 世纪 80 年代初，当时借鉴国外经验，开展了免耕、深松、覆盖等单项技术的试验和研究工作，但由于我国长期倡导中国传统的精耕细作，虽然免耕覆盖技术的试验研究取得了令人满意的生产成效，但没有形成大的应用环境。从 1992 年开始在山西省引入和借鉴澳大利亚保护性耕作技术，从 2001 年起甘肃农业大学、兰州大学与澳大利亚阿德莱德大学等单位合作在甘肃西部黄土高原地区开始了积极探索。研究表明，保护性耕作在我国是可行的，是解决生态环境问题、实现增产增效、促进旱区农业可持续发展的先进耕作措施。

三、保护性耕作的主要类型

（一）覆盖

在干旱半干旱条件下，仅靠耙耱后表层的干土层覆盖，保墒效果极其有限，且不利于保护土壤。如果耕作或播种后，在地面上再覆盖一种人工覆盖物，则会收到良好的蓄水保墒效果。生产上常用的覆盖物有砂石、作物秸秆和塑料薄膜等。

利用砂石覆盖耕过的土壤所形成的砂田，是我国西北旱区农民在与干旱、侵蚀作斗争的过程中创造的一种蓄水、抗旱、保墒、稳产、增产的覆盖耕作法。主要分布在我国西北半干旱向干旱过渡地区。砂石间空隙大，有很好的渗水作用，且保护土壤，滞阻水分蒸发，日蒸发量比裸露减少 4 倍多。而且还多吸收太阳辐射，增温快，温差大，促进作物快长早发，产量大幅度增加。农田铺盖砂石前，饱施粪肥，实行翻耕，铺砂后进行播种，此后每年只需免耕播种，不加其他农作措施，5～10 年后待耕层的土壤与砂石混合失效后，经过清砂、施肥、耕作、砂土分离、铺砂重建砂田后，再行利用。砂田的工程量大，素有“苦了父亲、富了儿子、穷了孙子”的说法。然而砂田的蓄水保墒效果确是极佳的，相对裸地土壤含水量可提高 100%左右，在年降水量 200～300mm 的地方实现成功的雨养农业生产。目前我国有砂田 16.7 万 hm^2，其中 6.7 万 hm^2 在甘肃，6.8 万 hm^2 在宁夏。

利用作物残茬覆盖地面是比较简单易行的覆盖方法。覆盖的作物残茬阻碍水分蒸发，故能收到明显的保墒效果。甘肃农业大学在黄土高原西部雨养农业区连续 15 年的定位试验研究表明，免耕秸秆覆盖提高降雨渗入和深层土壤水分利用，小麦和豌豆农田土壤水分最高可提高 90%，作物产量提高了 18%～20%，土壤侵蚀量降低了 46.4%～54.7%。免耕覆盖技术还可以提高土壤有机质、改善养分循环、增强土壤生物活性，从而持续提高土壤质量、增产、高效用水。可见，残茬覆盖耕作法是旱农地区抗旱保墒、稳产增产的重要耕作方法。但它也有不利因素，如在有些地区降低地温，导致作物生育略有延迟;作物生育期覆盖还会发生"氮饥饿"现象,需额外施肥。在我国北方有些地区,受到数千年传统农业精耕细作思想的影响,加之配套机械不够完善,大面积推广秸秆覆盖尚有困难,目前只能在有条件地区推广。今后有必要从覆盖耕种机械、残茬覆盖少免耕栽培、杂草防除技术等方面继续进行深入研究,在不断总结提高的基础上,逐步扩大残茬覆盖耕作的应用范围。

利用塑料薄膜覆盖,既增温又保墒,多方面地起到改善农田生态环境的作用,为作物旺盛生理活动提供有利的条件。目前地膜覆盖已广泛应用于小麦、玉米、棉花、花生、烤烟等多种作物。在旱地上结合沟垄耕作法,实施膜垄沟种,使降雨时雨水集中渗入沟内,增产效果显著。但目前生产上运用的地膜在土壤里破碎之后很难自然降解,长此以往,就会有大量碎膜残留于农田,破坏土壤通透性,严重阻碍作物出苗和根系下扎,成为农田新的污染物质。因此,今后应注重研制高光效易降解的地膜,为其大面积推广应用扫清障碍。

(二)少免耕

人们在长期的生产实践中发现,频繁的土壤耕作,尤其是过多的不必要的土壤耕作措施,不但增加了生产成本和动力消耗,而且使耕层土壤致密,犁底层增厚,影响降水下渗,加速有机质耗损。尤其是在坡耕地上多次不必要的耕作助长了水土流失。对此,国外20世纪50年代就开始探索减少耕作次数和强度的方法,于是,少耕法和免耕法便应运而生。

免耕法(no tillage)是指作物播前不采用基本耕作和表土耕作,直接在茬地上播种,作物生育期间不使用农具进行土壤管理的耕作方法。典型的免耕由3个基本环节组成:①地面覆盖残茬、秸秆或其他覆盖物,借以减轻风蚀、水蚀和土壤蒸发;②采用联合作业的免耕播种机直接播种,一次完成开沟、播种、施肥、喷药、覆土、镇压等作业;③应用广谱性除草剂清除杂草。

少耕法(minimum tillage)是指在常规耕作基础上尽量减少土壤耕作次数或间隔耕种以减少耕作面积的一类耕作方法。它是介于常规耕作法和免耕法之间的中间类型。凡多项作业一次完成的联合作业,以局部深松代替全面深松,以耙茬、旋耕代替翻耕,在季节间、年份间轮耕,间隔带状耕种,减少中耕次数或免中耕等,均属少耕法范畴。

少免耕法在我国古已有之,主要应用于多熟制地区,以争取季节农时,实现全年增产。而国外少免耕的兴起,主要是为了减少投入,保护土壤,经在半干旱地区实施后,效果远不止于此,从而引起广泛重视。少免耕法和整个耕作制度一样,是在一定自然、社会经济条件和科学技术水平下发展起来的一种耕法,在特定的地区条件下,效果不尽相同。因此,应用时要综合考虑,做到因地制宜。生产实践证明,少免耕在半干旱地区、复种指数较高地区、坡耕地及土壤侵蚀地区运用效果较好。

四、保护性耕作的主要功能

国内外长期研究表明,以少免耕和秸秆覆盖为核心技术环节的保护性耕作技术优势和功能主要有以下几个方面:①节约农时。保护性耕作在作物播种前不需要单独的翻耕、施肥、准备苗床等作业,在播种季节紧张的多熟制区域,能够保证后一茬作物及时播种。②提高土壤的生物多样性。少免耕减少了对蚯蚓等土壤动物和微生物的扰动和破坏,秸秆还田为微生物的繁殖创造了更佳的条件，土壤生物多样性得到不断的提高。③改良土壤结构、提高土壤质量、增加水分入渗。少免耕减少了机具作业对土壤结构的破坏，减少了对蚯蚓等土壤有益生物的伤害，加之秸秆覆盖对地表的保护、抑制蒸发及对土壤有机质的贡献，长期保护性耕作以后土壤结构得以改善，水分入渗性能明显提高，入渗水分数量显著增加。④提高作物产量和品质。在旱作农业区，保护性耕作的蓄水保墒、改善土壤质量等功效使得土地生产力水平和农产品质量不断提升。⑤提高降水利用率和利用效率。⑥适用于所有的作物。保护性耕作不仅适用于小麦、豆类等大宗粮食作物，对甜椒、洋葱、黄瓜等蔬菜类作物同样适用，甚至在林粮间作的果园也是适用的。⑦减轻水土流失。入渗的增加和秸秆对地表的保护，加之土壤结构不断改良，保护性耕作农田水土流失可减轻50%左右。⑧节约成本。保护性耕作减少了耕作、除草等作业的能量和劳力投入，同时，秸秆还田也可以不断减少化肥等养分投入，相对于传统耕作成本大大降低，效益显著提高。

第三节　土 壤 培 肥

农田培肥是养地的主要途径，其中心任务是通过多途径对土壤的物质基础、植物营养及土壤生态条件进行综合调控，并建立与种植制度相适应的农田培肥的技术体系。只有持之以恒地进行农田培肥，才能实现农业生产的稳定、持续、高产、高效。

一、地力的概念及培肥原理

“地力”是农田培肥的调控中心。我国早在2000多年前便有“尽地力之教”的说法。此后，许多古代农业著述有“多粪肥田”“地力人助”“地力常新壮”等关于地力的论述。随着农业生产的发展，国内外学者对地力问题作了许多探讨。近代，从经济学和农学角度对地力进行研究，认为地力是比土壤肥力更为广泛、更具综合性的概念。通常认为地力是在特定的种植制度和气候条件下由土壤物理、化学、生物特性与作物生长相适应而具有的生产能力，或称土地生产力。除了水、肥、气、热各肥力因素外，把土壤特性与气候、作物的适应性联系起来，构成土壤-气候-作物系统，这就强调了地力的综合性、可培育性和可控性。

地力包括两个方面的含义：第一，地力通过作物生产来反映，同时受众多因素制约；第二，地力是在人为控制和管理下实现的，是自然与人为干预综合作用的结果。显然，地力不只是土壤的自然肥力，更重要的是人为肥力。从这一概念出发，地力与土壤肥力既有共同点，也有不同含义。共同点在于二者均具有能够生长作物的能力；不同之处在于，地力仅限于农田，是自然土壤经人类长期耕种后形成的生产能力。

土地开垦为农田后，由于人为因素的渗入，自然肥力逐步地发展成为具有经济能力的地力。因为气候条件、地貌条件、栽培管理措施的差异，受农田生态系统物质循环和能量转化的作用，形成具有不同生产水平的地力类型。日本出井氏在研究了肥料结构与地力的消长关系后，将地力分为多肥集约型、培养型、衰退型和枯竭型。我国农民在生产上也常将地力分为肥地、中地、瘦地，以及根据土地条件和管理难易、产量高低把农田分为一等地、二等地、三等地。地力是由一定结构组成的系统，地力状态具有整体的动态变化过程,其类型可以相互转化。地力构成因素在地力使用与培养中发生局部变化而导致地力的整体发展和变化。通常根据农田培肥管理的内容,特别是肥料结构,把地力分成4种类型。

1. 提高型　在培肥管理上属多肥集约型,采取多途径养地措施,不断增强地力基础、促进农田物质循环和能量转化,有助于地力的恢复与提高,建设较稳定的土壤环境,具有高产性和稳定性,形成了高投入与高产出相结合的地力生产模式。分布于我国南北农区的吨粮田等具有高产、高效的基本农田,由于物质和能量投入多于输出,使土壤肥力因素得以积聚,肥力条件得到改善,成为地力提高型。基于我国人地矛盾突出的情况,提高型地力应该是培肥农田的目标。

2. 维持型　受农田物质循环和培肥结构的影响,农田养分的输入和输出大体趋于平衡,培肥途径比较单一,表现为仅能维持简单再生产,难以扩大再生产。现阶段我国多数中等水平的农田都属于维持型地力,是我国北方旱区分布最广的一种地力类型,许多地方地力的维持过多地依靠化肥,相当程度地忽视农田基本建设和有机培肥。

3. 减退型　由于农田培肥不力,肥力因素的添加和肥力条件的改善难以维持地力平衡。物质与能量的投入不足以维护农田产出,用大于养,地力趋于减退,致使农田应予实现的生产力远未成为现实生产力。此类农田多分布在我国中西部的黄土高原和西南丘陵山区,属低产田。对此,多种途径增加投入,控制农田水土非目标性输出,改善生态环境是地力增进的基本途径。

4. 枯竭型　在地力减退的情况下,没有采取相应的养地措施,或是在生态环境脆弱的地区不适当地耕垦,或是采用的措施不当,使农田物质循环产生严重障碍,农田生态环境急剧恶化,导致地力每况愈下,直到废弃。只用不养的掠夺式经营,陡坡地耕垦助长土壤侵蚀,草原强度扩耕导致的风蚀沙化,内陆干旱绿洲农田超量灌溉诱发的土壤盐渍化等,都是导致地力衰竭的直接原因。

二、农田培肥途径与培肥制

确立科学的农田培肥途径与培肥制,是养地制度的重要内容。

(一) 农田培肥途径

由于地力是多因素综合作用的结果,建立与种植制度相适应的多途径培肥农田的技术体系,是耕作制度发展的需要和必然结果。所谓多途径农田培肥技术体系是:以地力动态平衡为基础,在建立良好的农业生产体系的同时,以人工施肥为核心,通过生物、化学、物理、工程、防护等措施构成多维养地、全面调控地力的技术体系。实施全方位、多途径培肥,尽可能使更多的物质和能量纳入农田生态系统中来,是现代多维用地、高产出、高功能种植制度的需要。途径多了,即使某些培肥措施暂时削弱或中断,地力变化也能较稳定,而且各途径之间可以取长补短,综合利用,避免单一途径的不足或弊端。当然,针对不同地区不同农田的土壤特点,也应有所侧重,有主有次。概括地说,全方位、多途径培肥农田的技术体系主要由生物途径、化学途径、物理途径和防护途径4个方面组成(图13-1)。

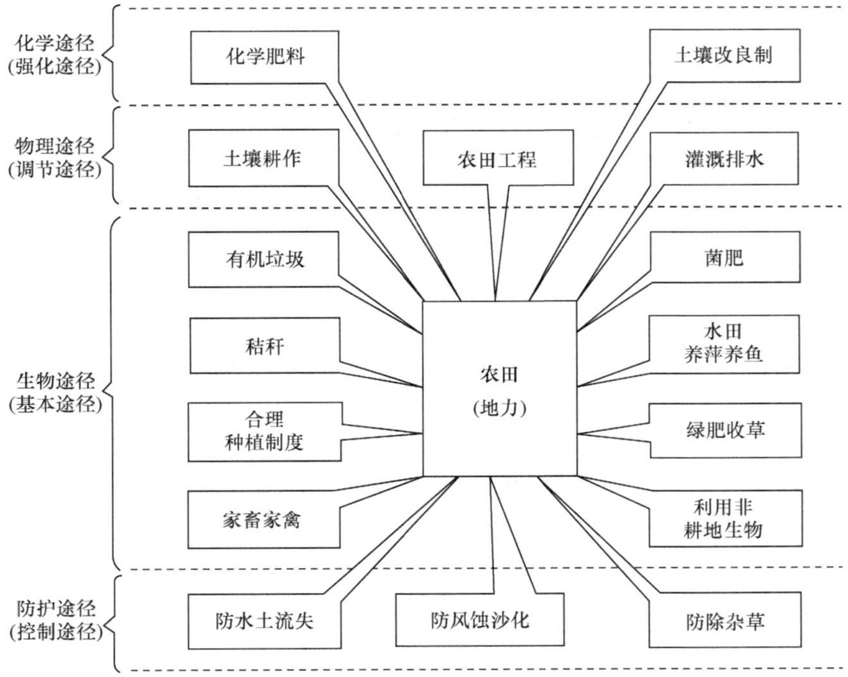

图 13-1　多途径培肥地力示意图

1. 生物途径　借助于作物光合作用合成的有机物质，生物固氮作用增加的氮素营养，连同家畜粪便含有的营养物质投入农田，能显著地增加土壤有机质和氮素等营养物质，这种生物培肥的方式，是地力培肥的基本途径，如种植豆科作物、绿肥牧草，合理轮作，施用厩肥、堆肥、菌肥，秸秆还田，造林种草。生物养地的主要作用表现为：①生物固氮；②增加有机质；③添加土壤营养物质；④固土保水；⑤改良土壤理化性状；⑥生物排水和消除盐碱等。

现阶段我国农田生物养地主要依靠农户日常积攒人粪尿和家畜厩肥，受制于畜牧业生产规模，今后大量增施农家肥料的潜力有限。然而，全国每年作物生产中产出的作物秸秆总量高达 7 亿～8 亿 t，除了作为家畜粗饲料、农户生活燃料等利用外，还有相当数量秸秆没有被合理利用，在田间被直接焚烧或丢弃在村庄和田间道路旁，不但浪费了秸秆中所含有的营养物质，而且造成了农村生态环境污染和卫生状况恶化。禾本科作物秸秆中含有机质 80%左右，含氮素 0.4%～0.6%，含磷素 0.13%～0.27%，含钾素 1.0%～2.0%，秸秆直接还田一直是国内外普遍重视的生物养地措施之一。但作物秸秆在高温潮湿环境下需要经过 40～80d 甚至以上才能腐烂分解，在北方干旱低温环境下所需时间更长。在我国多熟种植制度下，秸秆直接还田后残留于表层土壤，并且腐解时微生物大量吸收土壤中有效氮磷，不利于后茬作物播种、出苗和生长，近年来生产上秸秆还田虽然有所发展，但规模并不是很大。所以，今后需要加强秸秆还田方式、时间、机具等技术的研究，促进秸秆还田技术的推广普及。

此外，通过种植业结构调整，扩种饲料、饲草作物，实行粮草轮作，以农养牧，以牧促农，农牧结合，对于培肥地力、稳定农业生态系统有积极的促进作用，也是今后我国农业发展应予强化的环节。

2. 化学途径　通过施用化学肥料、土壤改良剂，强化农田物质循环，增进地力，是现代农业扩大再生产的基础，也是现代农业培肥地力的重要标志。

化肥施用水平与产量水平密切相关。据FAO估计，世界粮食增产额中约有50%依靠化肥。在增产的同时，化肥还能有效地保持土壤中的氮、磷、钾、钙等的平衡，促进碳循环。应该指出的是：①化肥的施用量应服从施肥的经济原则，避免出现"报酬递减"现象；②化肥的施用必须体现因土壤、作物制宜，氮、磷、钾合理配合施用原则；③在强化无机投入的同时，应注重有机培肥，坚持有机与无机相结合。化肥的肥效快，但后效短、养分单一，有机肥的肥效慢，但后效长、养分全面，含有微量元素，有机肥与化肥配合施用，可以相互取长补短，持续均衡地全面满足作物生长过程中对养分的需求。

3. 物理途径　借助于土壤耕作、灌溉与排水农田工程等农业措施，改善耕层构造，协调耕层土壤水分、空气和养分的矛盾，改善肥力条件，促进肥力因素有效化，控制地力非目标性消耗，为农田作物生长发育创造一个良好的土壤环境条件。

4. 防护途径　建立综合的农田防护体系，控制因水蚀、风蚀和草害导致农田肥力因素的非目标性输出。对此，通过基本农田建设，营造农田防护林带，实施保护耕作、保护种植、防治农田草害等措施，将能改善农田生态环境条件，维护农田地力不致损耗。

（二）农田培肥制与节肥型农作制

农田培肥制是生产单位根据当地自然条件、肥料状况和种植制度的要求，统筹安排有助于恢复和提高地力的培肥体系，便于合理分配使用肥料，使有限的肥料能够较好地满足不同种植制度中多数作物的需要。它不同于单一作物的施肥技术，而是以种植制度为中心的肥料全局性运筹，具有空间和时间上的双重概念，即在时间上从一个轮作周期考虑各季节作物的肥料布局，在空间上以一个生产单位（全部农田）考虑肥料的合理安排。制订合理的培肥制，是保证农田地力经久不衰、持续增产的重要环节。

1. 确立培肥制的原则　制订轮作期间的培肥制，应以养分平衡为基本依据，同时要遵循以下原则：

1）*保证重点，兼顾一般*　有限的肥料尽可能多地供给增产潜力大、经济价值高、对生产全局有举足轻重作用的作物，再兼顾其他作物，实现全面增产。例如，华北平原的小麦、玉米稳产、高产，又是主产区，因此，施肥应重点保证小麦、玉米的需要。而谷子、高粱、花生、大豆等则施肥较少。在肥料分配上，还应根据作物需求和茬口特点区别对待。例如，豆类作物要注重磷肥的施用，薯类作物、烟草等应注重钾肥的施用。

2）*注重中低产田的投入，力求均衡增产*　依照边际效益原理，中低产农田的培肥远较高产农田的培肥效果显著。贵州省农业科学院的试验表明，每公斤纯氮在下等田可增产稻谷22kg，中等田降为13kg，上等田降为5.3kg。因此，施肥不应追求少量田块最高产，而应着重中低产田投入，力求均衡增产。

3）*协调生物培肥与人工培肥的关系*　为促进养分平衡，在人工肥源不足的条件下，扩大豆类作物、绿肥及其他养地作物的种植面积，是求得养分平衡的重要途径；在肥源丰足时,养地作物面积可相应收缩。然而,作为人类食物及畜牧业饲草等蛋白质供源,许多豆类等养地作物仍不可欠缺。即使在工业日益发达的今天,借助生物培肥,强化农牧结合,培添土壤有机质源,仍有着不可忽视的作用。

4) 坚持有机培肥与无机培肥的结合 化肥施用有强化物质循环、扩大再生产的作用;有机培肥有集增加肥力因素和改善肥力条件于一体的功效。在化肥投入量日益增长的现阶段,坚持两者结合,既有利于化肥肥效的发挥,又有助于地力的持续增进。对此,在地力低下、有机培肥不力的条件下,可以"先用无机换有机";在地力水平较高时,应"有机不足无机补"。

5) 实施测土配方施肥 依照植物生活要素的同等重要律与不可代替律,测定土壤各种养分含量,实行大量元素、微量元素、痕迹元素的配合施用,能有效地提高肥料效果。一般在产量水平低的情况下,施用氮肥的增产效果显著。随着产量提高,磷、钾肥的配合施用显得很重要,若氮、磷、钾比例失调,必然会限制施肥的增产效果。

6) 协调与其他农业技术措施的关系 农田培肥制不是孤立进行的一项农业技术体系,而必须与作物种植制度、土壤耕作、农田防护等协调。例如,小麦套作棉花,有机肥除少量作小麦基肥外,在棉花空行内需要重施有机肥作基肥;水稻冬泡田用腐熟程度低的有机肥,冬作田则应用腐熟程度高的有机肥;绿肥、厩肥等有机肥施用应与耕翻结合,追肥要与中耕培土结合。

2. 肥料用量的概算 最常用的方法是平衡法,它是根据作物计划产量需肥量与土壤供肥量间的差额,作为肥料用量确定的依据,计算公式为

$$\text{施肥量}=\frac{\text{计划产量所需养分量}-\text{土壤供肥量}}{\text{肥料养分含量}\times\text{肥料利用率}}$$

平衡法公式的特点是:①肥料利用率只是当年一季作物所利用的,所以数字大大偏低,一般认为是 20%~30%;②以不施肥土壤上作物产量所含的养分数量作为土壤供肥能力,这在刚开始的自然土壤上是适用的,但不适用于开垦已成百成千年的熟化土壤。实际上,这部分土壤供肥量是前些年施用肥料的残留。

为了弥补平衡法只计当季利用率的不足,刘巽浩、陈阜等采用多年连续全方位氮分析法研究了氮素投入与产出间的关系,即实际累加利用率=产出氮/投入氮,其前提是以土壤为黑箱,即成熟土壤上氮不增不减,此法适用于我国大多数耕作土壤。研究得出:①与一般所称的当季利用率 30%的说法不同,我国实际氮累加利用率为 60%~70%,世界上为 50%~70%,这个结果与国际生态学会发起的矿质养分讨论会所得出的氮效率 50%~60%的估计是相似的;②与一般认为产量上升肥效下降的说法不同,无论是中国,还是世界,在产量不断上升时,氮多年累加利用率尚未出现显著下降的现象,其原因是综合生产条件的改善与科学技术的进步。由此得出,计划施肥量的计算公式为

$$\text{施肥量}=\frac{\text{计划产量所需养分量}}{\text{肥料养分含量}\times\text{作物对该肥料的累加利用率}}$$

以氮肥为例,其具体步骤是:①算出计划产量所需养分量,一般每 100kg 籽粒与秸秆所移走的氮量为小麦 3.0kg,玉米 2.5kg,水稻 2.1kg;②累加氮肥利用率以 60%计为宜;③由化肥与有机肥等所含的氮百分率算出计划施肥量。

（三）循环农作制（秸秆还田、生物沼气）

循环农业是相对于传统农业发展提出的一种新的发展模式，是按照循环经济理念与生态工程学方法，结合生态学、生态经济学、生态技术学原理及其基本规律，在保护农业生态环境和充分利用高新技术的基础上，调整和优化农业生态系统内部结构和产业结构，提高农业生态系统物质和能量的多级循环利用，严格控制外部有害物质的投入和农业废弃物的产生，最大限度地减轻环境污染，把农业生产经济活动真正纳入农业生态系统循环中去，建立农业经济增长与生态系统环境质量改善的动态均衡机制，实现生态的良性循环和农业的可持续发展。

循环农作制就是在循环农业、循环经济理论的指导下，实现物质、能量、资源的多层次、多级化的循环利用，达到农业系统的自然资源利用效率最大化、购买性资源投入最低化、可再生资源高效循环化、有害生物和污染物可控制化的产业目标的农业循环模式，以此来维持地力经久不衰，农田生产力持续提高。例如，甘肃农业大学在河西绿洲灌区构建了"玉米-牛-粪便-沼气-农田"循环农作制模式（图 13-2）。该模式主要在绿洲内农户分散式养殖中应用，主要是将制种玉米生产、小规模养牛、沼气生产和温室生产进行了有机结合。该模式中，沼气生产将动物粪便和有机废弃物进行了能量化转化，而日光温室辅助缓解了北方地区冬季沼气池温度过低、产气量少的问题，沼渣、沼液除部分用于设施生产外，大部分返还到制种玉米生产中，加强了农田物质循环。

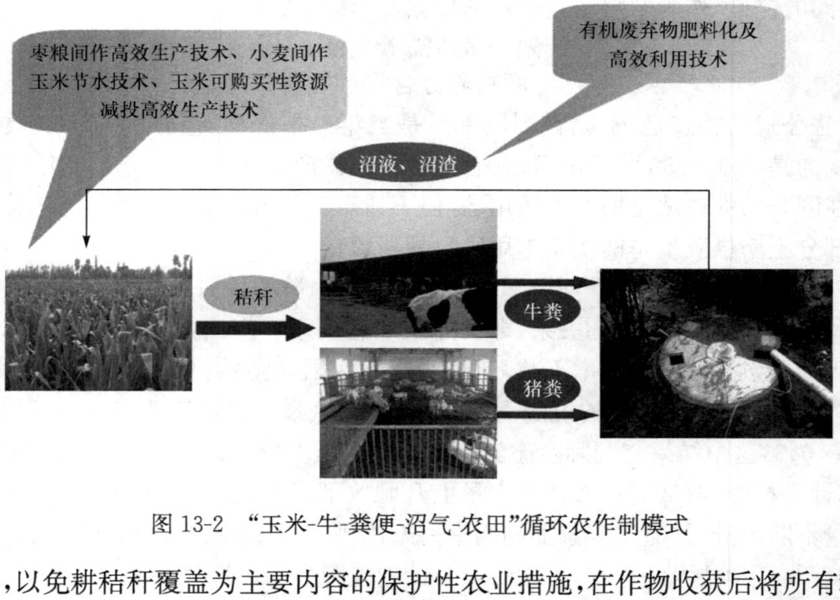

图 13-2 "玉米-牛-粪便-沼气-农田"循环农作制模式

另外，以免耕秸秆覆盖为主要内容的保护性农业措施，在作物收获后将所有秸秆归还给农田，平衡农田物质循环，对于增加土壤有机碳、改良土壤结构、提高土壤生物活性，从而持续提高土壤肥力和生产力水平、减轻农田水土流失具有重要作用。

本章视频

第十四章　作物播种移栽

播种或移栽是作物生产过程中的首要环节，是实现作物高产、优质、高效的基础，其根本任务和目标是根据当地的生产条件，运用相关技术，建立一个有利于发挥品种遗传潜力及自然资源高效利用的基础群体和土壤环境。

第一节　种子处理与播种技术

作物种子播前处理的主要目的是精选种子，提高田间发芽率和出苗率；杀死种子携带的病虫害；增强种子活力；提高种子对不良土壤和气候条件的抵御能力；打破休眠，促进发芽；改变种子形状与大小，便于机械播种。生产上的种子播前处理包括种子清选和种子预处理两大环节。

一、种子播前处理

种子处理是在作物播种前利用物理、化学或生物等因素，对播种材料给予某种刺激、进行消毒或者补充某些营养物质等措施的总称。其主要目的有：保证种子正常发芽和出苗生长，防止种子携带土壤中的病虫害；提高种子对不利条件的抗逆能力，如抗寒、抗旱等特性；防止种子劣变，增强耐藏性；改变种子的大小和形状，以便于机械播种；提高作物产量和改善产品质量。

（一）种子清选

作为播种材料的种子，必须在纯度、净度、发芽率等方面符合种子质量的要求。一般种子纯度应在96%以上，净度不低于95%，发芽率高于90%。播种前进行种子清选，剔除空、瘪、病虫害粒，杂草种子及秸秆等夹杂物，以保证种子质量。

1. 筛选　根据种子大小、长短及厚度等种子形状特性选用适当的筛子，通过人工或机械过筛分级，去除夹杂物、细碎粒、瘪粒，以及某些病原物的菌粒、虫瘿、杂草种子等，保留大而饱满的种子。

2. 风选　根据不同种子与夹杂物乘风率存在差异的原理，以天然或人工风力吹去混杂在种子中的空瘪粒和夹杂物。常用的风选工具有风车、风扬机及簸箕等。

3. 液体比重选　利用液体的比重，将质地不同的种子分开。常用的液体有清水、泥水、盐水和硫酸铵水等。具体应根据作物种子的比重，配制成适宜比重的溶液。例如，水稻要求的比重为1.08～1.13，油菜为1.06～1.08，大麦为1.12～1.22，小麦为1.10～1.20。经过溶液选后，种子必须用清水洗净。生产上为了达到选择充实饱满种子的目的，可在筛选或风选的基础上再用液体比重选。

（二）种子预处理

种子预处理是指在种子收获至播种前，采用各种有效措施，包括物理、化学、生物的方法等，以增强种子活力，提高种子对逆境的抵抗能力，并杀死种子携带的病虫害，从而保证全苗和壮苗，达到发挥品种高产潜力和改善品质的目的。

1. 物理方法　比较于其他处理方法可以得出，物理方法在效果及操作性上具备更多的优点，简单的操作方式和明显的效果使这种方法在当前的农业生产中得到了广泛的应用。其中磁场、超声波及微波和射线等手段都属于物理方法范畴，在农业生产中发挥着重要的作用。物理方法的优点和明显的作用在于促进种子的吸胀，通过增强酶的活性和呼吸的强度以达到促进种子由萌芽阶段到生长阶段的顺利过渡的目的，本方法不但保证了作物的生长质量，而且提高了农作物的产量。

晒种是一种常见的物理处理方法。种子储藏期间生理代谢活动微弱，处于休眠状态。播前晒种，能促进种子的后熟，增加种子的酶活性，提高胚的生活力；同时能降低种子含水量、提高种子发芽率和发芽势。另外，太阳光谱中的短波光和紫外线具有杀虫灭菌作用。其方法是在播前选择晴天晒种 1～2d，每天 5～6h。晒种时注意不要在柏油路上翻晒，以免温度过高烫伤种子，降低发芽率。在水泥地上晒种要薄摊勤翻，使种子受热均匀；但也要注意不要摊得过薄，一般以 5～10cm 为宜，并要每隔 2～3h 翻动一次。

2. 化学方法　化学方法作为种子处理的另一种重要方法，从应用范围和广度上来看，都是最为广泛的一种。该方法也具有明显的特点，化学原理性较强，杀虫剂、抗菌剂、杀菌剂及无机化学试剂等相关试剂都属于化学产品，采用这些试剂处理种子也是当前普遍用于种子处理的方法。杀菌剂和杀虫剂主要用在拌种和包衣阶段，而无机化学试剂则更多应用于浸种处理的阶段。

一些作物病虫害是由种子传播的，经过种子消毒可将病虫消灭在播种之前。常用的消毒方法有以下几种。

1）*石灰水浸种*　用1％石灰水浸种，利用石灰水膜将空气和水中的种子隔绝，使附着在种子上的病菌窒息死亡。在浸种过程中，应注意不能破坏石灰水膜，以免空气进入而影响杀菌效果。为防止种子吸水膨胀顶破石灰水膜，水面应高于种子 10～15cm。浸种时间视气温而定，一般 35℃浸种 1d，20℃则需要 2～3d，浸种后必须用清水洗净种子。

2）*药剂浸（拌）种*　药剂浸（拌）种是指用药剂浸种或拌种防治病虫害。不同作物的种子上所带病菌不同，因此处理时应合理选用药物，并严格控制药剂浓度和处理时间。例如，用 10％的强氯精晶体 500 倍液浸种 12h，能预防稻瘟病、稻恶苗病、稻细菌性条斑病和稻白叶枯病；用 3％中生菌素可湿性粉剂 300～400 倍液浸种 36h，能预防稻恶苗病和稻白叶枯病。用 50％多菌灵可湿性粉剂，按花生种子重量的 0.2％～0.5％拌种，可防治花生茎腐病；用 50％多菌灵可湿性粉剂，按棉籽重量的 1％拌种，可防治棉花立枯病、炭疽病；用 25％多菌灵可湿性粉剂，按小麦种子重量的 0.4％拌种，可防治小麦腥黑穗病；用 50％多菌灵可湿性粉剂，按高粱或粟种子重量的 0.8％～1.0％拌种，可防治高粱散黑穗病，或粟白发病、粟黑穗病。为防治地下害虫如蝼蛄、蛴螬和金针虫等，可用杀虫剂如氧化乐果、辛硫磷乳油等拌种。

3. 生物农药 生物农药作为另外一种主要的种子处理方法，相比较而言在处理上具有更多要求。目前该方法在对种子处理时，主要借助于拌种和浸种等手段，当前应用较为广泛的生物农药是光合微生态菌剂和微生物诱导剂，此外微生物包衣剂也属于生物农药。

一般通过休眠期的作物种子，在一定的水分、温度和空气条件下，就可以萌发。但由于各种因素的干扰，往往影响种子的发芽，而植物生长调节剂可通过激发种子内部的酶活性和某些内源激素消除或减轻这些干扰，从而促进种子发芽、生根，达到苗齐、苗壮的目的。

1）*赤霉素处理* 许多农作物种子经赤霉素处理后可提早萌发出苗，表现有不同程度的增产效果。赤霉素处理种子的浓度一般为 10～250mg/L，时间以 12～24h 为宜。

2）*生长素处理* 常用的生长素有吲哚乙酸（IAA）、萘乙酸（NAA）、2，4-D 等，使用浓度一般为 10mg/L，采用浸种处理。

3）*矮壮素处理* 用矮壮素处理作物种子可以促进根系发育和防止植株徒长，目前主要用于小麦、水稻和大麦等作物，处理浓度一般为 250mg/L 左右。

4）*菌肥处理* 常用的有根瘤菌、固氮菌等。对根瘤菌、固氮菌进行人工培养，制成粉剂拌种，主要用于豆科作物。例如，大豆用根瘤菌粉剂拌种，可促进根瘤的形成。其方法为：播前选用优良菌种，制成粉剂，倒在清洁的容器中，稀释成泥浆状，然后与种子均匀拌和，摊开晾干后立即播种。

4. 种子包衣及丸化 种子包衣是指利用黏着剂或成膜剂，将杀菌剂、杀虫剂、微肥、植物生长调节物质、着色剂或填充剂等非种子物质包裹在种子外面，以达到使种子成球形或基本保持原有形状，提高抗逆性、抗病性，加快发芽，促进成苗，增加产量和改善品质目的的一项种子新技术。种子包衣按方法分，可以分为种子丸化和种子包膜两大类。种子丸化是指利用黏着剂，将杀菌剂、杀虫剂、染料、填充剂等非种子物质黏着在种子外面，通常做成在大小和形状上没有明显差异的球形单粒种子单位。这种包衣方法主要适用于小粒农作物及蔬菜等种子，如油菜、烟草、胡萝卜、甜菜和白菜等种子，以利于精量播种。由于包衣时加入了填充剂，因此种子的体积与重量都有增加，种子的粒重也相应地增加。种子包膜是指利用成膜剂，将杀菌剂、杀虫剂、微肥、染料等非种子物质包裹在种子外面，形成一层薄膜。经包膜后，基本上与原来的种子形状相似。这种包衣方法适用于中粒或大粒种子，如水稻、小麦、玉米、大豆和棉花等农作物。

种子包衣及丸化两种方式之间存在一定差异，主要的差异在于是否增大体积，小粒且形状不规则的种子主要采用丸化技术。在对此方法的研究上，相关的科研人员大多会从个人的视角进行研究，因此造成其研究目的的差异性，在这种条件下丸化材料配方的设计也各不相同。依照目前种子处理的发展情况，在种衣材料中添加保水剂、杀虫剂及相关微量元素等有效成分后，再对种子进行其他相应处理的方法都属于丸化技术。该方法的优点在于很大程度上达到省种省工、杀菌杀虫及促进种子健康生长和发育的目的，并且在这种情况下进行的农业生产更有利于机械化作业。就目前的应用实践情况来看，更多采用包衣技术的代表作物是棉花和玉米等，而种子丸化技术则被应用到花卉和甜菜等农作物的生产上。

5. 浸种催芽　种子发芽除种子本身需有发芽力外，还需一定的温度、水分和空气条件。浸种是在播种前用清水浸泡种子，让种子吸足水分。种子吸水不足，则发芽率低，但吸水过度却会使养分外溢，播后易烂种。催芽是人为创造一个适宜的温、湿度，促使种子发芽。浸种催芽就是创造种子发芽所需的适宜条件，促进种子迅速发芽，提高发芽率、发芽势和成苗率，在生产上也是一种提早播种、争取季节的重要措施。浸种时间和催芽温度随作物种类和季节而异。水稻、棉花等作物早春播种常采用浸种或浸种催芽的方式。低温季节浸种时间较长，高温季节浸种时间较短，如早稻在早春气温较低条件下，浸种约3d，晚稻在气温较高条件下，浸种只需1d左右。在浸种过程中要注意经常换水，保持水质新鲜，因为种子通过呼吸作用会消耗水中的氧气，并导致 CO_2 等有害物质增加。大部分农作物适宜的催芽温度为25～35℃。许多作物如小麦、玉米、油菜等一般不需要浸种催芽或只浸种不催芽，但在晚播条件下，进行浸种催芽可使出苗提前3～5d。

二、播种期的确定

播种期不但要保证作物发芽所需的各种条件，而且可使作物各生育期处于最佳的环境条件下，最大限度地减少环境胁迫和病虫杂草的危害，使作物生长良好，实现高产优质。适期早播可延长生长期，提高产量，并在茬口衔接上为后作适时播种创造有利条件，实现季季高产，全年增产。确定各种作物的适宜播种期，一般根据气候条件、种植制度、品种特性、病虫害发生规律和种植方式综合考虑。

（一）气候条件

根据作物对温度的要求、当地灾害性天气的发生时段和气温与土温的变化规律等来确定适宜播期。作物依播种季节的不同，有春（夏）播作物和秋播作物之分。春（夏）播作物如水稻、玉米、高粱、大豆、棉花、烟草等作物，一般南方地区播种早，北方迟，平原早，山区迟；秋播作物如小麦、大麦、油菜、蚕豆、豌豆、紫云英等作物，一般北方播种早，南方迟，山区早，平原迟。春播作物如播种过早，易受低温或晚霜危害，不易全苗；但播种过迟，由于气温较高，生长发育加速，往往营养体生长不足，产量低。确定一个地区特定作物的适宜播期，通常以当地气温或土温能满足作物发芽要求时作为最早播种期。例如，水稻以日平均气温稳定通过10℃和12℃的日期，作为粳稻和籼稻的最适播种期。决定播种期时还应考虑作物的温度敏感期。例如，水稻抽穗开花期对温度反应敏感，30℃以上和20℃以下都会导致空壳率增加；棉花吐絮期遇连续阴雨，会导致棉铃迟熟，僵花增多，纤维品质下降。南方冬小麦、冬油菜的播期则应以越冬前形成壮苗为原则，过早播种易受冻（冷）害，过迟播种越冬期苗体小，春发慢，往往穗数少、穗形小。土壤水分状况也影响播种期，在适播期范围内如遇土壤过湿，应适当推迟播种，避免烂种；但如已过适播期范围，则应抢早播种，争取季节，加强播后管理。相反，在干旱且缺乏灌溉条件的地区，应在前作收获后及时抢墒早播，减少土壤失墒影响出苗。此外，应根据当地灾害性气候出现时段的规律调节播期，避开灾害性天气的危害，特别应避开作物对灾害最敏感的时期。另外，通过栽培技术的改进，如利用温床育苗、地膜覆盖等技术措施，可提高土壤温度，作物可提早播种。

（二）种植制度

适宜播种期的确定要考虑到当地的种植制度，要从有利于周年各季作物的平衡增产出发。特别是在多熟制中，季节性强，收种时间紧，播种期的确定要以茬口衔接、苗龄适宜等为依据。例如，我国南方油-稻-稻三熟制地区，油菜和早稻、晚稻任何一种作物播期过早，都会因苗龄太长，形成老苗，甚至提早抽薹现蕾或抽穗开花，造成减产；反之播期过迟，苗龄太小，达不到壮苗标准，生育期延迟，影响后作。因此，应根据前作收获期决定后作移栽期，根据后作的适宜苗龄决定适宜的播种期，使作物播种期、苗龄、移栽期相衔接。对于间、套作栽培，应根据适宜共生期的长短确定播期。例如，小麦田套作玉米，共生期不宜超过拔节期，否则玉米穗小粒少。

（三）品种特性

作物品种类型不同，生育特性不同。例如，水稻中早、中、晚稻对温度高低、光照长短反应不一，播期适应范围也不一样。早稻感温性较强，迟播生育期较短，营养生长不足，要适期早播；中稻基本上营养生长期较长，有一定的感光性，早播早熟，迟播迟熟，适期播种范围较大；晚稻感光、感温性都强，适宜播种期的范围最小。小麦、油菜等冬季作物，春化反应和光周期反应因品种而异。春性强的小麦或油菜品种，早播易发生早拔节或早抽薹，易受冷（冻）害。因此，春性强的品种要适当迟播。反之，冬性强的品种要适时早播，以发挥品种特性，壮苗越冬，奠定高产基础。同一类型内，品种间生育期长短不一，生育期长的迟熟品种宜早播，生育期短的早熟品种宜迟播。

（四）病虫害发生规律

根据作物种类和病虫发生规律，适当提前或延迟播种期是避开或减免病虫危害的有效措施，也是确定适宜播种期的依据之一。例如，玉米适期早播，有利于苗期避免地下害虫（如小地老虎等）和后期玉米螟危害，并减轻丝黑穗病、大斑病的发生；水稻提早播种可避免螟虫、飞虱和稻瘟病等危害。但南方地区冬油菜早播会因气温高、病毒病和虫害为害病，而常较迟播种。

另外，作物的种植方式对播种期也有一定的影响，一般育苗移栽的播种期较早，直播则受前作收获期的影响往往播期较迟。地膜覆盖栽培的播种期较早，露地栽培的播种期推迟。

三、播种量的确定

播种量是指单位面积上播种种子的重量。播种量的多少，直接决定了单位面积基本苗的多少，是影响作物个体生长和群体发育的重要因素。作物的单位面积产量取决于群体生产力，而群体生产力受单位面积的株数和单株生产力两个因子的影响，适宜的播种量是协调这两个因子的关键之一。

（一）确定播种量的原则

播种量的确定，要根据作物种类及品种类型、环境与生产条件、栽培技术水平、目标产量和经济效益等因素综合考虑决定。作物种类及品种类型的不同，植株形态和生长习性上有很大差异，一般植株高大、株型分散、分蘖（枝）性强、生育期长的作物品种播种量小；反之则应大些。作物生长季节气候条件适宜，播种量宜少；气候条件差的宜大些。土壤肥沃、施肥水平高，播种量宜少；反之，土壤贫瘠或施肥水平低的，宜适当增加播种量。灌溉条件好、水分供应充分的，播种量宜少，而无灌溉条件、易受旱的应适当增加。病虫草等危害严重的宜多，反之则宜少。播种量也因播种方法而异，撒播宜多，条播次之，点播最少。

（二）确定播种量的方法

播种量因影响着田间密度，从而对作物产量及品质产生较大的影响。播种量的控制贵在适宜，因此栽培生产中应注意适宜播种量的确定。常用的确定播种量的方法是通过测定种子出苗强度直接计算实际播种量，进而确定适宜播种量。该方法操作简便，实用性强。

出苗强度：随机抽取一定重量的种子样品，在实验室内模拟大田温度、水分、土壤和播种条件，进行幼苗培养试验。测定单位重量种子样品的正常幼苗数，计算出苗强度。

出苗强度（苗/g）＝正常幼苗数（苗）/供试种子重量（g）

实际播种量：实际播种量就是依据种子实际品质，以达到田间合理密度所需要播种的种子重量。

实际播种量（kg/hm^2）＝田间合理密度（株/hm^2）/出苗强度（苗/g）$\times 10^{-3}$

适宜播种量：适宜播种量实质上是指为达到田间合理密度，尽量减少种子用量，在生产实践中依据实际种子品质和栽培生产条件所确定的播种量。

适宜播种量（kg/hm^2）＝保苗系数×实际播种量（kg/hm^2）

式中，保苗系数为种子播种成苗后达到田间合理密度的实际播种量的保证系数。

四、播种方式

播种方式是指作物种子在单位面积上的分布状况，也即株行配置。合理的播种方式能充分利用土地和空间，有利于作物生长发育，提高产量，又便于田间管理，提高工作效率。主要的播种方式有撒播、条播、穴播。

（一）撒播

整地后，把种子均匀地撒于田面，然后覆土。其主要优点是简便、省工，可以抢时播种。但种子分布不均匀，深浅不一致，出苗率低，幼苗生长不整齐，田间管理不便，杂草较多。所以，撒播要求整地精细，分畦或分地段定量播种，尽量做到落籽均匀，深浅一致。生产上，水稻、油菜等育苗常采用撒播，南方稻麦多熟地区，稻板（茬）直播，大、小麦以撒播为主（图 14-1）。

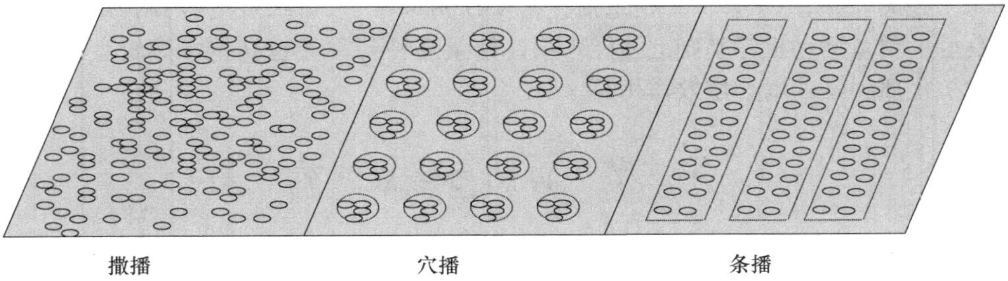

图 14-1　不同播种方式的田间种子分布形式

（二）条播

在田间按作物生长所需的行距开沟，将种子均匀播于沟内，再覆土镇压。条播可人工开沟条播，也可用播种机进行机械化条播。这是目前作物生产上广泛采用的一种播种方式，具有植株分布均匀，覆土深度比较一致，出苗整齐，通风透光条件较好，便于间、套作和田间管理等优点。缺点为所费劳力和成本较多。根据条播行距播幅宽窄，可分为窄行条播、宽行条播、宽幅条播、宽窄行条播等。窄行条播是麦类作物密植高产的较好的播种方式，一般行距 15～20cm；宽行条播适用于植株高大、要求较大营养面积、生长期间需要中耕除草的作物，如玉米、棉花等，行距一般为 40～75cm，有的甚至高达 100cm；宽幅条播适用于麦类作物，一般播幅为 12～15cm，幅距为 15～20cm，种子分布在播幅内，有利于增加密度；宽窄行条播又称“大小行”，窄行可以增加种植密度，宽行利于通风透光（图 14-2）。

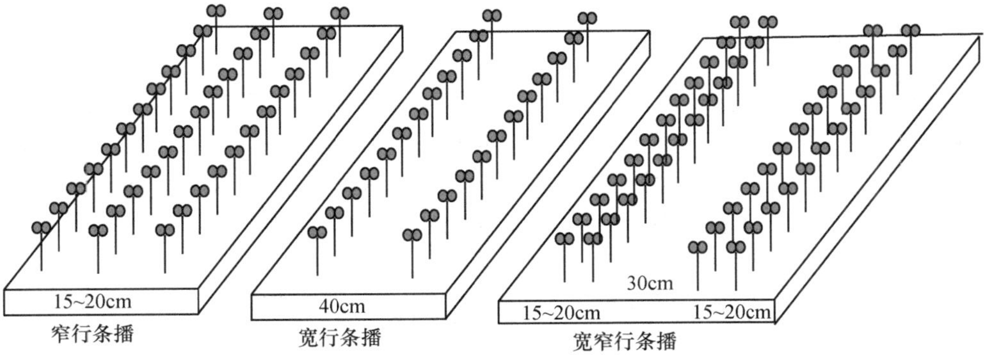

图 14-2　不同条播方式的植株田间配置形式

（三）穴播

穴播是按一定的行株距开穴播种，又称点播。种子播在穴内，深浅一致，出苗整齐，便于增加种植密度，集中用肥和田间管理。穴播费工较多，主要适用于大粒重作物及丘陵山区。

为了降低用种成本和提高播种质量，人们在点播的基础上发展形成了一种新的播种方法，即精量播种。精量播种指将单粒种子按一定的距离和深度，准确地播入土内，以获得均匀一致的发芽、生长条件。精量播种必须在精选种子、精细整地、控制病虫害及使用性能良好的精量播种机等基础上才能采用。精量播种与种子包衣技术等配套应用，可极大地发挥优质种子的增产增效作用。

第二节　育苗与移栽技术

作物生产有育苗移栽和直播栽培两种方式。与直播栽培相比，育苗移栽具有以下优点：①缩短大田生育期，提高土地利用率，增加单位面积产量。②节省用种，提高大田保苗率，节支增收。③人为创造良好的育苗环境，防止或减轻自然灾害危害，有利于防除病虫害。④便于茬口安排与衔接，有利于实现周年集约化栽培。⑤苗体积小，可选择资源条件好、育苗成本低的地区异地育苗，提高作物生产效益。⑥可进行商品苗生产，减轻农民生产秧苗的负担及技术压力，促进作物商品性生产的发展。但育苗移栽根系易受损伤，特别是直根系作物，入土较浅，不利于吸收土壤深层养分和水分，抗旱、抗倒伏能力较差。此外，人工移栽费工费时，劳动强度大。

一、育苗方式

育苗方式有很多，根据育苗利用的能源不同，大致可分为露地育苗、保温育苗和增温育苗 3 类。露地育苗是利用自然温度，如湿润育秧、营养钵育苗、方格育苗；保温育苗是利用塑料薄膜覆盖保温，如各种农用薄膜育苗；增温育苗是利用各种能源增温，如生物能（酿热）温床育苗、蒸汽温室育苗、电热温床育苗等。

（一）湿润育秧

这是水稻常用的育秧方式。选择土质松软肥沃、杂草少、无病源、水源充足清洁且灌排方便的田块。在除净杂草、施足底肥和精细整平的基础上，按 130～150cm 做畦，畦沟宽 20～30cm，深 10～13cm，要求畦面平整，为增加土壤的通透性，秧板要燥做水耥，上糊下实。播后塌谷入泥，无雨天气，沟内灌水，保持畦面湿润；遇雨时灌水上秧板，雨停后及时排水，以利于发芽出苗（图 14-3）。

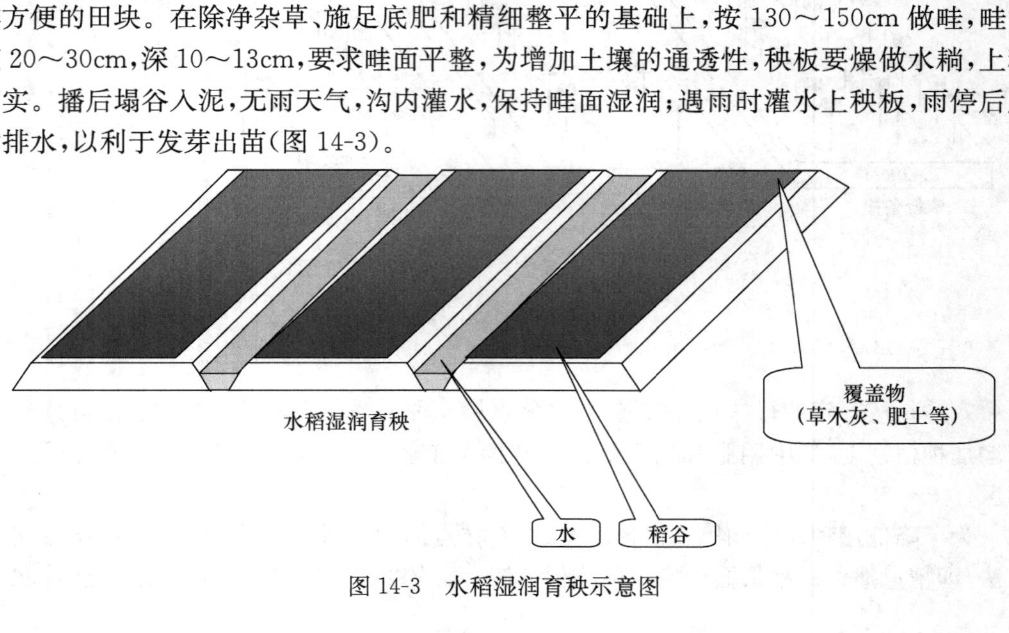

图 14-3　水稻湿润育秧示意图

（二）旱育秧

旱育秧主要用于水稻育秧，在培育壮秧的基础上，与稀植技术配套应用，是我国20世纪90年代以来大面积推广的一项新型稻作技术，一般简称旱育稀植，具有省水、省工、省种、省秧田、节本、增产、增收等优点。水稻旱育秧，应选择土层深厚，土质疏松、肥沃的旱地作苗床，全程管理不进行水层灌溉，只是适量浇水，保持苗床湿润，除出苗期要求土壤含水量在90%以上外，其他时期严格控制土壤水分。培肥床土是旱育秧技术成败的关键。在年前进行苗床培肥，一般每平方米施入充分腐熟的优质有机肥8～10kg、硫酸铵50～70g、过磷酸钙150g、硫酸锌3g，混匀后打碎过筛，均匀撒施在苗床表面，与表土充分混合。水稻幼苗适于在pH4.5～6.0的酸性土壤条件下生长，如土壤pH偏高，应进行床土调酸，以提高土壤养分的有效性，并抑制土壤中的立枯病菌，可用专用调酸剂、硫酸和硫磺粉等调酸，使苗床0～10cm表土pH降到5左右。水稻育秧应重点防治立枯病，床土消毒，消灭或抑制土壤中立枯病病原菌是有效的防治措施，常用的药剂有敌克松和甲霜灵。另外，已开发出旱育秧专用的水稻壮秧剂，由消毒剂、增酸剂、营养剂和化控剂混配制成，一次使用兼具土壤消毒、调酸、施肥和防病等效果。

（三）阳畦育苗

这是北方常用的一种育苗方式。苗床选择避风向阳处，四周筑土埂，一般长7m，宽1.5～2.0m，前壁高30～45cm，后壁高45～60cm，厚30cm左右，北面设置风障。床内施肥，土肥拌匀，充分整平，必要时浇水，播后覆土，薄膜覆盖，夜间加盖苇席或草帘以保温防寒。出苗后逐渐揭开薄膜通风炼苗，到适宜苗龄时移栽。

（四）营养钵和方格育苗

棉花、玉米等大粒作物及一些蔬菜常用营养钵育苗。按肥沃表土70%～80%，加入腐熟细碎的堆肥或厩肥20%～30%及适量磷、钾肥等，边拌边加水至营养土手握成团，离地1m落地能松散为标准（含水量为25%～30%），然后用制钵器（机）制钵，或直接将营养土装入纸钵或塑料钵内（钵直径一般为6～8cm，高10cm）。营养钵交叉紧密排列，钵间填入细土，四周围土。播前钵内浇水湿润，每钵播种子1或2粒，播后覆盖细土1cm左右，喷洒苗床除草剂，至适宜苗龄连同营养钵一起移栽到大田。营养钵育苗移栽不伤根，成活率高，增产效果明显（图14-4）。

方格育苗的应用范围和基本做法与营养钵育苗相同。以肥沃的砂质壤土作床地，做好苗床后，施适量腐熟堆肥和过磷酸钙，拌和均匀，加粪水湿润，至稍现泥浆为止，然后将床面抹平，待床面泥不黏手时，用划格器划成长和宽为8～10cm、深4～6cm的土块方格。在土尚湿润时，每个方格上播种2或3粒，并覆盖细土3～5cm。

（五）塑料薄膜覆盖保温育苗

在露地育苗的苗床上加盖塑料薄膜进行育苗，即保温育苗。其可以提早播种，有利于解决前后作争地的矛盾，延长了作物生育期，利于培育壮苗，取得高产。保温育苗盖膜的

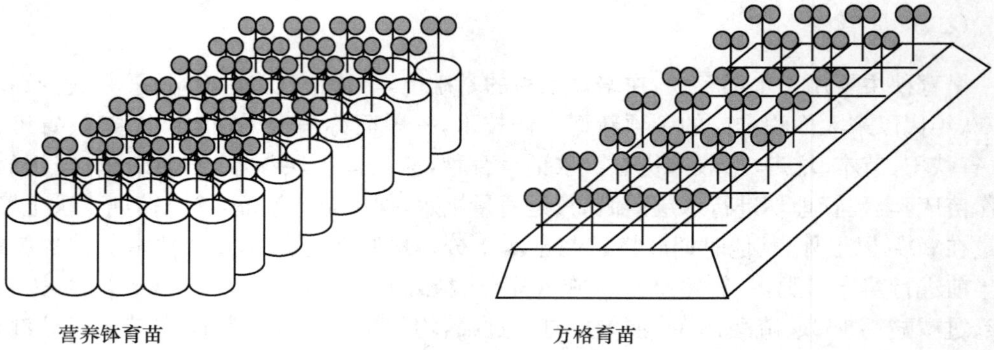

图 14-4　营养钵育苗和方格育苗示意图

方式有拱架覆盖和平铺覆盖两种(图 14-5)。拱架覆盖,膜内温度均匀,秧苗生长整齐,覆盖时间长。平铺覆盖是将薄膜直接覆盖在苗床表面,操作方便,但膜内昼夜温差大,地(薄)膜容易粘贴种芽,晴天高温易灼伤幼芽,遇大雨易积水压膜,覆盖时间短。用地膜平铺,播种后畦面可用少量绿肥或秸秆覆盖,再铺上地膜,以防止高温灼伤幼芽和粘贴种芽。为了取得不同的保温效果,出现了双膜育苗和通气网膜育苗等新技术。双膜育苗是在常规塑膜育苗技术的基础上,播种盖土后先平铺一层地膜,再加盖棚膜。其保温、增温、保湿效果更优于一般的塑膜育苗和平铺地膜育苗,能提前出苗、齐苗,保证苗床四周与中间秧苗生长整齐一致,幼苗素质好。通气网膜是将常规塑膜中线剪开,然后在中间缝上 10～15cm 宽的尼龙窗纱制成,覆盖在棚架上。播种后,上方通气网带以塑膜重叠将其完全封闭。出苗后至二叶期上方网带开放宽度为 4～5cm,二叶期后开放 8～10cm。这种育苗方式无需日揭夜盖,管理方便、省工。通气网带敞开部分自然调节温、湿度,温度变化较为稳定,日均相对湿度低;有利于幼苗生长发育,促进根系生长。

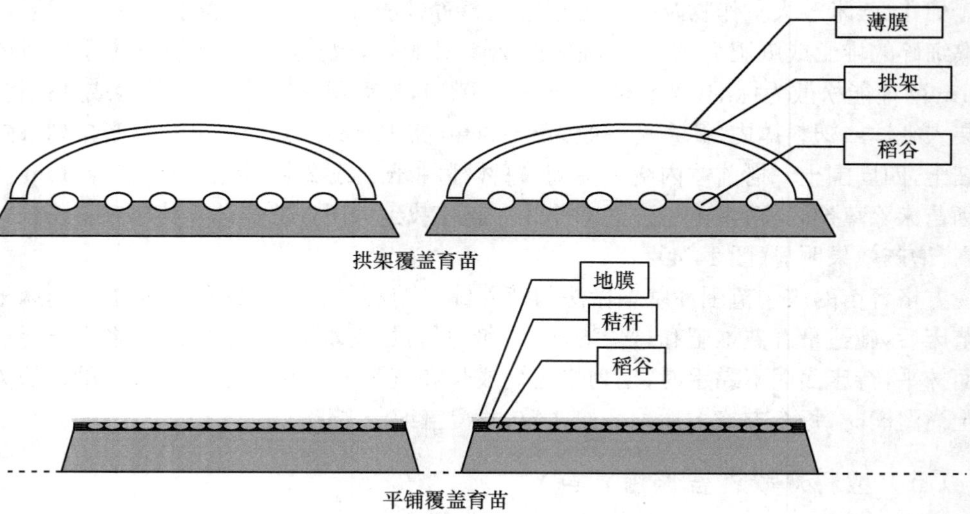

图 14-5　平铺覆盖育苗和拱架覆盖育苗示意图

（六）塑盘育苗

塑盘育苗有硬盘育秧和软盘育秧，以软盘育秧在水稻上应用较多，软盘育秧是用专用软盘装床土进行育秧的一种方式，该育秧方式简便易行，成本较低，质量好，成功率高。作业流程为

床土准备→碎土拌肥过筛→堆闷熟化
晒种→发芽试验→选种→药剂浸种→ →铺放空盘→装盘土→洒水→播种→覆土
催芽秧田准备→精做秧板 →封膜盖草→揭膜炼苗→肥水管理
→起盘移栽或抛栽

（七）工厂化育苗

工厂化育苗又称温室育苗，目前水稻上应用最多，具有省种、省工、省秧苗、利于机插或抛秧的优点。温室要求升温快，透光良好，透光面70%以上，秧苗受光率90%以上。室内搭架，放秧盘数层，层距25cm左右，秧盘长方形，大小要便于搬运或适合与机插配套，可用塑料盘或其他代用品。依据床土有无分为有土育秧和无土育秧，还有介于两者之间的薄土育秧。温室管理的关键是控温、调湿，要掌握“高温高湿促齐苗，适温适水育壮秧”的原则。一般温室多采用燃料人工加热调温，人工喷水调湿。而现代化的温室多采用智能系统（电脑），自动或半自动调温、调湿，但消耗能量大，建造费用高。工厂化育苗从种子处理、床土制备到培育出合格秧苗都是按规定的工艺流程和标准用机械作业手段完成，按照水稻种子发芽出苗及幼苗生长对温度、光照、养料、氧气等要求，人工或自动调温、调湿，定量施肥，保证秧苗在最适条件下生长（图14-6）。

二、苗床管理

苗床管理依不同育苗方式的特点而不同，但其基本原则和措施要求相近。

（一）露地育苗管理

露地育苗幼苗在自然环境下生长，管理上要做好灌溉排水、追肥、间苗、除草、防治病虫害及灾害性天气的预防等工作。

1. 灌溉排水　旱育秧田出苗前保持床土水分适宜，晴天适量浇水，透而不过湿，防止板结；出苗后减少浇水次数，防止土壤水分过多，促进根系生长。阴雨天保持排水沟通畅，及时排干积水，达到雨止田干。水稻湿润育秧，视天气情况，掌握“晴天满沟水、阴天半沟水、雨天排干水”的原则，二叶期前保持秧板面湿润，适当控制水分，保证秧苗迅速扎根立苗，立苗后可灌水上畦面，实行浅水或间歇灌溉。

2. 苗床追肥　是培育壮苗的重要环节，一般看苗追施1或2次，第一次掌握在二叶期前后，种子养分“离乳”前，用腐熟水粪尿或速效氮肥，适当配合磷、钾肥，要防止氮肥施用过量。移栽前4～7d，当幼苗叶色褪淡时，可追施移栽肥（送嫁肥）。对甘薯育苗等需多次取苗的作物，一般每剪一次苗，应追施一次氮肥，促进新苗生长。

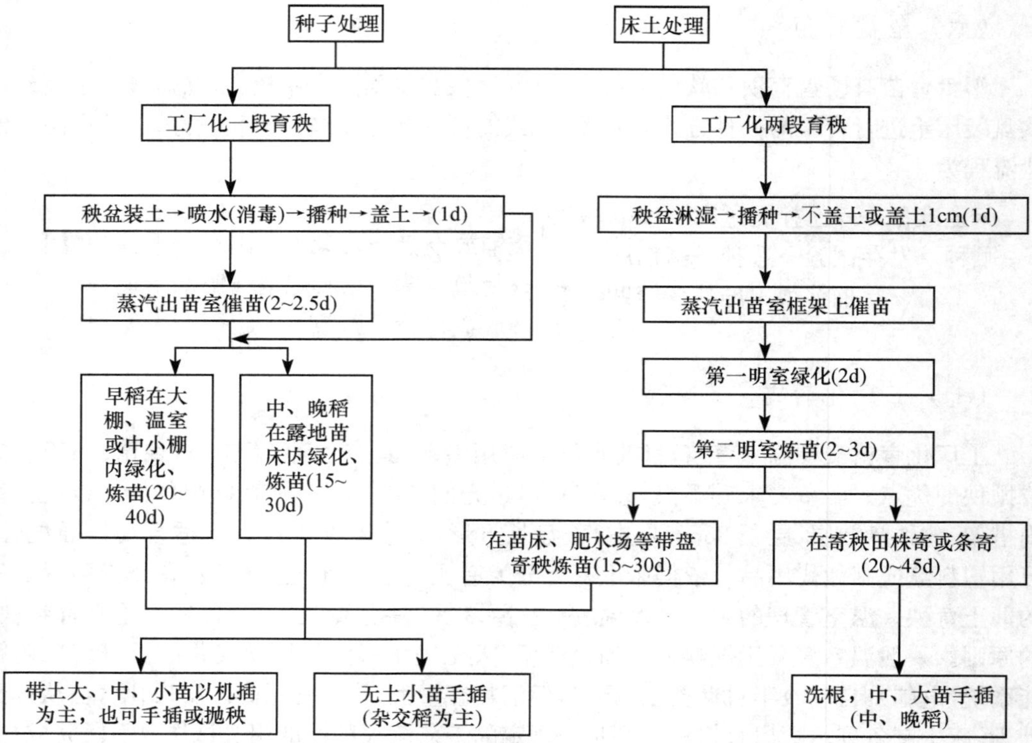

图 14-6　工厂化育苗工作流程图(曹卫星,2011)

3. 间苗、除草　间苗一般应早,分次进行。例如,油菜第一次间苗可在齐苗后进行,以后再进行两三次,间苗时要去弱留强,以保持苗不挤苗、叶不搭叶为度。棉花育苗,在子叶展开后间苗,每钵(格)留一苗。除杂草可与间苗同时进行,如条件许可,也可应用化学除草。

4. 防治病虫害　各种作物苗期病虫种类较多,如水稻立枯病、稻瘟病、蓟马等,棉花立枯病、炭疽病、地老虎等。应根据不同作物的病虫发生情况,及时准确地进行药剂防治,防止病虫扩大蔓延到大田。

此外,各种灾害性天气如大风、低温晚霜、暴雨等对幼苗危害很大。在北方多风地区可设置风障;在灾害性天气来临前,旱育苗床上覆盖秸秆等,过后立即去除;水稻秧田上薄水护秧,过后排水露田。

(二)保温育苗管理

在塑料薄膜覆盖下,膜内的环境条件与自然环境有很大的差异,根据作物发芽与苗期生长的特点与覆膜后的小气候变化情况,可将保温育苗管理分为 3 个时期。

1. 密封期　密封保温,创造一个高温高湿的环境,促使种芽迅速扎根立苗。膜内适宜温度为 30～35℃,如超过 35℃,两端揭膜通风降温。这一时期的长短因作物而异,一般水稻从播种到一叶一心,棉花从播种至齐苗。

2. 炼苗期　膜内适宜温度为25～30℃,温度过高要通风炼苗,以防止幼苗徒长和灼伤。一般在晴天上午膜内温度接近适温,且气温在15℃以上时,可以进行炼苗处理。炼苗时要按照两头开门、背侧开窗、半边打开、日揭夜盖、最后全揭的步骤,逐日扩大通风面积,延长通风时间,使幼苗逐渐适应外界自然条件。不可一开始全揭,更忌中午高温时骤然揭膜,以防止叶片青枯、死苗。水稻通风时要先灌水上秧板,防止因环境突然变化而死苗,下午气温下降,先排水,再盖膜保温。这一时期水稻从一叶一心到二叶一心,棉花从齐苗到二叶期。

3. 揭膜期　水稻秧苗经过5～6d甚至更长时间的通风炼苗,当日均温稳定在15℃以上,日最低气温在10℃以上时,便可揭膜。揭膜应选择在气温较高的阴天或晴天上午进行。揭膜前先洒水,保持秧板水层;揭膜后按一般湿润秧田管理。

棉花从二叶期到移栽仍继续炼苗,前期通风调温(通风不揭膜),床温控制在20～25℃,后期揭膜炼苗,日揭夜盖,促使壮苗老健,至移栽前3～4d揭膜。

(三) 增温育苗管理

增温育苗中,室内的温、湿度由人工控制,可以保持幼苗在最适宜的温、湿度条件下生长。

1. 生物能增温育苗管理　甘薯的酿热温床管理可分为3个时期:①排种至齐苗阶段,密封保温,床温保持30～35℃,促进萌发,抑制黑斑病。保持床土湿度,过干应适当浇水。②齐苗至剪苗阶段,保持床温24～28℃,使薯苗稳健生长,进行通风炼苗。此时由于耗水量明显增加,应增加浇水量。③剪苗阶段,大约在苗高25cm时,炼苗后揭膜,并停止浇水,经3d锻炼后剪苗栽插。剪苗后再次覆膜保温,提高床温和增加浇水量,同时追施速效氮肥,促使新苗生长。

2. 温室育苗和工厂化育苗管理　水稻的温室或工厂化育苗管理可分为3个阶段:①立苗期,从播种到冒青(出苗),约需两天一夜。控制室温35～38℃,每4～5d喷水一次,湿度95%以上,高温高湿促进种子萌发。②盘根期,从第一完全叶伸出到全展,约需3d。此时,次生根迅速伸长交错盘结,故称盘根期。温度管理先高后低,初期保持32～35℃,叶片展开后逐渐降至30℃左右,湿度保持在80%左右。喷水要少量多次,均匀一致。③壮苗期,从第二完全叶伸出到全展,约需2d。保持室温25～28℃,湿度70%以上。注意秧盘受光均匀,促进叶绿素的合成和增强光合能力。此时,可喷施1%尿素和1%过磷酸钙混合液,补充秧苗养分。当秧苗长至二叶一心,苗高8～9cm时,可将秧苗移至室外炼苗待栽。

三、移栽技术

移栽时期根据作物种类、适宜苗龄和茬口而定,一般水稻以叶龄指数40%～50%,棉花以2～4叶移栽产量较高,玉米移栽的苗龄为25～35d,南方冬油菜移栽以6～7片真叶为宜。移栽可带土或不带土,带土移栽伤根少,可以缩短缓苗期,早活早发,但较为费工。移栽前先浇水湿润,以不伤根或少伤根为好。移栽时行、株距按计划规格确定,移栽深度根据作物种类、幼苗大小确定,一般深度为3cm左右,要求深浅一致,最好将大、小苗分级移栽，栽后需及时施肥浇水，以促进幼苗成活和生长。

20世纪90年代中期以来，水稻抛秧技术在各地迅速推广应用，它具有省工省力、省种子省秧田和高产高效等优点。抛秧有手工抛和机械抛两种，都要求秧苗抛够抛匀，基本苗数与手插秧相当或多10%左右。

第三节 合理密植

合理密植能缓和个体与群体的矛盾，促进个体生产，协调产量各构成因素的关系，充分发挥群体光合生产力，显著提高生物学产量或经济系数。

一、合理密植的含义和增产作用

（一）种植密度的含义

种植密度是指作物群体中每一个体平均占有的营养面积大小。一般来说，作物群体的单位面积产量在一定范围内随密度的增加而呈线性提高，达到一定密度时产量达到最高值，此后进一步增加密度，产量不但不再增加，反而表现下降。另外，种植密度也影响群体内透光和通风及田间小气候，进而影响土壤理化性状和微生物的活动。高密度下病虫害往往较重，植株由于个体生长不良而易于倒伏。因此，种植密度对作物的产量与品质形成及抗逆性等方面均有重要的影响。

（二）合理密植的增产作用

作物栽培的对象是作物的群体，群体常有这样一种现象，即在一定的栽培条件下，构成产量各因素之间存在着一定程度的矛盾关系。如以禾谷类作物为例，当单位面积上穗数增加时，往往每穗粒数表现减少，千粒重也相应发生变化。这是因为作物群体是由各个体组成的，当单位面积上密度增加时，各个体所占的营养面积减少，个体的生物产量也就相应会减少。但个体变小，不等于最后的产量就低，因为群体产量是单位面积的株数与单株产量的乘积。一些以子实为收获器官的作物，当群体超过一定的密度时，不仅使个体生物量降低，也会引起经济系数的下降，这是因为高密度下植株个体生长受到抑制时，生殖器官比营养器官的受抑制程度大，这样在密度过高时，虽然单位面积的总生物量并未减少，但由于经济系数的下降而导致产量降低。密度超过一定范围后，作物经济系数下降的根本原因是叶面积系数过大，田间通风透光差，光合产物不再增加，而呼吸消耗增大明显，从而使干物质积累减少。合理密植就是要解决好个体与群体的矛盾，促进个体生产，协调产量各构成因素的关系，充分发挥群体光合生产力，显著提高生物学产量或经济系数。

二、种植密度的确定

适宜的种植密度的确定，应综合考虑作物种类及品种、茬口、土壤肥力、管理水平和气候条件等因素。

（一）气候条件

一般在温度高、雨量充沛、相对湿度较大、生长季节长的地区，作物植株较高大，分蘖、分枝多，种植密度宜小些；反之，密度宜大些。在同一地区及肥力、品种相同的情况下，晚播(栽)的要比适期播种(移栽)的密度大些。

(二) 土壤肥力和管理水平

一般在肥力水平高、施肥量大和管理好的土地上，植株生长繁茂，分蘖或分枝较多，单株生产力较大，密度宜小些。相反，在土壤瘠薄、施肥量少和管理差的条件下，植株生长较差，应适当增加密度，依靠群体生产力提高单位面积产量。对于单秆性作物如玉米、高粱等，则是高肥下密度宜大些，低肥下密度不宜过大。

(三) 作物种类和品种类型

作物种类不同，植株形态特征和生长习性都有很大差异。禾谷类作物可分为分蘖作物和不分蘖作物两类。分蘖作物中小麦、水稻等，群体密度与基本苗(种植或移栽密度)的关系十分密切，而不分蘖作物如玉米、高粱等群体密度主要取决于基本苗的多少。同一作物不同品种的种植密度也是有差别的。例如，玉米中叶片直立的紧凑型品种比平展叶型品种密度应大些；反之亦然。再如，水稻品种间分蘖力有强有弱，株高有高有矮，棉花果枝有长有短，大豆分枝有多有少等。在确定种植密度时，应考虑到这些品种间的差异。

(四) 种植方式及收获目的

一般，撒播的植株较分散，密度可适当高些。条播植株相对集中，密度过大，个体之间矛盾突出，应适当减少种植密度；条播中采用大小行播种的，密度可比等行距的适当高些。点播的密度应比以上两种播种方式低些。

以茎、叶等营养体为收获目的的作物，种植密度宜大些；以种子为收获目的，尤其是以加大种子繁殖倍数为目的的，密度宜稀些。

三、合理密植的方式

生产实践证明，当密度增大时，配合适当的种植方式，更能发挥密植的增产效果。作物种植方式多种多样，但主要可分为等行距和宽窄行两类。

(一) 等行距种植

种植行距相等，株距随密度而定。其特点是植株叶片、根系分布均匀，能充分利用养分和阳光；播种、定苗、中耕除草和施肥培土等操作方便。但在肥水足、密度大的条件下，在生育后期行间易郁蔽，光照条件差，群体与个体的矛盾大，影响高产潜力的发挥。

(二) 宽窄行种植

宽窄行也称大小垄，行距一宽一窄，株距根据密度而定。其特点是能调节后期植物个体与群体间的矛盾，在高密度高水肥条件下，由于大行加宽，有利于中后期通风透光。

本章视频

第十五章　作物肥料运筹

作物的高产、优质栽培离不开科学施肥，作物肥料运筹技术是科学施肥的核心。其理论依据是作物营养需求、吸收和利用规律，以及农艺措施对改善作物营养的效应。肥料运筹技术必须以养分作用规律与施肥效应为前提，针对不同肥料种类和作物种类提出相应的施用技术，服务于高产、优质、高效、生态、安全的作物生产。

第一节　作物需肥规律与合理施肥原则

施肥是作物生产上的一项基本措施，但如何高效施肥、提高肥料利用率还需要掌握作物需肥规律，合理施肥。

一、作物需肥规律

（一）作物营养元素吸收的选择性

作物对土壤营养元素的吸收具有选择性。例如，土壤中含硅、铁、锰较多，而作物对其吸收量却很少；相反，氮、磷、钾的有效数量比较少，而作物对其需要量却很多。

作物的种类不同，所吸收的矿质养分种类、数量也有一定差异。禾本科作物和棉花需氮较多，豆科绿肥作物需磷较多，而烟草、麻类、薯类、糖料等作物需钾较多（表 15-1）。

表 15-1　主要作物每 100kg 经济产量的三要素吸收量[①]

作物	产品种类	吸收量/kg		
		N	P_2O_5	K_2O
水稻	稻谷	2.10	1.25	3.13
冬小麦	籽粒	3.00	1.25	3.00
大麦	籽粒	2.70	0.90	2.20
玉米	籽粒	2.40	0.94	2.29
豌豆	豆粒	3.09	0.86	2.86
花生[②]	荚果	5.45	1.04	2.62
大豆	籽粒	7.99	1.93	3.52
马铃薯	鲜块茎	0.50	0.20	1.06
甘薯	鲜块根	0.35	0.18	0.55
甘蔗	鲜蔗茎	0.19～0.23	0.07～0.14	0.27～0.30
烟草	鲜叶	3.25	1.25	6.50
大麻	纤维	0.40	0.15	0.60
油菜	菜籽	5.80	0.15	4.30
棉花	皮棉	12.33	4.15	14.66

注：①包括茎、叶等营养器官的养分数量；②花生和大豆可从空气中固定 N，其量占总吸收量的 2/3 左右

资料来源：董钻和沈秀瑛，2000

（二）作物营养元素吸收的阶段性

作物不同生育时期所需营养元素的种类、数量、比例都是不一样的。一般来说，生长初期由于植株较小，吸收营养的数量、强度均较低；随着生长发育的加快，需要的养分数量也随之增加；而到了生长后期，需要的养分数量又逐渐减少。例如，冬小麦在越冬前，吸收的养分以氮为主、磷次之、钾最少；越冬后，吸收氮、磷、钾数量猛增，直至开花期；开花后磷、钾吸收几乎停止（表 15-2）。

表 15-2　冬小麦和水稻不同生育期养分吸收占全生育期养分吸收总量的百分数　（%）

作物	生育时期	N	P	K
冬小麦	越冬期	14.87	9.07	6.95
	返青期	2.17	2.04	3.41
	拔节期	23.64	17.73	29.75
	挑旗期	17.40	25.74	36.08
	开花期	13.89	37.91	23.81
	乳熟期	20.31	—	—
	成熟期	7.72	7.46	—
水稻	秧苗期	0.50	0.26	0.40
	分蘖期	23.15	10.58	16.95
	拔节期	51.40	58.03	59.75
	抽穗期	12.31	19.66	16.92
	成熟期	12.63	11.47	5.99

资料来源：曹卫星，2001

（三）作物营养临界期和最大效率期

在作物一生中，常有一个对养分需要量虽然不多但很迫切的时期，这个时期称为作物营养临界期。在营养临界期缺乏作物所需的养分时，作物生长发育就会受到很大影响，此后即使供给这些养分，也往往难以弥补所受到的影响。不同作物的营养临界期有所不同，即使是同一作物，对不同种类的养分来说，其临界期也不完全相同。但一般来说，磷的临界期大都在作物幼苗期，如棉花在出苗后 10～20d，玉米在出苗后 1 周左右（三叶期）。氮的临界期一般晚于磷，往往在营养生长向生殖生长过渡的时候，如水稻、小麦在分蘖期和幼穗分化期，玉米在穗分化期，棉花在现蕾期。关于钾的研究较少，一般认为，水稻分蘖初期和幼穗分化期是需钾临界期。

在作物一生中，还有一个养分需求量和吸收速度都很大的时期，这时施肥的作用最明显，增产效果也最好，这一时期称为作物营养最大效率期。作物营养最大效率期往往在作物生长最旺盛的时期，此时作物吸收养分能力最强，从外部形态看生长最迅速。例如，冬小麦在拔节至抽穗期，玉米在大喇叭口至抽雄期，棉花在开花结铃期等。但有些作物的营养最大效率期也因养分不同而异，如甘薯生长初期氮素营养效果较好，而块根膨大时则是磷、钾的最大效率期。

二、作物养分作用规律

农业化学的不断发展，为作物营养吸收、转化与利用提供了理论基础。明确作物养分作用规律，有助于提出作物施肥应遵循的基本原则。

（一）作物必需营养元素的不可代替性

凡作物所必需的各种营养元素，不论需要量是多是少，都是不可缺少的，所起的作用是同等重要的和不可相互代替的。作物若缺少某一种必需营养元素，就不能正常生长发育。

（二）养分归还学说

养分归还学说是李比希于1837年提出的。其中心思想就是归还作物从土壤中取走的全部物质，以恢复土壤肥力，保持元素平衡。归还的根本途径在于施肥。

（三）最小养分律

作物生长所需各种养分有一定的比例，如果其中某种养分元素不足时，不管其他养分元素如何充足，作物生长仍受此最少养分元素的限制，称为最小养分律。其内涵包括以下内容：土壤中相对含量最少的养分制约着作物产量的提高；最少养分会随条件改变而变化；只有补施最少养分，才能提高产量。

（四）报酬递减率

在低产情况下，施用配比适宜的肥料，产量会随施肥量的增加而增加，当施肥量超过一定量后，单位施肥量的报酬会逐步下降，这就是报酬递减率。因此，施肥要有一个合适的量，超过限量，不但无益，甚至有害。

（五）养分互作效应

两种肥料同时施用对作物的效应大于每种肥料单独施用对作物效应之和的现象，称为养分的协同作用。二者共同效应小于二者单施效应之和，称为养分的拮抗作用。例如，大量施钾有可能导致作物缺镁，铁与锰之间也有拮抗作用。

三、作物合理施肥原则

施肥的目的主要有两个：一是为了供应作物营养，提高产量和改善品质；二是为了改良和培肥土壤。要达到这些目的，必须遵循以下原则。

（一）培肥地力的可持续原则

土地是农业最基本的生产资料和作物生长发育的场所，培肥地力是农业可持续发展的根本。土壤耕作、施肥、灌溉、轮作等都具有一定的培肥地力的作用，施肥是培肥地力最有效和最直接的途径。

（二）协调营养平衡原则

作物的正常生长发育有赖于体内各种养分含量适宜，施肥时应该考虑作物的营养特性和土壤的供肥性能，确定施肥种类、数量和时期，合理施肥，以满足作物不同生育时期对不同营养元素的需求。

（三）增加产量与改善品质相统一的原则

施肥可增加作物产量，改善农产品品质，但作物优质和高产所要求的养分平衡点不同。与不施肥相比，施用氮肥显著提高了小麦籽粒产量和籽粒蛋白质含量，而随着无机肥施用种类的增多，小麦籽粒蛋白质含量随产量的提高而降低。仅施氮、钾肥处理的小麦的面筋和籽粒蛋白质含量虽然大幅度提高，但面筋指数和产量显著降低。

（四）经济环保的原则

一般来说，施肥可以增产，但并不是施肥越多，增产幅度越大、经济效益越高。施肥还存在一个报酬递减的问题。同时，过量施用化学氮肥还会导致地下水中硝态氮和亚硝态氮含量明显超标；低劣的磷、钾、硼肥给农田环境带来重金属污染物质，引起水体的富营养化等。不合理施肥还会导致土壤酸化和盐碱化。而提高肥料利用率可减少施肥量，也减轻施肥对环境的影响。有机肥和无机肥配合施用；按土壤养分状况和作物需肥特性施用肥料；氮、磷、钾肥配合施用；测土配方施肥；改进化肥剂型、施肥机具及施用方式的优化等，均可提高肥料利用率，达到经济高效又环保的目的。

第二节　作物肥料运筹技术

施肥是作物高产栽培的一项基本措施。我国农民在长期的生产实践中，积累了丰富的经验，十分重视施肥在作物生产中的重要作用。要做到肥料的经济高效利用就必须对肥料进行合理运筹。

一、肥料种类

肥料种类繁多，按其来源可分为农家肥料和商品肥料；按其化学组成可分为有机肥料和无机肥料；按化学反应可分为酸性肥料、中性肥料和碱性肥料；按肥效快慢可分为速效性肥料和迟效性肥料；按其元素成分可分为单一肥料和复合肥料；按肥料形态可分为固态肥料、液态肥料和气态肥料。但一般分为有机肥料、无机肥料和微生物肥料 3 类。

（一）有机肥料

有机肥料俗称农家肥料，包括农家的各种生活垃圾和废弃物，如人畜粪尿、厩肥、堆肥、沼气池肥、沤肥、饼肥、绿肥、青草、秸秆等。有机肥料种类多，来源广，成本低，便于就地取材。有机肥料能增加土壤有机质，促进土壤微生物的活动，保持土壤肥力和良好的生态环境。有机肥料养分含量全面，养分释放慢，肥效稳长。有机质分解时产生的有机酸，能够促进土壤中难溶性磷酸盐的转化，提高磷的有效性。也能促进含钾、钙、硅等矿物质的有效性。有机质分解形成腐殖质、细胞胶质、多糖和糖醛等高分子化合物，可改良土壤理化性状，使土壤中的无机黏粒结合形成水稳性团粒结构，提高土壤肥力，改良土壤。

绿肥除具有有机肥的一般特点外，还有特殊作用。绿肥多为豆科作物，能固定土壤及空气中的游离氮；根系发达，入土较深，可吸收深层养分；适应性强，可种植在农田和荒山坡地，减少水土流失。

有机肥料适合各种作物和土壤，一般作基肥，需经腐熟后才能使用，在耕地前施入土壤。经腐熟的或速效的有机肥如人粪尿、饼肥也可用作追肥和种肥。

（二）无机肥料

无机肥料又称化学肥料，根据肥料中所含主要成分可分为氮肥、磷肥、钾肥、微量元素肥料和复合肥料等。无机肥料易溶于水，养分含量高，肥效快，持续时间短，能被作物直接吸收利用。其可和有机肥料配合或单独用作基肥，也可作追肥、种肥和叶面肥施用。

1. 氮肥　在化学肥料中品种最多。按养分形态可分为 3 类，即铵态氮肥、硝态氮肥和酰胺态氮肥。铵态氮肥包括液体氨、碳酸氢铵、硫酸铵和氯化铵等。施入土壤中形成铵离子，与土壤胶粒上的离子代换形成代换养分，肥效较硝态氮长，但遇碱性物质后分解而释放氨气，造成氮素损失。硝态氮肥包括硝酸铵、硝酸钙等。施入土壤中，氮素以硝态氮的形式存在，不易被土壤胶粒吸附，因此不能用于水田，也不宜作基肥和种肥。在通气不良的条件下，易反硝化而使氮素损失。酰胺态氮肥主要有尿素，与前两者不同，尿素施入土壤后一般需要经微生物的作用转化成铵态氮才能被作物吸收利用，此类肥料要提前一周施用。尿素在转化之前，易溶于土壤溶液中，不易被吸附，随水分流失。因此，在水田中施用后，不宜立刻灌水；在旱田施用，也要注意深埋和覆土，防止转化成碳酸铵后挥发损失。

2. 磷肥　磷肥的原料是磷矿石，磷矿石因加工方法不同，磷肥产品也不同。一般按磷酸盐的溶解性质把磷肥分为 3 类，即水溶性磷肥、弱酸溶性磷肥和难溶性磷肥。水溶性磷肥包括普通过磷酸钙和重过磷酸钙，其主要化学成分为磷酸二氢盐，多为磷酸一钙。水溶性磷酸盐易被作物吸收，肥效快，在土壤中不稳定，易转化为弱酸溶性磷酸盐，甚至进一步变为难溶磷酸盐。且磷在土壤中的移动性很小，一般不超过 1～3cm。因此，提高水溶性磷肥肥效的关键是，一方面减少肥料与土壤颗粒的接触；另一方面应将肥料施于根系集中的土层。为达到这一目的，生产上常采用集中施用、与有机肥混用、制成颗粒和根外追肥等方法。弱酸溶性磷肥包括沉淀磷肥、钙镁磷肥、钢渣磷肥等，主要化学成分是磷酸氢钙。它不溶于水，能被弱酸溶解，逐渐被作物吸收，肥效缓慢持久，适合作基肥，在石灰性土壤中易转化为难溶性盐。难溶性磷肥主要代表是磷矿粉，由磷矿石粉碎制成，其特点是肥效慢。发挥其肥效的关键是创造酸性条件，增加其溶解度，或用于吸磷较强的作物，如豆类、荞麦等。

3. 钾肥　钾肥的主要种类有氯化钾和硫酸钾。二者易溶于水，是速效肥料，施入土壤中以离子状态存在，能直接被作物吸收利用或形成代换性钾。钾在土壤中移动性小，宜施于根系密集的土层。在砂壤土中可采用分次施用，防止肥料损失。氯化钾价格低，但有些作物忌氯，如烟草、马铃薯、甜菜等，只能施用硫酸钾。

4. 微量元素肥料 主要包括硼、锌、钼、锰、铜肥等。对硼敏感的作物有豆科、十字花科、甜菜、麻类、小麦、玉米、水稻和棉花等，常用的硼肥有硼砂、硼酸和硼泥。对锌敏感的作物有玉米、水稻、棉花、亚麻、甜菜和大豆等，常用的锌肥有硫酸锌和氯化锌。豆科作物对钼肥比较敏感，常用的钼肥有钼酸铵、钼酸钠。小麦、玉米、谷子、棉花、花生等作物对锰敏感，常用的锰肥有硫酸锰、氯化锰等。对铜敏感的作物有小麦、大麦、燕麦等，主要铜肥有硫酸铜、铜矿渣等。

5. 复合肥料 含有两种以上营养元素，一般是氮磷钾复合或加多种微量元素。复合肥料种类很多，为了方便，常用肥料所含三要素的有效成分来命名。例如，15-12-10 表示肥料中含 N 15%，P_2O_5 12%，K_2O 10%；15-12-10-1.5Zn 表示含 N 15%，P_2O_5 12%，K_2O 10%，Zn 1.5%。复合肥的优点是有效成分含量高，物理性状好，包装、运输和施用费用低。不足之处是养分含量固定，难以满足不同土壤、作物的需求差异。为了满足某种作物的养分需要或达到某种目的，近年研制和应用推广了专用复合肥料。

6. 缓控释肥料 缓控释肥料是指通过各种调控机制使养分最初缓慢释放，延长作物对养分吸收利用的有效期，使养分按照设定的释放率和释放期缓慢或控制释放的肥料。这种肥料的释放率和释放期与作物生长规律有机结合，从而提高肥料利用率，减少施用量与施肥次数，降低生产成本，减少环境污染，提高农作物产品品质，被称为“21 世纪高科技环保肥料”，成为肥料产业的发展方向。其中，缓释肥是指能延缓养分释放速度的新型肥料，一般在水中的溶解度很小，施入土壤后，在化学和生物因素的作用下，肥料逐渐分解，氮素缓慢释放，满足作物整个生长期对养分的需求。控释肥是通过外表包膜的方式把水溶性肥料包在膜内使养分缓慢释放。当包膜的肥料颗粒接触潮湿土壤时，土壤中的水分透过包膜渗透进入内部，使部分肥料溶解。根据成膜物质不同，分为非有机物包膜肥料、有机聚合物包膜肥料、热性树脂包膜肥料，其中有机聚合物包膜肥料是目前研究最多、效果较好的控释肥。

（三）微生物肥料

微生物肥料是指以微生物生命活动获得特定的具有肥料效应的制品，制品中的活微生物起关键作用。常用的有根瘤菌、固氮菌、抗生菌、磷细菌和钾细菌等。通过微生物的生命活动，增加土壤营养元素，增进土壤肥力。例如，各种联合或共生的固氮微生物肥料可增加土壤的氮素来源；多种分解磷、钾矿物的微生物，可以将土壤中难溶的磷、钾溶解出来，转变为作物能吸收利用的磷、钾元素。根瘤菌肥可以制造和协助农作物吸收营养，将空气中的氮素转化成氨供豆科作物吸收利用。有些微生物肥料还可增强植物抗病和抗旱能力。微生物肥料可以节约能源，不污染环境，将会在未来的农业生产中起重要作用。由于各种微生物作用方式不同，施用时应注意与有机、无机肥料配合，创造适宜于微生物的生活环境，才能充分发挥肥料效果。

二、营养诊断

在作物生产中，若以耕种者的个人经验传授和积累施肥，往往造成施肥不当，达不到应有的施肥效果，甚至造成肥害。土壤矿质营养测试和作物营养诊断是两个相互有关、又各有特色的技术系统，一个以土壤分析测试为主，另一个以植株分析诊断为主，均可为科学施肥技术制订提供依据。

（一）土壤矿质营养测试

土壤矿质营养测试技术分为3类：一是土壤养分丰缺指标法，其特点是先测定土壤有效养分，根据农作物相对产量水平把土壤有效养分含量划分成不同等级，再按不同等级提出推荐施肥量。二是养分平衡法，其特点是按照农作物产量需要的养分数量，用土壤养分含量和肥料进行平衡，另外，再补充一部分肥料培肥地力。三是土壤诊断法，根据农作物高产所需地力水平提出高产土壤的养分含量标准，通过施肥和改土达到这个标准。再按农作物达一定产量水平的养分吸收量补施肥料，不使地力下降。

（二）作物营养诊断

作物营养诊断包括作物生长诊断（或形态诊断）和组织分析营养诊断。作物生长诊断根据作物的生育状态、长势、长相、叶色进行诊断，缺素诊断和生育诊断是形态诊断的两种主要方法。缺素诊断的依据是作物缺乏某种元素时会表现特定症状，据此判断作物是否缺乏这种元素。叶色诊断是缺素诊断的发展，主要应用于植株氮素营养状况的判别。在水稻、小麦等作物上应用较多，通过专用的叶色卡与植株叶色进行比较确定是否需要施用氮肥。生育诊断是根据作物群体的长势、长相和生育进程，决定栽培管理的时机，如水稻、小麦等作物，应用叶片与其他器官的同伸关系，以叶龄为形态指标，判断是否需要进行肥水管理。这种诊断手段可用于肥水措施时机的选择，用量的多少还需要结合经验或测试的土壤肥力水平来确定。

组织分析营养诊断是对来自特定部位、特定生育阶段的植株样品，对其体内某一养分元素测定其含量，也可称为植物组织分析。植物组织分析的结果可用临界值法、标准值法、综合诊断施肥法（DRIS法）确定是否需要施用该元素。此外，淀粉碘试法可以诊断水稻体内氮素的状况，决定水稻氮肥的施用。

近年来，将3S（GPS、GIS和RS）和作物生理生化分析技术相结合，对不同处理条件下作物全生育期反射光谱和体内氮素等营养情况进行系统深入的测定分析，并研究它们之间的关系，建立基于反射光谱与作物营养情况的实时监测模型，可实现作物生长动态的实时无损监测。

三、肥料运筹

作物所需的营养元素除由施肥供给外，还可由土壤供给，所施用肥料的养分当季也不全被作物吸收利用，其利用率因肥料种类、气候条件、土壤保肥力和栽培条件等不同而异。确定合理的施肥量是一个比较复杂的问题，最可靠的方法是进行田间试验，结合测土和作物诊断综合决策。目前，我国施肥量估算方法较多，诸如目标产量施肥法、肥料效应函数法、土壤有效养分系数法、土壤肥力指标法、土壤有效养分临值法等。

（一）目标产量施肥法

目标产量施肥法也称养分平衡法，根据作物单产水平对养分的需要量、土壤养分的供给量、所施肥料的养分含量及其利用率等因素进行估测。一般可用下式计算。

$$\text{目标产量肥料需要量}=\frac{\text{目标产量的养分需要量}-\text{土壤当季养分供给量}}{\text{肥料中养分含量}\times\text{当季利用率}}$$

$$\text{目标产量的养分需要量}=\text{目标产量}\times\text{单位产量养分需要量}$$

单位产量养分需要量可通过测定获得，计算方法为

$$\text{单位产量养分需要量}=\text{作物地上部养分吸收量(kg)}/\text{作物的经济产量(kg)}$$

本章表 15-1 所列资料可供参考。

$$\text{土壤当季养分供应量}=\text{土壤速效养分测定值}\times 0.15\times\text{校正系数}$$

土壤具有缓冲性能，任何土壤测得值都只能代表养分的相对含量。因此，用换算系数 0.15 计算出来的量，也不是土壤供肥的绝对量，还需要通过田间试验，取得校正系数进行调整。校正系数的计算如下。

$$\text{校正系数}=\text{空白田产量}\times\text{作物单位产量养分吸收量}/\text{土壤养分测定值}\times 0.15$$

用^{15}N标记土壤 N 和用^{32}P标记土壤 P 的试验表明，水稻吸收氮的 59%～84%、磷的 58%～83%来自土壤。

施入土壤的肥料不可能被作物全部吸收，吸收量占投入量的百分数称为肥料利用率。其计算公式为

$$\text{某元素当季肥料利用率(\%)}=\frac{\text{施肥区作物吸收量}-\text{空白区作物吸收量}}{\text{施入肥料含该元素的总量}}\times 100$$

当季的肥料利用率受肥料种类、作物、土壤、栽培技术等因素影响。我国当季肥料利用率的大致范围为：氮肥 30%～60%，磷肥 10%～25%，钾肥 40%～70%。随着化肥用量的增加，化肥的利用率是下降的。

（二）肥料效应函数法

肥料效应函数法，就是设计系列施肥量的田间试验（包括一元肥料的施肥量或二元、多元肥料的施肥量及其配比方案），利用试验结果的产量数据与相应的施肥量建立肥料效应函数方程（也称肥料效应回归方程），然后依据此方程计算出各种肥料的最高施肥量、最佳施肥量和最大利润率施肥量，二元、多元肥料试验还可计算出肥料间的最佳配比组合。单因素和双因素肥效试验按一般常规田间试验设计进行，多因素肥效试验需采用正交试验方法，如回归正交、旋转正交来进行。

根据大量研究结果，肥料的增产效应一般呈二次抛物线趋势（图 15-1）。当土壤养分含量严重不足，作物某种营养元素缺乏时，起初增施该养分的目标值（产量、产值、品质等）为递增。但超过一定的限度后，增施单位养分的目标增量便开始递减，当其递减为零时，作物生产目标值达到最大值。此时，再增加肥料量则导致减产。借助于导数或其他数学

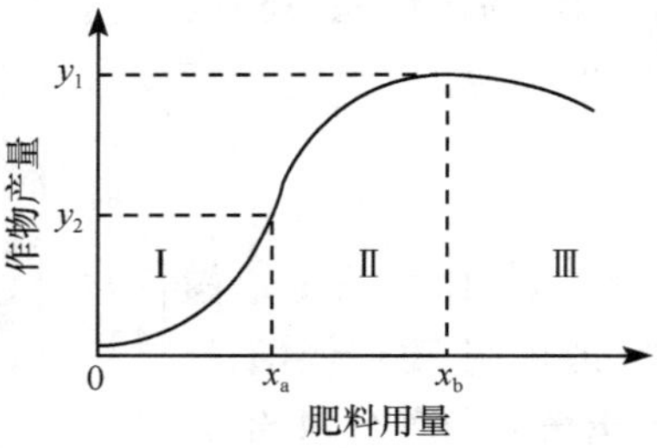

图 15-1　肥料效应函数

Ⅰ～Ⅲ. 肥料效应的 3 个阶段，第二阶段是合理的施肥区域。y_1. 最高产量；y_2. 边际产量最大值；x_a. 最大利润施肥量；x_b. 最高施肥量

方法求最大值的原理，得到不同优化目标（产量、产值、品质等）的最佳施肥量。

（三）最佳施肥模型

近年来，国内外在拟订作物施肥制度时，采用系统工程方法确定各种肥料的合理比例、最佳施肥量和施肥时期。应用系统工程的方法，可将决定作物产量和肥料效果的各种因素间复杂的关系系统化，且计算机可大大减轻和加速大量的计算工作。

建模前需收集各种原始资料，包括土壤类型、前作的特点、土壤有效养分含量、现有有机肥料量、气候条件、上年随产量取走的养分量、作物产量和质量及利润等。为了编制施肥建议，应用这种方法并根据各作物的特殊需要，计算出各种作物氮、磷、钾、钙、镁的最佳用量（基本模型）和对微量元素的需要量（补充模型）。在计算中要考虑有机肥料的使用、土壤质地、土壤有效养分的供应状况、气候和天气的特点、前作及经济因素（计划利润、肥料成本和增产量）等。在建议中需提出最佳施肥方法和肥料品种。

四、施肥方法

（一）施肥时期

作物施肥时期的确定要根据作物的营养特性和不同肥料的特性来决定。施肥时期可分为基肥、种肥和追肥。近年来，随着缓释技术的发展和缓控释肥料的研制应用，一次性施肥成为现实。

1. 基肥　基肥也称底肥，指播种前或移栽前施用的肥料。通常在耕翻前或耙地前施入土壤，可调节作物整个生长发育过程的养分供应。一般施用肥效持久、迟效性的有机肥料，如厩肥、堆肥、草塘肥和绿肥等。施用量较大，占总施肥量的一半以上。若混合一些速效性的肥料施用，效果更为显著。

2. 种肥　种肥是在播种或移栽时局部施用的肥料，可为幼苗生长创造良好的营养条件。种肥施用要注意肥料的种类和性质，施用的肥料应是幼苗能快速吸收利用的，用量不宜过多，避免有些肥料与种子直接接触，以防止烧种、烧苗，一般要求种、肥分离，但必须集中施在种子附近。凡浓度过大的溶液或为强酸、强碱及产生高温的肥料，如氨水、碳酸氢铵和未经腐熟的有机肥，都不宜作种肥。

3. 追肥　追肥是在作物生育期间施用的肥料，作用是补充作物生育过程中对养分的需求。追肥以速效肥为主，宜作追肥的肥料有硫酸铵、尿素、腐熟的人畜粪尿、草木灰等速效肥料。根据作物营养需要和底肥状况可进行几次追肥，如禾谷类作物一般需在分蘖期、拔节期、抽穗结实期适时追肥。棉花、油菜需在苗期、蕾（薹）期、花期适时追肥，大豆需在开花前追肥。

（二）施肥方式

1. 全层施肥　全层施肥是将肥料均匀地撒施于土壤表层，通过翻耕混入土壤全层。全层施肥一般结合播种前整地进行。全层施肥可加速土壤的熟化过程，保证作物在整个生长期中不断获得养分，并能促使植物根系向下延伸。基肥的施用常用此法。

2. 表层施肥　表层施肥是在播种或移植前，或在作物生长期间，将肥料均匀地撒于土壤表层，通过灌水或中耕培土，将肥料带入根层。其优点是施肥面广，分布均匀，可满足植物生长初期对养分的需要，补充基肥的不足，通常以氮肥或偏氮的肥料为主。水田种植前的面施或密植作物的追肥多用此法，旱地作物要在雨前或结合灌水进行。

3. 集中施肥　集中施肥是把肥料集中施在作物根系附近或种子附近的施肥方法。集中施肥可提高作物根际范围内营养成分的浓度，创造一个较好的营养环境，促进壮苗早发，为丰产打下基础。施肥方式包括沟施、条施、穴施、注射器施肥、果树的环施等。浸种、拌种、包衣、蘸秧根等方法也属于集中施肥。在生产实践中，由于氮肥的损失途径主要是氨态氮的挥发、硝态氮的淋失和反硝化作用所引起的脱氮作用，为提高氮肥的利用率，常常采用集中深施的办法。碳铵深施，氮素利用率可提高1倍左右。磷肥由于很难移动，其有效性主要取决于磷化物的表面积，表面积越大，与根系的接触就越多。因此，磷肥的施用应考虑减少和土壤的接触，而增加和作物根系的接触以提高肥效，最有效的办法就是集中施肥。此外，球肥或液肥也需要深施。

4. 根外追肥　根外追肥又称叶面追肥，将速效化肥或一些微量元素肥料按一定浓度溶于水中，通过机械喷洒于叶面，养分经叶面吸收进入作物体内。一般在作物生长后期，根系吸收能力变差或因病虫害根部受损、吸收能力下降时采用。但叶面施肥一次不能施用大量肥料，浓度不能太高，尿素溶液浓度一般为1%～2%，过磷酸钙或磷酸二氢钾为2%～3%。根外追肥只能作为一种辅助性追肥措施，不能代替一般的追肥，更不能舍弃土壤施肥。如果和植物营养叶色诊断及看苗施肥结合起来，根外追肥的效果更好些。喷施时以叶片上下表面湿润均匀，不形成水滴下落为宜。为加强肥料附着力，提高液体肥料的利用率，可加入黏附剂。为节省施肥、喷药的用工，可结合防治病虫进行叶面施肥，并选择在晴天露水初干时进行。

总之，作物合理施肥应以有机肥料为主，化肥为辅；依土壤、作物、肥分期追肥；以深施为主，做好分层施肥；各种肥料合理配合施用。

五、机械化施肥技术

（一）施肥机械的分类

按施肥方式不同可分为撒施机、条施机和穴施机；按施用肥料类型不同可分为固态化肥施肥机、液态化肥施肥机、厩肥撒施机和厩液施洒机；按作物不同生长时期所需的施肥要求可分为专用基肥撒施机、耕作施肥联合作业机、施肥播种联合作业机和中耕追肥机。

（二）化肥深施机械化技术

化肥深施机械化技术就是通过机械将化肥按当地的农艺要求，施于土壤6～15cm深的土层中。化肥深施机械化技术主要有基肥深施技术、种肥深施技术和追肥深施技术。基肥深施机械化技术与土壤翻耕结合起来，目前有两种方法：一种是边翻耕边将化肥施于犁沟内；另一种是先撒施肥料后翻耕，在翻耕过程中，将地表化肥翻于犁沟底部。种肥深施机械化技术是在播种的同时完成施肥作业，主要是通过安装在播种机上的肥箱和排肥装置来完成。追肥深施机械化技术是按照农作物生产和农艺要求，使用追肥作业机具，一次性完成开沟、排肥、覆土和镇压等多道工序的作业。

机械化深施肥过程中，应注意以下问题：①施肥深度。施肥过深影响肥效，过浅易挥发，最佳深度为 10cm 左右。②施肥位置。种肥深施时，化肥与种子应保持 3～5cm 的距离，以免烧种，影响发芽出苗。追肥深施时，化肥距作物侧距保持 10cm 左右。③施肥均匀。机手要根据单位面积施肥量计算好排肥量，把肥料均匀施于田间。④水分管理。稻田化肥深施时，翻耕稻田尽量淹浅水，翻耕施肥后，管好水，防止肥料流失。

本章视频

第十六章　作物水分管理

水分是作物生长发育不可缺少的因素，同时又是调节生态环境的重要因素。在作物生产过程中，根据作物不同生育阶段的生长特点及其对水分的需求规律，通过合理水分管理促控作物生长，协调群体与个体、地上和地下、营养生长和生殖生长之间的关系，实现产量、品质与水分利用率的同步提高。

第一节　作物需水规律与合理灌溉指标

根据作物生长发育规律和需水特点，按作物的灌溉制度和需水关键时期制订合理的灌溉指标，把作物全生育期总需水量科学地分配到关键用水期，在作物生长发育的非关键期进行适度水分胁迫或非充分灌溉，可以使有限水灌溉发挥最大的增产作用。

一、作物需水规律

（一）作物需水量

同种作物在不同生育阶段的需水量差异很大，一般情况下，作物在幼苗期和接近成熟期的日需水量较少，而生育中期日需水量较多。例如，水稻在孕穗至开花期，小麦在拔节至灌浆期，棉花在开花至结铃期，玉米在抽雄至乳熟期的日需水量最多。

在作物不同生育阶段，缺水对产量的影响不同，通常把对缺水最敏感、影响产量最大的时期称为作物需水临界期或需水关键期。以生产种子或果实为目的的作物，其需水临界期大多出现在从营养生长向生殖生长过渡的时期。例如，禾谷类作物多为穗器官形成时期，棉花在开花至棉铃形成期，大豆则在花芽分化至开花期。以生产块根为目的的甜菜，以生产蔗秆为目的的甘蔗，以生产烟叶为目的的烟草，需水临界期都在营养生长期。不同作物需水临界期见表 16-1。了解作物需水临界期有利于合理安排作物布局，使用水不至过分集中；在干旱情况下，便于优先灌溉正处于需水临界期的作物，充分发挥灌溉效益。

表 16-1　主要大田作物的需水临界期

作物	需水临界期
苜蓿	紧接割刈以后（生产种子在开花期）
棉花	开花和棉蕾形成时期
花生	开花和产品形成时期，尤其是荚果形成时期
玉米	开花期大于籽粒充实期，如开花以前不缺水，则开花时对缺水更加敏感
马铃薯	匍匐茎形成和块茎形成期，产品形成期大于营养生长初期和成熟期
水稻	在抽穗期和开花期大于营养生长期和成熟期

续表

作物	需水临界期
高粱	开花期，产品形成期大于营养生长期
大豆	产品形成期和开花期，尤其是在豆荚生产期
甜菜	在出苗后一个月
甘蔗	营养生长期，尤其是在分蘖期和蔗茎长高期大于产品形成期
向日葵	开花期大于产品形成期和营养生长后期，特别是幼芽生长期
烟草	快速生长期大于产品形成期和成熟期
小麦	开花期大于产品形成期和营养生长期，冬小麦不如春小麦敏感

资料来源：迟道才，2009

（二）影响作物需水量的因素

作物需水量是作物生长在最佳环境中、并最大限度地充分发挥产量潜力状态下所需的水量，与作物种类、气象因素、土壤特性、栽培方式等诸多因素密切相关。作物耗水量是指作物在任一土壤水分和肥力条件下的植株蒸腾量、棵间蒸发量和构成植株体的水量之和，受到土壤水分状况、土壤肥力水平、生长环境和病虫害等方面的影响，作物生长过程中部分阶段甚至全程处于不利生长条件下。值得注意的是，作物需水量和作物耗水量均不包含农田水分消耗中的深层渗漏（或田间渗漏部分）。

作物种类、气象因素、土壤特性、栽培技术等影响作物的需水量。

1. 作物种类　作物种类不同，其需水量不同，表 16-2 反映了 C_3、C_4 作物需水量的差异，C_3 作物的需水量显著高于 C_4 作物，C_4 作物玉米生产 1g 生物量约需水 349g，而 C_3 作物小麦生产 1g 生物量需水 557g，水稻为 682g。

表 16-2　不同作物生育盛期平均日需水量和最大日需水量

作物种类	作物	生育阶段	平均日需水量/mm		最大日需水量/mm	
			需水量	平均值	需水量	平均值
C_4 作物	玉米	抽雄期	4.4	5.1	8.1	8.3
	谷子	灌浆期	5.7		8.5	
C_3 作物	小麦	灌浆期	10.7	11.2	14.9	17.4
	大豆	开花期	11.2		14.6	
	棉花	结铃期	11.7		22.6	

资料来源：段爱旺等，2007

2. 气象因素　气象因素是影响作物需水量的主要因素，不仅影响作物的蒸腾速率，还直接影响作物生长发育。气象因素对作物需水量的影响往往有多因素同时作用，尤其是温度、光照和空气相对湿度，各因素的作用很难一一分开，当气温高，日照时数多，相对湿度小时，需水量就会增加（表 16-3）。

表 16-3　冬小麦生长期的气象要素与需水量

年份	降水量/mm	零度以上积温/℃	相对湿度/%	日照时数	土壤水分/%	蒸发量/mm	需水量/mm
1973～1974	102.8	2183.5	58.6	1634.6	17.2～25.7	1069.1	392.7
1974～1975	179.4	2148.7	66.8	1434.0	18.5～36.0	894.8	296.0

3. 土壤特性　与作物需水量密切相关的土壤特征参数包括土壤质地、颜色、含水量、有机质含量和养分状况等，其中土壤质地和含水量的影响尤为重要。通常砂土持水力弱、蒸发较快，在砂土、砂壤土上生长的作物需水量较大；当土壤水分多时有利于土壤蒸发，作物需水量增大，而土壤含水量较低时，作物需水量较少。就土壤颜色而言，土壤颜色偏深（如黑褐色土壤）的吸热较多，土壤水分蒸发量增大，而颜色较浅的土壤反射较强，水分蒸发量相对减少。

4. 栽培技术　栽培技术水平的高低直接影响作物水量消耗的速度。粗放的农业栽培技术，可导致土壤水分无效消耗。灌水后适时耕耙保墒、中耕松土，使土壤表面有一个疏松层，就可以减少水量消耗。密植，相对来说需水量会低些；两种作物间作，也可相互影响彼此的需水量。

（三）作物需水量的估算

作物需水量受作物种类及其生长发育阶段、气象条件、土壤特性、土壤肥力、农业技术措施、灌溉排水措施等多因素的影响，这些因素之间存在着错综复杂的联系，目前尚不能从理论上精确确定各因素对需水量的影响程度。目前，计算作物需水量的方法大致可归纳为两类：其一是直接计算作物需水量；其二是通过计算参照作物需水量来计算实际作物需水量。

1. 直接计算法　直接计算法是从影响作物需水量的诸因素中，选择几个主要因素（如水面蒸发、气温、日照、辐射等），根据试验观测资料分析这些主要因素与作物需水量之间存在的数量关系，最后归纳成某种形式的经验公式。目前常见的这类经验公式大致有以下几种。

1）*以水面蒸发为参数的需水系数法（简称“α 值法”或称蒸发皿法）*　试验表明，气象因素是影响作物需水量的主要因素，而当地的水面蒸发又是各种气象因素综合影响的结果。因腾发量与水面蒸发都是水汽扩散，因此可以用水面蒸发这一参数估算作物需水量，其计算公式为

$$ET_0 = \alpha E_0 \text{ 或 } ET = \alpha E_0 + b$$

式中，ET_0 为某时段内的作物需水量（以水层深度计，mm）；E_0 为与 ET 同时段的水面蒸发量（以水层深度计，mm），E_0 一般采用 80cm 口径蒸发皿的蒸发值，若用 20cm 口径蒸发皿，则 $E_{80} = 0.8E_{20}$；α 为该时段的需水系数，即同时期需水量与水面蒸发量的比值，一般由试验确定，水稻 α 为 0.9～1.3，旱作物 α 为 0.3～0.7；b 为经验常数。

由于“α 值法”只需要水面蒸发量资料，因此该法在我国水稻种植地区曾被广泛采用。在水田条件下，气象条件对 ET 和 E_0 的影响相同，故应用“α 值法”接近实际，也较为稳

定。因此，对于水稻及土壤水分充足的旱作物，用此式计算，其误差一般小于 30%；对土壤含水率较低的旱作物和实施湿润灌溉的水稻，因其腾发量还与土壤水分有密切关系，应用此法时偏差较大，故不推荐使用。

2）*以产量为参数的需水系数法（简称"K 值法"）*　在一定的气象条件和农业技术条件下，作物田间需水量随产量的提高而增加，但是需水量的增加并不与产量成比例，表现为单位产量的需水量随产量的增加而逐渐减小。当作物产量达到一定水平后，要进一步提高产量就不能仅靠增加水量，而必须同时改善作物生长所必需的其他条件，如农业技术措施、土壤肥力等。作物总需水量与产量之间的关系可用下式表示。

$$\mathrm{ET}=KY^{n}+c$$

式中，ET 为作物全生育期内总需水量（mm）；Y 为作物单位面积产量（kg/hm^2）；K 为以产量为指标的需水系数，即单位产量的需水量（mm）；n、c 为经验指数和常数。

式中的 K、n、c 值可通过前期的试验确定，水稻 K 为 0.24～0.58，玉米 K 为 0.25～0.76，小麦 K 为 0.36～0.85，棉花 K 为 0.6～1.7、n 为 0.3～0.5，小麦 c 为 11.3～16.0。只要确定目标产量，便可算出需水量；同时，此法把需水量与产量相联系，便于进行灌溉经济分析。对于非充分灌溉的旱作物，在土壤水分不足而影响高产的情况下，需水量随产量的提高而增大，用此法推算误差多在 30%以下，可以简单方便地估算全生育期作物总需水量。但对于土壤水分充足的旱田和水稻田，作物产量与需水量关系不明确，用此法推算误差较大。

2. 通过计算参照作物需水量来计算实际作物需水量　直接计算得出的作物需水量与实际作物需水量存在较大的偏差，为此需要对获得的作物需水量（参照）进行校正，以减少偏差。研究表明，作物蒸发耗水是土壤-植物-大气系统的连续传输过程，大气、土壤、作物 3 个组成部分中的任何一环节发生改变都可能影响需水量的大小。在土壤水分充足的条件下，大气因素是影响需水量的主要因素，其余因素对需水量的影响不显著；在土壤水分不足的条件下，大气因素和其余因素对需水量都有重要影响。为此，以某一作物在当地气象条件下的实际需水量为参照需水量 ET_0，然后根据作物系数 K_c 对 ET_0 进行修正，得到某种作物的实际需水量。在水分亏缺时，再用需水量参数（K_W）进行修正，即可求出某种作物在水分亏缺时的实际需水量。

1）*参照需水量的计算*　参照作物需水量 ET_0（reference crop evapotranspiration）是指高度一致、生长旺盛、地面完全覆盖、土壤水分充足的绿草地（8～15cm 高）的蒸发蒸腾量，一般是指在这种条件下的苜蓿草的需水量，因为这种参照作物需水量主要受气象条件的影响，所以都是根据当地的气象条件分阶段（月和旬）计算的。计算参照作物需水量包括经验公式法、水汽扩散法、能量平衡法等，其中以能量平衡原理比较成熟、完整。其基本思想是：将作物蒸发看作能量消耗的过程，通过平衡计算求出蒸发所消耗的能量，然后再将能量折算为水量，即作物需水量。基于这一理论和前人的研究基础，1990 年 FAO 推荐了 Penman Monteith 公式计算参照作物需水量，比 20 世纪 70 年代应用的 Penman 公式估值精度高且具有良好的可比性。其基本形式如下。

$$\mathrm{ET}_0=\frac{0.408\Delta(R_n-\mathrm{G})+\gamma\dfrac{900}{T+273}u_2(e_s-e_a)}{\Delta+\gamma(1+0.34u_2)}$$

式中，ET_0 为参照作物需水量(mm/d)；R_n 为作物表面的净辐射量[MJ/(m^2·d)]；G 为土壤热通量密度[MJ /(m^2·d)]；T 为地面以上 2m 处的平均气温(℃)；u_2 为地面以上 2m 处的风速(m/s)；e_s 为饱和水汽压(kPa)；e_a 为实际水汽压(kPa)；e_s-e_a 为饱和气压亏缺量(kPa)；Δ 为水汽压力曲线斜率(kPa/℃)；γ 为湿度计常数(kPa/℃)。

2）实际需水量的计算　已知参照作物需水量 ET_0后，在充分供水条件下，采用作物系数 K_c 对 ET_0 进行修正，即得作物实际需水量 ET_c。

$$ET_c=K_cET_0$$

式中，ET_0反映气候条件对作物需水量的影响，而 K_c 则反映不同作物之间的差异。作物系数 K_c 是指某一阶段的作物需水量与相应阶段内的参考作物蒸发蒸腾量的比值，它反映了作物本身的生物学特性、产量水平、土壤耕作条件等对作物需水量的影响。作物系数 K_c 不仅与作物种类有关，同时也随作物的生育阶段而异，生育初期和末期的较小，而中期的较大，这一变化趋势与作物冠层叶面积指数(LAI)的变化趋势一致。当作物冠层较小，土壤部分裸露时，土壤蒸发量占总蒸散量的比例增大；土壤干燥时，土壤水分土面蒸发速率较低，但当灌溉和降雨后土壤湿润时，土面蒸发速率较高。可见，土壤水分的含量和动态变化也影响到作物系数。因此，作物系数通常由两部分组成，包含 3 项系数。

$$K_c=K_sK_{cb}+K_e$$

式中，K_{cb}为基本作物系数，是表土干燥而根区土壤平均含水率满足作物蒸腾时 ET_c/ET_0 的比值；K_s 为水分胁迫系数，反映根区土壤含水率不足时对作物蒸腾的影响；K_e 为土面蒸发系数，反映灌溉或降雨后因表土湿润导致土面蒸发强度短期内增加而对 ET_c 的影响。

图 16-1 为作物系数及各组成部分随作物生长和灌溉的变化过程。可以看出，作物系数的变化过程与生长季节叶面积指数的变化过程十分相近。播种期和苗期 K_{cb}很小，而土面蒸发系数 K_e 所占比例较大。随着作物进入快速生长期，叶面积快速增大，K_{cb}值迅速上升，直至达到最大值，并在一定时期内保持稳定，这一时期作物基本覆盖地面，土面蒸发的影响相对很小。随着作物进入成熟期，叶片衰老脱落，K_{cb}值随之下降。在作物生长过程中如果出现水分胁迫，作物蒸腾会因此而下降，可以用 K_s 反映，此时的作物需水量

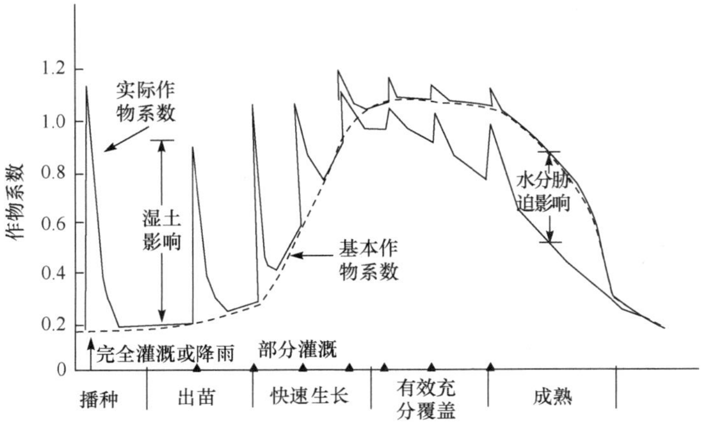

图 16-1　作物系数及各组成部分随作物生长和灌溉的变化过程(Wright，1982)

为非标准状态条件下的需水量。不同生态条件下不同作物 K_c 值有大量文献详细介绍，如不同地区冬小麦的 K_s、K_{cb}和 K_e值的估算及 K_c参考值可参阅《北方地区主要农作物灌溉用水定额》(段爱旺等，2007)。

二、合理灌溉指标

作物水分管理是以高产、优质为目标，通过灌水和排水，按作物生长规律和需水规律，供应或局部限制土壤的水分，实现对作物的合理调控，使土壤处于良好的供水供肥状态。合理灌溉有助于作物实现高产、优质和水肥高效利用。在作物生长发育过程中，什么时间进行灌溉，灌多少水，除根据作物需水特点和关键时期外，还应考虑土壤水分含量、作物形态变化及生理指标等因素，适时进行补水灌溉。

1. 土壤含水量指标　作物生产中有时根据土壤含水量指标来进行灌溉，根据土壤墒情决定是否需要灌水。一般作物在土壤含水量为田间持水量的 60%～80%时生长较好，土壤既有充足的水分供应，也有足够的空气供根系生长。但这个数值随作物种类和不同的生育阶段而有所不同。耐旱作物可适当低些，湿生作物要适当高些。作物苗期土壤含水量指标可低些，中期需水较多，土壤含水量指标可适当高些。合理灌溉应根据作物的需水规律确定不同时期的土壤含水量指标。例如，对冬小麦进行优化灌溉，苗期土壤含水量指标可设为田间持水量的 55%～75%，当土壤含水量降低到 55%时，就要补水灌溉，灌水量的上限可达到田间持水量的 75%。中期为田间持水量的 65%～85%，后期为 60%～75%。

2. 作物形态指标　主要包括作物生长速率下降程度、作物幼嫩叶的萎蔫程度、作物茎叶颜色变化等。

1) *作物生长速率下降程度*　作物枝叶生长对水分亏缺极为敏感，轻度缺水时，光合作用还未受到影响，但这时生长已受到严重抑制，可根据作物茎、叶生长速率下降的程度进行灌溉。

2) *作物幼嫩叶的萎蔫程度*　当水分供应不足时，细胞膨压下降，因而发生萎蔫。只有中午短暂时间发生萎蔫时，并不代表土壤缺水，主要是中午作物蒸腾作用失水大于根系吸水速率所致。如果下午 4 点以后萎蔫仍没有恢复，说明土壤水分不足，需要进行灌溉。

3) *作物茎、叶颜色变化*　缺水时作物生长缓慢，叶绿素浓度相对增加，叶色变红，主要是由于作物受旱时糖类分解大于合成，细胞中累积较多的可溶性糖并转化成花青素。可根据茎叶颜色变化的程度判断是否需要灌溉。

3. 灌溉的生理指标　主要包括叶水势、细胞汁液浓度或渗透势和气孔状况等。

1) *叶水势*　叶水势是一个灵敏反映作物水分状况的指标，当作物缺水时，叶水势下降。不同作物发生干旱危害的叶水势临界值不同。表 16-4 列出几种作物光合速率开始下降时的叶水势阈值。

表 16-4 光合速率开始下降时的叶水势

作物	引起光合下降的叶水势值/MPa	气孔开始关闭时的叶水势值/MPa
小麦	−1.25	
高粱	−1.40	
玉米	−0.80	−0.48
豇豆	−0.40	−0.40
旱稻	−1.40	−1.20
棉花	−1.80	−1.20

资料来源:李合生,2002

2)细胞汁液浓度或渗透势　干旱情况下作物细胞汁液浓度比水分含量正常的高,当细胞汁液浓度超过一定值后,就会阻碍植株生长。冬小麦功能叶的汁液浓度,拔节到抽穗期以 6.5%～8.0%为宜,9.0%以上表示缺水;抽穗后以 10%～11%为宜,超过 12%时应灌水。

3)气孔状况　水分充足时气孔开度较大,随着水分的减少气孔开度逐渐缩小。当土壤中可用水耗尽时,气孔完全关闭。因此气孔缩小到一定程度就要灌溉。

必须注意,不同地区、不同作物、不同品种在不同生育时期,不同叶位的叶片灌溉的生理指标是有差异的。实际应用时,需要事先根据当地的情况找出适宜的灌溉生理指标。

三、作物灌溉定额和灌溉制度

(一) 灌溉定额

灌溉定额是指作物在全生育期内单位面积上应灌溉的水量,即各次灌溉水量之和(水稻包括泡田水量),也称为总灌水量,通常以 m^3/hm^2 表示。单位面积上灌溉一次水所需的水量称为灌水定额。灌溉定额因作物种类、品种、自然条件和农业措施等而异。制订一个合理的灌溉定额必须收集当地作物田间耗水量、作物不同生育时期土壤适宜湿润层深度和土壤适宜含水率、生育期间有效降水量、地下水利用量等资料,然后根据水分平衡原理确定灌溉定额。

作物全生育期灌溉定额,采用下列公式计算。

$$M=E-W_1-P+W_2-K$$

式中,M 为全生育期灌溉定额(m^3/hm^2);E 为全生育期作物田间需水量(m^3/hm^2);W_1 为播种前土壤计划湿润层的原有储水量(m^3/hm^2);P 为全生育期内有效降水量(m^3/hm^2);W_2 为作物生育末期土壤计划湿润层的储水量(m^3/hm^2);K 为作物全生育期内地下水利用量(m^3/hm^2)。一般地下水位较深的土壤地下水利用量很小,可以忽略不计。

灌水定额可用下式计算。

$$m=667(\beta_{max}-\beta_{min})\times H\times A$$

式中,m 为一次灌水量(m^3/hm^2);β_{max} 为计划湿润层内适宜土壤含水量上限,即允许田间最大持水量,如 80%;β_{min} 为计划湿润层内适宜土壤含水量下限,即允许田间持水量下限,如 60%;H 为土壤计划湿润层深度;A 为土壤孔隙率。

（二）灌溉制度

1. 制订灌溉制度的基本依据　灌溉制度是指某作物在一定的气候、土壤等自然条件和一定的农业技术措施下，为了获得较高且稳定的产量及节约用水，所制订的一整套农田灌溉的制度，主要包括灌水定额、灌溉定额、灌水时间及灌水次数等内容。

制订灌溉制度的主要依据之一是降雨量和降雨量在年内、年际的分配，所以同一种作物在不同水文年有不同的灌溉制度；另一个基本依据是作物需水量，随作物种类、品种、自然条件及农业技术措施的不同而变化。因此，必须以作物需水规律和气象条件（特别是降水）为主要依据，从当地具体条件、多年气象资料出发，针对不同水文年份，即按作物生育期降雨频率，拟定湿润年（频率为 25%）、一般年（频率为 50%）、中等干旱年（频率为 75%）和特旱年（频率为 95%）4 种类型的灌溉制度。通常灌溉制度是在灌水季节之前确定的，带有估计特征，实际执行过程中需要“看天”（气候条件）、“看地”（农田水分状况）、“看庄稼”（作物生长状况和需水特征）进行适当的修正。

灌溉的目的就是要使一定水资源产生出最佳的经济效益。灌溉的经济效益受水资源与土地两方面的条件约束，当土地条件成为主要限制因素时，应考虑怎样进行灌溉才能使单位面积实现高产和优质；当水资源为主要约束条件时，应考虑适当减少灌溉定额，使有限的水灌溉更多的农田，使单位灌溉用水量的增产幅度最大。前者为充分供水条件下的灌溉制度，后者是节水型灌溉制度，尤其是水资源状况日愈紧张的今天，研究节水型灌溉制度尤为重要。无论是充分供水型的还是节水型的灌溉制度，其核心问题是确定灌溉定额及其在作物生长期时程上的分配，合理的灌溉制度应当重视水分利用率和经济效益的同步提高。

2. 制订灌溉制度的方法　常采用以下 4 种方法来确定灌溉制度。

1）*总结丰产灌水经验*　经过多年的实践、摸索，各地群众都积累了不少确定灌溉制度的方法。例如，我国北方农民将土壤墒情分为汪水、黑墒、黄墒、潮干土和干土等几类，在耕种前或作物生长期间进行验墒，即根据土壤湿润程度、土色深浅和揉捏成形等来判断土壤的含水量及其有效性，以确定灌水时间和灌溉水量。这些经验与方法为制订灌溉制度提供重要的参考依据。

2）*根据灌溉试验资料制订灌溉制度*　为了实施科学灌溉，我国许多灌区设置了灌溉试验站，试验项目一般包括作物需水量、灌溉制度、灌水技术和灌溉效益等。试验站积累的试验资料，是制订灌溉制度的主要依据。但是，在选用试验资料时，必须注意原试验的条件（如气象条件、水文年度、产量水平、农业技术措施、土壤条件等）与需要确定灌溉制度地区条件的相似性，在认真分析研究对比的基础上确定灌溉制度，不能生搬硬套。

3）*根据作物的生理指标制订灌溉制度*　作物对水分的生理反应可从多方面反映出来，利用作物各种水分生理特征和变化规律作为灌溉的指标，能更合理地保证作物的正常生长发育和它对水分的需要。目前可用于确定灌水时间的生理指标有冠层-空气温度差、细胞液浓度、叶组织水势和气孔开张度等。当然，有关作物对土壤水分相应的生理指标特征与变化规律仍处于积极的探索之中，将来这部分研究成果将会对灌溉制度的合理制订提供更为可靠的科学依据。

4）按水量平衡原理分析制订作物灌溉制度　这是目前生产实践中应用较为普遍的方法，有一定的理论依据，比较完善，但必须根据当地具体条件，参考群众丰产灌水经验和田间试验资料，这样才能使得所制订的灌溉制度更为合理、完善。

第二节 作物水分管理技术

农业生产中，土壤和作物水分监测是作物水分管理较为常用的方法，无论单作还是复合群体，通过监测土壤水分和作物水分的亏缺，结合不同作物全生育期对其土壤水分的需求规律进行调节与控制，具体应用时也可通过测定土水势，并根据土水势与土壤相对含水量之间的相关性建立相应的诊断标准，以实现作物水分的优化管理。

一、水分监测诊断

（一）土壤水分

土壤含水量和土水势是节水灌溉技术中最常见的水分诊断指标。确定土壤含水量最基本的方法是取土样烘干法，它的缺点是土层受到扰动，且不能连续观测。因此不能用于灌溉控制。间接测土壤水分状况的方法有中子散射法、X 射线或 γ 射线衰减法等，这些测量方法比较准确，也不破坏土壤结构，但对不同的土壤需要校调，并且使用中要注意避免其对人体的辐射伤害。

不同于土壤含水量，土水势对分析和了解土壤有效水分状况更加直接和精准。土水势变幅很大，烘干状态的黏土水势低至－1000MPa，达到土壤田间持水量时土壤的水势接近－0.05MPa，而作物根系对水分的吸力比较稳定，一般为－1.5MPa 左右。因此判断土壤中水分是否有效，只需判断土水势是否高于－1.5MPa，土水势为－1.5～－0.005MPa 的土壤水为有效水，低于－1.5MPa 的土壤水为无效水。当土壤含水量大于田间持水率时，超出的那部分水分会在重力的作用下，向深层渗漏而不能被当季作物利用。

（二）植物水分

近年来，伴随着植物水分生理研究的不断深入，建立了许多植物水分状况诊断指标，如叶片相对含水量、叶(茎)水势、气孔导度、净光合速率、蒸腾速率、茎干直径微变化、液流速率、叶温或冠层温度、声波发射速率、内源激素含量等，其中叶(茎)水势作为植物水分状况的传统方法一直在使用，而茎干直径微变化、液流速率、叶温或冠层温度、声波发射速率由于自动化程度高，因而在农田自动化灌溉中显示出巨大的应用前景。

1. 叶(茎)水势　植物叶(茎)水势和土壤水分状况存在高度相关性，因而植物叶(茎)水势成为土壤水分相对有效性的重要度量，以叶水势作为灌溉指标已被成功运用于棉花等多种作物上。反映土壤水分状况的黎明前叶水势，或反映土壤与大气相互影响的正午叶(茎)水势均是理想的灌溉指标，因此目前在筛选新的植物灌溉指标时，往往以水势指标作为参照标准。

2. 茎干直径微变化　20 世纪 50 年代开始，科学家开始关注植物水分状况与茎干直径微变化的关系，包括水分胁迫导致茎变形的机制。例如，棉花受到水分胁迫后茎干收缩，这一变化主要是由于韧皮部收缩所致。树(茎)干直径日变化主要是由于根系吸水和蒸腾作用的相对变化引起的，因而树干的日涨缩程度和树木水分状况直接相关。Goldhamer 和 Fereres 在桃树上评估了树干直径变化得到的参数和其他水分状况参数的相对敏感性，发现树干直径变化的参数比水势、气孔导度、果实生长和光合作用对水分胁迫更敏感。由于树干直径变化对水分亏缺的高度敏感性，树干直径的变化可以采用相应的设备自动监测。

3. 液流速率 植物由于蒸腾作用引起根系吸水，并沿木质部向上传输。水分在木质部的转运速率对土壤水分亏缺和大气条件如辐射和蒸汽压亏缺都很敏感，因而可通过测定植物的液流速率来衡量水分胁迫程度。目前测定液流速率的热技术方法，包括热脉冲、热平衡(包括茎部热量平衡法和树干热平衡法)及热扩散等方法，自动化程度高，使得液流速率作为灌溉指标成为可能。

4. 冠层温度 植物受到水分胁迫时，气孔会关闭，从而导致叶温增加，冠层温度也相应增加，因而可通过测定冠层温度来衡量水分亏缺对植物的影响。

二、水分灌溉

(一) 精确灌溉

精确灌溉(precision irrigation)也称为精细灌溉或信息灌溉(数字灌溉)，是信息和人工智能高新技术在灌溉特别是小尺度操作单元运用的产物。精确灌溉技术是用来满足作物生长过程中对不同时间、不同水量、不同位置和不同成分的精确要求，按照田间的每个操作单元的具体条件，精细准确地调整农业用水管理措施，最大限度地提高水分利用率，并保护农业生产环境，实现农业水资源的可持续利用。

精确灌溉技术需要依托相应的灌溉设施和设备。例如，按灌溉水出流方式可划分为滴灌、渗灌、微喷灌、脉冲灌溉等设备，其主要特点都是在植物的株行距之间放置安装了由聚乙烯软管及相应的管道系统组成的灌水器，通过灌水器以缓慢而精确的流量，向植物的根部直接供水及养料的灌溉方法。精确灌溉技术在此基础上加上自动控制技术，实现自动化控制，而遥感遥测等技术，可以实现较大流域或尺度上的精确定量灌溉。

作物精确灌溉系统的基本原理是在明确作物需水规律的基础上，以实时监测获得的土壤或植物水分状态参数与建立的指标系统相比较而制订的适时、定量的灌溉方案，或者结合自动化控制系统，建立优化的灌溉规程或灌溉模式。

(二) 调亏灌溉

调亏灌溉是 20 世纪 70 年代中期形成的一个灌溉思路，既不同于传统的丰水高产灌溉，也有别于非充分灌溉或限额灌溉。丰水高产灌溉以高产为追求目标，忽视灌溉水的消耗和水分利用率；非充分灌溉放弃单产最高，追求一个地区总体增产，即在水分受限制的条件下舍弃部分单产，追求总产量。调亏灌溉是舍弃生物产量总量，追求经济产量(籽粒或果实)最高，它主要是根据作物的遗传和生理生态特性，在其生育期内的某些阶段(时期)人为地主动施加一定程度的水分胁迫(亏缺)，调节其光合产物向不同组织器官的分配，调控地上部和地下部生长动态，控制营养生长，促进生殖生长，从而提高经济产量，舍弃有机合成物总量，达到节水高效、高产、优质和提高水分利用率的目的。

调亏灌溉提高作物的水分利用率主要是由作物在一定程度水分亏缺后产生的补偿效应所致。水分亏缺下的补偿效应是指当作物受到一定程度的水分胁迫并在胁迫解除后，作物本身产生的一种适应性反应，表现出生物量（籽粒产量方面）提高的效应。

作物调亏灌溉是目前国际上灌溉及相关领域研究的一个热点，在采取调亏灌溉的过程中，应当考虑作物在不同发育阶段对水分胁迫的敏感程度不同而采取有针对性的调控措施。例如，冬小麦设计 5 个调亏灌溉生育阶段：三叶—越冬、越冬—返青、返青—拔节、拔节—抽穗、抽穗—成熟，每个调亏灌溉生育阶段设 3 个亏水度，即轻度、中度和重度，相对含水量（占田间持水量百分数）分别为 60%～65%、50%～55%和 40%～45%，设全生育期正常供水（相对含水量为 75%～80%）为对照，称重法控水。综合分析冬小麦调亏灌溉研究的试验结果，实施调亏灌溉是可行的，在提高水分利用率方面具有优越性。适时适度的水分调亏显著抑制蒸腾速率（降幅为 16.59%～64.15%），光合速率下降（降幅为 9.70%～16.83%），复水后光合速率、蒸腾速率都有恢复而且光合速率又具有超补偿作用，在亏水过程中，蒸腾作用超前于光合下降。从调亏效果看，冬小麦调亏时度是三叶—越冬，调亏度为 40%～60%田间持水量，历时 40d，或越冬—返青，调亏度为 40%～55%，历时 25d。这样不但产量不会降低，而且会大幅度提高水分利用率。

（三）控制性根系分区交替灌溉

当植物根系部分处于逐渐变干的土壤中并脱水时，能够在根中形成大量 ABA，通过木质部运送到叶片，引起气孔开度减小，水分蒸散减弱，实现植物水分利用自动最优化控制。控制性根系分区交替灌溉是人为保持根系活动层的土壤在水平或垂直剖面的某个区域干燥，使作物根系始终有一部分生长在干燥或较为干燥的土壤区域中，限制该部分的根系吸水，同时通过人工控制使根系在水平或垂直剖面的干燥区域交替出现，使干燥区的根系尤其是根尖产生的根源信号 ABA 传递到保卫细胞，从而有效地调节气孔关闭。而处于湿润区的根系从土壤中吸收水分以满足作物的最小生命之需，使对作物的伤害保持在临界限度以内。同时，由于表层土壤间歇性地处于干燥区，这样比长期保持表层土湿润的棵间的无效蒸发损失和深层渗漏少，总的灌溉用水量降低。控制性根系分区交替灌溉显著影响作物根系的生长、分布及活力，提高根系对水分和养分的利用率，最终达到在光合产物不减少前提下，实现节约水分和养分的目的。控制性根系分区交替灌溉技术比全根区均匀供水方式节水 35%左右。

（四）膜下灌溉

膜下滴灌技术是在地膜下铺上滴灌管道，将滴水器安在毛管上，水通过管道运送至田间后，运送至田间的水流顺滴孔直达作物根部，使根部土层始终保持疏松和最佳含水状态，有利于作物根部生长和良好的吸水效果。膜下灌溉是以膜下滴灌为主要形式，将滴灌与覆膜种植技术有机结合起来，形成一种既节水又可开发利用盐碱地和防治次生盐碱化的新方法。膜下滴灌对我国干旱与半干旱地区利用水资源、开发治理土地的盐碱化与保护环境有很大的社会和经济意义。

膜下滴灌以地膜覆盖为基础，土壤覆膜后对土壤有显著的增温、保水、压盐和抑草作用。地膜覆盖后的不同土层的日平均地温比露地增高2～5℃，而且覆盖地膜后土壤最低温度出现时间比露地滞后1h左右；研究表明，地膜覆盖技术与其他管理措施相配合，可使土壤的有效积温增多。地膜覆盖在土壤表面设置了一层不透气的物理阻隔，使土壤水分总蒸发量大幅度下降，在相同灌溉水量的条件下，土壤平均含水量比露地显著提高，水分利用率提高。此外，由于地膜覆盖基本阻隔了土壤向大气蒸发的通道，水分循环限于膜下。在这种特定的条件下，水分不断在膜面凝聚成水滴后滴入土壤，膜下的空气始终保持相当高的湿度，使蒸发受到抑制，从而减少了土壤盐分的上升。据研究表明，覆膜区0～30cm深度土壤含盐量比不覆膜的对照区下降70％～80％。

滴灌不仅有利于作物对水分和养分的高效利用，还有利于改善作物生长发育的水、肥、气、热环境，因而可以增加产量，提高品质。但在使用宽幅地膜种植时，滴灌系统以频繁、小流量灌水方式使作物根区土壤经常保持较高的含水量，由于畦中部的土壤水分补充较慢，加之根系密集，吸水量大，因此容易出现土壤的局部干旱。而在膜下滴灌条件下，水分由滴头直接滴入作物根部附近的土体，在作物主根区形成一个椭球形或球形湿润体，在一定的灌水定额下控制了水平和垂直湿润半径，将湿润土体限定在主根系吸水的有效空间范围内，在一定程度上既能节水，又能充分供给作物生长发育所需的水量。

膜下滴灌技术在西北干旱-半干旱地区的应用中显示出独特的优势，该模式不需要修建排水系统而占用大量耕地，减少了土地浪费现象；不需要建设大型水利工程，因此可以节省大量的人力、物力和财力等工程投资；不需要大的灌溉定额冲洗改良盐碱地，因而大大节省了水源；而滴灌系统自动控制的可行性使得膜下滴灌操作方便，比其他灌溉方式更便于维修与管理。

三、排水管理

（一）排水的标准

1. 排除地面积水　以排水区发生一定重现期的暴雨，农作物不受涝害为排涝标准。也就是当实际发生的暴雨不超过设计暴雨时，农田的淹水深度和淹水历时均不应超过农作物正常生长所允许的耐淹深度和耐淹历时。旱作区一般1d暴雨应当2～3d排出，3d暴雨3～5d排出，水稻区1～3d暴雨应在3～5d内排至耐淹水深。过高的地下水位，应在作物能忍受的时间内降至允许深度，为控制地下水位一定深度，最末一级固定排水沟的排渍水位应低于作物要求的地下水位深度。一般旱作物适宜地下水位埋深为0.5～1.5m；有盐碱化威胁的地区，应不少于2.2～2.6m。

2. 控制地下水位　将排水区由设计暴雨形成的地面水排除后，地下水位应当尽快在旱地作物耐渍时间内排降到农作物耐渍深度以下，从而减轻或消除土壤水分过多或通气不良所产生的渍害。农作物的设计排渍深度是指土壤中水分和空气状况适宜于农作物根系生长（有利于农作物增产）的地下水深度。不同农作物的耐渍深度和耐渍时间因其种类、生育阶段、土壤性质、气候条件及采取的农业技术措施等不同而变化。

（二）排水的方式

排水的方式一般有水平排水、垂直排水两种。水平排水主要指明沟排水和暗管排水，垂直排水也称竖井排水。

1. 明沟排水　明沟排水就是建立一套完整的地面排水系统，把地上、地下和土壤中多余的水排走，控制适宜的地下水位和土壤水分。按照排水任务的不同，明沟排水又可分为除涝（排地面积水）、防渍和防止土壤盐碱化（控制地下水位）3 种明沟排水系统。排水沟间距、深度随排水沟的排水任务、作物的品种与种类、土壤结构与质地等不同而不同。

明沟排水的特点是排水速度快（尤其是排地面水）、排水效果好，但明沟排水有工程量大、地面建筑物多、占地面积大、沟坡易坍塌且不易保持稳定，同时不利于交通和机械化耕作等缺点。

2. 暗管排水　暗管排水是通过埋设地下暗管（沟）系统，排除土壤多余水分，降低地下水位，调节土壤中水、肥、气、热状况，为作物生长创造良好的环境条件。

暗管排水的特点是排得快，降得深。与明沟排水比较，具有工程量小、地面建筑物少、土地利用率高、有利于交通和田间机械化作业等优点，并可避免沟坡坍塌、沟深不易保持等缺陷。与竖井排水相比，暗管排水的优点是能有效地解决水平不透水隔层排水问题。同时在自然地形许可的地区，可自流排水，节省能源。

3. 竖井排水　竖井是指由地面向下垂直开挖的井筒，也称立井。竖井排水是指在田间按一定的间距打井，井群抽水时在较大的范围内形成地下水位降落漏斗，从而起到降低地下水位的作用。

竖井排水具有较好的排水效果，由于它的地下水位降深大，因而特别适宜防治土壤次生盐碱化，可以加大冲洗或灌溉水的入渗速度和淋洗作用，使表层土壤脱盐，而且不容易再度返盐。同时在旱涝相间出现的地区，抽水以后可在地下水面以上形成一个库容较大的地下水库，雨涝季节能容纳较大的入渗水量，起到减轻涝、渍灾害的作用，又为旱季抽水灌溉提供了一定的水源。但是，竖井排水需要消耗大量的能源且运行费用高，同时对水文地质条件要求较高，所以排水的成本较高。

（三）排水对土壤理化性状的影响

排涝措施不仅能消除涝渍对作物的危害，还能明显改善土壤的理化性状。随着农田多余水分的排出，土壤逐渐干燥，而后可形成新的结构，有利于农作物的生长。土壤中因淹水而形成的还原性有毒物质随水分一起排出，能够降低土壤的毒性。土壤含水量的降低，土壤的热性质（主要是土壤热容量）得到改善，提高了地温。耕层土壤中过多水分被排除后，土壤的透气性和容气量增加，改善了土壤通气状况，有利于好气性微生物活动，促进土壤中的氧化过程。由于表层潜水被排走，增加了潜水位的下降速度，加速了耕作层土壤的脱盐过程，因而能够起到调节土壤水盐状况的作用，降低了土壤含盐量。

第三节　节水栽培技术

我国作为世界上最大的发展中国家，人多地少，水资源紧缺，人均水资源占有量少，是世界上 13 个严重贫水国家之一。随着工农业的快速发展和人口的增长，对粮食总量的需求也越来越多，然而，农业生产所面临的供水危机也将更加严峻，水资源不足成了严重的制约因素。为了确保我国粮食安全,发展节水农业技术是我国农业生产可持续发展的必由之路。我国水资源紧缺,同时农业用水浪费现象十分严重。目前灌溉水的利用系数只有 0.4～0.6,有一半以上的水分是在输水、配水和田间灌水过程中被浪费掉的,水分生产率不足 1kg/m^3,还不到发达国家水分生产率的一半。因此,发展节水农业,采用行之有效的农业节水技术,对提高我国农作物产量,实现节水、增产、优质、高效有极为重要的意义。

一、节水农业

节水可分为狭义和广义两种。狭义的节水是指为达到减少水资源消耗量的目的所采取的各种措施。广义的节水是以提高水的利用效率和生产效率为核心,用尽可能少的水获得更大的产出,为社会经济的可持续发展提供保障所采取的措施。以高效用水为核心的广义节水,有可能减少用水总量,也可能不减,但水分生产效率明显提高。目前被广泛使用的"节水"一词,通常指广义的节水。

节水农业是充分合理地利用各种可用水源,采取水利、农艺、管理等技术措施,使区域内有限的水资源总体利用率最高、效益最佳的农业。节水农业技术不是一种单一技术,而是包含多种技术措施的一套技术体系,主要有农业水资源合理开发利用技术、节水灌溉工程技术、农艺节水技术和节水管理技术。

二、节水栽培

利用作物本身需水特性和对水分胁迫的适应和补偿机制,在生长发育的关键时期补充灌溉,通过采用综合栽培措施提高自然降水和土壤水分利用率,发挥栽培技术措施对水分不足引起的不利影响的补偿替代作用,最大限度地实现高产和高水分利用率的统一。节水栽培技术包括农田蓄水保墒技术、培肥地力及水肥耦合技术、适水适作技术、抗旱品种选育技术、化学制剂节水技术等。节水栽培技术是上述几项措施的综合应用,通常应该根据不同农业区的自然、经济特点,选用相应的栽培管理措施,提高水资源的利用率,达到节水、高产的目的。

(一)选用抗旱耐旱和水分生产效率高的作物和品种

根据当地降水分布、干旱发生规律,调整作物布局,因地制宜地选用耗水少、水分生产效率高的作物和品种。不同作物间抗旱能力及水分生产效率差异很大,C_4 作物显著高于 C_3 作物;作物品种间水分利用率和抗旱性能差距也非常明显(图 16-2)。在优化种植制度下,选用抗旱、节水、高产品种,采取节水高产栽培技术,一般可增产 10%～25%,水分利用率提高 20%～30%。

图 16-2 作物品种间抗旱性差异显著

左为'掖单 22';右为'农大 108'

1. 作物水分利用率 WUE 差异　20 世纪纪初，Briggs 和 Shantz 对 6 种 C_3作物 4 年的盆栽试验中发现，不同作物的需水量和水分利用率 WUE[用蒸腾系数(生物学产量/耗水量)表示]有明显差别，其中小麦的最高，达到 1.97g/kg，而苜蓿最低，为 1.16g/kg，其余介于二者之间，最高和最低之间相差 70%，认为低的需水量一定与作物耐旱性有关。Tanner 等认为 C_3植物的 WUE 最低，C_4植物是 C_3植物的 2 倍，CAM 植物的 WUE 最高。在有限水分条件下，通过提高经济系数以改变籽粒产量与蒸发蒸腾的比率，或通过增加蒸腾/蒸发的比率以增加 WUE，才是获得高产的唯一途径，许多大田作物试验都支持这一论点。

2. 作物 WUE 转基因和基因克隆　抗旱和高效利用水分在作物育种中是不同的，但又有联系。在没有得到控制 WUE 基因克隆以前，有人利用与抗旱有关的基因进行转基因改良 WUE 的研究。通过转基因途径可以改良小麦的抗旱和高效利用水分特性。

3. 作物 WUE 育种改良　作物在抗旱和水分高效利用方面有明显的遗传和生理差异，如小麦等作物有 4 种 WUE 类型：一是耗水少、产量低、WUE 低，即省水低产低效型；二是耗水中少、产量中高、WUE 较高，即中间型；三是耗水中上、产量最高、WUE 最高，即中耗高产高效型；四是耗水多、产量低、WUE 低，即高耗低产低效型。在抗旱节水品种选育中应当重点关注第二和第三种抗旱高 WUE 和高产类型的优良新品种。从作物抗旱节水品种遗传改良方面来看，一方面要加强抗旱高水分利用类型种质资源的筛选和利用，二是通过从国内外干旱半干旱地区进行抗旱高水分利用率类型植物新种和作物新品种的引进和驯化，三是利用常规育种和转基因等生物新技术，培育抗旱节水优质高产的农作物新品种。

（二）农田保墒技术

通过采取一些措施来增加降水入渗、减少农田棵间蒸发的耗水，是提高农田水分利用率的重要措施之一。农田保墒技术包括深耕或深松、表土耕作(镇压、耙耱、中耕等)、保护性耕作措施(免耕、少耕)、覆盖(秸秆、地膜、砂石覆盖等)等。目的是蓄好天上水和灌溉水，保好土中水，为作物用好根层水奠定良好的基础。

1. 农田覆盖　覆盖可以降低大田作物的棵间蒸发，其作用机制可以分为直接效应和间接效应。直接效应是由于在土壤表面覆盖一层秸秆以后，它在土壤表面设置一层物理障碍，阻隔土壤水分同近地气层的水分交换，从而抑制了棵间蒸发。覆盖还影响土壤结构从而间接影响田间水分的吸收和损耗。在自然条件下，土壤表层受雨滴的直接冲击和烈日暴晒从而板结，土壤团粒结构被破坏，土壤孔隙度减小，形成不易透水透气、结构细密紧实的土壤表层，影响降水入渗。土壤表面覆盖秸秆后，避免了降水对地表的直接冲击和暴晒，团粒结构稳定，土壤疏松多孔，此时土壤的导水性强，降水就地入渗快，地表径流减少，有效地将降雨或灌溉水积存于土体内。此外，覆盖还能明显减少地表径流量和土壤侵蚀量，这种作用在水土流失量大的年份表现尤其明显。

2. 地膜覆盖　地膜覆盖保墒(图 16-3)由于操作方便、成本相对较低而被广泛应用，覆盖和种植方式多种多样。干旱半干旱地区参见的有覆膜穴播种植技术和垄际覆膜种植技术等。研究表明，覆膜穴播冬小麦春季积温增加 68～105℃。此项技术适用于两季不足、一季有余的干旱地区和一些高寒旱区，可以提高复种指数和水分利用率。随着配套机械的研发与应用，覆膜穴播技术在小麦、玉米和棉花等作物上得到了大面积推广。值得注意的是，机械播种时需注意防止排种口的堵塞造成断苗、缺苗的现象。与覆膜穴播种植技术相比，垄际盖膜种植技术具有较好的蓄水、集水效果，适用地区、作物更广泛（图 16-4）。通过田间微集水种植技术，可以将小雨变大雨，无效降水变有效降水，提高水分利用率。而且，也能够使肥料集中使用，农田水土流失也得到控制。垄际覆膜种植技术在干旱地区，玉米、小麦集流增墒技术比较成功，增产效果显著。

长期采用地膜覆盖导致废弃地膜的生态污染和作物后期早衰等问题。据研究，采用地膜覆盖，残存于土壤中的农膜占总量的 10%左右，影响土壤的团控结构和土壤微生物的活动，不利于耕作，污染农田生态环境。研发价格适宜的光解膜、生物降解膜、双解膜、被体地膜等替代塑料农膜等，以及积极发展残膜的机械化回收和再利用技术，是彻底消除“白色污染”的根本举措。此外，地膜覆盖促进了如小麦等作物苗期生长过旺，土壤水分消耗过快，土壤养分消耗过快，中后期降水不足和肥料补充不足，导致作物生长的中、后期发生早衰现象。因此，地膜覆盖应注意增施有机肥，最好做到全层施肥，并增施适量的磷、钾肥，加强后期的肥水管理。

3. 秸秆覆盖　地膜覆盖虽有几十年的历史，但其与环境的相互影响及评价等诸多问题仍未得到解决。另外，我国每年收获农作物秸秆约 6.5 亿 t，其中被利用的只有 20%，随着农业机械化的发展，未来秸秆的产量将逐步提高。因此，秸秆成为很有发展潜力的农田覆盖物。

图 16-3　棉田地膜覆盖保墒保苗

图 16-4　小麦垄沟镇压、垄背保持暄土节水保墒

秸秆覆盖对于农田的生态效应可以分为长期效应和直接效应。长期效应是指秸秆经过长期的物理作用和化学分解作用以后可以培肥地力，这是一个长久的过程，只有经过多年覆盖的农田才能看出秸秆还田的效果；直接效应是指秸秆覆盖以后在土壤表面形成了一种物理障碍，阻碍农田水分蒸发，即保墒作用。就目前秸秆应用的种类和区域而言，华北和西北农区多采用玉米和小麦秸秆覆盖还田，西南、华南和长江中下游农区多采用稻草覆盖还田，在东北农区因气温低、大风多和秸秆腐熟慢，覆盖还田比较少见。此外，油菜秸秆在部分油菜产区（西南和长江中下游农区）也广泛用于覆盖还田。从秸秆覆盖的方式来看，可以分为全耕整秆覆盖、半耕整秆覆盖、半耕整秆半覆盖，这几种方式在主要农区均比较普遍。

（三）培肥地力和水肥耦合技术

水肥耦合技术是针对不同作物生长所需的施肥量、施肥时间与灌水量、灌水时间合理配置，以达到水肥被作物充分利用的技术。水肥在作物生长发育过程中是两个相互影响、相互制约的因子，适宜的灌水可以促进肥料的转化及吸收利用，合理的施肥则能使水分利用率提高。过量的灌水与施肥，不但不能增产，而且增加农业成本，造成资源浪费，并导致地下水的污染。

（四）化学制剂保水节水

20 世纪 90 年代以来，化学节水技术的研究和应用越来越受重视，目前正在推广使用的化学制剂主要有黄腐酸（FA）和高吸水树脂（保水剂）等。

1. 黄腐酸　黄腐酸是一种新型抗蒸腾剂，既能促进根系生长，又具有降低作物蒸腾和络合微量元素等多种生理生化效应，用 FA 拌种或喷施，可取得明显的节水增产效果。叶面喷施 FA 可减小植株气孔开度、降低蒸腾。

施用 FA 可以采用拌种或叶面喷施。拌种时对于密植作物如小麦等采用比例为种子：FA：水＝50kg：200g：5kg。叶面喷施的时期最好在作物对干旱特别敏感的需水临界期，如小麦的孕穗期和灌浆初期，玉米的大喇叭口期，甘薯的薯块膨大期，花生的下针期。FA 既可单独使用，又可与农药、微量元素复配使用，成为农药缓释增效剂和微量元素结合剂，但与农药混用时应先拌农药后再拌 FA，忌与碱性农药混用。

2. 高吸水树脂　高吸水树脂通常是一种具有强吸收基团的有机高分子聚合物，具有溶胀比大、吸水速度快、保水性强、释水性好等特点，并有多种使用方法，如拌种、包衣、蘸根、撒施、坑施、沟施等，保水剂加入土壤后可显著提高土壤的保水性能，使土壤变得疏松，提高透气性，在保蓄水分的同时，也保蓄了可溶性养分，提高了肥料的利用率。

美国、日本和法国等国家在 20 世纪七八十年代已经成功研制出保水剂并实现了工业化生产，先后用于玉米、大豆种子等包衣、树苗移栽等方面，可以有效提高种子发芽率和幼苗成活率。保水剂在干旱地区应用可以有效地降低土壤侵蚀，控制土壤的板结和结皮，减少水土流失，改善土壤的团聚结构、土壤的持水力等。我国 20 世纪 80 年代初开始了保水剂的研发，已有多种制剂商业化生产并应用于农业生产。

由于保水剂能改善土壤的物理性状，增强其保水能力，故而可缓解水分胁迫对作物的不良影响，提高种子发芽率和移栽作物的成活率，提高豆科植物的根瘤菌活性，促进作物的营养生长和生殖生长进程，使作物增产增收。

保水剂可以进行种子包衣、蘸根或与培养土混用，使用时要注意掌握吸水树脂用量，过少则效果不明显，过多则蓄水量过大，会降低土温，延迟种子萌芽，或使土壤透气不良，引起烂种、烂根现象，同时过多也会增加成本。

本章视频

第十七章　作物化学调控

20 世纪 60 年代以前，植物生长调节剂的应用多局限于果树、蔬菜等园艺作物，而且大多着眼于个别器官的直接效应，如插枝生根、防止脱落、促进结实、打破休眠等。1960 年，英国应用矮壮素(CCC)防止小麦倒伏获得成功，这是第一项真正应用于大田作物的化控技术，此后这项技术从英国迅速推广到欧洲、北美洲、大洋洲和中国，作物栽培学家也开始从群体结构的水平上来研究个体形态建成及产量的形成。目前，我国科学家已在作物化学调控相关理论、产品、技术上取得举世瞩目的成就。例如，在棉花生产中，通过化学调控技术高效地解决了肥促与疯长、疯长与坐桃的矛盾，为世界棉花生产的进步做出了巨大贡献。

第一节　作物化学调控物质

为了通过改变植物内源激素平衡来调节作物的生长发育，需要理解作物化学控制的涵义，需要明确植物激素、植物生长调节物质等基本概念。

一、植物激素

植物激素(plant hormone)是指植物体内代谢产生的、能从产生部位运输到作用部位、很低浓度就能明显调节植物生长发育的化学物质。迄今为止有充足证据并被公认为植物激素物质的有 6 类：生长素(auxin，IAA)、细胞分裂素(cytokinin，CTK)、赤霉素(gibberellin，GA)、脱落酸(abscisic acid，ABA)、乙烯(ethylene，ETH)和油菜素内酯(brassinolide，BR)。植物激素所调控的生长发育事件包括细胞的分裂、生长与分化、器官的建成、休眠与萌发、植物的向性与感性、成熟、衰老、脱落等。

二、植物生长调节剂

植物生长调节剂(plant growth regulator)是指从外部施加给植物，低浓度即可影响植物内源激素的合成、运输、代谢、与受体结合等过程，从而引起植物生长发育变化的化学物质。其包括人工合成的具有天然植物激素相似作用的化合物和从生物中提取的天然植物激素。对目标植物而言，植物生长调节剂是外源的非营养性化学物质，通常可在植物体内传导至作用部位，以很低的浓度就能促进或抑制其生命过程的某些环节，使之向符合人类需要的方向发展。每种植物生长调节剂都有特定的用途，而且应用技术要求相当严格，只有在特定的施用条件(包括外界因素)下才能对目标植物产生特定的功效。往往改变浓度就会得到相反的结果。例如，在低浓度下有促进作用，而在高浓度下则变成抑制作用。

现已发现具有调控植物生长和发育功能的物质有胺鲜酯(DA-6)、氯吡脲、复硝酚钠、生长素、赤霉素、乙烯、细胞分裂素、脱落酸、油菜素内酯、水杨酸、茉莉酸、多效唑和多胺等，而作为植物生长调节剂被应用在农业生产中的主要是前九大类。

植物生长调节剂是有机合成、微量分析、植物生理和生物化学及现代农林园艺栽培等多种科学技术综合发展的产物。20 世纪二三十年代，发现植物体内存在微量的天然植物激素如乙烯、3-吲哚乙酸和赤霉素等，具有控制生长发育的作用；到 40 年代，开始人工合成类似物的研究，陆续开发出 2，4-D、胺鲜酯、氯吡脲、复硝酚钠、α-萘乙酸等，逐渐推广使用，形成农药的一个类别。30 多年来人工合成的植物生长调节剂越来越多，但由于应用技术比较复杂，其发展不如杀虫剂、杀菌剂、除草剂迅速，应用规模也较小，但从现代农业发展的需要来看，植物生长调节剂具有很大的发展潜力。

第二节　植物生长调节剂的种类及作用特点

植物生长调节剂种类很多，目前正式登记的已有上百个产品，按照一定的标准对其进行分类，有利于科学研究和生产应用。

一、根据与植物激素作用的相似性进行分类

（一）生长素类化合物

常用的、人工合成的具有生长素活性的化合物，按照其化学结构大致可以分为 3 类。

1. 吲哚类　包括吲哚乙酸（IAA）、吲哚丙酸（IPA）、吲哚丁酸（IBA）等，应用最多的是 IBA，因为它不能被吲哚乙酸氧化酶（IAAO）分解而失活，活性强且稳定。

2. 萘乙酸类　萘乙酸（NAA）生产容易，价格低廉，活性强，是应用最广的生长素类物质。

3. 苯氧羧酸类　主要有二氯苯氧乙酸（2，4-D）、三氯苯氧乙酸（2，4，5-T）等，这两种物质的活性比 IAA 高 100 倍，另外还有对氯苯氧乙酸（防落素）、对碘苯氧乙酸（增产灵）、对溴苯氧乙酸（增产素）等，在生产上应用最多的是 2，4-D 和防落素。

（二）赤霉素类化合物

目前在生产上应用的赤霉素类物质主要有 GA_3 和 GA_{4+7} 两种产品，由于化学结构复杂，均通过发酵法生产。GA_3 的生产厂家和制剂类型比较多，GA_{4+7} 对果实的作用优于 GA_3，但发酵生产难度相对较大。

（三）细胞分裂素类化合物

在人工合成的、具有细胞分裂素活性的化合物中，最常用的有激动素（kinetin）、6-苄基腺嘌呤（6-BA）、四氢化吡喃基苄基腺嘌呤（PBA），由于它们在侧链 R_1 上有环状结构，因此在有些生物测定系统中的活性比天然细胞分裂素要高。有些人工合成的化合物虽然没有细胞分裂素的基本结构（腺嘌呤环），但具有细胞分裂素的活性，如二苯脲、氟苯缩脲、1-苯基-3-（1，2，3-噻二唑-5-基）脲（脱叶脲、脱落宝、噻唑隆）等。天然细胞分裂素和人工合成的 6-BA 价格昂贵，一般很少在生产上应用；而脱叶脲作为主要的脱叶剂种类之一，在

美国等以机械收获为主的植棉国家用量较大。

（四）脱落酸类化合物

人工合成的脱落酸是天然型与非天然型的混合物，价格昂贵，限制了其在农业生产上的应用。国内及国际的有关单位一直致力于筛选和创造脱落酸高产菌株，希望通过发酵法生产脱落酸以降低其价格，达到商业应用的目的。目前我国已有正式产品登记问世，在蔬菜、花卉、特种经济作物上的产投比较高。

（五）乙烯

乙烯常温下以气体形式存在，在生产上应用困难，而 1968～1970 年发明的乙烯发生剂获得了极为广泛的应用。乙烯利是应用最多的一种乙烯发生剂，易溶于水，pH$<$4.1 时稳定，进入植物体后，由于植物组织内的 pH$>$4.1，因而分解释放出乙烯。另一种乙烯发生剂——硅烷衍生物（如 Alsol、橄榄离层剂）的作用和乙烯利类似，但释放乙烯速度较乙烯利快、持续时间短，可引起组织脱落。

氨基乙氧基乙烯基甘氨酸（AVG）是专一的乙烯生物合成抑制剂，它抑制 1-氨基环丙烷-1-羧酸（ACC）酶的活性，从而抑制 ACC 的形成；氨基氧乙酸（AOA）的作用与 AVG 相同。目前二者常用于研究乙烯的生物合成途径，商业化应用很少。

Ag^+ 以非竞争方式阻止乙烯与受体结合（抑制玉米细胞质膜 ATPase 的活性），是乙烯作用的有效拮抗剂。在对乙烯作用发生抑制的浓度下，Ag^+ 没有毒害，并且作用专一而持久。硝酸银和硫代硫酸银[$Ag_2S_2O_3^{3-}$]在切花保鲜方面应用较多。1-甲基环丙烯（1-MCP）是近年开发的竞争性乙烯作用抑制剂，其结构（图 17-1）与乙烯相似，因而可与乙烯竞争受体结合位点。

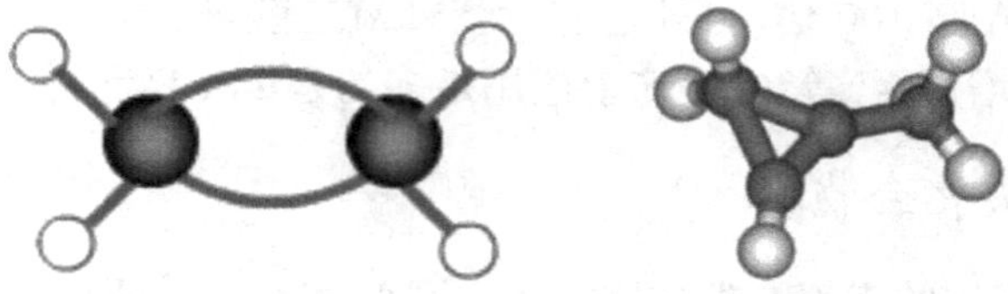

乙烯　　1-MCP

图 17-1　乙烯和 1-MCP 的分子结构模型

（六）油菜素内酯类化合物

目前人工半合成了多种 BR，得到应用的主要有表 BR（24-*epi*-brassinolide）、高 BR（28-homobrassinolide）及长效 BR（TS303）等。

二、根据对植物茎尖的作用方式进行分类

植物茎尖可分为分生区、伸长区和成熟区。茎的生长主要取决于分生区中的顶端分生组织和伸长区中的近（亚）顶端分生组织，顶端分生组织的细胞不断分裂和分化，近顶端分生组织的细胞以延长为主，也有部分细胞分裂。根据对植物茎尖的作用方式可将植物

生长调节剂分为 3 类。

（一）植物生长促进剂

凡是促进植物细胞分裂、分化和延长的化合物都属于植物生长促进剂，它们促进营养器官的生长和生殖器官的发育。生长素类、赤霉素类、细胞分裂素类、油菜素内酯类等都属于植物生长促进剂。

（二）植物生长抑制剂

阻碍作物顶端分生组织细胞核酸和蛋白质的生物合成、抑制顶端分生组织细胞伸长和分化的调节剂称为植物生长抑制剂。植物生长抑制剂使植株丧失顶端优势，导致侧枝数目增加、叶片变小，植株外部形态发生很大的变化。根据作用机制又可将植物生长抑制剂分为两类，具体如下所述。

1. 生长抑制剂与摘心剂　马来酰肼（青鲜素，MH）可通过代替尿嘧啶的位置阻止核酸的合成，在美国曾广泛用于抑制烟草的侧芽生长和防止洋葱抽芽，由于后来发现该调节剂具有致癌、致畸、致突变效应，现已限制使用。直链脂肪醇或酯（辛葵酯、辛葵醇，C_8～C_{12}脂肪族烷酯）可透入茎尖幼嫩的角质层，损伤或杀死茎尖，但不能透入植物较老器官的角质层，因此在果树和观赏植物上常被用作摘心剂（化学修剪或打尖剂）使用。

2. 抗生长素类及生长素运转抑制剂　三碘苯甲酸（TIBA）可阻碍生长素的极性运输，还可以与生长素竞争作用位点，表现出抗生长素的特性。TIBA 曾在生产上用于促进大豆侧枝发生和番茄花芽增多，但由于我国碘资源的缺乏限制了其进一步发展。整形素（氯甲丹）可抑制顶端分生组织细胞的有丝分裂和生长素的运转（同时提高 IAAO 的活性），导致茎延长生长的停顿和顶端优势的丧失，促进侧芽的发生使植株矮化并成为丛生状态，可用于绿化树篱及观赏植物。

一般情况下，外施生长素可逆转抗生长素类及生长素运转抑制剂的效应。

（三）植物生长延缓剂

抑制植物茎部亚顶端分生组织区的细胞分裂和扩大，但对顶端分生组织不产生作用的调节剂属植物生长延缓剂。植物生长延缓剂只缩短节间，对叶片数目、节数及顶端优势的影响较小，因此植株虽矮小但株型紧凑，形态正常。

植物生长延缓剂包括季铵类化合物、含有以磷或硫原子为中心的类似季铵类的化合物、三唑类化合物、嘧啶醇等，其中季铵类和类似季铵类化合物抑制 GA 合成中从牻牛儿基牻牛儿基焦磷酸→古巴基焦磷酸→内根-贝壳杉烯的环化过程，三唑类化合物和嘧啶醇等影响 GA 合成中从内根-贝壳杉烯醇→内根-贝壳杉烯醛→内根-贝壳杉烯酸的逐步氧化过程。此外，还有一类延缓剂可以抑制 GA 合成过程中 GA_{12}醛以后的 3β-羟基化步骤（如 GA_{20}→GA_1 的 3β-羟基化），这种延缓剂与其他 GA 合成抑制剂具有相似的阻碍节间伸长的效果，但不影响植物其他方面的发育。

因为植物生长延缓剂主要通过抑制 GA 的生物合成而起作用，所以其效应可因使用 GA 而被逆转。

三、根据实际作用效果进行分类

根据植物生长调节剂的实际作用效果，可将其分为矮化剂、生根剂、催熟剂、脱叶剂、保鲜剂、抑芽剂、疏花疏果剂、抗旱剂、干燥剂、增糖剂、杀雄剂等。

矮化剂主要为植物生长延缓剂，可以降低株高、缩短节间。生根剂主要为生长素类调节剂，如吲哚乙酸、吲哚丁酸、萘乙酸等。催熟剂最主要和最常用的是乙烯利，可用于蔬菜、瓜果和棉花催熟。脱叶剂能使植物叶片加速脱落，包括具有植物激素活性的乙烯利和脱叶脲及触杀性的除草剂等，可用于棉花、大豆、马铃薯、甜菜等作物的加速脱叶，以便于机械收获。保鲜剂可以防止蔬菜和果品在储藏期间的劣变，主要有6-BA、2,4-D等。抑芽剂也称摘心剂，对植物顶端生长点有强烈的抑制作用，能使顶端停止生长，主要有脱落酸、萘乙酸甲酯、青鲜素、抑芽敏、抑芽丹、除芽通等。疏花疏果剂是可以使一部分花蕾或幼果脱落的化学药剂，常用的有二硝基甲酚、萘乙酸、萘乙酸胺、乙烯利等，杀虫剂甲萘威也有疏花疏果的作用。抗旱剂如黄腐酸、脱落酸、水杨酸等，可使叶片气孔关闭，从而减少水分蒸发、增强植物对干旱的抗性。干燥剂能使作物产品器官快速脱水成熟、便于集中采收和储藏，常用的有百草枯、敌草快、乙烯利等。增糖剂如增甘膦对酸性转化酶具有专一性抑制作用，从而可以减少蔗糖的转化和消耗，增加糖分的积累和储藏。杀雄剂可引起雄性不育，主要用于杂交制种，常用的有乙烯利、杀雄啉、2,4-D和2,3-二氯异丙酸等。

四、根据植物生长调节剂的来源分类

根据来源可将植物生长调节剂分为天然或生物源、半合成和化学合成调节剂3类。

天然或生物源调节剂一般是从植物、微生物、动物及其副产物中直接提取的，如赤霉素、玉米素、脱落酸等。半合成调节剂是以天然产物为原料合成的调节剂，其化学结构一般比较复杂，主要有油菜素内酯（以麦角甾醇和蜂蜡等为原料）、三十烷醇（以蜂蜡为原料）等。化学合成调节剂是指完全通过化学合成生产，如常用的植物生长延缓剂缩节胺、多效唑、矮壮素等。

第三节　作物化学调控技术

作物化学调控技术是指以应用植物生长调节剂为手段，通过改变植物内源激素系统来调节作物的生长发育，使其朝着人们预期的方向和程度发生变化的技术。

一、作物化学调控技术在农业生产中的应用

（一）促进休眠，抑制萌发

已经证实，ABA是种子休眠诱导、建立与保持的最重要的化合物，GA是种子萌发的必需激素。器官的休眠是由其中的生长抑制剂（ABA等）和促进剂（GA、IAA等）之间的平衡所控制的。

水稻、小麦等禾本科作物种子休眠期短的品种，在成熟和收获季节如遇高温多雨，易发生穗萌现象，对产量和品质的影响很大，南方杂交稻种子生产中的穗萌更是一个突出的

问题。在生产上可采用ABA和植物生长延缓剂(抑制GA合成)来延长种子休眠、抑制穗上发芽。

(二) 控制作物过量的营养生长,防止徒长和倒伏

施肥和灌水等传统栽培措施可以很容易促进作物的生长,但缺乏控制作物营养生长的手段,只是在不得已时强制伤害作物的一些器官,如冬小麦春季的碾压、啃青和棉花的整枝、中耕断根等。化学调控技术可为防止营养器官的过量生长提供极为有效的手段,适时适量地应用植物生长延缓剂可以实现对营养生长的定量、定位控制,从而较好地解决作物生产中的徒长、倒伏等问题。例如,防止小麦倒伏较好的调节剂有三唑类化合物及其复配剂、矮壮素等,防止水稻和油菜秧苗徒长较好的调节剂为三唑类化合物,防止玉米倒伏的最适宜调节剂为乙烯利复配剂,防止棉花徒长的最适宜调节剂为缩节胺。

(三) 促进产量器官发育,提高产量

促进产量器官发育的调节剂有植物生长促进剂和植物生长延缓剂。应用GA可提高三系杂交稻制种的产量,其机制首先在于GA可加快不育系(母本)穗下节的伸长,从而促进母本抽穗、解决母本的“包颈”问题(籼型杂交稻不育系固有的遗传特性)。另外,GA还具有调节父母本花期、花时、调节穗层分布、促进开颖、维持母本柱头活力等作用,从而可提高异交结实率。

植物生长延缓剂通过控制过量的营养生长,可使同化产物在植株体内的分配发生变化,即向营养器官的分配率降低,而向产量器官(还有根系)的分配率增加,从而可改善产量构成因素并提高产量。例如,缩节胺增加棉花的铃重、三唑类调节剂增加小麦的穗数和穗粒数已通过多年、多地和多品种的验证。

(四) 改善作物产品的品质

植物生长调节剂可调节同化物的运输和分配、协调营养生长和生殖生长,因此具有调控营养物质向产品器官运转和改良品质的作用。例如,细胞分裂素可提高谷氨酸激酶的活性,从而提高小麦面粉沉降值和籽粒中谷蛋白的含量;应用烯效唑拌种小麦,前期培育壮苗,后期延缓衰老,花前营养器官中氮素积累多,花后籽粒中氮代谢旺盛,收获籽粒中蛋白质含量高,面筋含量高,沉淀值增加,面团形成时间、面团稳定时间延长,籽粒品质得到改善。乙烯利与胺鲜酯(DTA-6)的复配剂可不同程度提高玉米籽粒的氨基酸总量、甲硫氨酸和赖氨酸含量。大豆应用甲哌鎓与DTA-6的复配剂后,籽粒的蛋白质和甲硫氨酸产量提高。

(五) 提高作物的抗逆能力

在农业生产中,经常会遇到干旱、洪涝、低温、高温、盐渍及病虫危害等不良的环境条件,限制了作物产量和品质潜力的发挥。化学调控技术可通过不同的途径提高作物的抗逆能力。

对于生长季节多雨、大风等逆境引起的作物徒长和倒伏等问题,传统栽培技术缺乏有

效的解决措施，而应用适宜的植物生长延缓剂可通过降低株高、缩短节间和提高茎秆素质完全克服或明显减轻作物的徒长与倒伏，如缩节胺防棉花徒长、三唑类及其复配剂防止小麦倒伏、乙烯利复配剂防止玉米倒伏等。在合适的用量范围内，植物生长延缓剂除了降低作物的株高以外，还可显著促进根系发育、增强根系功能，这对提高作物的抗旱性非常有利。

植物激素ABA的含量往往在多种逆境条件下大幅升高，它可诱导抗逆性基因的表达、诱导产生新的抗性基因、诱导产生大量与抗逆性有关的蛋白质和酶类并启动此类酶活化、诱导产生大量与耐胁迫有关的渗透保护化合物，从而增强植物耐盐、抗旱和抗寒等功能，素有“抗逆激素”之称。如果未来微生物发酵生产ABA的成本能进一步降低、ABA作用的有效期能进一步延长，则ABA在提高作物抗逆性方面将具有广阔的应用前景。

此外，化学调控技术使植株健壮，增加了综合抗性，对病虫害侵染的免疫力提高；群体的改变使农田小气候变化，可以创造不利于病虫害发生的环境，减少危害。化学调控技术还可诱导作物某些性状和次生代谢物的改变以减少病虫侵染，如缩节胺处理的棉花叶片加厚、变小，韧性增强，丹宁类物质含量增加，因而棉铃虫在叶上的产卵减少、虫害减轻。

（六）提高经济效益和劳动生产率

化学调控技术可简化或免除常规作物栽培技术体系中的许多烦琐劳动。例如，应用NAA、乙烯利等调节剂对果树进行化学疏花疏果的效率是人工疏花疏果效率的数十倍；缩节胺的应用使棉花的人工整枝措施得到不同程度的减免；催熟剂和脱叶剂的应用是棉花实现机械收获的前提条件；多效唑培育水稻壮秧技术取代了费时费工的“两段育秧”法；三唑类及其复配剂的防止小麦倒伏技术取代了传统的春季镇压、深耘断根等措施。

（七）优化传统栽培措施，更好地满足作物生长发育的需要

传统作物栽培措施由于缺乏有效的直接改变和控制作物营养生长的手段，因此在肥、水运筹和密度的设置上常常留有余地，以防在高温、多雨、大风的逆境下发生徒长和倒伏，这势必影响作物产量潜力的发挥。而化学调控技术可以有效地防止作物的徒长和倒伏，这为传统栽培措施的合理运筹解除了后顾之忧，使得作物生长的外部条件更为优化。

“适当增密”一直是作物增产的重要途径之一，但增密又会激化个体与群体、营养生长与生殖生长的矛盾。植物生长延缓剂的应用使作物的个体缩小、产量器官的发育得到增强，这为种植密度的进一步增加创造了条件。

（八）促进多熟种植制度的发展

人均耕地不足是我国种植业最根本的资源制约，农业技术的最大课题就是寻求耕地不足的技术替代。作物化学调控技术数十年来的应用成就展示了该技术在促进多熟种植方面的潜力。

多效唑培育水稻壮秧技术解决了晚稻秧龄长、秧苗素质差的难题，为中晚稻丰产创造了条件，稳定和促进了水稻多熟种植制度的发展；多效唑培育油菜壮秧技术在解决“高脚苗”的同时提高了秧苗的抗寒能力，使冬油菜种植区北扩成为可能；缩节胺系统化学调控

技术促进棉花早熟的效果已在国内外得到公认，加之乙烯利的催熟作用，为两熟棉田下茬作物的适时播种提供了保障，有利于解决粮棉争地的矛盾。

不同的多熟复种方式所面临的问题多种多样，但在突破密植、速生、高投入、抗逆等这些限制多熟复种发展的关键因素上，化学调控技术具有不可替代的重要功能。

（九）提高自然资源和生产资源的利用效率

在应用化学调控技术的前提下增加作物的种植密度，无疑可提高作物对光、温的利用效率。此外，由于植物生长延缓剂普遍的促根能力，作物对肥、水的吸收能力增强，有利于提高肥料和灌溉用水的利用效率。

二、作物化学调控应用模式

经过数十年的发展，作物化学调控技术形成了 3 种应用模式，即“对症应用”“系统化控”和“化控栽培工程”。

“对症应用”的目标是利用调节剂应急和短期解决由作物遗传上的不足和环境限制共同导致的疑难问题，如徒长、倒伏、晚熟等。“对症应用”模式基本不改变作物整体栽培措施的格局，只需在适宜的时期应用一定剂量的调节剂即可。

“系统化控”是从种子萌发开始数次（不限于一次或两次）应用调节剂，对作物各器官生长发育进行“定向诱导”和有目标的系统化学调控，在全生育期促进作物与环境、个体与群体、营养生长与生殖生长、根系与地上部、植株外部形态与内部生理功能的协调统一。

“化控栽培工程”的核心内容是在应用“系统化控”的前提下，主动变革种植密度、水肥管理等常规栽培措施，实现“系统化控”对棉株自身和栽培措施对棉株生育环境的双重调控，使作物生产越来越接近于有目标设计、并可控制生产流程的“工业”工程，也使作物和环境的协调高度统一，得以充分利用遗传资源和自然资源。

三、不同类型作物化学调控技术

（一）禾谷类作物化学调控技术

1. 冬小麦育壮苗、防倒伏技术　为了培育冬小麦壮苗，在正常气候条件下可使用 20.8%烯效·甲哌鎓或 20%多唑·甲哌鎓拌种，适宜用量为 3mL（制剂）/10kg 种子。3mL 调节剂加入 0.5kg 清水中混匀，倒在 10kg 种子上快速反复搅拌，搅拌均匀后在阴凉处堆闷 2～3h，然后摊开晾晒至种子之间互相不粘连即可播种。若拌种后不能马上播种，可将种子晾干保存，20d 之内不影响出苗和药效。也可于小麦出苗后一叶一心期叶面喷施 20.8%烯效·甲哌鎓或 20%多唑·甲哌鎓 150～300mL（制剂）/hm^2，兑水 150～225kg/hm^2。若越冬前发生旺长，可根据苗情叶面喷施 20.8%烯效·甲哌鎓或 20%多唑·甲哌鎓 375～450mL（制剂）/hm^2，兑水 450kg/hm^2。

为了防止冬小麦倒伏，可在起身期-拔节前，叶面喷施 20.8%烯效·甲哌鎓或 20%多唑·甲哌鎓 375～525mL（制剂）/hm^2，兑水 300～450kg/hm^2；或 1000～2500mg/kg 矮壮素 1125～1500kg/hm^2。如果群体过大或长势过旺，20.8%烯效·甲哌鎓和 20%多唑·甲哌鎓的用量可适当增加至 600～675mL(制剂)/hm^2，但不宜超过 900mL(制剂)/hm^2。也可喷施 250g/L 抗倒酯 75～150g(有效成分)/hm^2，兑水 300～450kg/hm^2。

2. 水稻育壮秧、防倒伏、防早衰技术　多效唑喷施和烯效唑浸种均可培育水稻壮秧。多效唑喷施技术：施用时期为一叶一心期，可掌握在立芽期-二叶期，宁早勿迟；喷施药量 1500kg/hm^2，可在 750～1500kg/hm^2 变动，喷施浓度为 300mg/L；喷施调节剂时秧田要放干水层，避免药液流失。烯效唑浸种技术：根据品种敏感性在 50～200mg/L 选择适宜浓度，种子与药液量之比为 1：(1.2～1.5)，浸种 24～48h，期间搅拌 2 或 3 次。浸种结束后用清水洗涤，然后按常规催芽。

为了防止水稻倒伏，可在水稻拔节前 7d 至拔节期叶面喷施 200～300mg/kg 多效唑或 75～150mg/kg 烯效唑溶液 750～900kg/hm^2；或喷施 30%矮・烯 1200g(有效成分)/hm^2，兑水 450kg/hm^2。多效唑会影响穗分化，使穗粒数减少，不发生倒伏时可能减产。也可在拔节前 7d 叶面喷施 5%调环酸钙 150～450g(制剂)/hm^2，兑水 225kg/hm^2。调环酸钙不影响产量形成，但价格较高。

在始穗期(宁迟勿早)叶面喷施 3.2%赤霉・多效唑 375g(制剂)/hm^2，兑水 450kg/hm^2，可延缓灌浆成熟期叶片衰老，防止水稻早衰，增加产量。

3. GA_3 提高水稻三系杂交稻制种产量技术　传统的杂交稻三系育种法不育系包颈现象严重，异交结实率低。应用 GA_3 可以解决这一问题。在母本见穗 10%～15%、35%和 55%时各喷 1 次 GA_3，3 次 GA_3 用量相同，总用量掌握在 225～270g(有效成分)/hm^2。首次应用时间根据母本对 GA_3 的敏感程度及当时的长势而定，用量根据亲本的自然包颈程度、对 GA_3 的敏感性及喷施时的天气情况而定。

4. 玉米防倒伏技术　在拔节期(8～9 叶期)叶面喷施 30%胺鲜・乙烯利水剂 300～450mL(制剂)/hm^2，兑水 450kg/hm^2。也可在大喇叭口期叶面喷施 30%芸薹・乙烯利水剂或 40%羟烯・乙烯利水剂 375～450mL(制剂)/hm^2，兑水 300～450kg/hm^2。

5. 春小麦防倒伏技术　使用 20.8%烯效・甲哌鎓或 20%多唑・甲哌鎓拌种，适宜用量为 4～6mL(制剂)/10kg 种子，拌种方法同冬小麦。也可在 3～4 叶期叶面喷施 20.8%烯效・甲哌鎓或 20%多唑・甲哌鎓 375～450mL(制剂)/hm^2，兑水 450kg/hm^2。

6. 大麦防倒伏技术　在拔节期喷施 20.8%烯效・甲哌鎓 750mL(制剂)/hm^2、20%多唑・甲哌鎓 750mL(制剂)/hm^2 或 15%多效唑 900g(制剂)/hm^2，兑水 375～450kg/hm^2，可缩短基部 1～3 节间长度、降低株高。于大麦抽穗前 7d 至始穗期(5%植株抽穗时)叶面喷施 50%氯胆・乙烯利水剂 750mL(制剂)/hm^2，兑水 375～450kg/hm^2，可抑制穗下节和倒数第二节间的伸长，降低株高。

(二) 油料作物化学调控技术

1. 大豆防倒伏技术　在大豆分枝期-初花期叶面喷施 27.5%胺鲜・甲哌鎓 62～103g(有效成分)/hm^2 或 27.5%多唑・甲哌鎓 97.5～120.0g(有效成分)/hm^2，兑水 450kg/hm^2。早熟品种可在三叶期叶面喷施，晚熟品种在三叶期和初花期两次叶面喷施更好。多雨年份或地区可以使用两次，用药量宜大；干旱年份在初花期使用一次，用药量宜小。

2. 花生防倒伏技术　在花生下针后期-结荚前期或主茎 30～35cm 时，叶面喷施 10%多唑·甲哌鎓 200～250g(有效成分)/hm^2、30%矮壮·多效唑 180～225g(有效成分)/hm^2、15%多效唑 90～120g(有效成分)/hm^2，兑水 600kg/hm^2。或喷施 62.5～125.0mg/kg 烯效唑，药液量为 450～600kg/hm^2。

3. 油菜育壮秧、防倒伏技术　于一叶一心至四叶一心期(三叶一心期最佳)喷施 100～200mg/kg 多效唑溶液 600～900kg/hm^2，可以培育油菜壮苗。在薹期(薹高 10cm 左右)喷施 100～200mg/kg 多效唑或 94～125mg/kg 烯效唑溶液 750kg/hm^2，可以防止倒伏。

(三) 纤维作物化学调控技术

1. 棉花系统化控技术　①播种前用 100～200mg/kg 甲哌鎓浸种，或用种子重量 0.05%的甲哌鎓拌种，可促根壮苗、提高棉苗的抗逆能力、缩短移栽棉苗的缓苗期。②苗、蕾期甲哌鎓浓度一般分别掌握在 40mg/kg、80mg/kg 以下，药液量为 150～225kg/hm^2，可起到促进根系发育、壮苗稳长、定向整形、壮蕾早花、增强抗旱涝能力、协调水肥管理、简化前期整枝等作用。③初花期喷施 100～150mg/kg 甲哌鎓 300kg/hm^2，主要功能为塑造株型、优化冠层结构、提早结铃、促进棉铃发育、推迟封垄、增强根系活力、简化中期整枝。④盛花期喷施 200～300mg/kg 甲哌鎓溶液 375～450kg/hm^2，打顶后 5～7d 喷施 250～350mg/kg 甲哌鎓溶液 450kg/hm^2，可控制中上部果枝伸长、增结伏桃和早秋桃、增铃重、防贪青晚熟、简化后期整枝。

2. 棉花化学打顶与脱叶催熟技术　在盛花期前后喷施主要成分及含量为 30%甲哌鎓的棉花化学打顶剂 750～1500mL(制剂)/hm^2，兑水 450kg/hm^2。也可喷施 2 次 25%氟节胺悬浮剂，第一次在初花期前喷施 80～100g(有效成分)/hm^2，兑水 450kg/hm^2；间隔 10～20d 喷施第二次，剂量为 120～150g(有效成分)/hm^2，兑水 600kg/hm^2。化学打顶剂不能替代甲哌鎓的系统化控作用，采用化学打顶的棉田需正常应用甲哌鎓，并特别注意打顶后甲哌鎓的使用。

为了实现棉花脱叶催熟，可在棉田吐絮率达 30%～40%时喷施 50%噻苯隆可湿性粉剂和 40%乙烯利水剂，二者现混现用，制剂用量分别为 450～600g/hm^2 和 1500～2250mL/hm^2；也可将 540g/L 敌隆·噻苯悬浮剂与 40%乙烯利水剂现混现用，前者制剂用量为 135～180mL/hm^2，乙烯利用量同上；或者喷施 50%噻苯·乙烯利悬浮剂，制剂用量为 2000～3000mL/hm^2。脱叶催熟剂对温度比较敏感，要求施药前后 3～5d 最低气温>12℃，日平均气温>18℃，或日最高温>20℃，尽量避开 1 周内的强降温天气。

(四) 薯类作物化学调控技术

1. 马铃薯种薯催芽、防徒长技术　秋播马铃薯块茎尚未结束休眠，需要对种薯进行催芽处理。切块催芽时用浓度为 1～3mg/kg GA_3 浸泡 5～10min，整薯催芽时用 5～10mg/kg GA_3 浸泡 5～10min。浸泡后取出种薯，切面向上，晾干表面水分后即可下种。

对长势较旺的马铃薯，可在蕾期至开花期叶面喷施 60～120g(有效成分)/hm^2 甲哌鎓或 720～1125g(有效成分)/hm^2 矮壮素，兑水 450kg/hm^2，可延缓茎叶生长，使株型紧凑，并促进淀粉等储藏物质向块茎转运。

2. 甘薯缓苗期促生长、促块根膨大与防徒长技术 在移栽前对薯秧用 80～160mg/kg 萘乙酸溶液浸蘸薯秧基部 3～4cm，或在 10～20mg/kg 萘乙酸溶液中浸泡 6～12h，可促进发根，缩短缓苗期，提高成活率，促进缓苗期生长。在团棵期-封垄期，如果地上部有徒长迹象，可连喷 2 次 200mg/kg 多效唑、30～60mg/kg 烯效唑、200～300mg/kg 甲哌鎓、2500mg/kg 矮壮素，药液量为 750kg/hm^2。两次间隔 15d 左右。

为了促进甘薯块根膨大，可在移栽前将薯秧基部 1～2 节在 200mg/kg 氯化胆碱溶液中浸泡 6h，移栽后可促进发根和早期块根膨大；到块根开始形成—膨大初期再叶面喷施氯化胆碱 135～180g(有效成分)/hm^2，兑水 450～675kg/hm^2，每隔 10～15d 喷施一次，共喷施 2 或 3 次。

四、作物化学调控的影响因素

植物生长调节剂的种类繁多，功效各异，被植物吸收、运输、钝化、降解与转化的方式也千变万化，对生长的效应也相差很大，即使药剂种类相同、作物相同，在不同地区、不同季节或采取不同的使用方法，也会产生不同的效果。

影响化学调控技术调控效果的因素可归纳为药剂本身、作物、使用技术、环境条件和配套栽培措施几个方面。调节剂种类选用是否得当、质量是否可靠、剂型和添加剂是否合理均会影响调节剂的作用效果；不同作物或同类作物不同品种对同一种调节剂的存留、吸收、代谢、受体数量和分布等均可能存在差异，从而导致敏感性各异；调节剂的施用部位、时期、浓度、方式等直接影响调控效果，需要谨慎选择并通过预备试验确定；环境条件一般通过调节剂的吸收、运输和代谢来影响化学调控技术的效果；栽培措施则需要适当改变，以适应作物应用化学调控技术后在个体和群体、形态和功能等方面的变化。

第十八章　作物抗逆栽培

作物生产是一个开放系统，作物在生长发育过程中始终受到外界环境（包括生物环境和非生物环境）的影响，作物与环境之间的矛盾分析是作物栽培学理论体系的重要组成部分。对作物生存、生长发育不利的各种环境因素总称为逆境，作物对逆境条件的抵抗和忍耐称为作物的抗逆性，是作物对环境的一种适应反应。作物栽培很重要的一项工作就是采取适当措施，减轻各种逆境灾害对作物的影响，以达到高产、优质和高效的目的。

第一节　生物逆境与作物安全生产

由于某种不可控制的或未能预料的逆境作用，作物赖以生存的环境会产生突发性或累积性的破坏或恶化，并超越作物群体的容忍限度而引起产量降低、品质变劣等而造成损失的现象和过程称为作物逆境灾害。作物逆境灾害的发生具有常态性，作物逆境灾害主要包括生物逆境灾害和非生物逆境灾害，生物逆境灾害主要是病虫和杂草等生物对作物生产带来的灾害。

一、病虫害与作物安全生产

据世界粮食及农业组织统计，世界各国每年各类农作物因病虫为害导致的产量损失占总产量的20%～30%。在我国，作物病虫害种类达千种以上，每年均对作物的生长发育和产量、品质造成一定的影响，有时甚至绝收。作物病虫害防治要坚持“预防为主，综合防治”的方针。

（一）作物检疫

作物检疫是贯彻“预防为主，综合防治”方针的一项重要措施。通过作物检疫可以杜绝局部地区发生和由人为传播的危险性病虫害的输入和输出，以保障作物生产的安全。

（二）预测预报

对病虫害的发生、发展进行准确预测，是提早采取预防措施、确保防治效果的关键之一。

1. 病害的主要预测方法　作物病害的预测方法大多是根据观测数据加以统计分析，了解病害发展的基本规律，利用一定的数学模型对病害发展进行动态预测或静态预测。

1）根据初始菌量　一般是针对无再侵染或再侵染作用较弱的病害进行。对这类病害来说，初始菌量的大小是导致当年病害流行程度的最主要因素。该预测方法一般不考虑天气条件的影响。

2）根据天气条件　再侵染频繁的作物病害的流行受天气条件影响很大，初侵染菌量往往占较次要的位置。利用气象条件进行预测主要是用于多循环病害。

3）根据接种体数量和气象条件　对于多循环病害，同时基于初始接种数量和有关气象条件进行预测，可提高预测的准确度。

4）根据气象条件和寄主情况等　主要是采用系统模拟预测，把作物病害流行看作一个复杂系统的动态过程，首先对病害流行进行系统分析，将病害流行系统分为若干个子系统，然后对每个子系统的有关过程进行试验，并组建数学模型。

2. 虫害的主要预测方法

1）历期预测法　是根据害虫在田间发育进度的实际调查结果，加上当地温度条件下的虫态历期，推断下一个虫态或以后几个虫态的发生期。该方法主要用于害虫的发生期或某一种虫态出现时期的预测。

2）有效积温法　在适宜害虫生长发育的季节，温度的高低是决定害虫生长发育速度的主导因素。通过历史的数据计算或者实验室的试验结果，可以获得某种害虫某种虫态或整个世代的发育起点温度和有效积温，结合田间的虫情调查结果便可以对害虫的发生期进行预测。

3）诱集预测法　是利用害虫的趋性或其他习性诱集害虫，根据诱集数量等进行预测的一种方法。

4）田间调查预测法　是一种常用的方法，包括调查害虫发育进度、卵量和虫口数量等，以确定需要防治的地块和适宜的防治时期。

（三）农业防治

农业防治是指在掌握农业生态系统中作物、环境和病虫害三者相互关系的基础上，充分利用农业生产过程中各种耕作、栽培措施，创造有利于作物生长发育而不利于病虫害发生、繁殖和为害的环境条件，以达到控制其数量和危害，保护作物的目的。

1. 选用抗性品种　随着现代生物技术的迅速发展，抗病、抗虫的作物品种在农业生产、尤其是病虫害防治中的作用和地位也越来越突出。例如，抗虫棉新品种的大量推广种植，为减轻棉铃虫的危害发挥了十分重要的作用。

2. 合理轮作和间作套种　合理的轮作和间作一方面可以切断病虫害的食物链，抑制病虫害数量的积累，同时，有利于作物间天敌种群的相互转移，增强农田生态系统对病虫害的自然控制能力。

3. 深翻改土　通过深翻，将本来在土壤深层栖息的有害生物个体翻至地表，破坏其潜伏场所，通过日光暴晒、低温冷冻或鸟类吞食而致死。同时，也可将本来在地表层栖息的害虫翻至深处，通过窒息或因次年不能出土而死亡。

4. 加强田间栽培管理

1）培育壮苗　某些病虫害以种苗等繁殖材料作为主要传播途径，带有病虫害的种苗是这些病虫害的传播扩散源，如小麦腥黑穗病、水稻恶苗病等。因此，选用无病的脱毒苗、进行种子消毒、培育壮苗，增强对病虫害的抵抗力，既减轻了大田发病的概率，又降低了喷施农药等的成本。

2）合理密植 病虫害的发生与田间小气候关系密切。如果大田种植密度过大，田间郁蔽，影响通风透光，造成湿度较高，就有利于大多数病害和喜荫好湿的虫害发生；而种植密度过稀，也会导致一些分枝特性作物如水稻、小麦等的生育期不一致，增加病虫为害的机会。

3）适时灌排 合理灌排不仅可以有效改善土壤的水、肥、气、热等条件，还可以有效地控制病虫害的发生与危害。例如，水稻烤田后的二化螟化蛹高峰期灌深水并保持2～3d，可以杀死大部分二化螟蛹；但积水过多或土壤湿度过大，也会加重水稻纹枯病等的发生。

4）合理施肥 某种矿质元素的缺乏或过多，均会导致作物生长发育异常，出现缺素症或贪青、早衰等，降低作物对病虫害的抗性。例如，氮肥过多，作物生长嫩绿，有利于病虫害的发生和危害；氮素缺乏时，作物生长瘦弱，导致叶斑病等的发生。施用未腐熟的有机肥，可以招致各种地下害虫的成虫产卵，导致地下害虫种群密度增加。

（四）物理防治

物理防治是指根据有害生物的某些生物学特性如趋光性、趋化性、趋热性和趋湿性等，利用简单工具和各种物理因素如光、热、电、温度、湿度和放射能、声波等，防治病虫害的措施。常用的方法有人工和机械捕杀、温度控制、诱杀、阻隔分离及微波辐射等。物理防治见效快，常可把病虫消灭在盛发期前，也可作为害虫大量发生时的一种应急措施。

（五）生物防治

生物防治主要是利用自然界或人工繁殖的天敌昆虫、有益生物、病原微生物及其代谢产物等，来控制病虫的发生为害。其特点是对人畜安全，不污染环境。随着人们对无公害食品的要求和环境保护的需要，生物防治技术前景非常广阔。

（六）化学防治

化学防治是利用化学药剂防治有害生物的一种防治技术。化学防治防效高、见效快，使用时受地域和季节的影响较小，使用方法灵活多样，在病虫害的防治中广泛应用，在综合防治中占有重要的地位。但由于化学防治长期不合理的使用，给环境带来了一定的负面影响，农药中有毒成分在环境中大量积累，造成了环境的污染，不仅对害虫天敌造成伤害，还时刻威胁着人畜的安全，也提高了农业种植的成本。单一地使用农药进行防治还导致病虫形成抗药性，造成病虫的再猖獗。因此，在使用农药过程中，要结合其他的防治方法，同时根据农药的剂型、防治对象的生物学特征、农作物的生育期、施药环境及当时的天气条件选择正确的使用方法、适当的使用浓度，减少使用的次数和浓度，减少农药残留，尽量避免伤害到害虫天敌。

二、杂草防除与作物安全生产

农田杂草是指生长在农田中的非栽培植物。杂草的危害是多方面的，它与作物争夺空间、水分、养分和光照；有些杂草能分泌有毒物质，抑制或毒害作物生长；许多杂草是病、虫害的中间寄主或媒介，有的又是作物的检疫对象，有的直接寄生于作物上，吸收寄主制造的物质而生活，因此，杂草直接影响作物的生长发育和产量、品质的形成。杂草具有结实量大、子实成熟期不一致、子实寿命长、子实传播途径多、营养繁殖能力强、种子发芽时期参差不齐、适应性强等习性，因此，具有分布广、蔓延快、为害重、防除难等特征。因此，必须坚持以农业防治为基础，物理、化学和生物等措施相互配合的综合防治措施，才能达到较好的防治效果。

（一）加强杂草检疫

做好杂草检疫是控制危险性杂草侵入、传出或扩散的重要手段。凡调出或引入的种子等必须经过检疫部门严格检查，确认无检疫性杂草时，方可调出或引入。

（二）农业防控

1. 作物轮作　通过作物轮作，可以改变杂草的生态环境，创造不利于杂草生长的条件，是防除杂草的有效途径之一，尤其是对一些伴生性杂草效果更好。在有水浇条件的地区，实行水旱轮作是既增产又灭草的重要轮作方式。例如，水田改种大豆，使适应水生或湿生环境的杂草如稗草、眼子菜等难以生存而被去除。

2. 土壤耕作　深翻可将土表杂草种子埋入深层土壤中，使之不能正常发芽出苗，从而减少杂草的发生数量。特别是有些多年生宿根性杂草，通过深翻破坏它们的根系，部分根状茎会被翻至地表，因得不到足够的水分而导致干枯，再加上翻后耙地，结合人工捡拾，效果更好。

3. 施用充分腐熟的有机肥料　有机肥料一般来源复杂，容易混有杂草种子，大量施用未经充分腐熟而含有草籽的肥料是农田杂草严重发生的原因之一。因此，有机肥料必须经过充分发酵腐熟才能施入农田。

4. 精选种子　许多杂草种子常混在作物种子里，随播种被带入大田。因此，在播种前严格进行精选，彻底清除杂草种子，是防除杂草的重要措施之一。

5. 中耕除草　中耕除草是常用而较为有效的除草方法，是及时清除农田杂草，保证作物正常生长发育的重要手段。中耕除草在作物一生中要进行多次，应根据杂草发生情况及时进行，做到除早、除小、除尽。在方法上，可以进行人工中耕和机械中耕。

（三）化学防控

化学除草方法简便、见效快、效果好，还可节省人力、物力和财力。但化学除草也有一些副作用，如使用不当对作物易产生药害，长期使用会诱导杂草的抗药性，高残效除草剂在土壤中残留时间过长易对后茬作物形成伤害等。因此，除草剂的使用必须严格按照技术要求、规范使用，以充分发挥其除草效果，尽量减轻副作用。

1. 除草剂的分类

1）根据作用方式　可分为选择性除草剂和灭生性除草剂。①选择性除草剂：有些除草剂能杀死某些杂草，而对另一些杂草则无效，对一些作物安全，但对另一些作物有伤害，具有这种特性的除草剂称为选择性除草剂。除草剂的选择性是相对的，是在一定对象、剂量、时间、方法和条件下的选择性。②灭生性除草剂：某些除草剂，不加选择地杀死各种杂草和作物，这种除草剂称为灭生性除草剂，如五氯酚钠、克芜踪、草甘膦等。

2）根据除草剂在植物体内的传导性　可分为触杀型除草剂和传导型除草剂。①触杀型除草剂：药剂与杂草接触时，只杀死与药剂接触的部分，起到局部的杀伤作用，植物体内不能传导。触杀型除草剂只能杀死杂草的地上部，对杂草的地下部或有地下茎的多年生深根性杂草则效果较差，如除草醚、百草枯等。②传导型除草剂：药剂被根系或叶片、芽鞘或茎部吸收后，能在植物体内上下传导，杀死杂草，如草甘膦、扑草净等。

3）根据使用方法　可分为土壤处理剂、茎叶处理剂和茎叶兼土壤处理剂。①土壤处理剂：在作物播种前或播种后出苗前，把除草剂喷撒于土壤表层或通过混土操作把除草剂拌入土壤中一定深度，建立起一个除草剂封闭层，以杀死萌发的杂草。除草剂的土壤处理除了利用生理生化选择性来消灭杂草之外，在很多情况下是利用时差或位差来选择性灭草的，如除草醚、西马津、阿畏达等。②茎叶处理剂：在杂草出苗后，用除草剂对杂草幼苗直接进行喷洒，利用杂草茎叶吸收和传导来消灭杂草，茎叶处理主要是利用除草剂的生理生化选择性来达到灭草保苗的目的。③茎叶兼土壤处理剂：可作茎叶处理，也可做土壤处理，如阿特拉津等。

2. 除草剂的使用方法　在农田化学除草中，正确使用除草剂不但节省成本，提高药效，而且可以保护作物，减少环境污染。

1）土壤处理　在播种前或播种后出苗前，选用土壤处理剂按一定浓度喷施到土壤上。施药后一般不需翻动土层，以免影响药效。但对于易挥发、光解和移动性差的除草剂，在土壤干旱时，施药后应立即耙混土层 3～5cm 深。

2）茎叶处理　在作物生长期间，选用相应的茎叶处理剂喷施，一般每公顷用药液 450kg 左右。

3）覆膜地施用除草剂　地膜覆盖栽培的作物，覆膜后除草不便，一般应在播种后覆膜前喷施除草剂，一般用药量要比常规地块减少 1/4～1/3。

除草剂的使用必须严格掌握使用剂量和使用时期，选择正确的施药方法，否则不仅影响除草效果，还有可能产生药害。

（四）生物防控

通过生物的手段，如动物、昆虫、病原物或寄生物来直接或间接地干扰或抑制杂草的生长发育，削弱杂草生长与繁殖的能力，破坏杂草植株整体或局部的组织结构。生物防控的目的是将杂草的发生和数量降低在经济阈值允许的水平之下，而不是从根本上消灭杂草、破坏自然的生物群落；该方法不污染环境，也不会危及人类自身的健康与安全。例如，在稻田养鱼，利用鱼类吃掉稻田的杂草。但到目前为止，还不是所有的杂草均能用生物的手段加以防控。

（五）生物技术在农田杂草防控中的应用

将生物中存在的抗除草剂基因和性状选择出来，培育出抗（耐）除草剂的作物品种，可以减少因除草剂使用导致的对作物的药害，提高安全性，并扩大现有除草剂品种的使用范围，延长它们的使用寿命，同时，降低开发和研制新型除草剂所需的巨额费用。例如，草甘膦是一种内吸传导式广谱灭生性除草剂，具有高效、低毒、无残留等特点，是目前应用最为广泛的除草剂品种之一。但因其所具有的非选择性，使其在应用中消除杂草的同时也使农作物同样受害，这就大大地限制了草甘膦的应用范围和时间。目前，已经培育成功的抗草甘膦转基因作物较好地解决了这个难题。

第二节　非生物逆境与作物减灾栽培

光、热、水、气等气象要素既是作物生活的必需因子，为作物生产提供了能量和物质来源，又构成了作物生存发展的基本环境条件。但是，气象要素的数量或强度只有在一定范围，作物才能够正常生长发育，超出适宜范围，作物生长发育和农业生产活动就会受到一定的影响，当严重到能造成显著的危害和经济损失时称为非生物逆境灾害。我国农业受灾损失的70%～80%都是由于非生物逆境灾害引起的。非生物逆境灾害可分为显性灾害和隐性灾害。显性灾害包括干旱、洪涝等，严重时造成农作物大面积减产甚至绝收。隐性灾害包括早霜、寒露风、高温、低温、阴雨寡照、渍害等，对作物生产的影响虽不像显性灾害那样容易察觉，但对作物生长发育和产量形成的影响却不可小视。随着全球气候变暖趋势的加剧，一些隐性灾害的影响呈上升态势，已经成为制约作物单产进一步提升及大面积均衡增产的重要因素。

一、干旱

干旱是在足够长的时期内，降水减少、水工程供水不足，致使土壤因蒸发而水分亏损，影响农作物正常生长发育而造成损害的一种农业气象灾害。尤其是在生长发育需水关键期，干旱往往给农作物带来严重危害。干旱是我国重要的气象灾害之一，发生范围广，出现频率高，对作物生产特别是夏季粮食作物生产影响较大。

（一）干旱的类型

1. 土壤干旱　由于长期降水稀少，又缺乏灌溉条件，以致土壤耕层水分长期得不到补充，能供作物吸收利用的有效水分日益亏缺，加之气温偏高，湿度偏低，土壤蒸发和作物蒸腾加剧，作物根系难以吸收足够水分补偿蒸腾消耗，使作物体内水分失去平衡而不能正常生长发育，终致遭受旱害。这是最常见的干旱类型。

2. 大气干旱　与土壤干旱不同的是，大气干旱往往是因为空气干燥、气温高、湿度低并且伴随较大的风力。大气干旱又称干热风，干热风袭来时，常使气温显著升高，湿度显著降低，使植物蒸腾过快，根系从土壤吸收的水分难以补偿，水分收支失衡而造成危害，严重时往往导致作物枯萎或死亡。

3. 生理干旱　不是由于大气干燥或土壤缺水，而是由于其他环境条件不良或农业技术措施不当，使作物根系吸水困难及体内水分平衡失调所引起的缺水伤害。

（二）干旱的预测预报

一般认为干旱是在高气压长期控制下形成的。在夏季影响我国干旱的主要是西太平洋副热带高压，在它的控制下，气流下沉增温，晴朗少云，形成连晴高温天气。干旱的预测预报就是根据本地区的气象资料和天气图，进行统计分析，从历史资料中找出规律，从实际观测中进行认真细致的分析，结合实际工作经验，进行综合判断，加以预报。干旱灾害按照区域耕地和作物受旱的面积与程度，以及因干旱导致饮水困难人口的数量，分为轻度干旱、中度干旱、严重干旱、特大干旱 4 级。

（三）抗旱性

不同作物对干旱的忍受力或抗性不同，同一作物不同类型、不同品种的抗旱性差异也很大。作物抗旱能力的强弱主要取决于形态特征和生理特性两个方面。根据作物生长发育的特点，可以将作物的抗旱性划分为逃旱性、御旱性和耐旱性。

1. 逃旱性　是在土壤发生严重水分亏缺之前作物完成其生活史的能力，包括迅速的物候发育和发育的可塑性。例如，沙漠植物在遇到降雨时，就能够迅速萌发并发育，充分利用有限的水分完成生活周期，从而逃避了干旱，熬过漫长的无雨期。

2. 御旱性　也称高水势下的耐旱性，指干旱条件下作物保持体内充足水分的能力，包括水分损失的限制和水分吸收的维持。通过减少作物群体对太阳辐射的截获能够帮助减少水分损失，减少群体的蒸腾面积，即叶面积也能够在一定程度上减少水分丢失，但是同样可能导致群体光合能力下降。构建强大的根系和提高水分由根系向地上部的传导可以实现水分吸收的维持。

3. 耐旱性　是作物忍受低水势和耐脱水的能力，包括两种机制：一种是使植物适应低水势并维持生长发育及生产的机制，另一种是使作物熬过并从严重干旱中恢复过来的机制。第一种机制的核心是维持膨压，第二种机制的核心是作物的耐干性。

（四）干旱的防控技术

1. 选用耐旱作物和抗旱品种　在经常发生干旱的地区，根据干旱发生规律，因地制宜地选种耐旱作物如谷子、甘薯、花生等。据测定，每生产 1g 生物量的需水量，谷子为 300g，高粱为 320g，玉米为 370g，小麦为 540g。同时选用节水、抗旱的高产、优质品种，以提高水资源的利用率。

2. 蹲苗锻炼　蹲苗就是在作物幼苗期，人为地适度减少水分供应（不浇水或少浇水），使幼苗经受缺水的锻炼，蹲上促下，以提高作物生育中后期的抗旱能力。

3. 耕作保墒　采取适时耕翻、耱耙、镇压、中耕、保护性耕作等一系列蓄水保墒措施，改善土壤结构状况，减少水分蒸发，增加降水入渗，增加土壤的贮水量，以提高水分利用率。

4. 覆盖栽培　采用塑料地膜、可降解液体地膜、秸秆或其他覆盖物进行覆盖，抑制土壤蒸发，改善土壤理化性状，可提高水分利用率，促进作物增产。

5. 合理灌溉　根据作物在生长发育各个阶段的需水规律，适时适量灌排，重点保证作物需水临界期的供水。推广非充分灌溉技术,限制对作物的水分供应。有条件的地方,推行先进的喷灌、滴灌、地下灌溉等方法,并采用计算机控制,减少水分浪费。

6. 搞好农田基本建设 植树造林,绿化荒山、荒地,因地制宜修建中小微型蓄水、引水、提水工程和雨水集蓄利用工程,这是防御旱涝灾害的根本途径。

二、涝渍

由于排水不畅或者地下水位上升等,土壤水分饱和,严重缺氧,作物的生长会受到影响,严重时会生长停止甚至死亡。根据土壤水分含量的高低,把水分过多对作物造成的危害分为涝灾和渍涝。涝灾是指地面上产生积水,淹没部分或全部作物所造成的伤害;渍涝是指土壤水分达到饱和时对作物的危害。涝灾可能在各个地区普遍发生,只要在发生暴雨或者雨量连续集中的情况下,都有可能淹没农田,出现暂时或较为持久的涝渍现象。短期涝渍不会对作物产量产生较大影响,长时间的涝渍则会对作物影响很大。

(一)涝渍对作物的影响

涝渍造成的缺氧显著降低作物的生物量。土壤水分过多或积水时,作物生长便很快停止,叶片自下而上开始萎蔫,接着枯黄脱落,根系逐渐变黑,整个植株不久就枯死。

(二)作物抗涝性

作物对水分过多的适应能力称为抗涝性。作物对于水分过多引起的土壤缺氧也有一定的适应性。如果是逐步淹水引起土壤中的氧慢慢下降,则作物根系也相应木质化。这种木质化的细胞吸收养分和水分虽比较困难,却也限制了还原物质的侵入,故木质化的根对土壤还原物有较强的抗性,耐湿性增大。例如,麦类在逐步淹水的情况下,其根随土壤还原性的增加,木质化从表皮向中柱渐次扩展,外皮层和皮层都发生木质化,耐湿性增大。作物的抗涝能力受到很多因素的影响,且不同作物对涝渍胁迫的反应不同。作物抗涝性的强弱取决于作物形态结构和生理代谢上对缺氧的适应能力。地上部向根系供氧能力的大小,是决定抗涝性的主要因素。而茎叶向根供应氧的能力与植物体内通气组织,特别是根的结构有密切关系。水稻之所以能在较长期的淹水条件下生长,就是由于水稻根表皮下有显著木质化的厚壁细胞,而且具有从叶向根输送氧气的通气组织,使根系不断地取得氧气。此外,根系向土壤分泌氧以适应土壤的还原状态,因为水稻根系分泌的氧使根际的氧化-还原电位反而较根外土壤高,这样水稻就可以适应土壤的还原状态。有些旱地作物的耐涝性也较强,如高粱、食用稗等。

作物的抗涝性可以分为逃避、忍耐和二者兼而有之。短期缺氧(如大雨后)时只要有忍耐机制就可以维持作物生长。但是,当土壤长期处于涝渍状况时,作物就必须拥有逃避机制。作物适应永久性淹水土壤的关键就是逃避胁迫的能力。

(三)作物抗涝渍技术

1. 改革耕作制度 在低洼易涝地区,改种喜水耐涝型作物如水稻,变水害为水利。

2. 控制地下水位 将排水区由设计暴雨形成的地面水排除后,地下水位应当尽快在旱地作物耐渍时间内排降到农作物耐渍深度以下，从而减轻或消除土壤水分过多或通气不良所产生的渍害。

3. 涝灾后降渍排涝　当实际发生的暴雨不超过设计暴雨时，即农田的淹水深度和淹水历时均不超过农作物正常生长所允许的耐淹深度和耐淹历时，要及时降渍排涝。排水方式一般有水平排水、垂直排水两种，水平排水主要指明沟排水和暗管排水，垂直排水也称竖井排水。在洪涝灾害发生过程中，要利用退水清洗沉积在植株表面的泥沙，同时要扶正植株，让其正常进行各种生理活动，尽快恢复生长。在洪涝灾害过后，必须迅速疏通沟渠，尽快排涝去渍。还要及时中耕、松土、培土、施肥、喷药防虫治病，加强田间管理。如果农田中大部分植株已死亡，则应根据当地农业气候条件，及时改种其他适当的作物。

三、冷害

作物生长发育需要最适宜的温度，尤其是作物的开花期对温度更为敏感，过高过低对作物生育均有不利影响。冷害是指温度不低于 0℃，但连续几天低于某种作物生育期中某一阶段的下限温度而使作物受到伤害，是农业生产上主要气象灾害之一。例如，在北方地区，7～8 月的日平均气温骤然降到 20℃以下时，有些作物就会遭受冷害。

（一）冷害的类型

冷害有障碍型、延迟型、混合型等。障碍型指作物生殖生长期间遇低温使生理过程发生障碍造成不育而减产。延迟型指因持续低温作物生长发育延迟，不能在霜前正常成熟而减产和降低品质。混合型指两者同时发生，危害更大。

（二）冷害的防控技术

1. 改良作物品种　通过选育耐低温的早熟、高产品种，提高作物耐冷性，以便获得高产。还可通过遗传工程，把耐寒基因导入目标作物，增强其耐寒能力，则更为经济有效。

2. 低温锻炼　让作物在一定的低温条件下，经过一定时间的锻炼，提高其抗冷能力。如棉花、甘薯育苗时，在移栽前常采用低温炼苗，以提高幼苗在大田条件下的抗寒能力。

3. 采取配套的栽培措施　如通过调整作物播期，使作物的关键生育时期，特别是禾本科作物幼穗分化、孕穗到抽穗扬花期，避开低温冷害的危害；南方地区采用塑料薄膜覆盖育秧，增加温度，并且在低温冷害即将发生的时候，采取稻田灌水，起到以水增温的作用；北方地区采用地膜覆盖种植，增温保墒；在春季低温季节，加强中耕松土，可以提高地温；适当增施磷、钾肥，少施速效氮肥，或用磷酸二氢钾喷施叶片，也可减轻作物的冷害。

4. 使用化学药剂　某些化学药物可以诱导作物提高抗寒性，如棉花、玉米种子播前用福美双处理，可提高幼苗的抗冷性。

四、冻害

冻害指当温度降至 0℃以下，作物组织发生冰冻而引起的伤害。我国作物冻害主要发生在冬、春季节，从冻害发生的时间可以分为初冬冻害、严冬冻害和早春冻害 3 类。受冻的大田作物主要是越冬作物如冬小麦、油菜等。冬小麦冻害最严重的地区是华北、黄土高原和新疆北部，其次是黄淮平原和新疆南部。油菜以华北南部和黄淮平原为最严重。

作物冻害的防控主要做好以下几个环节。

（一）选用抗、耐冻的作物和品种

选用抗、耐冻的作物和品种是避免或减轻作物冻害的一项十分重要的措施。应根据当地冬、春季节的生态条件尤其是温度条件，布局喜凉耐寒型或喜凉耐霜型作物。同时，还应根据当地生产条件，选用作物品种。例如，华北北部及新疆冬麦区冬季气候严寒，必须栽培抗寒性较强的冬性小麦品种，而在华北平原的南部则可栽培抗寒性较弱的半冬性或春性小麦品种。

（二）培育壮苗

一般遭受冻害的大田作物主要是越冬作物，因此，在冬前培育壮苗是增强抗冻性的基础。主要是通过适期播种、提高播种质量、加强肥水管理来培育冬前壮苗。多施有机肥和磷、钾肥作底肥，有利于作物苗期生长健壮。适时冬灌可增加土壤水分，稳定地温，也可减轻冻害。

（三）农田覆盖

冬、春低温季节，使用草木灰、秸秆、有机肥等对作物进行覆盖，可以明显提高地温，增加土壤含水量，可以明显减轻冻害。

五、高温热害

当温度超过作物正常生育要求的上限温度而对作物造成的损害就是高温热害。不同作物和同一作物的不同发育期的高温热害指标有所不同。水稻一般把高温热害标准定为连续 3d 或 3d 以上日平均气温≥30℃，小麦一般定为连续 3d14：00 的气温≥30℃。在我国，高温热害主要发生在夏季，一般表现为夏收作物小麦籽粒灌浆期高温逼熟和秋收作物水稻的开花受精期的高温为害。有时高温、低湿和大风等灾害天气同时发生，形成“干热风”天气，危害更大。

高温热害的主要防控措施如下。

（一）培育和选用耐高温品种

品种间在耐高温能力上存在一定差异，在经常发生高温热害的地区，培育和选用耐高温品种是最为有效的措施。

（二）改进栽培技术

如栽培水稻时，应掌握气候规律，合理调整播期，使抽穗开花期尽量避开高温天气。小麦应适时播种，避免晚播，力争在高温到来之前有充足的灌浆时间。还要注意在作物对水分最敏感的生殖发育阶段保证供水充足，以水调温。水稻开花到灌浆时期注意保持田间水层，有利于保持相对湿度，有时日排夜灌，并注意适时落干，防止断水过早。小麦灌浆期注意浇好灌浆水，避免高温逼熟。

（三）叶面喷肥

在高温可能出现时，叶面喷肥，能起到护根保叶，减轻高温热害的效果。水稻可在高温天气喷洒 3%的过磷酸钙溶液，小麦在灌浆期喷施 0.2%磷酸二氢钾和细胞分裂素类生长调节剂。

六、风灾倒伏

大风可以造成大田作物倒伏、落粒、落果及传播植物病虫害等危害，其中最为普遍的是大风造成作物倒伏。作物倒伏除受到外界风、雨等气候因素影响外，作物本身抗倒伏能力也是重要的内因。作物倒伏后打乱了叶片在空间的正常分布秩序，破坏了植物的群体结构，使叶片的光合效率锐减，产量大减甚至造成绝产。

防止倒伏的主要措施如下。

（一）搞好绿化造林

在强对流天气灾害多发地区，绿化荒山，种植农田防护林，以减轻大风形成的灾害。

（二）选用抗倒性强的作物种类和品种

在强对流天气灾害多发区，选种根茎类抗倒伏性强的作物。同时，注意选用茎秆粗壮、坚韧，根系发达的作物品种。

（三）改进栽培技术

1. 合理密植 随着种植密度的提高，作物冠层透光性变差，节间茎秆壁变薄，硬度下降，增加倒伏的可能性。合理密植不至于造成田间过度密闭，增加作物冠层下部的通风透光，增加作物对大风的抵御能力，从而减轻倒伏的发生。

2. 肥水运筹 氮肥施用过多往往造成作物生长过快，冠层密闭，遇到大风天气极易倒伏。多施有机肥和磷肥、钾肥有利于作物健壮生长，提高抗倒能力。同时，要注意灌溉的时机，灌后遇大风天气可增加倒伏的概率。

3. 应用植物生长调节剂 在作物生长发育的某些时期如禾谷类作物的起身期应用植物生长延缓剂或抑制剂，可以有效地抑制节间伸长，促进茎壁增厚，机械组织更为发达，大大提高作物抗风抗倒能力。目前，应用较多的有多效唑、缩节胺、比久等。

（四）倒伏后的补救措施

作物倒伏后，应根据不同灾情、不同作物、不同生育期的抗灾能力等，及时采取补救措施，减少损失。一般大风伴有降雨造成倒伏，容易造成泥沙埋压作物，要清洗沉积在植株表面的泥沙，同时要尽量扶正、稳固植株，让其尽快恢复生长。对倒伏严重、直立困难的植株可采用各种绳类、树枝作为支撑。

第三节　土壤障碍与改良

土壤障碍是指因土壤使用和管理不当，导致土壤状况恶化，产生各种土壤障碍因子而影响作物的生长发育。例如，不当的种植制度，不当化肥、农药使用，不当的灌排水，不当的农机具作用，不当农用物资的使用等，常常造成土壤有机质减少，土壤结构破坏，农田耕层变浅，土壤物理性状变差，土壤生物活性和保肥、保水能力降低，土壤吸附能力下降，可塑性、缓冲性、抗逆性减弱。土壤状况急剧恶化，成为严重影响作物生长发育的限制因素和主要障碍因子。

一、土壤障碍

在自然土壤、大田栽培和设施栽培等条件下均可发生土壤障碍。土壤障碍可以分为土壤连作障碍、土壤酸化障碍和土壤养分缺乏与过剩障碍 3 种类型。

（一）土壤连作障碍

在同一地块连续多茬种植相同作物（连作），作物往往表现出生长不良、产量降低和品质变劣，病虫害发生频繁，这种现象称为连作障碍。

（二）土壤酸化障碍

绝大多数作物适于在中性土壤环境中生长。在大田栽培条件下，多次连续施用硫酸铵、氯化铵，可使土壤迅速酸化，pH 明显下降，构成了作物栽培的土壤障碍。土壤偏酸或偏碱对农作物都有不良影响，一是影响作物根系的生长；二是影响土壤养分的有效性，养分溶解度低；三是影响微生物的活动与繁殖，不利于土壤养分的转化。

（三）土壤养分缺乏与过剩障碍

作物缺乏任何一种必需元素或某一营养元素过量，生理代谢就会发生障碍，生长发育受阻，进而影响产量和品质的形成。

1. 土壤氮素障碍　作物对土壤氮素的丰缺状况极为敏感，氮的营养失调对作物的生长发育、产量和品质有着深刻的影响。作物在不同生育时期表现出不同的缺氮症状，在营养生长期，作物以根、茎、叶生长为中心，土壤缺氮时作物出叶速度慢，叶片小而少，呈浅绿色或淡黄色，分蘖、分枝少，根系少而长；作物生殖生长期以开花结实为中心，土壤缺氮时作物下部老叶提早枯落，上部叶片生长缓慢，植株矮小，茎秆纤细，纤维素增多，组织老化；土壤缺氮易导致成熟期作物早衰或过早成熟，结实率降低，籽实少，产量低，品质差。当土壤氮素供应过多时，往往导致作物氮素的奢侈吸收，体内过多的氮主要以非蛋白质态氮的增加为主，植物组织柔软多汁，使作物容易倒伏和发生病危害；体内过多的氮增加细胞内氨基酸的积累，促进细胞分裂素形成，作物长期保持嫩绿，延迟成熟。土壤氮过量可导致禾谷类作物苗期氮营养过剩，作物出叶迅速，叶色浓绿、多汁，分蘖期长，分蘖多；拔节、孕穗期氮过剩，节间拉长，植株徒长，叶片软披，分蘖继续发生，颖花稀疏；作物成熟期灌浆慢，贪青晚熟，成穗率低，结实性差，空秕率增加，千粒重下降，经济产量降低。

2. 土壤磷素障碍 土壤缺磷时作物缺磷症状相当复杂，常表现为生长迟缓，植株矮小，结实状况差。作物种类不同，缺磷的症状也有差异，禾谷类作物缺磷时表现为分蘖小或不分蘖，分蘖的抽穗均延迟，甚至整个生育期都会延迟，株型瘦小直立，出现生长停滞现象，叶片灰绿并可能出现紫红色，尤其是背面，抽穗后则表现为穗小、粒少、籽瘪，根系发育不良，次生根少；油菜缺磷时，叶面积小，叶色暗绿，茎、叶柄和叶的背面略显紫红色，抽薹开花延迟，分枝小，果荚瘦小且易脱落，籽粒不饱满，出油率低；棉花缺磷则易落花落蕾，成桃少，吐絮期推迟。磷肥施用过量时，作物的无效分蘖和瘪籽增加，叶片肥厚而密集，叶色浓绿，植株矮小，节间过短，生长明显受到抑制；作物繁殖器官成熟进程加快，并由此而导致营养体小，茎、叶生长受到抑制，反而降低产量；地上部生长受抑制的同时，根系十分发达，表现为数量多但短粗；作物吸收磷酸盐过多还可能会妨碍锌、铜、铁等微量元素的吸收和运输，引起植物对这些元素的营养不良反应。

3. 土壤钾素障碍 钾在作物体内流动性大，且可再利用，故在缺钾时老叶上先出现缺钾症状，再逐渐向新叶扩展，如新叶出现缺钾症状，则表明土壤严重缺钾。缺钾的主要特征，通常是老叶的叶缘先发黄，进而变褐，焦枯似灼烧状。叶片上出现褐色斑点或斑块，但叶中部、叶脉处仍保持绿色。随着缺钾程度的加剧，整个叶片变为红棕色或干枯状，坏死脱落。有的植株叶片呈青铜色，向下卷曲，叶表面叶肉组织起凸，叶脉下陷。

土壤钾过量虽不易直接表现中毒症状，但可能影响各种离子间的平衡，还要浪费化肥用量，降低施肥的经济效益。偏施钾肥，引起土壤中钾的过剩，还会抑制植物对镁、钙的吸收，促使出现镁、钙的缺乏症，影响产量和品质。因此，合理施用钾肥必须根据植株及土壤中钾的丰缺状况而定。

4. 土壤钙素障碍 缺钙时作物生长受阻，节间较短，因而一般较正常生长的植株矮小，而且组织柔软。缺钙植株的顶芽、侧芽、根尖等分生组织首先出现缺素症，易腐烂死亡，幼叶卷曲畸形，叶缘开始变黄并逐渐坏死。

5. 土壤镁素障碍 作物对镁的吸收量平均为 $10\sim25\text{kg/hm}^2$。由于镁在韧皮部的移动性较强，缺镁症状常常首先表现在老叶上，如果得不到补充，则逐渐发展到新叶。禾本科作物缺镁时，叶基部叶绿素积累出现暗绿色斑点，其余部分呈淡黄色；严重缺镁时，叶片褪色而有条纹，特别典型的是在叶尖出现坏死斑点。缺镁对根系生长的影响要比地上部大得多，从而导致根冠比的降低。缺镁时，贮藏组织(如马铃薯块茎)的淀粉含量和谷物的单穗粒重均下降。缺镁造成豆科植物根瘤中碳水化合物供应量降低，从而降低固氮率。

6. 土壤硫素障碍 作物需硫量因作物的种类、品种、器官和生育期不同而异。一般认为，当作物生物量中硫含量低于 0.2%时，便会出现缺硫症状。缺硫作物外观症状与缺氮很相似，但发生部位有所不同。缺硫症状往往先出现于幼叶，而缺氮症状则出现于老叶。缺硫时幼芽先变黄色，心叶失绿黄化，茎细弱，根细长而不分枝，开花结实推迟，果实减少。缺硫不但造成作物营养体内蛋白质含量的下降，而且使籽粒中蛋白质含量明显降低。此外，缺硫禾谷类作物籽粒中半胱氨酸含量的下降，会明显地影响面粉的烘烤质量。

7. 土壤微量元素障碍

1）*硼* 一般需硼多和对硼敏感的作物容易缺硼，不同种类的农作物缺硼症状不同，但共同特征是植株矮小，茎节间短粗，顶端生长受阻而枯死，茎和叶柄表面增厚并木栓化，根系发育不良，有时只开花不结实，生育期推迟等，如油菜的"花而不实"，棉花的"蕾而不花"，大豆的"芽枯病"等。作物硼中毒主要集中在叶间或叶缘，先是叶间或叶缘褪绿，接着出现坏死斑点，最后全叶枯萎脱落。

2）锌　作物缺锌的共同特点是叶片失绿，光合作用减弱，节间缩短，植物矮小，生长受抑制，产量降低。禾本科作物缺锌易形成"白苗病"。在锌矿区附近，或过多地施用含锌矿渣及农药，有时也会引起作物中毒，其症状为叶片失绿，新叶发生黄化，进而产生赤褐色斑点，严重时完全枯死。

3）锰　对锰敏感的作物有很多，其中以小麦和大麦最为重要。土壤缺锰时，首先在作物新叶叶脉间失绿黄化，而叶脉和叶脉附近保持绿色，脉纹较清晰。严重缺锰时，叶脉间出现黑褐色斑点，进而斑点增多扩大，遍及整个叶片。

4）钼　缺钼首先在作物中部和较老叶片上出现黄绿色，叶片边缘向上卷曲形成杯状，叶片变小，叶面带有坏死斑点（硝酸盐积累的缘故）。十字花科植物对钼很敏感，在钼严重缺乏时，叶肉不能形成，只有叶脉。钼过量也会引起作物中毒，但症状不多见，因为作物对钼的忍耐力很强。

5）铁　作物缺铁症状首先从上部幼叶开始显现，幼叶叶脉间失绿黄化，而叶脉仍保持绿色，黄绿相嵌呈网纹状，以后完全失绿，甚至整个叶片呈黄白色，而下部的老叶仍保持正常绿色。在土壤淹水或水稻田嫌气环境下，由于氧化还原时电位低，亚铁离子浓度提高，使作物体内积累过多的亚铁而引起中毒。铁中毒的症状在不同作物上表现不同，如水稻亚铁中毒时先从下部叶片尖端出现褐色斑点，逐步向整个叶片扩展，最后上部叶片也出现症状，严重时下部叶片转变为灰白色或白色；而烟草亚铁中毒时叶片变为褐色或紫色。

6）铜　当作物体内铜的含量小于 4mg/kg 时，就有可能缺铜。麦类作物对铜最为敏感，最容易出现缺铜症状。禾本科作物缺铜表现为植株丛生，顶端逐渐变白，症状通常从叶尖开始，严重时不抽穗，或穗萎缩变形，结实率降低，或籽粒不饱满，甚至不结实。当作物含铜量大于 20mg/kg 时就可能中毒，铜中毒的症状是新叶失绿，老叶坏死，叶柄和背面出现紫红色。

7）氯　作物缺氯轻时表现为生长不良，严重时表现为叶片失绿、凋萎。在大田中很少发现作物缺氯症状，因为即使土壤供氯不足，作物还可从雨水、灌溉水、大气中得到补充。各种作物对氯的敏感程度不同，大麦、玉米的耐氯能力强，而烟草、马铃薯和一些豆科作物的耐氯能力弱，易遭受毒害。在通常情况下，氯的危害虽不会达到出现可见症状的程度，但却会抑制作物生长，并影响产量。

二、土壤污染

土壤是人类赖以生存的重要自然环境，土壤本身具有较强的净化能力，但当土壤中某种有害物质含量过高，超过了土壤的净化能力时，土壤微生物的生命活动就会受到抑制和破坏，进而导致土壤遭受污染。污染物质通过土壤→植物→动物→人体的食物链，使动植物和人类严重受害。

（一）土壤污染物

土壤污染物主要包括重金属、有机污染物、放射性物质及病原菌等，它们对粮食安全和人类生存环境产生严重的影响。对土壤污染的主要重金属元素为 Cd、Pb、Cu 和 As。Cd、Pb 主要是在土壤残毒累积以致对作物食物链的污染，而 Cu、As 则主要表现为对作物生长的生理危害。我国土壤污染以 Pb、Cd 为主，Pb 在水中的溶解度极低，一般情况下对土壤的污染不是来自于灌溉水，而是工厂的大气污染或铁路、公路两侧的污染；Cd 则主要以灌溉水形式进入农田造成对土壤、粮食的污染。

这些污染物在环境中经常是由于两种或多种污染物共同存在，从而产生复杂的生态环境效应。土壤复合污染较之单一污染来说，由于污染物的交互作用，其环境效应可能会产生变化。土壤复合污染形式多样，包括有重金属复合污染，重金属与养分、重金属与有机污染物复合污染及有机复合污染等。

（二）土壤污染的治理与生物修复

1. 农药、化肥所致土壤污染的治理与修复　不合理施用化肥、农药往往是导致土壤污染的主要原因。因此，要从根本上解决好农药、化肥所致土壤污染的问题，关键是要以可持续发展、生态的观点进行农事操作，不要只关注作物的产量，还要关注农产品与环境的质量与安全性，科学用肥、用药。对于已发生污染的土壤，一方面可通过种植非食用性植物、灌排水、施用农药与化肥降解物及客土等措施改良与治理污染土壤，另一方面可通过生物修复途径加以治理。

2. 金属、放射性及有机物所致土壤污染的治理与修复　由于土壤及地下水的污染呈日益加剧的趋势，近年来对土壤重金属及有机污染的植物修复研究日渐增多。尽管植物修复技术已分别应用于金属、放射性及有机污染环境，但更多的工作及报道似乎集中在重金属超积累植物的寻找及金属污染的植物修复方面。基于根际环境中有机污染物的微生物降解及植物本身对污染物的吸收迁移及转化，土壤有机污染的植物修复越来越受到重视。有机物污染的植物修复研究主要集中在氯代溶剂、炸药、石油烃类三大类化合物上，但近年来也开始利用植物修复的潜力治理多环芳烃（PAH）及多氯联苯（PCB）等的污染。

金属污染土壤的植物修复是利用植物修复金属污染土壤环境技术的总称。它通过植物系统及其根际微生物群落来移去、挥发或稳定土壤中的重金属，已成为一种修复金属污染土地经济、有效的方法。但需要注意的是，由于高浓度的重金属污染对植物的毒害作用，导致较低水平的植物生产量，从而可能降低植物修复的效率。根据其作用过程与机制，金属污染土壤的植物修复技术可归为植物吸取、植物稳定、植物挥发 3 种类型。

有机污染的植物修复包括直接植物修复与体外植物修复两种策略。直接植物修复类似于金属污染的植物修复，通过植物对污染物的直接吸收，主要受到目标化合物的可利用性及植物的摄取机制的限制。体外植物修复是基于植物根系的分泌作用，支持根际丰富的微生物多样性及其对污染物的降解活性，也是目前有机污染物植物修复研究开发的主要方向。另外，植物还可分泌多种酶类进入土壤，这些酶类中有很多能够降解有机污染物。植物来源酶对环境外来污染物降解能力的开发无疑将是植物修复发展的又一条重要途径。然而,终究还只有少数有机污染物能被植物单独完全矿化为二氧化碳和水,相对于细菌对有机污染物的降解尚有明显不足。另外,植物对有些有机污染物的代谢产物可能更具毒性,进入环境而难于调控,也限制了有机污染植物修复的应用。

以植物为基础的土壤污染生物修复通常是由于与植物根际紧密相连的微生物的作用,这种依赖于根际的变化而使土壤中微生物群落发生变化,可能是对土壤污染成功进行生物修复的基本过程。可见根系分泌物、根际微生物相互关系在土壤污染生物修复中具有非常重要的地位与作用。

三、盐碱地改良

盐碱土是盐土、碱土和盐化土、碱化土的统称。只有土壤含盐量、碱化度达到一定量时,才称为盐土或碱土。盐土是指可溶性盐含量过高(0.3%以上)的土壤,可溶性盐主要指钠、钾、钙、镁等的硫酸盐、氯化物、碳酸盐和重碳酸盐。其中,硫酸盐和氯化物一般为中性盐,而碳酸盐和重碳酸盐为碱性盐。盐土广泛分布于黄淮海平原、松嫩平原、辽河平原、内蒙古高原东部,以及沿海的滨海地带。碱土一般不含或只含少量可溶性盐分,而含有较多的交换性钠,碱性反应较强(碱化度 20%以上),对作物毒害严重。碱土零星分布在东北松辽平原、内蒙古东部、甘肃、宁夏和新疆境内。

(一) 盐碱土的危害

1. 盐分的直接毒害作用　当土壤中盐分含量增多,某些离子浓度过高时,会对作物产生毒害作用,如碳酸盐和重碳酸盐等碱性盐类,对作物幼芽、根和纤维组织有很强的腐蚀作用。同时,高浓度的盐分破坏了作物对养分的平衡吸收,造成作物某些养分缺乏而发生营养紊乱。例如,过多的钠离子会影响作物对钙、镁、钾的吸收,高浓度的钾又会妨碍对铁、镁的摄取,结果导致诱发性的缺铁和缺镁症状。

2. 导致植物“生理干旱”　当土壤中可溶性盐含量增加时,土壤溶液的渗透压提高,导致作物根系吸水困难,轻则使作物生长发育受阻,重则使作物体内的水分发生“反渗透”,凋萎死亡。

3. 降低土壤养分的有效性　盐碱土中的碳酸盐和重碳酸盐等水解时,呈强碱性反应,高 pH 条件会降低土壤中磷、铁、锌、锰等营养元素的溶解度,从而降低了土壤养分对作物的有效性。

4. 恶化土壤的物理性质和生物学性质　当土壤中含有一定量盐分时,特别是钠盐,对土壤胶体具有很强的分散能力,使团聚体崩溃,土粒高度分散,结构恶化,导致土壤湿时泥泞,干时板结坚硬,通气透水性不良,耕性变差。同时,不利于微生物活动,影响土壤有机质的分解与转化。

(二) 盐碱土改良与利用

盐碱土的特点是“瘦、死、板、冷、渍”。“瘦”指盐碱土的肥力水平较低,“死”指土壤中微生物数量极少,“板”指土壤板结,耕性和通透性较差,“冷”指土壤温度较低,“渍”指土壤含盐碱量大。应当因地制宜,综合治理盐碱土。可采取水利改良、农业改良和化学改良等措施改良盐碱土。盐碱土形成的根本原因在于水分状况不良,所以在改良初期,重点应放在改善土壤的水分状况上面。一般分几步进行,首先排盐、洗盐,降低土壤盐分含量;再种植耐盐碱的植物,培肥土壤;最后种植作物。

1. 水利改良措施　盐碱土存在的问题是易溶盐含量过高,因此,需大力开展农田基本建设,兴修水利,开沟排水,修建台田条田,降低地下水位,引淡水灌溉,排水洗盐。根据"盐随水来,盐随水去"的规律,把水灌到地里,保持一定深度的水层,使土壤中的盐分充分溶解到水中;再利用排水沟把溶解的盐分排走,从而降低土壤的含盐量。对地势低洼的盐碱地块,通过挖排水沟,可以带走部分土壤盐分。

2. 农业改良措施　农业改良措施主要包括以下几种。

1）土壤耕作技术措施　具体包括以下几种方法:一是客土法,即从别处运来土壤,覆盖在原有耕作层上,再结合开沟降低土壤含水量;二是勤中耕,目的在于切断毛管孔隙,减少随土壤水分上移的盐分;三是集成应用深松耕技术和中耕技术,降低苏打盐碱土容重,促进作物根系发育。实施程序为原垄垄沟深松 40cm→撒施底肥→破开原垄合成新垄→中耕时垄沟深松 30cm。该技术具有降低盐碱影响、显著增产的作用,是改良苏打盐碱土(盐类以碳酸盐或碳酸氢盐为主的盐碱土)的有效耕作方法。

2）耕作制度改进　一是种植耐盐植物和牧草、绿肥作物等;二是采用轮作、间套作,尤其是水旱轮作,将水稻引入种植体系,可以起到淡化盐浓度、随水排盐等作用。

3）培肥改良　通过种植绿肥、增施有机肥等途径培肥地力,促进作物生长发育,利用腐殖质吸附盐离子,缓解盐碱危害。

3. 化学改良措施　化学改良措施即通过施用化学物质改良盐碱土的方法。此类化学物质主要有石膏、硫磺、磷石膏、亚硫酸钙、硫酸亚铁或氯化钙、白垩粉、尿素、甲醛树脂等。其改良原理主要在于酸碱中和降低土壤 pH,利用钙离子交换土壤胶体上吸附的钠,使土壤交换性钠含量降低,从而降低土壤的碱化度,使土壤的强碱性得到改善。

事实上,可以综合应用以上措施进行盐碱土改良,如播种牧草或种水稻与施石膏等相结合,施石膏与引淡水冲洗相结合等。一般需结合本地区条件,因地制宜,合理采用改良措施。

主要参考文献

白朴. 2003. 农作物的栽培环境. 北京：中国环境出版社.

北条良夫. 1983. 作物的形态与机能. 北京：农业出版社.

蔡晓明，尚玉昌. 1995. 普通生态学(下册). 北京：北京大学出版社.

曹凑贵. 2002. 生态学概论. 北京：高等教育出版社.

曹敏建. 2007. 耕作学. 北京：中国农业出版社.

曹卫星，郭文善，王龙俊，等. 2005. 小麦品质生理生态及调优技术. 北京：中国农业出版社.

曹卫星，罗卫红. 2003. 作物系统模拟及智能管理. 北京：高等教育出版社.

曹卫星，朱艳，田永超，等. 2006. 数字农作技术研究的若干进展与发展方向. 中国农业科学，39(2)：281-288.

曹卫星，朱艳. 2005. 作物管理知识模型. 北京：中国农业出版社.

曹卫星. 2001. 作物学通论. 北京：高等教育出版社.

曹卫星. 2005. 农业信息学. 北京：中国农业出版社.

曹卫星. 2006. 作物栽培学总论. 北京：科学出版社.

曹显祖，朱庆森. 1987. 水稻品种的库源特征及其类型划分的研究. 作物学报，13(4)：265-272.

陈奇恩. 1986. 棉花地膜覆盖栽培的原理及技术. 上海：上海科学技术出版社.

陈奇恩. 2002. 旱地农业实用技术. 北京：金盾出版社.

程纯枢. 1991. 中国的气候与农业. 北京：气象出版社.

程梓华，凌桂录，胡家鼎. 1991. 水稻生产的灾害与减灾对策. 北京：海洋出版社.

崔读昌. 1998. 中国农业气候学. 杭州：浙江科学技术出版社.

戴万宏，刘军，王益权，等. 2002. 不同培肥措施下土壤 CO_2 释放及其动力学研究. 植物营养与肥料学报，8(3)：292-297.

丁颖. 1957. 中国栽培稻种的起源及其演变. 农业学报，8(3)：243-260.

丁振麟. 1965. 气候条件对于大豆化学品质的影响. 作物学报，4(4)：313-320.

东先旺，刘春风，邵泽广，等. 1995. 夏玉米掖单 21 号高产群体结构的研究. 莱阳农学院学报，12(4)：261-264.

董树亭. 2003. 植物生产学. 北京：高等教育出版社.

董振国，于沪宁. 1994. 农田作物层生态环境. 北京：中国农业出版社.

董钻，沈秀瑛. 2000. 作物栽培学总论. 北京：中国农业出版社.

杜心田. 2003. 作物群落栽培学. 郑州：郑州大学出版社.

段留生，田晓莉. 2005. 作物化学控制原理与技术. 北京：中国农业大学出版社.

关连珠. 2000. 土壤肥料学. 北京：中国农业出版社.

官春云. 1997. 作物栽培学. 北京：中国农业出版社.

管延安，李建和，任莲菊，等. 1998. 禾谷类作物倒伏性的研究. 山东农业科学，5：51-54.

郭建平，高素华，王广河. 2001. 中国云水资源和土壤水资源. 北京：气象出版社.

郭文善，彭永欣，严六零. 1991. 小麦单位叶面积负荷量对开花后源的调节效应. 江苏农学院学报，12(2)：25-29.

韩德元. 1997. 植物生长调节剂——原理与应用. 北京：中国科学技术出版社.
韩守良，单玉珊，慕美财，等. 1999. 小麦超高产栽培理论探讨. 沈阳农业大学学报，30(6)：576-580.
韩天富，王金陵，杨庆凯，等. 1997. 开花后光照长度对大豆化学品质的影响. 中国农业科学，30(2)：47-53.
韩召军. 2001. 植物保护学通论. 北京：高等教育出版社.
贺维农. 1981. 农业常用数据资料. 北京：农业出版社.
侯光良，刘允芬. 1990. 我国气候生产潜力及其分区. 自然资源学报，5(1)：60-65.
胡立勇，丁艳锋. 2008. 作物栽培学. 北京：高等教育出版社.
胡延吉. 2004. 植物育种学. 北京：高等教育出版社.
户刈义. 1962. 光合作用与物质生产. 北京：科学出版社.
华北平原作物水分胁迫与干旱研究课题组. 1991. 作物水分胁迫与干旱研究. 郑州：河南科学技术出版社.
华孟. 1982. 土壤肥料学. 北京：广播出版社.
黄青苗，苗复春. 1993. 减灾农业——献给国际减灾十年. 北京：中国科学技术出版社.
黄珍埠. 1992. 旱粮作物地膜覆盖栽培技术. 北京：中国农业出版社.
贾大林，司徒淞，庞鸿宾. 1992. 节水农业与区域治理. 北京：中国农业科技出版社.
江华山，俞仲林. 1985. 千斤小麦籽粒形成和灌浆特性的初步研究. 南京农业大学学报，(2)：17-25.
江苏省农学会. 1994. 江苏麦作科学. 南京：江苏科学技术出版社.
江苏省农学会. 1995. 江苏油料科学. 南京：江苏科学技术出版社.
姜汉侨，段昌群，杨树华. 2004. 植物生态学. 北京：高等教育出版社.
蒋高明，常杰. 2004. 植物生理生态学. 北京：高等教育出版社.
蒋高明. 2001. 当前植物生理生态学研究的几个热点问题. 植物生态学报，25(5)：514-519.
金善宝. 1992. 中国小麦生态. 北京：科学出版社.
康建宏，周续莲，郭瑞英，等. 2000. 春大豆三个品种光合速率的初步研究. 宁夏农学院学报，21(3)：24-27.
康绍忠，刘晓明，熊运章. 1994. 土壤-植物-大气连续体水分传输理论及其应用. 北京：水利电力出版社.
康绍忠，史文娟，胡笑涛，等. 1998. 调亏灌溉对于玉米生理指标及水分利用效率的影响. 农业工程学报，14：82-87.
克雷默. 1989. 植物的水分关系. 北京：科学出版社.
兰进好，张宝石，周鸿飞，等. 2003. 不同年代冬小麦品种光合特性差异的研究. 沈阳农业大学学报，34(1)：12-15.
兰林旺，周殿玺. 1995. 小麦节水高产研究. 北京：北京农业大学出版社.
冷石林，韩仁峰. 1996. 中国北方旱地作物节水增产理论与技术. 北京：中国农业科技出版社.
冷锁虎，左青松，戴敬，等. 2004. 油菜高产群体质量指标研究. 中国油料作物学报，26(4)：38-44.
李广敏，关军锋. 2001. 作物抗旱生理与节水技术研究. 北京：气象出版社.
李合生. 2002. 现代作物生理学. 北京：高等教育出版社.
李焕章，韩学信. 1997. 作物栽培学. 北京：中国农业科技出版社.
李建民. 1997. 农学概论. 北京：中国农业科技出版社.
李金才，陈峰. 1996. 播种密度对小麦茎秆大维管束系统和穗部发育的影响. 安徽农业科学，24(3)：217-219.
李连禄，赵明，丁在松. 2001. 玉米穗库发育的不同步性与内源激素作用的研究. 中国农业大学学报，6(1)：30-36.

李庆章. 2005. 生命科学导论. 北京:中国农业出版社.
李映雪,朱艳,田永超,等. 2005. 小麦冠层反射光谱与籽粒蛋白质含量及相关品质指标的定量关系. 中国农业科学,38(7):1332-1338.
梁家勉. 1989. 中国农业科学技术史稿. 北京:农业出版社.
林洪孝,钟尚臣. 1997. 节水农业卷. 北京:中国农业出版社.
凌启鸿,苏祖芳,张海泉. 1995. 水稻成穗率与群体质量的关系及其影响因素的研究. 作物学报,21(4):463-469.
凌启鸿,张洪程,蔡建中,等. 1993. 水稻高产群体质量及其优化控制探讨. 中国农业科学,26(6):1-11.
凌启鸿,张洪程,苏祖芳,等. 1994. 稻作新理论-水稻叶龄模式. 北京:科学出版社.
凌启鸿,龚荐,朱庆森. 1982. 中稻各叶位叶片对产量形成作用的研究. 江苏农学院学报,3(2):9-26.
凌启鸿. 2000. 作物群体质量. 上海:上海科学技术出版社.
刘昌明,王会肖. 1999. 土壤-作物-大气界面水分过程与节水调控. 北京:科学出版社.
刘长江,李取生,李秀军. 2005. 不同耕作方法对松嫩平原苏打盐碱化旱田改良利用效果试验. 干旱地区农业研究,23(5):13-16.
刘长江,李取生,李秀军. 2007. 深松对苏打盐碱化旱田改良与利用的影响. 土壤,39(2):306-309.
刘承柳. 1985a. 水稻产量形成的生理基础与增产途径:第二讲高产栽培中源,库,流的诊断与要求. 湖北农业科学,(2):32-35.
刘承柳. 1985b. 水稻产量形成的生理基础与增产途径:第三讲增大产量库的主要途径与措施. 湖北农业科学,(3):35-38.
刘承柳. 1985c. 水稻产量形成的生理基础与增产途径:第一讲水稻产量形成的生理基础. 湖北农业科学,(1):36-38.
刘明钊. 1994. 农作物减灾防灾对策. 重庆:重庆大学出版社.
刘巽浩,牟国正. 1988. 中国耕作制度. 北京:农业出版社.
刘巽浩. 1992. 耕作学. 北京:中国农业大学出版社.
刘友良. 1992. 植物水分逆境生理. 北京:农业出版社.
柳子明. 1975. 中国栽培稻的起源及其发展. 遗传学报,2(1):23-30.
陆景陵. 1982. 作物营养与肥料. 北京:农业出版社.
陆景陵. 2003. 植物营养学(上册). 北京:中国农业大学出版社.
陆卫平,陈国平,郭景伦,等. 1997. 不同生态条件下玉米产量源库关系的研究. 作物学报,23(6):727-733.
骆丙山. 2003. 作物生态学. 北京:高等教育出版社.
马耀光,张保军. 2004. 旱地农业节水技术. 北京:化学工业出版社.
马毅杰,陈家坊. 1999. 水稻土与物质变化与生态环境. 北京:科学出版社.
南京农业大学. 1991. 作物栽培学(长江中下游地区适用). 北京:农业出版社.
潘瑞炽,董愚得. 1995. 植物生理学. 北京:高等教育出版社.
潘瑞炽,李玲. 1999. 植物生长发育的化学控制. 2 版. 广州:广东高等教育出版社.
潘晓华,王永锐. 1998. 水稻库源比对叶片光合作用、同化物运和分配及叶片衰老的影响. 作物学报,24(6):821-827.
裴冬,张喜英,陈素英,等. 2004. 局部灌水方式对冬小麦产量与水分利用的影响. 干旱地区农业研究,22(4):60-64.
彭永欣,郭文善,封超年. 1992a. 小麦栽培与生理. 南京:东南大学出版社.
彭永欣,郭文善,封超年,等. 1992b. 小麦籽粒生长特性分析. 江苏农学院学报,13(3):9-15.

皮广洁. 2000. 农业资源利用与管理. 北京：中国林业出版社.
钱蕴壁，李英能，杨刚. 2002. 节水农业新技术研究. 郑州：黄河水利出版社.
曲璐，司振江，黄彦，等. 2008. 振动深松技术与生化制剂在苏打盐碱土改良中的应用. 农业工程学报，24(5)：95-99.
全国农业技术推广服务中心. 2001. 前进中的中国农技推广事业——中国农业推广工作回顾与展望. 北京：中国农业出版社.
任久江，王咏涛. 1996. 农业减灾指南. 北京：中国农业出版社.
任正隆，李尧权. 1984. 小麦的收获指数和几个生理特性的遗传. 中国农业科学，17(2)：29-33.
山东农学院. 1980. 作物栽培学(北方本). 北京：农业出版社.
山东农业大学. 1992. 作物栽培学. 北京：农业出版社.
山东农业大学. 1995. 农学概论. 北京：中国林业出版社.
沈其荣. 2004. 土壤肥料通论. 北京：高等教育出版社.
苏广达. 2000. 作物学. 广州：广东高等教育出版社.
孙政才，陈国平. 1992. 甜玉米与普通玉米籽粒发育过程中碳水化合物及氨基酸消长规律的比较研究：Ⅰ. 籽粒灌浆特性及碳水化合物消长规律. 作物学报，18(4)：301-306.
汤一卒. 2000. 作物栽培学. 南京：南京大学出版社.
唐小明. 2003. 有机肥的保水培肥效果及对冬小麦产量的影响. 水土保持研究，10(1)：130-132.
屠乃美，官春云. 2001. 油菜库器官分化发育期剪叶对源库关系的影响. 湖南农业大学学报，27(4)：258-263.
王馥棠，赵宗慈，王石立. 2003. 气候变化对农业生态的影响. 北京：气象出版社.
王光林. 1998. 新地膜覆盖栽培技术大全. 北京：中国农业出版社.
王敬国. 2000. 资源与环境概论. 北京：中国农业大学出版社.
王立祥，李军. 2003. 农作学. 北京：科学出版社.
王璞. 2002. 农作物概论. 北京：中国农业大学出版社.
王琪贞. 1993. 肥料学. 北京：北京农业大学出版社.
王荣栋，尹经章. 2005. 北京：高等教育出版社.
王瑞英，于振文，潘庆民，等. 1999. 小麦子粒发育过程中激素含量变化. 作物学报，25(2)：227-231.
王婷，饶春富，王友德，等. 2000. 减源缩库与玉米产量关系的研究. 玉米科学，8(2)：67-69.
王维金，朱旭彤. 1998. 作物栽培学. 北京：科学技术文献出版社.
王小菁，李玲. 2002. 植物生长调节剂在植物组织培养中的应用. 北京：化学工业出版社.
王修兰. 1996. 二氧化碳、气候变化与农业. 北京：气象出版社.
王荫槐. 1992. 土壤肥料学. 北京：农业出版社.
王永锐. 1991. 作物高产群体生理. 北京：科学技术文献出版社.
王余龙，山本由德，姚友礼，等. 1988. 栽培条件对水稻粒重的影响及其原因分析. 作物学报，24(3)：280-290.
王振中，张新虎. 2005. 植物保护概论. 北京：中国农业出版社.
王志敏，张英华，张永平，等. 2004. 麦类作物穗器官的光合性能研究进展. 麦类作物学报，24(4)：136-139.
王忠. 2000. 植物生理学. 北京：中国农业出版社.
西北农业大学. 1991. 旱农学. 北京：农业出版社.
西南农学院. 1985. 土壤学. 北京：农业出版社.
萧浪涛，王三根. 2004. 植物生理学. 北京：中国农业出版社.

谢志霞,李存东,孙红春,等. 2007. 不同铃重类型棉花品种的源库特性与产量形成. 棉花学报,19(3):189-193.
熊顺贵. 2001. 基础土壤学. 北京:中国农业出版社.
熊顺贵. 2002. 基础土壤学. 北京:中国农业大学出版社.
徐是雄,徐雪宾. 1984. 稻的形态与解剖. 北京:农业出版社.
徐正进,陈温福,曹洪任,等. 1998. 水稻穗颈维管束数与穗部性状关系的研究. 作物学报,24(1):47-54.
许智宏,刘春明. 1999. 植物发育的分子机理. 北京:科学出版社.
颜启传. 2001. 种子学. 北京:中国农业出版社.
杨建昌,王志琴,朱庆森. 1993. 水稻产量源库关系的研究. 江苏农学院学报,14(3):47-53.
杨建昌,朱庆森,曹显祖. 1992. 水稻群体冠层结构与光合特性对产量形成作用的研究. 中国农业科学,25(4):7-14.
杨建昌. 2010. 水稻弱势粒灌浆机理与调控途径. 作物学报,36(12):2011-2019.
杨守仁,郑丕尧. 1989. 作物栽培学概论. 北京:农业出版社.
杨文钰,樊高琼. 2002. 植物生长调节剂在粮食作物上的应用. 北京:化学工业出版社.
杨文钰,屠乃美. 2003. 作物栽培学各论. 北京:中国农业出版社.
杨文钰,袁继超,罗琼. 1997. 植物化控. 成都:四川科学技术出版社.
杨文钰. 2002. 农学概论. 北京:中国农业出版社.
杨志根,刘金弟. 2005. 杂交晚粳稻高产群体结构与配套技术研究. 上海:上海农业科技出版社.
翟虎渠. 1999. 农业概论. 北京:高等教育出版社.
张宾,赵明,董志强,等. 2007a. 作物产量“三合结构”定量表达及高产分析. 作物学报,33(10):1674-1681.
张宾,赵明,董志强,等. 2007b. 作物高产群体 LAI 动态模拟模型的建立与检验. 作物学报,33(4):612-619.
张春兰,张耀栋,周权锁. 1995. 不同作物茬口对减轻蔬菜保护地土壤盐害及连作障害的作用. 土壤通报,26(6):257-259.
张鹤松. 1990. 农业生态学概论. 合肥:安徽教育出版社.
张养才,何维勋,李世奎. 1991. 中国农业气象灾害概论. 北京:气象出版社.
赵聚宝,梅旭荣,薛军红,等. 1996. 秸秆覆盖对旱地作物水分利用效率的影响. 中国农业科学,29(2):56-59.
赵聚宝,赵琪. 1998. 抗旱增产技术. 北京:中国农业出版社.
赵聚宝. 1995. 干旱与农业. 北京:中国农业出版社.
赵聚宝. 2000. 中国北方旱地农田水分平衡. 北京:中国农业出版社.
赵明,李建国,张宾,等. 2006. 论作物高产挖潜的补偿机制. 作物学报,32(10):1566-1573.
赵明,王树安,李少昆. 1995. 论作物产量研究的“三合结构”模式. 北京农业大学学报,21(4):359-363.
赵全志,黄丕生. 1998. 略论作物生产的源库系统行为. 耕作与栽培,(6):36-38.
赵微平. 1982. 作物生理. 北京:农业出版社.
赵毓橘,陈季楚. 2002. 植物生长调节剂生理基础与检测方法. 北京:化学工业出版社.
郑大玮,张波. 2000. 农业减灾学. 北京:中国农业出版社.
郑广华. 1984. 植物栽培生理. 济南:山东科技出版社.
郑丕尧,李文雄,李雁鸣. 1992. 作物生理学. 北京:北京农业大学出版社.
中国科学院地理研究所经济地理研究室. 1980. 中国农业地理总论. 北京:科学出版社.
《中国农业年鉴》编辑委员会. 2014. 中国农业年鉴 2014. 北京:中国农业出版社.
中国农业科学院. 1999. 中国农业气象学. 北京:中国农业出版社.

中国农业科学院土壤肥料研究所. 1994. 中国肥料. 上海:上海科学技术出版社.

中国农业科学院作物栽培研究所. 1993. 作物科学. 北京:科学出版社.

周治国,曹卫星,朱艳,等. 2005. 基于GIS的作物生产管理信息系统. 农业系统工程,21(1):114-118.

朱冬梅,刘蓉蓉,马谈斌,等. 2005. 弱筋小麦扬麦15优质高产群体调控技术研究. 江苏农业科学,6:16-21.

朱新开,郭文善,封超年,等. 1998. 肥料运筹对小麦群体质量的调节效应. 江苏农学院学报,19(1):45-50.

朱艳,曹卫星,王其猛,等. 2004. 基于知识模型和生长模型的小麦管理决策支持系统. 中国农业科学,37(6):814-820.

朱勇. 2000. 高吸水树脂与玉米生长发育的关系. 干旱地区农业研究,18(2):25-32.

朱祖祥. 1983. 土壤学. 北京:农业出版社.

祖伟,张智猛. 1997. 作物栽培学原理. 北京:中国农业出版社.

Akita S, Moss D N. 1973. Photosynthetic responses to CO_2 and light by maize and wheat leaves adjusted for constant stomatal apertures. Crop Science, 13: 234-237.

Corbeels M, Hofmanb G, van Cleemputb O. 1998. Analysis of water use by wheat grown on a cracking clay soil in a semi-arid Mediterranean environment: weather and nitrogen effects. Agricultural Water Management, 38(2): 147-167.

Diepenbrock W. 2000. Yield analysis of winter oilseed rape (*Brassica napus* L.): a review. Field Crops Research, 67(1): 35-49.

Drew M C, He C J, Morgan P W. 2000. Programmed cell death and aerenchyma formation in roots. Trends in Plant Science, 5(3): 123-127.

Evans L T. 1993. Crop Evolution, Adaptation and Yield. London: Cambridge University Press.

Gage R S, Aronoff S. 1960. Translocation Ⅲ. Experiments with carbon 14, chlorine 36, and hydrogen 3. Plant Physiology, 35(1): 53-64.

Hartt C E, Kortschak H P. 1964. Sugar gradients and translocation of sucrose in detached blades of sugarcane. Plant Physiology, 39(3): 460-474.

Iritz Z, Lindroth A. 1996. Energy partitioning in relation to leaf area development short-rotation willow coppice. Agricultural and Forest Meteorology, 81: 119-130.

Lafitte H R. 1984. Photo synthesis and assimilatepartit cloning and closely related lines of rice exhibiting different source-sink relationships. Crop Science, 24: 447-452.

Lange O L, Beyschlag W, Tenhunen J D. 1987. Control of leaf carbon assimilation-input of chemical energy into ecosystems. *In*: Schulze E D, Zwolfer H. Potentials and Limitations of Ecosystem Analysis. New York: Springer, Berlin Heidelberg.

Maschner H. 1995. Mineral Nutrition of Higher Plant. 2nd ed. New York: Academic Press.

Moorby J, Troughton J H, Currie B G. 1974. Investigations of carbon transport in plants: Ⅱ. The effects of light and darkness and sink activity on translocation. Journal of Experimental Botany, 25(5): 937-944.

Pan J, Zhu Y, Li Y, et al. 2006. Modeling plant nitrogen uptake and grain nitrogen accumulation in wheat. Field Crops Research, 89: 1-9.

Venkateswarlu B, Visperas R M. 1987. Source-sink relationship in crop plants: a review. IRRI Research Paper Serica, 125: 1-19.

Vernon L P, Aronoff S. 1952. Metabolism of soybean leaves. Ⅳ. Translocation from soybean leaves. Archives of Biochemistry and Biophysics, 36(2): 383-398.

Wardlaw I F, Carr D J, Anderson M J, et al. 1965. The relative supply of carbohydrate and nitrogen to wheat grains, and an assessment of the shading and defoliation techniques used for these determinations. Australian Journal of Agricultural Research, 16(6): 893-901.

Wardlaw I F. 1974. Phloem transport: physical chemical or impossible. Annual Review of Plant Physiology, 25: 515-539.

Watson D J, Gillian N T, French S A W. 1958. Physiological causes of differences in grain yield between varieties of barley. Annals of Botany, 22(3): 321-352.

Xue L H, Cao W X, Luo W H, et al. 2004. Monitoring leaf nitrogen status in rice with canopy spectral reflectance. Agronomy Journal, 96(1): 135-142.